国家出版基金项目
NATIONAL PUBLICATION FOUNDATION

抗日战争专题研究

张宪文 | 主
朱庆葆 | 编

第十一辑
抗战档案
典藏研究

抗战档案述论

马振犊 等 著

江苏人民出版社

图书在版编目(CIP)数据

抗战档案述论 / 马振犊等著. -- 南京：江苏人民
出版社，2024.2(2025.8重印)
(抗日战争专题研究 / 张宪文，朱庆葆主编)
ISBN 978 - 7 - 214 - 28716 - 8

Ⅰ. ①抗… Ⅱ. ①马… Ⅲ. ①抗日战争－历史档案－
研究 Ⅳ. ①K265.06

中国国家版本馆 CIP 数据核字(2023)第 198625 号

书　　　名　抗战档案述论
著　　　者　马振犊 等
责 任 编 辑　张晓薇
装 帧 设 计　刘葶葶
责 任 监 制　王　娟
出 版 发 行　江苏人民出版社
地　　　址　南京市湖南路 1 号 A 楼,邮编:210009
照　　　排　江苏凤凰制版有限公司
印　　　刷　苏州市越洋印刷有限公司
开　　　本　652 毫米×960 毫米　1/16
印　　　张　27.25　插页 4
字　　　数　316 千字
版　　　次　2024 年 2 月第 1 版
印　　　次　2025 年 8 月第 2 次印刷
标 准 书 号　ISBN 978 - 7 - 214 - 28716 - 8
定　　　价　118.00 元

(江苏人民出版社图书凡印装错误可向承印厂调换)

教育部哲学社会科学研究重大委托项目
2021年度国家出版基金资助项目
南京大学"双一流"建设卓越计划项目
"十四五"国家重点出版物出版专项规划项目

合作单位

南京大学　北京大学　南开大学　武汉大学

复旦大学　浙江大学　山东大学

台湾中国近代史学会

学术顾问

金冲及　章开沅　魏宏运　张玉法　张海鹏

姜义华　杨冬权　胡德坤　吕芳上　王建朗

编 纂 委 员 会

总　序

张宪文　朱庆葆

日本侵华与中国抗日战争是近代中国最重大的历史事件。中国人民经过 14 年艰苦卓绝的英勇奋战，付出惨重的生命和财产的代价，终于取得伟大的胜利。

自 1945 年抗日战争结束至 2015 年，度过了漫长的 70 年。对这一影响中国和世界历史进程的重大事件，国内外历史学界已经做过大量的学术研究，出版了许多论著。2015 年 7 月 30 日，在抗日战争胜利 70 周年前夕，中共中央政治局就中国人民抗日战争的回顾和思考进行集体学习，习近平总书记发表重要讲话，指示学术界应该广为搜集整理历史资料，大力加强对抗日战争历史的研究。半个月后，中共中央宣传部迅速制定抗日战争研究的专项规划。8 月下旬，时任中共中央宣传部部长刘奇葆召开中央各有关部委、国家科研机构和部分高校代表出席的专题会议，动员全面贯彻习总书记的讲话精神，武汉大学和南京大学的代表出席该会。

在这一形势下，教育部部领导和社会科学司决定推动全国高校积极投入抗战历史研究，积极支持南京大学联合有关高校建立抗战研究协同创新中心，并于南京中央饭店召开了由数十所高校的百余位教授、学者参加的抗战历史研讨会。台湾也有吕芳上、陈立文等十多位教授出席会议,共同协商在新时代深入开展抗战历史研究的具体方案。台湾著名资深教授蒋永敬在会议上发表了热情洋溢的讲话。经过几个月的酝酿和准备,南京大学决定牵头联合我国在抗战历史研究方面有深厚学术基础的北京大学、南开大学、武汉大学、复旦大学、浙江大学、山东大学及台湾学者共同组建编纂委员会,深入开展抗日战争专题研究。中央档案馆和中国第二历史档案馆也积极支持。在南京中央饭店学术会议基础上,编纂委员会初步筛选出130个备选课题。

南京大学多次举行党政联席会议和校学术委员会会议,专门研究支持这一重大学术工程。学校两届领导班子均提出具体措施支持本项工作,还派出时任校党委副书记朱庆葆教授直接领导,校社科处也做了大量工作。南京大学将本项目纳入学校"双一流"建设卓越计划,并陆续提供大量经费支持。

江苏省委、省政府以及江苏省委宣传部,均曾批示支持抗战历史研究项目。国家教育部社科司将本项研究列为哲学社会科学研究重大委托项目,并要求项目完成和出版后,努力成为高等学校代表性、标志性的优秀成果。

本项目编纂委员会考察了抗战历史研究的学术史和已有的成果状况,坚持把学术创新放在第一位,坚持填补以往学术研究的空白,不做重复性、整体性的发展史研究,以此推动抗战历史研究在已有基础上不断向前发展。

本项目坚持学术创新,扩大研究方向和范围。从以往十分关注的九一八事变向前延伸至日本国内,研究日本为什么发动侵华战争,日本在早期做了哪些战争准备,其中包括思想、政治、物质、军事、人力等方面的准备。而在战争进入中国南方之后,日本开始逐步将战争引出中国国境,即引向广大亚太地区,对东南亚各国及东南亚地区的西方盟国势力发动残酷战争。研究亚太地区的抗日战争，有利于进一步揭露日本妄图占领中国、侵占亚洲、独霸世界的阴谋。

本项目以民族战争、全民抗战、敌后和正面战场相互支持相互依靠的抗战整体，来分析和认识中国抗日战争全局。课题以国共两党合作为基础，运用大量史实，明确两党在抗日战争中的地位和作用，正确认识各民族、各阶级对抗日战争的贡献。本项目内容涉及中日双方战争准备、战时军事斗争、战时政治外交、战时经济文化、战时社会变迁、中共抗战、敌后根据地建设以及日本在华统治和暴行等方面，从不同视角和不同层面，深入阐明抗日战争的曲折艰难历程，以深刻说明中国抗日战争的重大意义，进一步促进中华民族的伟大复兴。

对于学界已经研究得甚为完善的课题，本项目进一步开拓新的研究角度和深化研究内容。如对山西抗战的研究更加侧重于国共合作抗战；对武汉会战的研究将进一步厘清武汉会战前后中国政治、经济、社会的变迁及国共之间新的友好关系。抗战前期国民党军队丢失大片国土，而中国共产党在十分艰难的状况下，在敌后逐步收复失地，建立抗日根据地。本项目要求对各根据地相关研究课题，应在以往学界成果基础上，着力考察根据地在社会改造、经济、政治、人才培养等方面，如何探索和积累经验，为1949年后的新中国建设提供有益的借鉴。抗战时期文学艺术界以其特有的文化功能，在揭露日军罪行、动员广大民众投入抗战方面，发挥了重要作用。我们尝试与艺术界合作，动员南京艺术学院的教授撰写了与抗日战争相关的电影、美术、音乐等方面的著作。

本项目编纂委员会坚持鼓励各位作者努力挖掘、搜集第一手历史资料，为建立创新性的学术观点打下坚实基础。编纂委员会要求全体作者坚决贯彻严谨的治学作风，坚持严肃的学术道德，恪守学术规范，不得出现任何抄袭行为。对此，编纂委员会对全部书稿进行了两次"查重"，以争取各个研究课题达到较高的学术水平，减少学术差错。同时，还聘请了数十位资深专家，对每部书稿从不同角度进行了五轮审稿。

本项目自2015年酝酿、启动，至2021年开始编辑出版，是一项巨大的学术工程，它是教育部重点研究基地南京大学中华民国史研究中心一直坚持的重大学术方向。百余位学者、教授，六年时间里付出了艰辛的劳动，对抗战历史研究做出了重要贡献！编纂委员会向全体作者，向教育部、江苏省委省政府以及各学术合作院校，向江苏凤凰出版传媒集团暨江苏人民出版社，向全体编辑人员，表示最崇高的敬意和诚挚的感谢！

目　录

第一章　抗战档案概况

第一节　抗战档案的概念与其形成分布状况

一、抗战档案的概念

抗日战争是中华民族历史上伟大的卫国战争,是中国人民反抗日本帝国主义侵略的正义战争,是世界反法西斯战争的开端和重要组成部分,也是近代史上中国人民抗击外敌入侵第一次取得完全胜利的民族解放战争。

抗战档案,是特指抗日战争时期及其前后国家机构、社会组织和个人从事政治、军事、外交、经济、科技、文化、宣教等活动中直接形成并流传下来的文件、电报、传单、文告、日记、手稿、图表、图片、照片、声像、实物等记载当时情况的历史记录。抗战档案全方位记述了和反映了这一特定历史时期政治、军事、外交、经济、科技、文化、宣教等诸多领域、各个方面的内容。抗战档案是以中国人民在战争过程中形成的档案为主体,并包括国际友人,日本侵略者及其"轴心国"同盟者、扶植的伪政权的历史活动所形成的文字记录资料以及拍摄的照片影像等历史资料，反映了抗日战争的历史原貌，真实再现了中华民族团结一致浴血奋战 14 年，奋勇抗敌夺取最后胜利的重要记忆，也记录了日本帝国主义、法西斯同盟及其所扶植的伪政权罪恶的历史活动。

　　流传至今的抗战档案卷帙浩繁，涵盖了从 1931 年 9 月 18 日日本发动九一八事变，到 1945 年 8 月 15 日日本向同盟国无条件投降的 14 年抗战的全过程，其主体部分为 1937 年七七事变发生后 8 年全面抗战的内容，不仅具有重要的历史价值，而且具有重要的查证和参考价值。其中既有中国共产党及其领导的群众团体的档案，也有国民政府系统以及日伪组织的档案。抗战档案记述和反映了全民族、各阶层及海外华侨在一场旷日持久、极其惨烈的战争中坚韧不拔、不屈不挠抗击日本侵略的伟大壮举，见证了中国共产党在抗日战争中的中流砥柱作用，以及中国人民抗日战争在世界反法西斯战争中的重要地位，全面反映了国共两党在民族生死存亡的危急关头，捐弃前嫌，共御外侮，共同捍卫民族尊严和荣誉的历史，同时也从不同角度记录了侵华日军残酷的战争罪行，揭示了日本军国主义反人类、反和平的本质，并记录了战后盟国对日本战犯审判与惩办过程的史实。

二、抗战档案的内容

　　有关抗战档案的内容，基本包括以下几个方面：

　　（一）反映日本侵华罪行方面

　　包括日本侵华的方针、部署，日军对中国及其他被害国人民、抗日军人以及在华外籍人士犯下罪行的档案，被联合国教科文组织认定为"世界记忆遗产"，列入《世界记忆名录》的南京大屠杀档案，日本强征奴役"慰安妇"档案，七三一及其他日军细菌战部队档案,日军对中国平民进行无差别轰炸的档案等;还包括日本在华策动组织伪政权,以及日伪对沦陷区奴化教育、经济掠夺、强征劳工等方面的档案。

(二)反映中国抗击侵略方面

包括中国政府抗日国防设计、对日作战的方针政策、国防作战计划,以及有关动员部署、兵力部署、战略战术的档案,有关抗日军队与日伪军作战历次重大战役、正面与敌后战场的大小战斗详报和阵中日记,反映海空军作战、防空与城防工事的档案,与历次战役战斗相关的指示命令,部队调整整编的通报电令,抗日英烈人物名录、事迹,抗战阵亡将士抚恤及勋奖等有关档案,以及与抗战时期军队院校发展建设相关的档案等。

(三)体现抗战全民性方面

包括有关全国各族人民对抗日军队的支持援助,抗日宣传、教育、游行、示威、罢工、集会活动,以及抗日民族统一战线等方面的档案;因日军侵略造成的企业、教育文化单位、文物图书等的迁徙与损失,与抗日相关的日志、日记、书信、手稿,华侨对祖国抗战的各种支持援助,开展献粮、献飞机、献金,调运抗战物资、民工赶修公路和飞机场等方面的档案。

(四)体现国际合作与援助方面

包括中外政府、政党、军队合作抗日的档案,中国人民与苏美英盟军共同抗战的档案,中国远征军、驻印军缅北、滇西作战的档案,外国团体和个人对中国抗战的各种支持帮助,如有关美国飞虎队援华的档案等。

(五)战后审判、处置日本遗留及其他涉日诸问题方面

包括关于对日受降、国际法庭设立、日俘日侨遣返、战犯审判、战犯笔录、汉奸惩处、战争损失调查、敌伪产业处理、对日索赔、涉

日外交、在华日本人的反战活动，以及其他能够直接反映抗日战争相关情况的档案。

三、抗战档案的分布

（一）中国大陆所藏抗战档案的分布

由于我国的档案现行管理体制是将全部国家档案分级分地进行保管，大陆地区抗战档案被全国各级各地近千家档案馆收藏。抗战档案藏量巨大、价值珍贵，且具有代表意义的档案馆有中央档案馆、中国第二历史档案馆、重庆市档案馆、四川省档案馆、辽宁省档案馆等。

1. 中央档案馆保存有中国共产党及其领导下的人民政权、机构、军队、团体以及党政领导人在抗战时期形成的各类档案，这些档案是中国共产党在抗日战争中中流砥柱作用的见证，反映了中共及其领导的政权、军队在抗战中的成长壮大及其对争取抗战胜利的巨大贡献，其珍贵价值不言而喻。

2. 中国第二历史档案馆收藏有抗战时期国民政府、五院及所属各部财政、金融、经济资源、工矿、贸易、教育科研等机构的档案，军事委员会及其所属机构的档案。抗战档案是其中重要组成部分，内容较为完整，数量浩繁，涵盖了反映战时中国核心领导层抗战政策策略的制定，以及战争发展、演变进程的档案。因此，这批档案成为研究中国战时政治、经济、军事、外交等的最为完整、系统的文献。抗日战争期间，日本帝国主义在中国占领区先后扶植建立了若干伪政权，有关这些日伪政权形成的档案，主要是汪精卫"中央政府"形成的档案，较为完整地反映了日伪对沦陷区的残酷统治和日本对中国大肆进行经济掠夺、财政搜刮的历史状况。日本投降后，这部分档案被国民政府接收，留存至今。此外，中国第二历史档案馆还收藏有民国时期包括蒋介石、冯玉祥、蔡元培、张静江等民国名人在内的个人档案，这些档案为研究中国近现代史、民国史，以及抗战史提供了丰富、翔实的原始文献。中国第二历史档案馆当之无愧地成为抗战档案的主要保管基地。

3. 重庆市档案馆保存着被确定为全国重点档案的 40 余万卷"陪都档案"，也称为"抗战历史档案"，是其馆藏的精品和重点。它们不仅清楚地反映了抗战时期重庆自省辖市至院辖市，再到"陪都"的发展历程，以及重庆城市功能的发展变迁和行政、区域范围的拓展，而且反映了以重庆为中心的各界各阶层人民团结一致、共同抗击日本法西斯直至最后胜利的恢宏历史，其中包括许多具有全国意义的重大事件和活动。如沿海地区工厂、机关、学校、文化团体辗转内迁并于重庆地区发展、壮大的档案；日机疯狂轰炸重庆及其所造成的巨大损失，以及重庆人民的反轰炸、反空袭档案；抗战时期中国社会急剧变迁，社会组织、社会活动的产生、发展和变化的档案；抗战时期重庆日益增多和扩大的对外交往交流史实；抗战时期以重庆兵器工人为主的工人阶级不畏艰辛，坚持生产、支撑抗战的档案；重庆各界庆祝不平等条约废除以及平等新约的签订等档案。以上都在馆藏中都有不同程度的记载和反映。

4. 四川省档案馆保存的抗战档案主要有反映四川军民为抗日战争的组织动员开展献粮、献飞机、献金的档案，四川省政府组织调运抗战物资、百万民工赶修公路和飞机场的档案，还包括川军出川抗战的档案资料。四川在抗战期间输送了大量的壮丁入伍，成为全国的兵员基地。战场上川军将士英勇杀敌的英雄事迹在四川省政府民政厅的档案里有大量记录，包括抗战阵亡将士调查材料，为王铭章等抗日烈士建祠立碑的档案等。有大量的日军对四川进行无差别轰炸的档案，尤其是日军对重庆、成都等地轰炸的情况及损失报告,反映了四川人民所蒙受的巨大生命财产损失;有中共四川省委及各级组织为发动民众以及推动人民抗日运动的档案材料。此外,四川档案馆保存有大量有关抗战的英文、法文档案资料。

　　5. 辽宁省档案馆的前身东北图书馆档案部保存有一批日本帝国主义扶植的傀儡伪满洲国和"满铁"档案。这部分档案也是抗战档案的重要内容,反映了日本帝国主义在东北进行殖民和奴化统治的罪证。因日本帝国主义者在投降前夕,下令将伪满政府的档案全部销毁,故这部分档案存世较少。

　　辽宁档案馆现存的日伪档案包括三个部分:一是奉天维持会、奉天省长公署档案,军队、警察、宪兵、法院和高等检察厅的档案。二是"满铁"档案。"满铁"是日本在中国东北设立的"南满洲铁道株式会社"的简称,它除了经营管理南满铁路和从中国政府手中逐步并吞过去的 10 条铁路线、煤矿、铁矿各种产业,还是日本侵略东北的前哨和基地,更是其侦察调查中国的情报机构。该馆保存的"满铁"档案包括其会社内部的总体、地方、经理、兴业、产业、计划、商事、铁道、调查 9 大部以及 10 条铁路线的档案。三是溥仪秘档。这部分档案是时任伪满执政府秘书长胡嗣瑗收藏的伪满傀儡头目溥仪与关内各军阀等往来的密信及给胡嗣瑗的密旨,共有 98 卷。另有日文资料近 4 万册。

　　6. 黑龙江省档案馆保存有大量伪满时期的军管区、警务厅、宪兵团(队)、特务机关等机构形成的文件,记录了日本帝国主义在我国东北地区实行法西斯统治和经济掠夺的罪行,特别是 1997 年底,在这部分档案中首次发现了侵华日军七三一部队用中俄朝战俘及平民等做活人细菌试验的"特殊输送"档案。

　　在革命历史档案方面,有记录抗日战争时期中共满洲省委领导民众同日本侵略者浴血奋战的各项史实的存档。

7. 中国人民解放军档案馆保管了全部人民解放军革命历史档案，其中包括大量抗战时期八路军、新四军、东北抗日联军和其他抗日武装力量的档案史料，还有抗战时期的照片、报纸、杂志、军战史资料等 10 万余件。

（二）中国台湾地区抗战档案的分布

台湾地区保存的 1949 年前的民国档案，是民国档案不可或缺的组成部分。由于两岸分离后岛内政治、档案管理体制变化等因素，迁台民国档案的分布、管理和整理加工开放与大陆所存民国档案相比，存在较多的不同。台湾现存的抗战档案与收存在祖国大陆的抗战档案实为同源而被人为分割两存的状况，两岸抗战档案自身有着内在的联系，本就为一体。

1. 台北"国史馆"典藏有历届国民政府及中央机关、各部、各会的完整档案和民国报刊文献，存有民国档案 20 多万卷，另存有人物档案 18 万卷（件），照片档案 10 万多张。抗战时期国民政府、行政院、资源委员会、赔偿委员会档案和内政部、外交部、财政部、教育部、粮食部、卫生署、考试院、中国农村复兴联合委员会等机构的档案，数量甚巨，且具有很高的历史价值。这些档案文献内容包括抗战建国纲领、最高国防计划、战时行政计划、青年从军、抗战将士勋奖、阵亡将士抚恤、公审和惩处汉奸、战犯审判、日军在华暴行、日军出兵东三省、战后敌伪财产处理、日机轰炸和空投鼠菌、战争损失调查与战争赔偿等。"国史馆"还保存有俗称为"大溪档案"的蒋介石档案，因具有极其重要的历史价值而备受瞩目。其内容涵盖了蒋介石对日作战的重要决策与亲书交办事项的函电和谕令、抗战方略、与各方来往文电等文献以及照片 23 万余张等，这批珍贵档案于 1949 年 5 月与中央银行库存黄金一起运往台湾。初由台湾银行代管，后移往桃园大溪镇头寮宾馆暂存。1979 年，移交台北阳明山阳明书屋保存。因曾存放于桃园大溪镇，因此被史学界称为"大溪档案"。

2. "国民党中央文化传播委员会党史馆"典藏有国民党自成立以来所有的党务组织、人事、会议及人物档案文献和文物资料，有完整的国民党组织机构、历届中央各委员会会议记录，以及特种档案、人物档案和报刊文献共计6万余卷。包括该党中央各组织机构档案，分为国民党沿革档案、党务会议记录及组织专档、特种档案、重要人物档案和图书资料五大类。有历届历次全国代表大会、全会、党会及中央政治会议、国防最高委员会的会议原始文件，还有口述视听资料、书刊资料等。它是研究中国国民党建党、革命、执政、外交、抗战等重大事件的决策、执行过程的珍贵资料。有抗战时期国民党中央常务会议记录与组织专档，国防最高委员会、中央政治委员会和特种档案等卷宗，有战时中国核心决策层抗战政策、策略的制定以及反映战争走向、演变过程的档案文献。这些档案文献成为研究中国战时政治、军事、外交等政策和策略最集中、最完整、最系统的文献。长达26册的专题史料《中华民国重要史料初编——抗战时期》是该馆抗战史料编辑出版的重要成果。

3. "中央研究院近代史研究所"档案馆典藏有民国外交部、经济部档案和部分民国报刊，其中外交部档案2 446函，经济部门档案已开放16 150函。该馆已经整理开放了抗战以来中央政府各种经济建设与管理机构及个人的档案，诸如行政院本部、经济部、资源委员会等机构档案，以及朱家骅、翁文灏等个人档案。它是研究战时中国经济社会及各类专门史不可或缺的原始文献。"中央研究院近史所"还典藏有近代以来各时期国内外机构或个人绘制、出版的中国地图近1.5万幅，包括全国性地图500多幅、各省分幅地图近万幅、水道图及河流附近地图4 000多幅，是数量较大、类型较完整的中国地图文献，其中大部分是抗战时期形成的，是其抗战档案文献典藏的一大特色。

4. "国史馆"台中分馆(原台湾省文献史料馆)及"中央图书馆"台湾分馆保存的台湾总督府档案,是日本在台湾殖民统治的原始记录。

5. 台北成立所谓"国家档案管理局"后,收集了台湾"海军总司令部""国防部史政局"及"国防部情报局"等相关机构的藏档,其中涉及抗战内政、外交、军事的历史档案数量颇丰。

除上述机构所藏抗战档案外,台湾邮政博物馆及其他一些单位和个人也典藏有数量不等的抗战文献。比如台中藏书家张文超先生私人就收藏有 2 万余册抗战文献。

(三)国外抗战档案文献分布

1. 美国抗战档案分布

美国国家档案馆、国会图书馆、罗斯福总统图书馆和斯坦福大学胡佛研究所等几大机构,典藏有数量最多、具有珍贵历史价值的抗战档案。

美国国家档案馆典藏有数量巨大的抗战时期的档案、纪录片、照片、地图等多种载体形式的文献,涉及中国抗战的档案就以百万件计。该馆档案文献绝大部分来源于战时美国国务院及驻华使领馆等机构,是研究战时美国对华政策的演变、战时中美关系,尤其是研究战时美国对华援助、对华外交的最为原始的历史文献资料,其珍贵程度不言而喻。

国会图书馆是全美典藏传统抗战文献最多的机构。该馆除大量典藏中国抗战档案文献外,还典藏战后接收的包括外务省在内的日本政府、海陆军、南满公司等日方机构在战争前后形成的大量档案,是研究侵华战争期间,日本国内政治、经济、军事和外交等战略、政略、政策的制定、调整、发展、演变的原始记录。该馆还收藏有反映战时中美民间交往、中国平民生活、社会状况的文献纪录片和大量信函。

罗斯福总统图书馆典藏有大量与中国抗战相关的文物、档案、照片、视频、信函等文献资料,尤其是罗斯福与蒋介石之间的通信原稿及开罗会议期间的影像视频和照片最为珍贵。

斯坦福大学胡佛研究所档案馆典藏有战时中美两国政要、军事将领、使领馆官员、参战官兵及美驻华社团、记者和外籍侨民、传教士、难民等个人文书与信函。现在尤其以其所收藏的"蒋介石回忆""蒋经国回忆",以及宋子文、孔祥熙等一批民国名人档案而著名。

除此之外,诸如哈佛大学费正清中心图书馆,收藏有抗战时期政府档案、名人档案及图书期刊报纸;加利福尼亚大学图书馆典藏有大量抗战纪录片;耶鲁大学图书馆典藏有大量中国名人个人档案、手稿、信札、照片等。普林斯顿大学、哥伦比亚大学、芝加哥大学等高校图书馆也各有数量不等、价值很高的抗战档案。

2. 英国抗战档案分布

大英图书馆收藏的有关中国抗战的档案资料主要集中在其东方部和印度事务图书档案馆,内容涉及抗战时期国民政府各地方政治、经济、军事、教育文化、社会等方方面面。英国国家档案馆也在其馆藏外交部和殖民部档案中保存有大量中国抗战期间的档案,以战时中国军事战役、社会生活、经济建设为主要内容,具有极高史料价值。

第二节 抗战前后的档案工作及对抗战档案流传的影响

抗战档案是在抗战过程中直接形成的,这一时期及前后文书和档案工作的优劣与规范程度直接决定了流传至今的抗战档案的数量和质量。由于时局颠沛,战乱频仍,或因形成机关和管理机构辗转迁移而损毁,或因撤退途中被迫销毁或遗弃,或因条件简陋和保管不善带来霉变损毁,或因自然灾害和社会档案意识薄弱,以上多种不利因素都可能对档案造成损害。抗战档案历经战火洗礼而流传至今实属不易,也更显其珍贵。

一、机关档案室和国史馆的建立对抗战档案流传的影响

南京国民政府时期,全国实现形式上的统一,随着政权的逐步稳固,国家行政机构的设置与运行越来越规范。较之北洋政府时期,机关档案工作也取得长足的进步。国民政府各部、委员会专司档案工作职能的机关陆续从文书、庶务工作中分离出来,成为机关工作中不可或缺的重要环节,从事档案的人员在机关中也有了正式的公务编制,档案工作得到了前所未有的重视和发展。当时行政院各部均设有机关档案室,内政部在总务司下设立总档案室,外交部设立档案处,实业部、交通部、教育部、财政部、军政部等都设立了掌卷室、管卷室等,名称虽殊,规模不一,但已兼具专门档案馆的雏形。

1931 年 8 月,内政部、教育部会呈行政院,建议于行政院设置国史馆筹备处,统一管理国民政府中央机关已失时效的档案。1934 年 1 月,国民党四届四中全会通过建立国史馆决议,规定国史馆直隶国民政府,并责成内政、教育、财政三部联合起草《国史馆组织法草案》。尽管决议通过,但史学界认为国民政府成立未久,编修国史的时机尚未成熟,当务之急应先行建设国家档案库,保存散存在各机关的旧有档案文献,以待将来编修国史之用。同年 5 月,内政部、教育部、中央研究院等就建立国家档案库事宜召开联席会议,会议拟就《国立档案库筹备处组织章程草案》,决定先行成立国

立档案库筹备处,代行国史馆部分职能,掌理计划国立档案库库房之建筑及档案保存储藏与便利研究事宜。行政院审查此项草案时认为,当务之急应先行治理各机关各自为政之弊,再进行国立档案库的筹备,审议决定在行政院内成立档案整理处。1935年2月,行政院档案整理处成立,该处组织原则为:制定档案管理规范,依据具体办法整理各机关档案,为将来成立国立档案库乃至建立国史馆做准备。行政院档案整理处一经成立,即着手对行政院所属各机关档案工作进行调研,并对改进机关档案室工作提出诸多建设性方案。遗憾的是,工作刚开展4个月,行政院档案整理处因经费缺乏而被裁撤,其职能并入行政效率研究会。

1937年七七事变后,抗日战争全面爆发。行政效率研究会的工作日渐式微,文书档案改革运动和行政效率运动也渐入低潮,建立国立档案库及至国史馆,规范全国档案工作也因此流于清谈。

1939年1月,建立国家档案总库、筹建国史馆议案在国民党五届五中全会上被民国元老张继、邹鲁等旧事重提,且议案得到代表广泛认同并获通过。1940年2月,国史馆筹备委员会在重庆成立,并着手制定档案管理章则,征集、整理档案史料,编纂史稿。

为促进各机关档案尽快入馆,1941年10月,国民政府颁发了《各机关保存档案暂行办法》,规定各机关6个月内完成全部档案造册送交国史馆,并规定每半年报送目录,已失时效的档案必须及时移交国史馆。仅1942年至1946年,国史馆就接收国民政府及行政院所属各机关移交的档案4 000多捆、120多箱。

1947年1月,国史馆筹备委员会正式更名为国史馆,张继任馆长,但焘任副馆长,下设征集、档案、实录等科室,制定了《征集国史资料大纲》和《国史档案管理办法》。之后在对档案系统整理的基础上,国史馆编纂了《中华民国史料长编》《民国大事日历稿》《中华民国时政记》等史料汇编。

1949 年，随着国民党政权在大陆分崩离析，保存在国史馆的档案，其中包括大量抗战档案部分从南京经上海移运台湾。

国民政府时期，尽管档案界有建立全国性档案事业的愿景，也为之付出过努力，但由于多方面的原因，全国性档案事业一直未能真正形成。国民政府没能设置全国最高档案协调指导机构，这一机构的雏形行政院档案整理处也如昙花一现，仅仅存在 4 个月就遭裁撤。整个国民政府时期没有被普遍认同的档案规范制度可以遵循，始终处于各自为政的混乱局面。这种局面不仅给当时的档案工作带来很大的负面影响，也使得负有国家档案馆使命的国史馆在抗战后期才得以建立。没有建立起国家档案馆和地方档案馆系统，即意味着档案没有确定最终的归宿。

二、文书档案工作的改革对抗战档案流传的影响

20 世纪 30 年代，针对当时国民政府、行政院及其所属各部会存在的文书档案工作脱节，行文混乱、公文处理迟缓、档案保管分散等不尽如人意状况，由时任内政部次长的甘乃光倡导，在全国范围掀起了一场核心内容为推行文书档案连锁法的行政效率运动。此次运动一扫文书工作与档案工作时弊，使档案管理更加集中、科学、合理，档案文献可以得到系统完整保存，为建立"国立档案库"（国史馆）做了准备，对改善政府机关文书档案的管理水平，提高行政效率起到了积极作用，为抗战档案得以流传提供了客观必要的保障。

1933 年 6 月，内政部次长甘乃光主持召开了行政院改革公文档案的会议，内政、教育、交通等部提出的具体方案约有 20 项之多，会议讨论并通过了《各部会审查处理公文改良办法》，并于同年

8月公布。核心内容为以公报代替须公布的发文;以会签簿代替会稿咨文;修改公文稿面和收发文簿式;改革公文用语,简化程式,采用标点符号并分段叙述。就此展开了一场文书档案改革运动。

文书档案改革运动的中心内容是在行政机关试行文书档案连锁法,此法就是以集中制原则来组织进行机关的文书档案工作,把文书和档案工作二者结合起来。甘乃光等倡导者认为:"文书与档案本不能分,档案原为归档之文书,文书即未归档之档案,二者实为一者也。"具体程序是:由机关总收发室按既定的分类方案,将本机关全部收发文进行分类编号,采用三联单式一次登记,然后把文件送至主办单位,经办完毕随即由机关档案室进行立卷归档。总而言之,就是统一分类,统一编号,统一登记。通过简便的手续,将文书与档案视为一体,从而改变文书运转迟缓、档案管理分散的状况。文书档案连锁法的施行,简化了文书收发、编号、登记的手续,加速了文件的流转,提高了机关行政运转效率。

与中央机关文书改革相呼应,一些地方也开展了文书档案改革运动。在1934年内政部推行文书档案连锁法之时,闽赣两省派员学习、培训,并在当地推广施行。1935年,甘乃光调任武昌行营后,将文书档案连锁法推行至湖北、四川等地,文书档案连锁法渐渐在国民政府中央机关及一些省份被广泛认同和应用。1934年12月,行政院成立以甘乃光为主任的行政效率研究会,继续领导文书档案改革研究工作。1935年2月行政院设立档案整理处,负责制定中央各部会整理档案的法规,监督各部会依章依规处理档案,同时为建立国家档案做准备。因前述理由,该处即被并入行政效率研究会。1937年七七事变后,时局转趋严峻。行政效率研究会的工作日渐萎缩,文书档案改革运动和行政效率运动也日渐淡化。

抗战初期,国民党政府一面正面抗击日军侵略,一面准备向中国西南纵深地带转移。为应对战时军事机关的档案工作需要，国民政府军事委员会颁发训令：其一，无保存必要的档案随时登记销毁；其二，虽有保存必要，但可以登记方式替代的，应妥善登记，并将原件销毁。其用意在于随时减轻装备，以便抗战之行动。此项规定的落实，导致保存在各机关的档案原件大量被销毁。之后，国民政府各部委一边在昆明郊外开掘山洞建设档案库房，一边积极筹划部署重要档案向西南撤运。不久，由于日军从越南方面侵入我国滇桂边境，这些档案又相继运往重庆。"惟查此次由衡迁渝途中，各厅处仍沿途临时清理公文，仓皇焚毁，显见驻留期间，尚未能依照规则切实办理。"①国民政府曾委派人员对军事委员会、交通部、经济部、财政部等机关档案工作进行巡查，巡查结果显示，"仓皇焚毁"档案的现象非常普遍。

此外，国民政府向西南逐次撤离的过程中，各机关疏散在乡间办公，档案也随之颠沛于乡间，因条件简陋，或因搬迁频繁散失，或因暂存防空洞受霉湿损害，不啻一场浩劫。

鉴于上述"仓皇焚毁"档案的现象，1941 年 10 月，国民政府颁发了《各机关保存档案暂行办法》，严令"各机关应切实保存档案，不得任意焚毁"，之后这一现象才得到基本遏制。随着战局的扩大、战线的延长和长期战争的消耗，日军的兵力严重不足，已无力发动大规模的战略性进攻，这就给国民政府及其军队以喘息的机会，档案工作也从战局溃败的慌乱中稳住阵脚，并逐步恢复和加强。

由于战时机关工作需要一个运转高效的行政运行机制，机关

①《军事委员会政治部关于销毁档案办法的训令》，中国第二历史档案馆馆藏军政部档案，《民国时期文书工作和档案工作汇编》，北京：档案出版社 1987 年版，第 494 页。

文书档案工作与行政效率息息相关,因此,文书档案工作进一步制度化和规范化建设反而在战时建立的体制下被更加重视和强化。国民政府、行政院、各部会密集出台了一系列有关机关文书工作及档案工作的规章制度及法令,大多具有全国一体遵行的性质。对文书档案工作的重视和加强还表现在人员配置上,各部门加强了档案业务人员培训,并将训练有素的人员充实到档案部门。

从国民政府有关文书与档案工作的法令、制度、办法出台的频率和数量来看,抗战时期文书与档案工作的制度化、规范化建设已卓有成效,这一时期颁发的文书与档案工作的法规性文件最为集中。较有代表意义的是1943年9月教育部颁发的《档案管理办法》和1944年7月国民党中央军事委员会颁发的《军用文书改良办法》。

迨至1945年抗战胜利后不久,内战再起。1947年7月军政部颁发《非常时期重要文卷归档办法》,8月,国防部颁发《旧有档案清理办法》,制定这些办法的目的是便于轻装转移和加强保密,必要时对档案进行销毁。1948年7月,为进一步加强战备,统一军事档案工作,国防部颁发了《档案手册》,《档案手册》要求各级军事部门全部档案划分为"临时档案""中心档案""永久档案"三类,与此相适应,在军事系统的机构也分别设置为临时档案室、中心档案室和一般档案室,并由联勤总部设立档案库,统一保存全军永久档案,还规定一般档案室受中心档案室指导,中心档案室定期向全军档案库移交档案等一系列制度,从而达到严格控制军事档案的目的。《档案手册》对于保密、销毁等规定得尤为严密,反映了国民政府在崩溃前对军事档案的管理。

综上所述,抗战前期及抗战时期的文书档案改革运动,提升了国民政府机关文书运转速度和办事效率,从制度层面将文书工作与档案工作二者有机联系起来,使得档案管理更加集中、科学、合理,使得大量抗战档案,虽然经历战争摧残,仍能系统、完整保存,为其得以保存至今奠定了基础,对抗战档案流传有着正面积极的影响。

遗憾的是,文书档案改革运动对确立归档范围作为档案工作的首要环节这一问题的重要性没有足够的认识,导致有文必档现象在档案部门长期存在,其后果就是混淆重要、次要档案,次要档案充斥于室藏和馆藏,鱼目混珠,真正重要的档案反而得不到更好的保存。其次,整个国民政府大部分时期没有建立起国家档案馆网,各机关长期形成的档案累积于机关档案室。机关档案室的容量毕竟有限,面对日渐膨胀的压力,已失时效的档案不能定期向档案馆移交,自然逃脱不了每遇战乱"仓皇焚毁"的命运。这种情况直到 1948 年 7 月国防部颁发了《档案手册》后才在军事部门得到重视并得到纠正,但为时已晚。

第二章　中央档案馆馆藏抗战档案概况、特色及其开发利用

　　自 1931 年九一八事变发生到 1945 年 9 月 2 日抗战胜利结束，中国共产党以自己的政治主张、坚定意志和模范行动，在全民族抗战中发挥了中流砥柱的作用。以毛泽东同志为杰出代表的中国共产党人，把马克思列宁主义同中国革命具体实践相结合，创立和发展了毛泽东思想的科学理论，对夺取抗日战争胜利发挥了重要的思想和战略指导作用。中国共产党积极倡导、促成、维护抗日民族统一战线，最大限度地动员了全国军民共同抗战，成为凝聚全民族力量的杰出组织者和鼓舞者。中国共产党坚持全面抗战路线，提出持久战的战略总方针和一整套人民战争的战略战术，开辟广大的敌后战场，成为坚持抗战的中坚力量。

　　中央档案馆保存着中国共产党在不同历史时期形成的大量珍贵档案资料，其中抗战档案是馆藏档案资料的重要组成部分。这些档案是中国共产党领导中国人民抗击日本帝国主义侵略的历史见证，为研究党史、军史，进行爱国主义教育、弘扬中华民族精神、反击历史虚无主义发挥着不可替代的作用。

第一节　中央档案馆馆藏抗战档案概况

中央档案馆共保存抗战时期档案 15 万余件、资料 4 000 余种，其来源广泛、内容丰富、载体多样。从来源看，有中共中央秘书处移交的档案、各中共中央局档案、敌后抗日根据地民主政权档案、苏共中央移交的中共驻共产国际代表团档案及从各种途径征集的档案等；从内容看，涵盖中国共产党及其领导的民主政权、军队及群团组织在抗战时期形成的各类档案，涉及党的建设、财政经济、统一战线、军事斗争、群众运动、宣传工作、文化教育、根据地和民主政权建设、国统区工作、敌占区工作、国共关系、与共产国际的联系等各个方面；从载体看，主要有纸质文书档案、音像档案、党报党刊、资料、照片及抗战时期的印章、胸章、臂章、锦旗、木版画等实物。这些档案在档案管理人员的精心保护下，经过不同时期接续进行的档案基础业务建设，逐步编制完成了案卷级簿式目录、文件级簿式目录、专题卡片、档案电子目录等检索工具，部分内容可以进行全文检索。现在这些档案完好地保存在中央档案馆，成为记录历史、传承文明的宝贵财富。

一、中共中央及其直属机关、军队等形成的档案

在馆藏档案中，中共中央、中华苏维埃共和国临时中央政府、中央军委（中央革命军事委员会及总参谋部、总政治部、总后勤部）及所属部队、中共中央创办院校等在抗战时期形成的档案，是馆藏抗战档案的主体部分。

这部分档案涵盖广泛，类型多样，极为珍贵。内容涉及政治、军事、经济、党务、组织、宣传、统战、工运、农运、青运等方面，主要

有会议记录、讲话稿、文件、电报、信函、报刊资料、照片、实物等不同档案类型,其中有中共七大、中共中央全会、政治局、书记处的会议记录,发布的宣言、通电、决议、训令等。这些档案多使用钢笔、铅笔、毛笔等书写,有的存有铅印件、油印件等,有的档案存有初稿、修改稿、正式稿等不同版本。为适应当时战争环境,还有的用暗语或药水书写。馆藏中还有上百册电报抄存本,是为了适应当时战争环境下档案保管的需要,由工作人员将电报内容按照收发机构分类或按军事、政工等分类并按时间顺序誊抄在专门记录本上,以便于战时转移携带。

这些档案得以保存下来,与中国共产党组织形成的一套行之有效的档案管理机制密不可分。早在1931年,瞿秋白就为中共中央秘书处起草《文件处置办法》,规定了档案分类整理、编目、销毁的原则与方法,以及文件资料的收集、保管等制度,成为中国共产党第一个档案管理制度。1938年中共扩大的六届六中全会《关于各级党委暂行组织机构的决定》中,规定在区委以上各级党的委员会之下设立秘书处,专门管理文书、庶务、会计等事务。从中共中央、中央军委到八路军、新四军及各部门机关,档案工作均由文秘工作主管领导直接负责。反映在公文处理上,就是党委统一办理、统一签发、统一保存。有时,在军情紧急情况下,部队秘书部门和地方秘书部门经常互相代为保存档案。这样一套行之有效的档案管理机制,确保了在战争环境下党的珍贵档案仍能较好地保存下来。

二、各中共中央局和抗日根据地民主政权、 群众团体等形成的档案

抗日战争时期,中共中央先后设立了十几个中央局,作为中共中央派出机构,如北方局、长江局、中原局、南方局、东南局、陕甘宁

边区中央局、西北局、华中局等。各中共中央局在工作中形成的大量档案，记录了这些机构行使职能、开展工作等情况。比如，关于机构成立、人员编制、干部配备等问题形成的文件、规定、指示；关于修改和颁布法规法令的通知、通令等；关于进行生产、救灾、减租减息等的决定、指示等；关于各机构间往来文书与函电等。

抗日民主根据地，是贯彻和实现中国共产党主张的主要阵地。在陕甘宁边区及晋察冀、晋西北、山东、晋冀豫、冀鲁豫等根据地，相继建立了边区（省）或相当于省一级的政权，县、村（乡）政权也得以进一步发展。中央档案馆馆藏有大量有关根据地政权建设及其发展壮大的档案，记录着党的路线方针政策的实施过程和政权运行状况。比如，陕甘宁边区政府档案全宗中包含抗战时期形成的档案 2 万余件，内容涉及政府机构设立、组织建设、财政经济、统战工作、宣传工作、文化教育及财政生产情况等各个方面。

抗战时期，中国共产党通过各种群众团体组织，把各阶层民众最广泛、最充分地发动并组织起来，促使抗日救亡运动在全国蓬勃发展，为取得抗日战争的胜利奠定了坚实的群众基础。这些群团组织涵盖社会各行各业、各个阶层，有面向产业工人的中华全国总工会，有面向青年群体的青年救国联合会，还有团结农民的农民救国会、团结妇女的妇女联合会等。这些群团组织，在执行党中央各项决策部署，指导本系统群团工作的过程中，也形成了大量档案，是中央档案馆馆藏的重要组成部分。

第二节　中央档案馆馆藏抗战档案特色分析

中央档案馆馆藏抗战档案内容丰富、系统权威，是客观、全面反映中国共产党领导中国人民抗击日本侵略的珍贵史料。鉴于馆藏抗战档案数量众多、涵盖面广,仅选取具有代表性的部分档案进行介绍。

一、全面呈现了中国共产党坚定的抗日立场和正确的抗日战略

　　九一八事变后,中国共产党立即旗帜鲜明地提出了坚决抗日的主张,号召全国人民掀起反对日本帝国主义侵略东北的抗日斗争,这在馆藏档案中有充分体现。例如:1931 年 9 月 20 日,中共中央发表《中国共产党为日本帝国主义强暴占领东三省事件宣言》;9 月 22 日中共中央又作出《关于日本帝国主义强占满洲事变的决议》。中国共产党在民族危亡的紧要关头又多次发表宣言、通电或训令,号召全国人民共同抗击日本帝国主义。"一·二八"淞沪抗战爆发之际,1932 年 1 月 27 日发表《中国共产党中央委员会为武装保卫中国革命告全国民书》;1 月 31 日发出《中国共产党中央为上海事变第二次宣言》;4 月 5 日针对《淞沪停战协定》的签订,发出《中国共产党中央委员会为以民族的革命战争反对帝国主义进攻苏联与瓜分中国告民众书》;4 月 15 日发出《中华苏维埃共和国临时中央政府宣布对日战争宣言》《中华苏维埃共和国临时中央政府为对日宣战向全世界无产阶级和被压迫民族宣言》《中华苏维埃共和国临时中央政府关于动员对日宣战的训令》。随着日本帝国主义向华北地区侵略形势的严峻,中国共产党又通过各种途径,号召停止内战、共同抗日,这些都在档案中有充分体现。

　　中国共产党为建立以国共合作为基础的抗日民族统一战线进行了长期不懈的努力。如馆藏的 1935 年 8 月 1 日由中共驻共产国际代表团草拟的《中国苏维埃政府、中国共产党中央为抗日救国告全体同胞书》(即《八一宣言》)和同年 12 月在瓦窑堡召开中共中央政治局扩大会议通过的《中央关于目前政治形势与党的任务决议》

等档案，是反映中国共产党号召建立抗日民族统一战线的早期文献。

西安事变发生后，中国共产党以中华民族利益的大局为重，确定了以和平方式解决西安事变的方针，并积极奔走，争取事变和平解决。中央档案馆保存有大量为解决西安事变与各有关方面的来往电报、信件，这些档案真实记录了这一重大历史事件，反映了中国共产党对促成以国共两党合作为基础的抗日民族统一战线的建立所发挥的重要作用。

全面抗战爆发后，中国共产党提出了一系列正确的抗日战略，中央档案馆馆藏中有大量这方面的档案。在全面抗战一开始，中国共产党就提出了全民族抗战的全面抗战路线，如：1937 年 7 月 8 日发表《中国共产党为日军进攻卢沟桥通电》《红军将领为日寇进攻华北致蒋委员长电》；7 月 9 日发表《人民抗日红军要求改编为国民革命军并请授命为抗日前驱的通电》；7 月 23 日毛泽东发表《反对日本进攻的方针、办法和前途》；8 月 22 日至 25 日中共中央在陕北洛川召开政治局扩大会议通过的《中国共产党抗日救国十大纲领》等。1938 年 5—6 月，毛泽东总结了全面抗战以来 10 个月的经验，作了题为《论持久战》的长篇讲演，系统阐明了中国共产党的持久战理论，阐明了夺取抗战胜利的正确道路，馆藏有《论持久战》多个版本的档案资料。

为了早日实现国共两党合作抗日，进一步推动全面抗战，1937 年 7 月中旬，周恩来将《中共中央为公布国共合作宣言》送交蒋介石。8 月 25 日中共中央革命军事委员会发布《关于红军改编为国民革命军第八路军的命令》。10 月，南方八省红军和游击队整编为新四军。这些档案充分表现了中国共产党为实现国共合作、夺取抗战胜利的决心。

　　中国共产党不仅是抗日民族统一战线的积极倡导者和组织者,而且是其坚定的维护者和力行者,在馆藏中有许多反映中国共产党坚持统一战线主张、立场和行动的档案。如:1939年1月26日中共中央作出《关于帮助国民党及其军队工作原则的决定》;同年3月20日中共中央作出《关于统战部工作的指示》;1940年5月4日毛泽东发表《放手发展抗日力量,抵抗反共顽固派的进攻》一文;同年8月15日中共中央作出《关于开展统一战线工作的指示》;1941年1月18日中共中央作出《关于皖南事变的指示》;同年12月9日中共中央作出《关于太平洋反日统一战线的指示》;1943年2月7日毛泽东、朱德、王稼祥、叶剑英发出《关于主动加强统战工作的指示》致各战略区域电;1945年4月30日,周恩来在中国共产党第七次全国代表大会上作题为《论统一战线》的报告等。

　　中国共产党在推动和坚持国共合作的同时,还积极倡导、努力建立和扩大包括各民主党派、人民团体以及一切爱国阶级、阶层的广泛的抗日民族统一战线。如:1940年4月1日中共中央作出《关于争取小党派及中间分子的指示》,同年10月11日中共中央作出《关于对苏北名绅进行统战工作的指示》,10月30日中共中央宣传部作出《关于向全国教育界各小派别小团体推广统一战线工作的指示》等,馆藏这方面的档案也为数不少。

二、全面反映中国共产党领导的人民军队在敌后
　　进行的艰苦卓绝的抗战史实

　　九一八事变后,中国共产党领导的东北抗日武装,在杨靖宇、王德泰、赵尚志、周保中等领导下,坚持武装斗争,发展成为东北抗日联军的基本力量,有力支援了全国的抗日战争。如馆藏的1933年1月26日由中共中央发出的《给满洲各级党部及全体党员的信》

（即"一·二六指示信"）和 1936 年 2 月发表的《东北抗日联军统一军队建制宣言》等档案，是中国共产党在东北积极组织并领导抗日武装斗争的具体体现。

中国共产党从全面抗战大局出发，领导八路军、新四军深入敌后，取得了许多重大胜利。在馆藏档案中，许多关于战略方针、作战部署、形势分析、战斗情况等方面的电报、照片对此都有反映。如平型关战斗、雁门关伏击战、阳明堡战斗、广阳伏击战、响堂铺战斗、晋东南反九路围攻、百团大战、车桥战役等，在档案中都有详细记载。以平型关战斗为例，与之有关的档案有 1937 年 9 月 25 日朱德、彭德怀关于平型关战况的电报；9 月 26 日朱德、彭德怀关于一一五师平型关大捷的电报，八路军参谋处关于平型关战斗的捷报，平型关战斗胜利后战士们凯旋归来的照片；平型关会战经过要图；10 月 18 日朱德、彭德怀关于平型关战斗胜利后应注意轻敌和骄傲致各师电；1937 年 10 月八路军后方留守警备一团团长贺晋年率全体指战员祝贺平型关大捷电；11 月 24 日《新中华报》刊发平型关战斗纪实等。

在馆藏档案中，还保存有大量反映中国共产党领导八路军、新四军在敌后建立根据地，实行独立自主游击战的档案；有广泛发动群众开辟敌后战场，有力支援正面战场的档案；还有在敌后抗日根据地同日军进行反"扫荡"和反"蚕食"斗争的档案等。

三、全面体现中国共产党领导的抗日民主根据地建设所取得的重大成就

中央档案馆保存着中国共产党领导的各敌后抗日根据地的珍贵档案，这些档案包含党的建设、政权建设、军事斗争、财政经济、组织宣传、文化教育、卫生事业等各方面内容。

在艰苦的抗战环境中，中国共产党非常注意加强自身建设。馆藏档案反映了中国共产党在抗战时期为加强自身建设所进行的各项工作。例如：1938年3月15日中共中央作出《关于大量发展党员的决议》；1939年7月刘少奇起草《论共产党员的修养》；8月25日中共中央政治局通过《关于巩固党的决定》；1940年2月15日中共中央发出《关于办理党校的指示》；同年10月17日中共中央宣传部发出《关于各抗日根据地内党支部教育的指示》；1941年7月1日中共中央政治局通过《关于增强党性的决定》；8月中共中央作出《关于调查研究的决定》；1942年9月1日中共中央政治局通过《关于统一抗日根据地党的领导及调整各组织间关系的决定》；1943年6月1日中共中央发出《关于领导方法的决定》等。

整风运动是抗日战争时期一次全党范围内的马克思主义思想教育运动，也是破除党内把马克思主义教条化、把共产国际决议和苏联经验神圣化错误倾向的伟大思想解放运动，为抗日战争的胜利奠定了重要的思想政治基础。馆藏档案中记载着整风运动的全过程。如：1941年5月毛泽东在延安高级干部会议上作题为《改造我们的学习》的报告；9月至10月毛泽东在中共中央政治局扩大会议上作反对主观主义和宗派主义的主题报告等。馆藏中还保存有中共中央书记处编印的《马恩列斯思想方法论》和《六大以来》等学习文件；1942年2月毛泽东所作题为《整顿党的作风》和《反对党八股》的报告；同年4月3日中共中央宣传部《关于在延安讨论中央决定及毛泽东整顿三风报告的决定》；毛泽东在西北局高级干部会议上所作题为《论布尔什维克化十二条》的讲演等档案。1944年5月21日至1945年4月20日，中共中央在延安举行扩大的六届七中全会，会议通过了《关于若干历史问题的决议》，该《决议》草案及历次草案修正稿、定稿等不同版本均保存在中央档案馆。

在政权建设方面，馆藏有 1940 年 3 月中共中央发出的《关于抗日根据地的政权问题》的指示，1942 年 12 月陕甘宁边区政府第三次政府委员会通过的《陕甘宁边区简政实施纲要》等档案。在经济建设方面，包括 1942 年 1 月 28 日中共中央作出的《关于抗日根据地土地政策的决定》，1942 年 12 月毛泽东在陕甘宁边区高级干部会议上所作题为《经济问题和财政问题》的报告，为中共中央起草的题为《开展根据地的减租、生产和拥政爱民运动》的党内指示等档案。在根据地文化教育建设方面，馆藏有关于中国人民抗日军政大学、陕北公学、鲁迅艺术学院、中共中央党校等机构档案。

第三节　中央档案馆馆藏抗战档案的开发利用

中央档案馆在抗战档案的开发利用工作中，一方面注重对抗战档案的安全管理，以档案副本或数字化图像方式提供利用，更好地保护了档案原件；另一方面以各种适宜形式开展档案编辑出版工作，其内容涉及抗战时期的政治、军事、经济、文化以及日本侵华罪行等。这些档案编研成果在铸史育人、服务社会和学术研究等方面，都发挥了重要作用。

一、抗战专题类档案资料出版物

以反映中国共产党团结带领全国人民英勇抗战，展现中国共产党在抗日战争中的中流砥柱作用为主题的出版物主要有：

《中共中央抗日民族统一战线文件选编》由中央档案馆联合中共中央统战部于 1984 年至 1986 年陆续编辑出版，该书选取馆藏1931 年至 1945 年与抗日民族统一战线相关的文件资料，以中共中央文件、电报为主，同时收入中共中央负责同志的讲话和文章，展现了整个抗战期间,中国共产党始终高举全民族抗战的旗帜,为建立以国共合作为基础的抗日民族统一战线所进行的长期不懈努力。

《中国共产党抗日文件选编》由中央档案馆于1995年编纂出版,选取1931年至1945年中国共产党在抗战中发布的宣言、指示、命令等文献史料,按时间顺序排列,再现了中国共产党团结民众争取民族独立解放的历程。

《中国共产党关于西安事变档案史料选编》于1997年出版,该书精选馆藏1935年8月至1937年4月期间有关西安事变的档案文献,其中许多为首次全文公开发表,为深入研究西安事变提供了翔实的史料。

以深入披露日本侵华期间的种种恶行、暴行、罪行为主题的出版物主要有:

《日本帝国主义侵华档案资料选编》是中央档案馆、中国第二历史档案馆及吉林省社会科学院联合编辑出版的大型系列史料集。该书从1984年初启动编纂,选用大量1931年至1945年的档案资料,已按专题出版16卷。其中,九一八事变、华北事变、伪满傀儡政权、东北历次大惨案、伪满宪警统治、华北历次大惨案、华北大扫荡、日军在各地暴行、细菌战、南京大屠杀、经济掠夺等方面都设有专卷。

《南京大屠杀图证》由中央档案馆、中国第二历史档案馆、吉林省社会科学院于1995年联合编辑出版。该书精选了反映抗战期间日军南京大屠杀暴行的图片800余幅,并附以说明和考证性文字5万余字,从各个角度直观反映了侵华日军加诸南京人民的累累罪行。该书被中共中央宣传部和国家新闻出版署确定为"纪念中国抗日战争暨世界反法西斯战争胜利50周年"重点图书。

《日本侵华战犯笔供》(10 卷本)由中央档案馆于 2005 年整理出版,该书首次影印公布了经最高人民法院审判的 45 名日本侵华战犯的亲笔供词。书中将各个战犯笔供的原文、补充、更正、附言等以及当时的译文一并影印刊出,为揭露日本帝国主义侵华战争暴行,提供了不可抗拒的历史证据。

《日本战犯的侵华罪行自供》由中央档案馆整理编辑,2014 年8 月出版。全书共 11 册,收录中央档案馆保存的 45 名日本侵华战犯的认罪自供。为了真实展现这 45 名日本侵华战犯自供原貌,该书将各个战犯的自供原文、补充、更正、附言等以及当时的译文影印刊出。

《中央档案馆藏日本侵华战犯笔供选编》于 2015 年、2017 年分两辑出版。为纪念中国人民抗日战争暨世界反法西斯战争胜利 70周年,中央档案馆从馆藏日本侵华战犯档案中选取部分战犯的亲笔供述档案予以公布。全书共 120 册,收录 842 名日本侵华战犯笔供,数量达 6.3 万页,收录内容为被判刑战犯及免予起诉战犯笔供,包括笔供原文、补充、更正、附言等,以及相应的中文译文,绝大部分档案属首次公布,具有较高的历史、学术价值。

《抗日战争时期中国解放区人口伤亡和财产损失档案选编》由中央档案馆联合中央党史研究室于 2015 年共同编辑出版。该书选取馆藏档案中相关中国解放区在抗日战争时期所遭损失的文件资料,按中国解放区及晋绥、晋察冀、冀热辽、晋冀鲁豫、山东、苏皖、中原解放区的次序排列,为研究抗战期间各解放区的人口、财产损失提供了珍贵的史料。

以反映抗战时期中国共产党带领全国各族人民英勇抗敌为主线拍摄的专题片,主要有《抗日中坚八路军》《新四军》《砥柱中流——伟大的敌后抗战》《抗战史上的今天》等,这些专题片广泛利用馆藏的有关文件、照片、录音、资料、实物等,再现了在中国共产党领导下,八路军、新四军和全国各族人民英勇抗战的史实。其中,《抗日中坚八路军》在第十届中国行业电视节目展评中荣获专题类一等奖,《抗战史上的今天》在中国电视艺术家协会等单位举办的题为"让历史告诉未来"的中国人民抗日战争全纪录主题活动中荣获"抗战作品特别成就奖"。

以国家档案局官方网站为平台,充分发挥网络时代信息传播广泛快捷的优势,在线公布了大批档案资料。主要有:

2014 年,发布 30 集专题视频《浴血奋战——档案里的中国抗战》,选取了中国抗日战争中部分代表性战役、战斗的档案,如平型关大捷、台儿庄战役、百团大战等,重现了当年中国人民可歌可泣、浴血奋战的历史壮举。2015 年,这些档案又被编辑成《档案中的中国抗战》一书发行。

2014 年,发布 24 集专题视频《伟大胜利——中国受降档案》,选取了有关中国对日受降的部分档案,展现了在世界反法西斯战争中,中国人民对日本侵略者从局部反攻到全面反攻,直至侵华日军向中国缴械投降的伟大胜利进程。2015 年,中央档案馆进一步将这些档案整理编辑,出版了《中国受降档案》一书。

2015 年 8 月 11 日,为纪念中国人民抗日战争暨世界反法西斯战争胜利 70 周年,揭露日军侵华罪行,发布专题网络视频《日本侵华战犯笔供选》,公布 31 个日本侵华战犯笔供档案。发布期间,国内各大报刊、网站、电视等各类型媒体都呈现较高的参与度,共发布信息 1 万余条。

2015 年,为配合抗战胜利 70 周年的庆祝活动,推出 365 集专题网络视频《档案天天看——馆藏抗战档案系列》,从馆藏档案资料中精选 14 年抗战史上关于重大事件、重大战斗战役、重要人物

的电报、书信、讲话、题词、照片等，对应日期，每日面向社会公布 1
件。人民网、新华网、光明网等网站也同步发布视频内容，取得了
积极的社会反响。

二、综合类档案资料出版物

中央档案馆始终围绕党的中心任务，服务党和国家工作大局，
将馆藏党和国家重要档案编辑整理，面向社会公开出版。这些综
合类出版物，包含了大量抗战档案资料。

2011 年，为纪念中国共产党成立 90 周年，中央档案馆与中共
中央文献研究室联合编辑出版《建党以来重要文献选编（1921—
1949）》，共 26 册，收录了中国共产党成立至中华人民共和国成立
以前各个历史时期的重要文献，其中涵盖了中国共产党在抗战期
间的重要决议、宣言、指示和中共中央领导人的重要报告、讲话、文
章、电报、书信等，再现了中国共产党领导全国人民浴血抗战的光
辉历史。同年 6 月 16 日，《建党以来重要文献选编（1921—1949）》
出版座谈会在北京人民大会堂举行。时任中共中央政治局常委、
中央书记处书记、国家副主席习近平出席座谈会并讲话。习近平
指出，注重从党的历史经验中汲取智慧和力量以推动党的事业不
断开拓前进，是我们党的一个优良传统和政治优势，要通过学习这
部文献选编，了解党的奋斗历史，坚定中国特色社会主义信念。

1989 年，中央档案馆陆续编辑出版《中共中央文件选集
（1921—1949）》，共 18 册，选编了 1921—1949 年的中共中央文件和
中共中央领导人的报告、文章，以及反映党的方针政策的党报社论
等，其中包含了大量抗战方面的档案资料，为研究抗战历史提供了
重要参考。

为纪念毛泽东、周恩来、朱德、邓小平等诞辰，中央档案馆陆续

推出了多种手迹选辑,如《毛泽东书信手迹选》《毛泽东手书选集》《毛泽东手迹》《周恩来手迹选》《朱德手迹选》《邓小平手迹选》等,收录了许多抗战时期书写的文件、电报、书信、题词等手迹,是研究抗战历史的珍贵资料。

2012 年 10 月,为迎接党的十八大胜利召开,编辑出版《光辉的历程——中央档案馆馆藏档案资料选编》。该书收录了馆藏的 270 多件档案和相关文献资料,有相当一部分档案是首次公开,其中包含了部分抗战档案。该书被新闻出版总署确定为"迎接党的十八大主题重点出版物"。

中央档案馆编辑出版的综合类档案图书种类繁多,上述仅就涉及抗战档案的出版物择要举例,其他如《中共党史资料》《中国共产党历史资料丛书》等系列丛书中,对抗战档案也多有公布。此外,中央档案馆还通过文献电视片、官方网站平台等多种方式,向社会公布馆藏档案资料,其中包含了大量抗战时期的重要文献。

2011 年 7 月,30 集文献电视片《开天辟地 90 年》在多家电视台播出。该片以反映中国共产党成立以来历次重大事件的电影、电视、照片、录音、文字等各种形式的档案和当时的新闻报道为基本素材,采用编年体的方式,真实地记录了中国共产党建党 90 年间的 600 多个重大事件,其中包含了抗战时期中国共产党领导中国人民抗击日本帝国主义侵略的重要档案。该片被列入新闻出版总署《"十二五"时期(2011—2015)国家重点图书、音像、电子出版物出版规划》中的国家音像出版规划重点项目。

中央档案馆还拍摄发行了《百幅手迹怀伟人——毛泽东 110个故事》《周恩来的故事》《邓小平的故事》等多部文献电视专题片,这些专题片的摄制中也用到了许多有关抗战的馆藏档案。其中,《周恩来的故事》荣获第二十四届中国电视金鹰奖优秀电视纪录片奖、"第十二届中国行业电视节目展评"专题类一等奖等多项荣誉。

此外,2013 年中央档案馆还在国家档案局网站上推出了 365 集专题网络视频《档案天天看——毛泽东档案系列》,从馆藏毛泽东档案中精选出 365 件档案,包括毛泽东亲笔起草、修改、书写、批注的文件、电报、书信、论著、诗词、题词,以及毛泽东的印章、重要讲话录音、藏书等多种类型,其中包含大量抗战时期的重要文献。视频公布后,人民网、新华网、中国共产党新闻网也在各自栏目同步发布视频内容,全年点击量达数百万,取得了积极的社会反响。

三、有关部门利用中央档案馆馆藏档案编撰的出版物

按照党和国家有关规定,中央档案馆积极为其他单位编辑各类出版物提供档案,其中也包含众多抗战档案。

为编纂党史、军史类著作提供馆藏档案资料。在有关部门编写《中国共产党的七十年》《中国共产党历史》《中国共产党的九十年》《中国人民解放军军史》等著作时,查阅利用了大量馆藏档案,从而使得这些著作具有丰厚的史料基础。在论述抗战时期的章节中,用翔实的史料客观记述了日本侵华的累累罪行,展现了中国共产党带领全国人民不畏强敌,英勇抗争的艰难历程和伟大功绩。

为编辑出版历史资料丛书提供馆藏档案资料。如"中国人民解放军历史资料丛书"中的《八路军文献》《新四军文献》,收入书中的电报和文件,大多数选自中央档案馆。这些文电突出反映了中国共产党在抗日战争时期的路线方针和重要决议,以及八路军、新四军的路线部署和重大作战行动。

为编辑出版党和国家领导人选集、文集等提供馆藏档案资料。如《毛泽东选集》《毛泽东文集》《毛泽东军事文集》《刘少奇选集》《周恩来选集》《朱德选集》《任弼时选集》《邓小平文选》《陈云文选》

等选集、文集的编纂,充分利用了馆藏的档案资源,其中也包含了大量的抗战档案,是研究抗战历史的重要资料。

为编纂党史人物年谱、传记提供馆藏档案资料。有关部门在编纂毛泽东、周恩来、朱德、邓小平等中共党史人物年谱、传记的过程中,查阅利用了中央档案馆大量的档案资料,其中包含有众多抗战时期的珍贵文献。

第三章　中国第二历史档案馆馆藏抗战档案概况、特色及其整理利用

第一节　中国第二历史档案馆馆藏抗战档案概要及价值分析

中国第二历史档案馆（以下简称"二史馆"）成立于1951年2月1日，原名为中国科学院历史研究所第三所（即近代史研究所）南京史料整理处，1964年4月正式改名为中国第二历史档案馆。

该馆坐落于江苏省南京市中山东路309号，原"中国国民党中央党史史料编纂委员会"旧址。1949年4月南京解放后，南京市军事管制委员会接管了原国民政府"国史馆"和原"中国国民党中央党史史料编纂委员会"所保存的档案史料及其他财产，并留用了原来的工作人员。1949年10月，中华人民共和国中央人民政府成立，同年11月政务院接收工作指导委员会华东工作团到南京，接收原国民政府各有关机构，中国科学院历史研究所第三所派员随工作团来南京，参加接收原国民政府各机构所遗留的档案。随后，政务院文化教育委员会决定在南京成立专门机构负责保管上述档案，并先后从重庆、广州、上海、昆明接收了大量原国民政府各机构的档案及日伪中央政权档案等。

　　二史馆自成立以来，一直致力于中华民国时期中央机关及其所属机构档案的收集保藏，同时投入大量的人力物力对接收来的各类档案进行整理和提供利用。经过 70 余年的广泛征集，形成了卷帙浩繁、内容丰富的馆藏特色。作为国内典藏民国档案的重要基地，目前二史馆所藏民国档案计 1 354 个全宗，约 258.69 万卷，4 500 万件档案，排架总长度可达 55 千米，另藏有民国时期图书、报刊 13 万册件。是研究中国现代史、中华民国史及各种专门史的资料宝库。

　　二史馆馆藏民国档案主要按照政权性质及其先后时序进行区分，分别为中华民国临时政府（即南京临时政府）、北京民国政府（俗称北洋政府）、广东军政府、广州国民政府、武汉国民政府、南京国民政府，以及汪伪南京、北平、华北伪政权等档案，另外藏有蒋介石、冯玉祥、张静江、陈布雷、顾维钧等 52 人的个人全宗档案，它们主要从不同的角度记录了 1912—1949 年近现代中国的政治、军事、财政、金融、经济、交通、文化、教育、外交、社会、立法、司法等方面情况，为全方位研究中国近现代史提供了丰富而翔实的文献资料。

　　自 1927 年南京国民政府成立至 1949 年国民党政权败走台湾，南京国民政府中央机关及所属机构在其长达 22 年行使权力的过程中形成了为数浩繁的档案文件。除大陆解放前夕被国民党当局运到台湾的部分重要档案，以及受战乱等因素影响而损毁和流失的小部分档案外，这一时期有关档案基本为二史馆收藏，它们涵盖了从 1927 年 4 月南京国民政府建立到十年内战结束，从第二次国共合作开始到抗战胜利，从蒋介石发动全面内战到南京政权最后覆灭的整个历史阶段。

　　作为馆藏档案主体，二史馆现藏南京国民政府时期档案共 710

个全宗,计 150 万余卷,不仅数量庞大,且较完整,囊括了国民政府
(总统府)与行政、立法、司法、考试、监察五院及其直属机构档案,
以及国民党中央执行委员会秘书处、中央组织部、中央宣传部、中
央民众训练部、中央党史史料编纂委员会等党务系统档案等,其中
蒙藏委员会、司法行政部和海关总税务司署等档案全宗不仅较为
集中,且为二史馆所独有。

　　抗战档案更是二史馆所藏档案的精华。中国人民抗日战争从
1931 年九一八事变为起点,到 1945 年 8 月日本接受《波茨坦公告》
无条件投降止,经历了 14 年艰苦曲折的斗争。"14 年抗日战争是
一个整体,前六年局部抗战主要发生在东北、华北及上海等地区,
是整个抗日战争先声和重要组成部分;后八年的全面抗战是前期
局部抗战的延伸和发展,也是中国以举国之力全面抗击并最终战
胜日本侵略者的决战"。[1]　二史馆收藏的抗战档案就时间跨度而言,
全面记录了 14 年抗战历史的全过程:包括反映九一八事变前的 1927
年 6 月 27 日至 7 月 7 日日本确定《对华政策纲领》的东方会议及会
后首相田中义一向日本天皇上奏的《帝国对满蒙之积极根本政策》
(即《田中奏折》)的情报;1928 年 5 月日军在济南制造"五三惨案"档
案;1931 年 7 月日本当局挑起万宝山事件档案;1931 年 9 月至 1932
年 12 月局部抗战兴起阶段、1933 年 1 月至 1937 年 7 月局部抗战扩
大和发展阶段、1937 年 7 月至 1938 年 10 月全面抗战战略防御阶段、
1938 年 10 月至 1943 年 7 月全面抗战战略相持阶段、1943 年 7 月至
1945 年 9 月全面抗战战略反攻阶段[2]档案;抗战胜利后各地受降与
接收、台湾光复、汉奸及战犯审判、抗战损失调查等档案。抗战档

---

① 支绍曾主编:《中国抗日战争史简明读本》,北京:人民出版社 2015 年版,第 1 页。

② 支绍曾主编:《中国抗日战争史简明读本》,第 1—3 页。

案就其范围而言,则涉及政治、军事、外交、经济、教育、文化、财政、金融、立法、司法、社会、边疆、侨务等方方面面。

二史馆收藏的抗战档案 70 余万卷,除军事委员会、军委会委员长侍从室、军令部、政治部、国防部史政局和战史编纂委员会等军事系统档案及伪临时政府、伪维新政府、汪伪国民政府等日伪档案全宗在下节中专门列举外,涉及的全宗主要有:

国民政府、国民党中央执行委员会秘书处、国民参政会、国民政府主计处、立法院、司法院、司法行政部、最高法院、最高法院检察署、行政法院、考试院及考选委员会、铨叙部、监察院及各监察使署、审计部、行政院、行政院经济会议秘书处、国家总动员会议、全国经济委员会、战时生产局、战争罪犯处理委员会、敌产处理委员会、行政院收复区全国性事业接收委员会、行政院苏浙皖区敌伪产业处理局、中央图书杂志审查委员会、行政院非常时期服务团委员会、内政部、内政部人口局、内政部禁烟委员会、地政署、卫生部、蒙藏委员会档案全宗。主要涉及战时国家大政方针的制定与实施,国家体制全面转入战争体制的过程,战时各项法律法规的制定与施行,如非常时期维持治安紧急办法(1940 年 7 月 24 日)、国家总动员法(1942 年 3 月 29 日)等。

民族事务方面,"掌理有关蒙古、西藏行政及各种兴革事项"的蒙藏委员会及国民政府、行政院等机构档案中,保存有大量有关整个抗战时期民族事务组织机构与行政法规,以及反映重要蒙事、藏事、新疆政情的档案史料。如国民政府公布的蒙古盟部旗组织法(1931 年 10 月)、达赖班禅代表来京展觐办法(1934 年 1 月)、管理喇嘛寺庙条例(1935 年 12 月)、蒙藏边区人员任用条例(1937 年 4 月)、喇嘛转世办法(1938 年 9 月 24 日),及国民政府批准设立蒙藏委员会驻藏办事处令(1940 年 4 月 6 日)等。

国民党中央执行委员会秘书处保存有反映为解决国共两党争端而于 1944 年 5—8 月、1944 年 11 月至 1945 年 1 月国共代表在西安、重庆举行谈判情况的有关档案,如 1944 年 2—3 月国民党中央党政军联合会报会为国共谈判所采对策的会议记录和方案,蒋介石对于外籍记者赴延安访问及国共谈判问题的指令,1944 年 5 月张治中、王世杰关于与中共代表林伯渠谈判情况致蒋介石的电稿,林伯渠与张治中等的来往函件,1944 年 11 月国共协定草案及国民党对于该项协定的修改稿,王世杰与周恩来谈话情况的记录(1944 年 11 月 21 日),以及毛泽东、周恩来、赫尔利的来往函抄件,林伯渠在重庆活动情形和社会各界对于国共谈判的态度等情报。

战争罪犯处理委员会等全宗的档案则记录了中国军事法庭调查日军各种暴行、审判日本战犯情形档案。如南京崇善堂掩埋死难者工作一览表、世界红卍字会南京分会救济队关于掩埋尸体情况统计表等。赈济委员会档案内有南京国际救济委员会报告书以及南京大屠杀证人及幸存者陈述笔录,还有国防部审判战犯军事法庭对南京大屠杀元凶谷寿夫、向敏明等战犯的起诉书、判决书,东京远东国际军事法庭对于日军南京大屠杀罪行的判决等资料。

外交部、外交部驻沪办事处、外交部驻云南特派员公署、中国驻英使馆、中国驻苏使领馆、中国驻瑞士瑞典使馆、侨务委员会等外交侨务系统档案全宗包括系统反映国民政府与日本及欧美诸国关系的外交档案,以及争取苏美英等国援助和取消不平等条约、恢复中国大国地位、保护侨民等方面档案。

中日关系方面,有反映日本发动九一八事变,侵略东北和制造伪满洲国的档案,如顾维钧等致张学良密电、张学良致蒋介石等密电、外交部关于对日交涉情况的报告、国际联盟关于解决中日纠纷的系列文件、顾维钧关于日本策动东三省独立的说帖、辽宁特务员张新生关于日本侵略东北实况的呈文等；有反映"一·二八"事变的档案，如外交部关于上海停战会议经过情形的报告，国联调查团中国代表顾维钧关于中国对"一·二八"事变拟采取和平政策之说帖，以及汪精卫、何应钦、张学良、罗文干、孔祥熙、吴铁城等人关于沪案情形、停战谈判及英美调停等事宜的来往密电和中日停战协定等；还有反映日本操纵华北走私、贩卖毒品、在华北"自由飞行"、在中国各地挑衅及侵夺中国主权违法案件、川岛芳子在天津成立华北伪组织等档案，以及张群任外交部部长期间与日本驻华大使川越茂关于调整中日邦交问题的谈话记录，外交部关于解决成都事件、北海事件之对策草案，蒋介石驳斥日本近卫声明的讲话，外交部关于日汪签订密约的声明等。

关于参加国际会议及与苏美英等国关系，以及废除不平等条约，国民政府为应付时局所采取的一系列对外方针政策及外交活动的档案，包括国防最高会议确定关于中国参加《九国公约》会议及代表会外活动原则函，外交部拟定有关侵略与制裁、军缩、变更条约、战后借款及整理外债原则，国民政府公布中国与联合国善后救济总署签订之基本协定，中美英苏关于筹设战后世界和平机构建议案，中国与英美诸国签订废除不平等条约协议经过情形等。

财政部、国库署、关务署、海关总税务司署、税务署、直接税署、财政部各区统税局、缉私署、战时货运管理局、专卖事业管理局、烟类专卖局、火柴专卖局、盐务总局、四联总处、中央银行、中国银行、交通银行、中国农民银行、中央信托局、中央印刷厂总管理处、邮政储金汇业局、中国国货银行、各省市县银行、各保险公司、贸易委员会、富华贸易公司、复兴商业公司、中国茶叶公司等财政金融系统档案全宗全面反映了战时财政金融政策、法规，以及改订财政收支系统与战时预决算、田赋收归中央并改征实物、整顿旧税另辟新税、发行公债与举借外债等各项重大举措。如非常时期金融管制政策，针对日伪金融侵略的应对策略，关税自主与改订新约，对糖、烟、火柴、食盐等生活物资实行专卖，开征诸如货物统税、印花税、遗产税、消费税、营业税等税种，中央与各地方公债筹募、摊派、整理以及战后处理敌伪债券库券等情况；又如中苏、中美、中英等借款，中、中、交、农四大银行和四联总处、中央信托局、邮政储金汇业局等国家金融垄断机构战后接收清理伪中央储备银行、伪中国联合准备银行、伪蒙疆银行、伪满中央银行与收换伪钞，及台湾光复时期金融与币制概况等。

包括实业部、经济部、采金局、物资局、钢铁管理委员会、土铁管理委员会、工矿调整处、燃料（煤焦）管理处、液体燃料管理委员会、商标局、全国度量衡局、汉口商品检验局、重庆商品检验局、农本局、福生总庄、花纱布管制局、资源委员会、资委会驻美国及印度总代表办事处、资委会国外贸易事务所、资委会保险事务所、资委会电信事务所、资委会运务处、资委会矿产测勘处、资委会四川油矿探勘处、甘肃油矿局、中央电瓷制造厂、中央无线电器材厂、中央电工器材厂、动力油料厂、中国植物油料厂、中国粮食工业股份有限公司等经济系统档案全宗的经济类档案是二史馆收藏最多的档案，它广泛涉及抗战时期各经济领域，充分反映了战时工矿、商贸等方面生产建设与营运情况。经济政策方面有非常时期经济方案、非常时期工矿商业管理条例、工商业团体管制办法、战时经济持久政策具体实施办法和国民党中央执行委员会通过的有关巩固前方经济基础、确立战时经济体系、实行经济统制等决议案等。有关经济法规与经济活动方面包括矿业法、工厂法、公司法、商标法、专利法、战时经济行政组织、经济部年度工作报告、各战区经济委员会和战区经济游击队组织活动与对敌经济作战，以及经济部、国防设计委员会等关于工厂经营、工矿产品等方面的调查报告，纺织、面粉、火柴等轻工业发展情形的统计资料等。特别是经济部关于战时工矿企业内迁情形报告、工矿调整处协助西迁工厂一览表等有关工矿内迁的档案弥足珍贵。

农林部、农林部农产促进委员会、粮食增产委员会、农业推广委员会、西北羊毛改进处、农田水利工程处、棉产改进处、全国粮食管理局、粮食部、粮食部田赋署、水利部、长江水利工程总局、导淮委员会、中央水利实验处、水利示范工程处、水利发电勘测总队、龙溪河水力发电厂工程处等农林水利系统档案全宗。增加粮食、棉花、生丝等农产品产量，保障大后方军民供给成为战时经济工作的重中之重。二史馆收藏的抗战农林水利档案包括了战时农业行政、农业金融与农业合作、土地垦殖与农田水利、农林牧渔业生产、农作物品种改良与病虫害防治、增加地力研究与推广应用、兴办农田水利、调整租佃关系、农村经济政策、各项土地法规、农村土地状况调查、地政改革、农村经济建设等方面的调查统计，全国及各省市合作事业及合作社概况报告，以及农产改良与垦殖、林牧渔业与水利建设、旱涝兵灾荒救济与农民生活状况调查等诸方面。

交通部、铁道部、津浦区铁路管理局、陇海区铁路管理局、京沪沪杭甬铁路管理局、浙赣铁路联合公司理事会、浙赣铁路管理局、平汉区铁路管理局、粤汉区铁路管理局、滇缅铁路工程局、滇缅铁路督办公署、滇越铁路滇段管理处、川滇铁路公司总经理处、个碧石铁路公司、交通部公路总局、中国航空股份有限公司、中央航空运输公司、欧亚航空公司、招商局轮船股份有限公司、电信总局、邮政总局、中央气象局等交通系统档案全宗。战时交通包括公路铁路运输、轮船航运、驿运、航空运输等。战时运输十分紧张繁忙，大凡作战兵员、大中学校师生、难民运送，战争物资投送，工矿企业设备西迁,内外贸易物资运输等都需要争分夺秒地进行。二史馆保存的抗战时期交通运输方面的档案有诸如铁道、邮政、航运、航空法规,非常时期电信统制办法,抗战以来之交通概况,包括铁路、公路、驿运、水道航运、航空、邮政电信等交通设施与工程建设概况,另外还有交通部公路运输总局、中国运输股份有限公司、国营招商局、民生实业股份有限公司等运输机构以及中国、欧亚、中央、中苏等航空公司在战时恶劣环境中加紧输送人员、抢运物资状况等。

教育部、教育部战区学生指导处、战地失学失业青年招致训练委员会、国立编译馆、中华教育文化基金董事会、中华平民教育促进会、国立中央图书馆、国立政治大学、国立中央大学、私立金陵大学、国立江苏医学院、私立乡村建设学院、私立金陵女子文理学院、国立药学专科学校、国立边疆学院、国立东方语文专科学校、中央研究院、中央研究院地质研究所、国立北平研究院、静生生物调查所、中央国医馆、中国地政研究所、中央工业试验所、中央农业实验所、中央林业实验所、国史馆等教育科研系统档案全宗。二史馆收藏的抗战时期教育科研方面的档案主要反映了战时文化政策措施与抗战文化宣传、战时新闻图书出版与审查、战时教育方针政策及其实施概况、战时初中高等教育、特教、边疆与侨民教育及科研机构、高校内迁、战时学术研究机构与教育社团等方面状况。如各项教育法规、战时教育概况统计表、教育部关于落实国民党历届会议对于教育决议情形报告、战时国民政府中央与地方教育文化经费分析表、后方各省初等教育概况统计表、全国及各省实施国民教育工作报告、战时全国国民学校及小学概况表、教育部关于社会教育概况报告、抗战以来历年扫除文盲数一览表、战时全国中等教育各类概况表及各省市中等学校迁移概况表、战时全国专科以上学校院系设置与内迁及师生人数和经费概况表、出国留学人员各类统计表、国立中央研究院及其所属各研究所工作概况与工作成绩报告等，大致反映了抗战期间国民政府文化教育方针政策措施和文化教育事业的基本概况，以及国民政府钳制思想与言论、压制进步文化教育事业的状况。

社会部、社会部合作事业管理局、社会部全国合作社物品供应处、社会部重庆游民训练所、陪都空袭服务总队部、赈济委员会、行政院善后救济总署、中国红十字会总会、世界红卍字会中华总会、中国华洋义赈救灾总会、中国国际救济委员会等社会赈济系统档案全宗。二史馆收藏的战时社会赈济方面的档案主要反映了战争给中国人民带来的无尽灾难和痛苦：日军的轰炸、炮火与屠杀时时威胁着人民的生命，贫苦、饥饿和疾病伴随着千千万万流离失所的人们。此类档案包括各项社会赈济法规、各慈善团体工作概况与发放及领取救济物品人员名册、各地灾情调查报告、各地呈报遭日伪掠夺与迫害状况函件、各地遭日机轰炸统计表、国际救济委员会有关日军南京大屠杀报告、董必武关于各抗日根据地军民遭受日军侵害所受损失情况报告等。

蒋介石、冯玉祥、张静江、陈友仁、孔祥熙、王宠惠、杨杰、陈布雷、顾维钧、孙科、周佛海、吴忠信、蒋廷黻等个人全宗档案。如陈布雷个人档案中收藏有西安事变前后蒋介石同张学良、杨虎城、何应钦、顾祝同、于学忠等要员的往来电报、电话稿及《解决陕事之方案》，抗战期间陈布雷为蒋介石起草的讲演稿、声明以及致各地军事首长电报，蒋介石致罗斯福、斯大林等函电稿等；军界要人杨杰1938年5月至1940年4月任中国驻苏大使，其个人档案中既收藏有南京国民政府军事会议记录与决议、镇江区要塞实弹射击演习实施计划及防空组织训练方案、陆军大学各种教材和军用地图及个人撰写的有关国防军事建设的意见纲要、军事外交问题讲演稿与相关研究资料等，还有杨杰与苏联官方关于中苏关系问题的会谈记录与情况报告，其中涉及就苏联援华武器购装运输、物资贷款、易货贸易等问题与蒋介石、宋子文、孔祥熙等人的来往文电，杨杰就向法国借款购买军火以及购买汽油等事宜与孙科、贺耀组、财政部等的来往函电等。在杨杰个人档案中，存有1938年5月5日蒋介石致苏联最高统帅请求援购武器来华的密电。密电全文如下：

　　莫斯科。极机密。杨次长转史太林先生并伏罗希洛夫元帅：中国对日抗战，迭承尽量援助接济，俾战局克以支持迄今，敌人消耗甚巨，不独私衷感激靡量，即全体将士与民众，对贵国仗义相助、抑强扶弱之厚意，均表示无限之钦佩与感激。现在中国缺乏必需之武器甚多，尤其需要飞机特别迫切。曾以此意面告贵国大使，并电令杨次长同时洽商，请贵国借给大批之武器与飞机，并准备订立正式贷借契约，想邀鉴察。中国此种希望与请求，实基于与贵国精神相契之道义关系，若以寻常商业手续及普通国际关系而言，直为不可能之举，既不能提供现款，何从取得物资？此在中国已明知之。其上次承借与之武器，款未清还，又承垫付多量之运输费用，亦尚未偿讫，无日不耿耿在心。但中国既深信贵国主持和平正义之苦心，又鉴于两国在东亚局势上有共同之利害，认为中苏两国关系乃超过了通常友谊之上，实为共患难之友。余深知足下之卓虑远识，必与吾人同感，故不惮提出此项出于通常手续以外之请求也。

　　上次垫借之款，未能如期清还，实深歉愧，但请谅解。我国实无外汇现金可资拨付，苟稍有可能，不待贵方催询，早应全偿。贵国如此热肠相助，中国为良知与信义计，岂容有丝毫延迟之理？若在无战事之平时，尚不难于筹给，今则战争正在激烈进行，前线决胜之工具为武器与兵士，而后方所赖以支持抗战者，全在金融之安定。中国现金特别缺乏，如一时汇出如此巨款，则国际汇兑即难维持，整个经济即趋摇动，军队虽有牺牲决心，亦将无以克敌。故我方所希望于贵国者固为接济武器，更望深谅中国目前之极端艰难而维持其经济力量。惭愧迫切之情，实非言语所能达其万一也。

关于前所借垫三千二百万之货价、运费，余于未接电之前，即面告贵国达武官，中国虽事实上不能立即清还，但必须揭算详细数额，准备可能时清偿。今欲为贵方明告者，中国已决定提出国币三千二百万尽速购足同额之货物抵运。如此，庶不致影响外汇，而经济得以维持，战事亦可顺利进行。贵国当能谅解中国此种措置之苦衷而予以同意也。并恳将商请拨借之武器及飞机从速允诺，订成契约，分批起运，以发扬我战场之士气与军心。尤其飞机一项，实迫不及待，中国现只存轻轰炸机不足十架，需要之急无可与比，请先将所商允之轰炸机与发动机尽先借给，速运来华，其他整批契约亦请早日订立实行，使对日战事不致中途失败，使贵国援助我国之厚谊不致因接济延后而失其意义，全中国军民将永不忘贵国急难相扶之惠。掬诚奉达，深信本于道义立场，必能慨允我所请，并祈面告杨次长电复为幸。敬颂进步、康健。蒋中正。中华民国二十七年五月五日于武昌。①

---

① 《蒋介石请求苏联援购武器速运来华事致斯大林等密电》(1938 年 5 月 5 日)，二史馆馆藏杨杰全宗档案，中国第二历史档案馆编：《中华民国史档案资料汇编》第五辑第二编"外交"，南京：江苏古籍出版社 1997 年版，第 243—244 页。

此份电报阐明了中国坚持抗战的艰难和对苏联援助的感激，同时反映了在中国抗战期间苏联曾以特殊的方式向中国提供了大量抗战物资和军事援助。

再如活跃于民国外交舞台的重要人物——顾维钧，以其特殊身份经历和见证了中国外交史上一系列重大事件，在馆藏顾维钧档案中有包括其担任外长、国联代表、巴黎和会中方全权代表以及驻各国公(大)使，陪同国联李顿调查团赴东北实地调查日军侵略行径，参加《九国公约》会议与参加远东委员会期间的来往函电在内的反映国际外交风云的大量外事文件。又如1936年8月调任蒙藏委员会委员长的吴忠信，曾于1940年2月代表中央会同西藏摄政热振呼图克图主持第十四世达赖喇嘛坐床大典。另外，如冯玉祥、蒋廷黻、孔祥熙等个人全宗对战时军事、文化教育、赈济、财政等方面情况均有不同程度的记载。

二史馆收藏的70余万卷抗战档案内容宏富，资料翔实，涉及中国抗战的方方面面，从某一重大举措或某项政策制定的背景、制定过程、讨论情形直到该项举措或政策的出台与实施成效都有详细记录，这些档案大多为第一手资料，其完整性、系统性及权威性在国内外档案馆、图书馆中可谓首屈一指，是研究中国人民抗日战争和世界反法西斯战争不可或缺的重要史料。

第二节　中国第二历史档案馆馆藏抗战档案述论

一、抗战军事档案述论

军事档案，尤其是抗战军事档案是二史馆收藏的国民政府档案的精华部分。

　　二史馆收藏了国民政府军事机构档案共 59 个全宗,5.3 万卷,其中涉及抗战军事档案的主要有国民政府军事委员会、军事委员会委员长侍从室、军事委员会委员长各行营、军事委员会外事局、军事委员会战时新闻检查局、军事委员会运输统制局和战时运输管理局、军事委员会调查统计局与国防保密局、中美特种技术合作所、军事委员会战地服务团、全国知识青年志愿从军指导委员会、军事参议院、国民政府参谋本部、军事委员会军令部、军政部、军政部兵役署、兵工署、军政部军需署、军政部西南地区各被服厂、军政部军粮总局、军政部城塞局、国民政府训练总监部和军事委员会军训部、军事委员会政治部、军事委员会后方勤务部(后方勤务总司令部)、滇越川滇铁路线司令部、军事委员会第三部、军事委员会第四部、海军部和海军总司令部、军政部第一被服厂、军政部粮秣实验场、军事委员会四川船舶总队部、中国陆军总司令部、重庆防空总司令部、重庆卫戍总司令部、国防部史政局和战史编纂会等全宗 4 万余卷。军事档案的内容主要反映军令、军政和军训等军事方面活动,以及对日作战战况等,其中又以国防部史政局和战史编纂委员会保存下来的档案最为完整。特别是涉及北伐战争、反共战争和抗日战争等重要战事的档案多经战史编纂委员会系统整理,因而颇具史料价值。

　　国防部史政局成立于 1946 年 7 月,初称国防部史料局,直隶于参谋总长,同年 4 月改名为"国防部史政局"。1949 年 10 月缩编为"国防部史政处",受参谋总长办公室督导。战史编纂委员会成立于 1934 年秋,隶属于军事委员会委员长南昌行营第一厅,名称为"'剿匪'战史编纂处",次年 2 月改隶参谋本部第二厅,1938 年 2 月并入军令部,1939 年 1 月扩组为"军令部战史编纂委员会",1946 年 6 月改隶国防部,受该部史政局指导。国防部史政局和战史编纂委员会全宗共收藏档案 18 016 卷，大多是该机构为编写战史而收集的各军事机关的档案和资料，并且多数经过了系统整理，因而具有较高的学术价值。

（一）九一八事变与中国军民的局部抗战

1931 年 9 月 18 日夜，日本关东军柳条湖分遣队奉命将该地区一段铁路炸毁，日军诬指此事乃中国军队所为，并以此为借口炮轰北大营，同时大举进攻中国驻军。东北边防军参谋长荣臻指示当地驻军"不准抵抗，不准动，就是挺着死，也不准开枪"①，一夜之间沈阳沦陷。中国军队的不抵抗行为极大地刺激了日军的侵略野心，助长了其嚣张气焰，日本关东军遂向中国东北全境发起进攻，9 月 19 日军攻陷长春、营口、鞍山、安东等 20 座城市，1932 年 1 月 3 日锦州沦陷，2 月 5 日日军占领哈尔滨，在短短 5 个月时间内东北三省全部沦陷。与此同时，日军在南方进攻上海，挑起"一·二八"事变，在北方大举进攻热河、绥远，大片国土惨遭日军践踏。

九一八事变后，不愿做亡国奴的中国人民，纷纷拿起武器，走上武装反抗日本侵略者的道路。

二史馆收藏的国民政府行政院卷宗里保存有许多东北抗日义勇军英勇抗击日军的文电。如关于马占山拟联合各义勇军向黑龙江省城进攻计划及冯占海部在榆树一带与敌伪交战情形的通报、吉林民众自卫军第一路指挥官栗宝林关于收编逆军抵抗敌寇的密呈、东北民众反日救国会陈述东北民众义勇军抗日情形电、辽吉黑民众后援会指导组关于高荫周部在康平县一带与敌伪军作战情形

---

① 《荣臻给东北边防军指令》，何理：《中国人民抗日战争史》，上海：上海人民出版社 2015 年版，第 12 页。

的通报等。

关于第十九路军、第五军在淞沪地区对日作战的档案主要有：第十九路军军部紧急会议记录、第十九路军下达紧急备战的密令、张治中报告第五军各部部署及战斗情况的密电、第十九路军总指挥蒋光鼐向日军进攻的命令、淞沪警备司令部关于淞沪抗日战役前后情况的报告，以及义勇军参加淞沪抗日战斗纪要等关于"一·二八"淞沪抗战的史料。战史编纂委员会档案中存有一件"何应钦等致十九路军总指挥蒋光鼐、军长蔡廷锴等人的密电"（1932年2月13日），文中何应钦转报了蒋介石对淞沪战事的意见："介公刻到浦镇召弟等指示沪事，以十九路军保持十余日来之胜利，能趁此收手，避免再与决战为主。其办法如下：一、如日本确无侵占闸北之企图，双方立即进行停战办法；二、停战条件须双方各自撤退至相当地点，中国军队退出地方由中国警察维持。"蒋光鼐等立刻于次日复电何应钦等，表明十九路军不惜与日军决战之决心："日方连日增兵，和平必无诚意。如能和平，当屈从之，但敌欲维持其强国之威风，非终求一胜不可。我军只好准备与之一决。"①

二史馆收藏的有关长城抗战和绥远反击日寇侵略的档案大多保存在国民政府及国民政府行政院全宗之内。其中关于长城抗战的档案主要有：冀察政务委员会委员长宋哲元报告日军进犯长城喜峰口一带及二十九军奋起抵抗电（1933年3月）、宋哲元报告二十九军击退侵犯罗文峪之敌电（1933年3月）、宋哲元报告日军再

---

① 《何应钦、蒋光鼐等往来密电》（1932年2月13、14日），二史馆馆藏国民政府国防部史政局及战史编纂委员会档案，《中华民国史档案资料汇编》第五辑第一编"外交"（二），第682—683页。

犯喜峰口及二十九军与之作战电(1933 年 4 月)、行政院长汪精卫关于日军侵入长城后与当地驻军作战情形密呈、宋哲元报告遵令撤退及日军占领滦东经过情形电等。反映绥远反击日军侵略作战的档案主要有反映察绥抗日同盟军组织崛起、克复多伦及其失败经过的相关电文,如方振武等拥护冯玉祥就任抗日同盟军总司令通电,王镜寰等陈述冯玉祥组织民众抗日同盟军及改组察哈尔省政府情形电,黄郛等关于酌采冯玉祥意见拟定解决察省事件办法密电,何应钦关于张家口召开民众抗日同盟代表大会情形电,冯玉祥不惜牺牲坚持抗日电,冯玉祥报告抗日同盟军围攻、克复多伦及决志规复东北电,方振武、吉鸿昌等誓死抗日通电等。

自九一八事变发生以来,中国人民开始了反抗日本侵略者的斗争,包括东北抗日联军在内的东北抗日义勇军活跃于白山黑水间,在极为艰苦的环境中抗击日本侵略军,成为日本侵略者的眼中钉肉中刺,使其寝食难安。"一·二八"淞沪抗战、长城抗战和察绥抗战等局部抗战,在军事上打击了日本侵略军,挫败了其嚣张气焰。战场上的角斗表明日本侵略者并非不可战胜,极大地鼓舞了全国军民的抗日士气,在政治上动员了民众,促进了抗日民族统一战线的形成,同时也促使国民政府开始了抗战的初步准备。二史馆收藏的国防部史政局和战史会全宗保存了一份参谋本部于 1937 年 3 月拟定的《民国二十六年度作战计划》,明确提出日本为侵略中国最急迫之敌人,一切国防筹划应以日本为对象,认为"敌惯以武装恫吓,以达其不战而胜,遂行其外交谈判,以局部军事行动,实行其国策",并据此制定了对日作战方针和作战指导要纲,对日军的进攻方向、主要作战区域以及兵力部署作出了大体规划。要求"国军对平时驻屯我国内之敌人,应于战争发动之时,即予尽数扑灭",对于"散居内地之敌民及国贼,应由各该地政府详查其居址,监视其行动,于战时即行尽数予以逮捕"①。国民政府军事当局的这些设想和准备与后来抗日战争的实际进展大体吻合。

(二)全面抗战局面的形成与国民政府对日作战方针、计划和部署

1937年7月7日夜,驻丰台日军炮击宛平县和卢沟桥,并占领宛平东北的沙岗,中国守军二十九军三十七师二一九团团长吉星文下令还击,中国人民全面反抗日本侵略者战争——抗日战争大幕就此全面拉开。二史馆收藏的国防部史政局和战史会全宗保存了大量反映卢沟桥事变的档案文件,其中主要有吉星文率部奋起抵抗电、严宽报告日军进攻卢沟桥与中国守军交火电、宋哲元表明抗日态度电、何应钦等于卢沟桥事变后召开的1—33次会报会记录(1937年7月11日至8月12日)、卢沟桥事变发生以来日军行动节略、何应钦等关于实施总动员与武器整备等筹划军事事项的历次会议记录等,详细记载了日本侵略者发动卢沟桥事变并大举进攻平津,以及中国守军奋起抵抗和二十九军副军长佟麟阁、一三二师师长赵登禹等广大官兵壮烈殉国的过程。

平津失陷后,日军对平汉、津浦沿线中国军队展开攻击。面对日本侵略者的大举进攻,国民政府开始了全面反击侵略的部署。1937年7月31日蒋介石发表《告抗战全体将士书》,表示抗战到底的决心。8月7日国民政府在南京召开有中国共产党代表周恩来、朱德、叶剑英出席的国防会议。二史馆保存有8月11日周恩来、朱德在何应钦主持召开的军政部座谈会上关于战略战术、战区划分、民众动员、军队政治工作等问题的发言记录。8月12日,国民党召

---

① 参谋本部拟《民国二十年度作战计划》(甲案)(1937年3月),二史馆馆藏国民政府国防部史政局及战史会档案,《中华民国史档案资料汇编》第五辑第二编"军事"(一),第613页。

开国防最高会议及党政联席会议,决定以军事委员会作为最高统帅部,蒋介石为海陆空军大元帅;8月14日国民政府发表《自卫抗战声明书》,同日,蒋介石下达全国总动员令,并设立大本营。8月20日,蒋介石以海陆空军大元帅名义连续发布3份大本营训令。二史馆收藏了该3份训令的档案文件。大本营训令第一号为"颁布国军战争指导方案",该方案第一条称"本大元帅受全体国民与全党同志之付托,统率海陆空军及指导民众,为求我中华民族之永久生存及国家主权领土之完整,对于侵犯我主权领土与企图毁灭我民族生存之敌国倭寇,决以武力解决之"①。大本营训令第二号为"颁发国军作战指导计划",该计划方略部分要求"国军部队之运用,以达成持久战为作战指导之基本主旨",并将全军划分为四个战区,"主战场之正面在第一战区,主战场之侧背在第二战区"。大本营训令第三号为"颁发第一战区作战指导计划"。②

二史馆收藏的有关抗日战争的档案中有大量关于国民政府为适应全面抗日战争的需要陆续制发的军事行政机关组织、军队组织编制、战时兵役、军需后勤、部队教育训练、军人抚恤等方面法令法规,以及诸如参谋本部拟定的"江防计划纲要""国军第二期作战指导方案""国军第三期作战计划""国军攻势移转部署方案"及战区划分、战斗序列、兵力配置等有关战略部署的档案文件。

（三）正面战场对日作战各重大战役战况

自1937年7月7日卢沟桥事变爆发至1945年8月15日日本无条件投降,正面战场上的中国军队对日作战计会战22次、重大

---

① 《大本营训令令字第一号》(1937年8月20日),二史馆馆藏国民政府国防部史政局及战史会档案,《中华民国史档案资料汇编》第五辑第二编"军事"(一),第617页。

② 《大本营训令令字第二号》(1937年8月20日),二史馆馆藏国民政府国防部史政局及战史会档案,《中华民国史档案资料汇编》第五辑第二编"军事"(一),第623页。

战役 1 000 余次、小战斗及游击战 3.8 万余次,歼灭日军 85 万余人。中国军队对日作战战况档案是二史馆收藏的抗日战争时期最全面、最系统、最有特色,且最具价值的档案。

1. 平汉线作战

日军占领平津后,1937 年 9 月 14 日,日本华北方面军第一军第六、十四、二十师团兵力强渡永定河,沿平汉线向涿县地区发动进攻,企图在保定附近捕捉中国军队主力决战,一举击溃沿津浦、平汉线上的中国军队。中国军队 40 万人,分别由第一集团军总司令宋哲元和第二集团军总司令刘峙担任津浦线和平汉线作战指挥官,奋力抵抗,双方激烈交战。9 月 21 日,日军突破满城、徐水防线,9 月 24 日保定失守。中国军队以 16 个师的兵力依托滹沱河防线进行抵抗,日军则兵分数路展开进攻,10 月 10 日石家庄沦陷。另一路日军于 11 日占领井陉,切断正太线,15 日侵占邢台,17 日攻陷邯郸。

二史馆收藏的有关平汉路作战的档案文件主要有:1937 年 7 月 27 日国民政府军事机关负责人在蒋介石官邸制定平汉线作战计划记录,1937 年 7—9 月"第二十六路军之冀北作战经过",1937 年 8 月蒋介石关于平汉线部署的军事文电,1937 年 8 月 13 日第二集团军制定的"第一期作战计划",1937 年 8—9 月"第二集团军平汉作战要报",1937 年 9 月"第二集团军平汉线防御作战方案",1937 年 9 月"第二集团军平汉线保定附近会战计划",1937 年 10 月 25 日蒋介石关于调整第一集团军宋哲元部作战部署密电,1938 年 1 月 10 日第五十三军万福麟部在永定河、滹沱河作战经过报告等。

在平汉路各战斗中,中国军队虽然英勇作战,给予日军以一定的杀伤,但战略上的失误,使日军得以长驱直入。战场上的胜败实际上在战斗开始前即已确定。国民政府军事当局制定的平汉线作战计划强调"我军应仍照原定计划，在沧保、沧石二线上集中，构成阵地，期在此线上与敌作整齐之战斗"①，命令宋哲元第二十九军、孙连仲第二十六军、万福麟第五十三军等部切实执行。装备落后的中国军队希望同武器、训练都很先进的日军作"整齐之战斗"实非明智之举。

2. 淞沪会战

淞沪会战日方参战部队包括第三、六、九、十一、十三、十六、十八、一〇一、一一四师团，及重藤、国崎支队，上海特别陆战队等，指挥官为松井石根。中国参战部队包括第十八、三十九、五十四、七十四、二十六、四、六十六、六十九、七十三、二十五、七十五、十六、七十六、二十、七十一、七十二、七十八、二、一、八、七、四十八、七十、四十三、六十七军及第十、十二、二十二军团与各集团军直属师，以及江防军与海空军等，指挥官为第三战区司令长官冯玉祥、蒋介石。

1937 年 8 月 13 日，中方集中主力军按计划向虹口等地日海军陆战队阵地发起进攻，淞沪会战正式爆发。中国海陆空军大元帅蒋介石下令，将京沪警备部队改编为第九集团军，以张治中为总司令，向虹口及杨树浦之日军发起攻击；苏浙边区部队改编为第八集团军，以张发奎为总司令，防守杭州湾北岸，并扫荡浦东之敌。中国空军首次出动，对盘踞在虹口及汇山码头等处日军据点进行轰炸，并击伤日本第三舰队旗舰"出云"号巡洋舰。随后，日军以大将松井石根为总司令，投入陆军 12 个师团及海空军特种部队共 30 余

①《国民政府军事机关负责任人在蒋介石官邸会报决定事项记录》（1937 年 7 月 27 日），二史馆藏国民政府国防部史政局及战史会档案，《中华民国史档案资料汇编》第五辑第二编"军事"（二），第 127 页。

万人大举进攻淞沪地区。中国军队则以冯玉祥为第三战区总司令（后由蒋介石兼任），以6个集团军共70余万人同陆续登陆之日军展开决战。从8月23日起，日军登陆吴淞、沙川，向中国军队左翼进攻，中国军队则在宝山、月浦、罗店、浏河等地阻击。至9月17日，中国军队全部退守江湾、庙行、双草墩一带防线。11月5日，日军之一部由金山卫登陆，向中国军队右侧背进攻，腹背受敌的中国军队被迫于11月9日全线撤退。12日，日军占领上海。

二史馆收藏了大量有关淞沪会战的档案文件，非常详尽地记载了战斗之缘起、作战计划之制定、兵力之部署、作战命令之下达、敌我双方激战之经过等内容。其中反映战前日军动态的有1937年8月9日至8月11日张治中、俞鸿钧、杨虎、张发奎致蒋介石、何应钦等密电；反映淞沪会战战况及经过情形的有军委会编"沪战经过及教训"，1937年8月17日何应钦在国防最高会议上所作的上海战事报告，徐志勖编"第三战区作战经过概要"，第十八、第十六军团及第十五、第十九集团军关于东战场淞沪战役的战斗详报，第二十军杨森部淞沪会战战斗要报，张治中关于第九集团军淞沪会战报告书，陆军第十八军第十八师淞沪会战战斗概要等；反映作战计划、兵力配置、指挥职权、作战地境的有1937年8月23日至8月27日蒋介石等为调动部队及分配作战任务致何应钦、冯玉祥等密电，1937年9月6日海陆空军大元帅蒋介石颁布的"第三战区第二期作战指导计划"，1937年9月21日和25日颁发及调整战斗序列致顾祝同等密电，1937年10月4日陈诚报告中央军左翼军攻击计划致蒋介石密电，1937年11月16日"第三战区第三期作战计划"，1937年11月20日顾祝同关于规定长官司令部与前敌总司令部职权密电，以及1937年11月25日蒋介石关于变更第三、第七战区等战斗序列致冯玉祥、顾祝同等密电。

淞沪会战历时 3 个月之久,是抗日战争防御阶段最重要的战役,中日双方投入 100 万以上兵力,双方全力拼死作战,中国军队英勇作战、誓死报国的精神极大地鼓舞了全国军民的抗战斗志,予日本侵略者以沉重打击,彻底粉碎了日本军国主义者 3 个月灭亡中国的迷梦,为中国战略转移和工矿内迁赢得了宝贵时间,为日后的持久抗战奠定了基础。同时,国民政府军事当局在战略上的失误也是显而易见的:国民政府集中 70 余万兵力于江南狭长水乡地区与日军进行阵地决战,只有利于发挥日军的优势而不利于中国军队作战。上海沦陷后,国民政府军事当局制定的"第三战区第三期作战计划"仍然要求抽调大量兵力"以广德为中心,转移攻势,压迫敌于钱塘江附近而歼灭之"①,这种以己之短攻敌之长的战法,造成更大的牺牲,也无法达到歼敌主力之战略目标。

3. 太原会战

太原会战由大同至平型关战役、忻口战役、娘子关战役和太原保卫战组成。日军参战部队有第五、十四、二十、一〇八、一〇九师团及混成第二、第十二旅团等,由陆军中将板垣征四郎统率。中国参战部队忻口方面为第十四、十八集团军,第九、十五、十七、十九、三十三、三十四、三十五军和骑兵第一、二军,娘子关方面为第二集团军,第八、二十六、二十七路军和第三、四十一、四十五军等,指挥官为第二战区司令长官阎锡山。

1937 年 9 月中旬晋北日军开始南进,10 月初,日本华北方面军第五师团及关东军派遣兵团之一部向忻口地区中国守军进攻,中国第十四、十八集团军计 8 个军 23 个师 18 万余人于忻口地区与

---

① 《第三战区第三期作战计划》(1937 年 11 月 16 日),二史馆馆藏国民政府国防部史政局及战史会档案,《中华民国史档案资料汇编》第五辑第二编"军事"(二),第 255 页。

日军交战，历时 1 个月，予敌以重大杀伤，军长郝梦麟，师长姜玉贞、郑廷珍壮烈殉国。10 月中旬日军第二十、一〇九师团主力及一〇八师团一部沿正太线进攻太原，中国军队第二十六、第二十七路军，第三军及第十八集团军一二九师 9 万余人于娘子关一线拒敌，10 月 26 日日军侵占娘子关后继续西犯。11 月初太原保卫战大幕拉开，11 月 8 日太原沦陷。

　　二史馆收藏的国防部史政局和战史会档案全面记录了太原会战的全过程。其中反映作战方针、作战计划、兵力部署、城防工事的有：第二战区晋绥军作战计划，第七、二、八战区作战指导方案，晋北战役及平型关会战作战计划，1937 年 9 月 11 日蒋介石指示晋绥阵地作战方针密电，有关第二战区兵力部署密电，1937 年 9 月 15 日何柱国报告所部作战计划密电，1937 年 9 月 26 日关于第二战区各部队布防地点密电及阎锡山部署各集团军作战任务密电，1937 年 9 月 27 日第六、一、二战区第二期作战指导计划，第二战区娘子关会战方针和指导要领，第七集团军太原城防工事计划等；反映中日双方激战情况的有：1937 年 9 月 16—23 日阎锡山报告所部在刘家沟、灵邱等地与日军激战致蒋介石、何应钦等密电，1937 年 9 月 23—24 日阎锡山为报告敌我双方激战平型关致蒋介石密电，阎锡山、李仙洲、高桂滋等报告中国守军血战团城口密电，1937 年 10 月 13 日至 11 月 13 日孙连仲报告所部在娘子关石门一带与敌作战密电，孙震、邓锡侯第一二四师等部在阳泉、平定一线作战密电等；反映各部队作战经过情形的有：1938 年 2 月 1 日陆军第七十一师平型关会战、团城口方面战斗详报，1938 年 8 月 21 日第二战区长官司令部及该部驻渝办事处分别编拟的"平型关会战纪要""平型关战役作战经过"，以及阎锡山编拟的忻口会战纪要，第十四集团军（卫立煌）晋北忻口战役战斗详报，第二集团军娘子关战役战斗详报,第二战区司令长官部后方办事处编"娘子关会战概要",第二战区太原会战纪要等。

太原会战是华北战场规模最大的军事作战行动。在平型关,第十八集团军歼敌近千人,给予日本侵略军迎头痛击;忻口作为晋北重镇,是通往太原的重要门户,也是阎锡山苦心经营多年的预设阵地,第二战区部署重兵与日军进行决战性防守;在娘子关,中国守军与敌激战多日,数易阵地;在太原,中国军队同入侵之敌展开激烈巷战。

太原会战初起时,第二战区司令长官阎锡山企图拒敌于山西之外,制定作战计划时处处以防御性决战为主,并非凭借地利与敌周旋。1937 年 9 月 11 日,蒋介石密令阎锡山"集中兵力于一点,与敌决战,是失我所长而补敌短,此非不得已,切勿轻用"。[①] 至 10 月,战局不利,当地守军指挥失序。蒋介石于 10 月 28 日电令阎锡山"娘子关失守,影响全晋。我为保障晋北最后胜利及待川军增援起见,在娘子关方面作战各军应在寿阳以东地区,利用山地坚强抵抗,如无命令,即将全部牺牲,亦不许退至寿阳以西。如有不听命令者,决依军法从处"[②]。太原失守后,在广大华北地区以国民党正规军为主体的大规模防御作战自此基本结束。

4. 南京保卫战

南京保卫战日方参战部队为北方兵团第三、九、十一、十三、十

[①]《蒋介石关于晋绥阵地作战方针密电稿》(1937 年 9 月 11 日),二史馆馆藏国民政府国防部史政局及战史会档案,《中华民国史档案资料汇编》第五辑第二编"军事"(二),第404 页。

[②]《蒋介石命令阎锡山坚守寿阳以东地区密电》(1937 年 10 月 28 日),二史馆馆藏国民政府国防部史政局及战史会档案,《中华民国史档案资料汇编》第五辑第二编"军事"(二),第 491 页。

六师团及重藤支队,南路兵团第六、十八、一一四师团及国崎支队,指挥官为松井石根。中国参战部队为第六十六、七十一、七十二、七十四、七十八、八十三军与第二军团、教导总队及第一〇三、一一二师,以及宪兵团、江宁要塞部队等,指挥官为南京卫戍司令长官唐生智。

日军占领上海后,兵分三路直迫南京。1937 年 11 月 26 日,唐生智出任南京卫戍司令长官,负责指挥由 10 余万人组成的南京卫戍军。12 月 6 日,日军进抵南京外围,对南京形成三面包围态势。7 日,日军展开大规模军事行动,中国守军在雨花台、天堡城、红山、幕府山阵地抵抗日军进攻。8 日,日军一度突入光华门,旋被守军击退。10 日,日军向雨花台、通济门、光华门、紫金山等地猛烈进攻,中国军队奋起还击,战况十分激烈。同日,日军占领芜湖,切断了中国军队的后路。12 日,日军攻入光华门,中国军队一度与日军展开巷战。13 日,南京沦陷,日军随即开始疯狂的"南京大屠杀"暴行,30 余万中国军民惨遭杀害。

二史馆收藏的国防部史政局和战史会档案较为详细地记录了南京保卫战的大致战况。其中反映战前部署的主要有:1937 年 9 月 4 日、9 月 9 日蒋介石致谷正伦电,1937 年 11 月 20 日刘湘呈送该部作战部署报告,1937 年 11 月 20 日陈继承报告该部作战部署密电,1937 年 11 月 25 日、11 月 30 日蒋介石致唐生智等电,南京卫戍司令长官唐生智发布的首都卫戍部队突围命令(一)(二)等;反映作战经过情形的主要有:江阴要塞区作战经过概要,镇江要塞区作战经过概要,第二军团京东区战役战斗详报,江宁要塞区作战经过概要,南京警察抗战经过报告,宪兵司令部在京抗战部队战斗详报,南京卫戍军抗战战报,徐源泉、罗卓英、宋希濂等报告所部守备南京作战经过密电,陆军第五十一师保卫南京战斗经过,陆军第六十六军叶肇部南京突围战报等。

南京保卫战对中日双方都具有象征意义,对日本而言是"攻占敌国首都"激励民心士气,志在必得,对中国而言,对于首都及"总理陵寝"之所在,则要作象征性守防,却非守之必守。因此,中日两国军事当局对南京作战的决心是迥然不同的。日军挟上海战役胜利之余威乘胜猛进,中国守军则以疲惫之师仓促应战。虽然中国军队英勇顽强、浴血奋战,但由于战前徒呼口号,未作周密部署,致使战局处处被动挨打。从二史馆的档案中不难发现,不论是国民政府最高统帅还是具体负责作战的南京卫戍司令长官,从未制定过完整的作战方案。1937年11月25日蒋介石发布的"首都卫戍部队战斗序列"和11月30日蒋介石密电规定第三、第七战区及首都卫戍军任务致唐生智等密电是比较重要的,但也只是笼统地指定军队负责人及作战区域划分而已。作战过程中整个指挥系统失灵,即使像唐生智于12月12日夜下令突围这样事关生死的命令,也只有第六十六、第八十三军遵照执行,其他部队则各自为战,南京保卫战就是在这样的情形下落下了帷幕。

5. 徐州会战

徐州会战日方参战部队包括华北方面军第二军第五、十、十六、一一四师团,独立混成第三、五、十三旅团及配属部队;华中派遣军之第三、六、九、十三、一〇一师团,战车第一大队等。指挥官为西尾寿造、畑俊六。中国参战部队包括台儿庄方面第二集团军之第三十、四十二军,第二十军团之第十三、五十二、七十五、八十五军及直属第十三、二十一、一三九师和三三三旅、炮四团等;临沂方面第五十九军及所属骑九师、骑十三旅,第三军团之第四十军和鲁南游击、保安部队及海军陆战队;鲁南鲁西方面第十二、四十一、四十五、四十六、五十五、五十六、六十、六十九、九十二军;淮南方面第十、二十、四十八军及新四军第四支队；淮北方面第七、三十一、五十一、六十八、七十七军；苏北方面第五十七、八十九军。指挥官为第五战区司令长官李宗仁。

徐州会战由津浦线南北阻击战、台儿庄战役和徐州保卫战组成。从1938年1月开始，南路日军沿津浦线北上，至2月中旬被中国守军阻击于淮河南岸，北路日军也遭到中国军队层层阻击。3月下旬，日军第十师团进攻徐州北方要地台儿庄，遭到中国守军第二集团军和第二十军团联合打击。4月3日，中国军队在台儿庄地区完成对日军的包围，至4月7日，围困在台儿庄地区的日军第五、第十师团之濑谷、坂本旅团被中国军队彻底击溃，被歼万余人。台儿庄战役后，日军华北方面军和华中派遣军又增兵联合夹攻徐州，日军第十四师团渡过黄河，并于兰封附近切断陇海路。中国军事当局亦调重兵，准备与敌在徐州地区展开决战。至5月中旬，日军经过激烈战斗，已形成对徐州的包围态势。5月16日，中国第五战区决定放弃徐州。19日，徐州沦陷。中国军队主力已安全撤离，日军未能达成大量歼灭中国军队有生力量的目的。

二史馆收藏了比较丰富的有关徐州会战的史料。其中反映战前部署及作战计划的主要有：1938年2月4日至2月19日蒋介石部署徐州会战、调遣军队致李宗仁、于学忠、汤恩伯等密电，1938年2月14日李宗仁调整部署第五战区作战任务密电，1938年3月20日蒋介石发布汤恩伯、庞炳勋等部作战任务密电，1938年3月21日蒋介石修正津浦路北段作战部署密电，1938年4月军令部拟订的"国军作战指导之意见"，1938年4月27—30日蒋介石、李宗仁关于鲁南会战作战方针和兵力部署密电，1938年5月1日军令部拟"国军作战指导方案"等；反映临沂、台儿庄战役作战战况的主要有：1938年1月15日、2月22—23日庞炳勋报告所部临沂、莒县等地战况密电,第二集团军孙连仲部台儿庄战役战斗详报,李宗仁、林蔚、刘斐、张自忠、徐永昌、李品仙、陈诚等报告激战台儿庄密电,1938 年 4 月 13 日蒋介石要求全歼残敌密电,第二十军团"鲁南抗日于台儿庄——徐州全线各役战斗详报",及 1938 年 4 月 27 日至 5 月 11 日蒋介石发布台儿庄大捷后继续进攻残敌密电等;反映津浦路北段及徐州作战经过的主要有:汤恩伯报告第三集团军济宁作战及津浦北段战斗战况密电,梁寿笙报告徐州南北战场及鲁南各部队战况密电,蒋介石命令汤恩伯等部围攻津浦路正面日军密电,韩德勤报告所部在范家坝等地战况密电,蒋介石命令第五战区暂取守势反击日军夹击徐州企图密电,第一三九师守卫萧县战斗详报,以及杜聿明、李延年、罗树甲、廖磊、俞济时、徐源泉等报告所部对日作战战况密电等。

　　中国军队战法灵活,各级指挥系统运转顺畅,广大官兵浴奋战,徐州会战取得了比较好的战果。特别是台儿庄战役,是抗战初期中国军队正面防御作战中取得的第一个重大胜利,予侵华日军以沉重打击,粉碎了日军不可战胜的神话。徐州会战战果的取得得益于最高统帅部制定的作战方针:关于日军企图,"国军作战指导意见"认为"目前敌之唯一企图在集中兵力,打通津浦线,并求我主力决战,达成其速战速决目的",中国军队"依战术、交通、地形,尤其政略着眼,我应确保徐州,而彻底集中兵力与敌决战。但依战略,尤其长期抗战方针着眼,目前尚非与敌作最后决战之时期,则应避免决战,放弃津浦线,以免消耗兵力,致蹈上海之覆辙"。① 国民政府军事当局据此确立作战方针为"国军以阻止打通津浦线之目的,在鲁南

---

① 《军令部拟订徐州会战作战指导之意见》(1938 年 4 月),二史馆馆藏国民政府国防部史政局及战史会档案,《中华民国史档案资料汇编》第五辑第二编"军事"(二),第 518 页。

集结相当限度的兵力,行攻势防御。但敌如由国内大举增援至兵力较我绝对优势时,则应避免决战,逐次抵抗,以消耗敌之战力。同时在武汉及郑州以西集结兵力,准备诱敌深入与之决战"。① 国民政府军事当局吸取了淞沪会战和南京保卫战的教训,认清形势,制定了比较正确的作战计划。

6. 武汉会战

日方参战部队为大别山地区第三、十、十三、十六师团,骑兵第四旅团,长江沿岸第六、九、二十七、一〇一、一〇六、一一六师团,野战重炮第五、六旅团,航空兵团及中国方面舰队。指挥官为华中派遣军司令官畑俊六。中方参战部队包括第一兵团之第四、八、十八、三十二、六十四、六十六、七十、二十五、七十四、二十九军,第二兵团之第二、十二、十三、七十二、七十八、九十八、五十二、九十二、五十四军,武汉卫戍司令部之第六、十六、三十七、五十三、六十、七十五、九十二军,第三兵团之第二十六、三十、四十二、五十五、八十七军,第四兵团之第四十四、四十八、六十七、六十八、八十四、八十六军及第一、七、十、二十、三十一、四十五、五十一、五十九、七十一、七十七军等。中国军队指挥官是第九战区司令长官陈诚。

徐州会战后,日本军事当局把侵略的目标对准武汉,企图在此捕捉中国军队主力并加以歼灭。日军先后动用 14 个师团、120 艘各类战舰、500 余架飞机,总兵力 40 余万人;中国军队则调动 14 个集团军 124 个师、40 余艘舰只、100 余架飞机,总兵力达 100 万人。会战从 1938 年 6 月 12 日日军占领安庆开始。7 月下旬日军一部沿长江南岸西犯,经九江等地进攻武汉;一部沿大别山北麓经商城

---

① 《国军作战指导方案》(1938 年 5 月 1 日),二史馆藏国民政府国防部史政局及战史会档案,《中华民国史档案资料汇编》第五辑第二编"军事"(二),第 525 页。

进攻武汉。中国军队依托庐山、大别山、九宫山、幕阜山等有利地势阻击日军,在马当、万家岭、田家镇、固始、商城等地与日军激战,大小战斗数百次,取得了万家岭战役等重大胜利。10月下旬,日军突破中国军队各路防线,分别侵占了鄂城、黄陂、应山等地,形成对武汉三面包围之势。10月24日,蒋介石下令弃守武汉,27日武汉沦陷。

二史馆收藏的有关武汉会战的档案非常丰富翔实。关于作战计划、作战部署、作战命令的主要有:1937年12月13日军事委员会拟"国军第三期作战计划",1938年6月12—22日李宗仁报告所属各部位置及部署情形致蒋介石密电,7月4日蒋介石调整第三、第九战区作战地境密电,7月24日陈诚为请示拟与日军在德安决战致蒋介石密电及7月26日蒋介石的复电,7月29日陈诚报告第九战区作战部署密电,7月31日白崇禧报告第五战区作战计划密电及白崇禧、李品仙下达的第五战区作战命令,7—8月蒋介石关于第五战区沿江一带作战部署与白崇禧、李品仙等往来密电,8月6日蒋介石关于预备粮弹固守武汉手令稿,8月28日白崇禧反攻黄梅作战部署密电,1938年8—9月白崇禧关于第五战区左翼兵团作战部署及作战指导调整情况密电,9月10日报告瑞昌以北歼敌计划密电,9月15日呈报德安田家镇间会战指导要领密电,9月18日李宗仁等为变更各兵团作战地境、指挥系统、作战任务密电,1938年9月"武汉会战作战计划"及蒋介石的批示,"总预备军挺进攻击计划"与蒋介石批文,10月6日李宗仁致张自忠、胡宗南等部作战命令,10月11日蒋介石关于第九战区长江南岸作战指导密电稿,10月25日李宗仁发布的豫南兵团作战命令等;有关武汉会战战况及作战经过的主要有:1938年6—7月钱大钧等关于武汉会战空军战斗要报,1938年6月白宗禧、陈诚等关于马当要塞失守及反攻情形密电,1938 年 7—8 月白崇禧、李品仙关于太湖、宿松、黄梅一带战况密电,1938 年 8 月陈诚报告九江庐山一带战况密电,1938 年 8—9 月白崇禧关于大别山区及其附近各地战况密电,1938 年 9 月白崇禧关于反击广济、富金山等地激战情形密电,1938 年 9 月李宗仁关于大别山北麓潢川、罗山一带战况密电,1938 年 9—10 月陈诚报告瑞阳瑞武沿线战况密电,1938 年 9—10 月李宗仁关于在大别山沙窝、新店等地及罗山、信阳一带战况密电,1938 年 10—11 月陈诚报告万家岭歼敌经过及日军渡犯富水战况密电,1938 年 10 月 9 日李宗仁汇报会战期间各部毙敌伤敌军概数密电,11 月 8 日陈诚报告第九战区毙伤日军概数密电,及第九战区第二兵团阳新、咸宁一带作战概要与第五战区武汉会战外围战斗经过概要等。

武汉会战是中国抗日战争中规模最大的一次战役,中日双方调集 140 余万兵力进行战略对决。早在南京保卫战和徐州会战期间,国民政府军事当局即在谋划武汉保卫战事宜。1937 年 12 月 13 日国民政府军事委员会在武昌拟定第三期作战计划,提出了武汉会战的总体规划。其指导方针为"国军以确保武汉核心、持久抗战,争取最后胜利为目的,应以各战区为外廓,发动广大游击战,同时新构筑强韧阵地于湘东、鄂西、皖西、豫西各山区,配署新锐兵力,待敌深入,在新阵地与之决战",以达到"消耗敌人之力量,赢得我之时间,以达长期抗战之目的"。① 蒋介石批准的"武汉会战作战计划"之方针为"国军以聚歼敌军于武汉附近之目的,应努力保持现在态势,消耗敌军兵力,最后须确保大别山、黄、麻主阵地,及德安、箬溪、辛潭铺、通山、汀泗桥各要线,先摧毁敌包围之企图,尔后

---

① 《军事委员会第三期作战计划》(1937 年 12 月 13 日),二史馆馆藏国民政府国防部史政局及战史会档案,《中华民国史档案资料汇编》第五辑第二编"军事"(一),第 634 页。

以集结之有力部队由南北两方向沿江夹击突进之敌"。1938 年 9 月 16 日发布的武汉会战作战计划则要求"国军以自力更生、持久战为目的,消耗敌之兵源及物质,使敌陷于困境,促其崩溃而指导作战"。① 中国军队在广大的长江中下游地区和淮河流域同日本侵略军进行较量,迫使日军动用了 12 个师团,先后补充四五次。至武汉会战结束,日军投入中国内地战场兵力达 25—26 个师团之多,其国内仅留有 1 个近卫师团,而且还准备随时来华作战。中国军队进行的这次大会战达到了大量消耗日军兵力的既定目标,歼敌约 20 万人,另有约 15 万日本军人因疾病等原因减员。从此,日军的战略进攻势头彻底减弱。中日战争进入了战略相持阶段。

7. 三次长沙会战

第一次长沙会战日方参战部队包括第三、六、十三、三十三、一〇六师团及飞行团等,指挥官为第十一军司令官冈村宁次;中国参战部队有第四、八、二十、三十二、三十七、四十九、五十二、五十八、六十、七十二、七十三、七十四、七十八、七十九、八十七等军,指挥官为第九战区司令长官薛岳。第二次长沙会战日方参战部队有第三、四、六、四十师团,早渊、荒木、江藤、平野支队及工兵、炮兵、海空军等,指挥官为第十一军司令官阿南惟几;中国参战部队有第七十四军,新编第三、四、十、二十、二十六、三十六、五十八、七十二、七十八、七十九、九十九军,暂编第二军及炮兵、工兵等,指挥官为第九战区司令长官薛岳。第三次长沙会战日方参战部队有第三、六、三十四、四十师团,独立第九、十四、十八旅团及炮兵、工兵、空军飞行团等,指挥官为第十一军司令官阿南惟几;中国参战部队

<hr>

① 《武汉会战作战计划》(1938 年 9 月 16 日),二史馆馆藏国民政府国防部史政局及战史会档案,《中华民国史档案资料汇编》第五辑第二编"军事"(三),第 69 页。

有第四、十、二十、二十六、三十七、五十八、七十二、七十三、七十四、七十九、九十九军,新编第三军等,指挥官为第九战区司令长官薛岳。

第一次长沙会战发生于 1939 年 9 月 13 日至 10 月 13 日。日军 10 万余人从赣北、鄂南、湘北三路会攻长沙,中国军队约 40 万人与日军在新墙河西岸至汨罗江之间及长沙外围之永安、桥头驿一带展开激战,打死打伤日军万余人,日军被迫退回原阵地。第二次长沙会战发生于 1941 年 9 月 17 日至 10 月 8 日。日军约 12 万人集结于湘北战场,中国军队约 37 万人在新墙河及长沙地区和宜昌一带阻击日军,并在长沙围歼日军,9 月 30 日军向北突围,10 月 8 日日军在付出万余人伤亡代价后退原防线。第三次长沙会战发生于 1941 年 12 月 17 日至 1942 年 1 月 15 日。日军约 12 万人在湘北、赣西、鄂西以点隙战术,利用夜间偷袭及锥形突击、侧翼包围等方法围攻中国守军,中国军队约 30 万人采用诱敌深入、后退决战的战术,与日军在新墙河、捞刀河、浏阳河一带激战,歼敌 5 万余人,惨败后的日军被迫退回原阵线。

二史馆收藏了大量有关三次长沙会战的档案资料。有关三次长沙会战的战略计划、方针及部署等主要有:1939 年 9 月 1 日第九战区前敌总司令部指挥各部队赣西作战计划大纲,1939 年 9 月 10 日第九战区前敌总司令部赣西地区作战指导腹案,1939 年 9 月 26 日蒋介石指示对日作战计划致薛岳密电,1941 年 9 月 19 日军令部拟订第二次长沙会战之军事部署,1941 年 10 月 8 日徐永昌关于处置湘北溃窜日军意见密电,1941 年 12 月 28 日、12 月 30 日及 1942 年 1 月 2 日蒋介石指挥第三次长沙会战作战密电稿,1942 年 1 月 9 日调整高安附近所部作战部署密电,1942 年 1 月 30 日薛岳报告第三次长沙会战日军三线兵力配置情形密电等;有关三次长沙会战战况与战斗经过主要有：1939 年 9 月 26—30 日罗卓英报告所部在上富镇甘坊等地战况及作战部署密电，1939 年 10 月关麟征关于第十五集团军参加第一次长沙会战作战经过要报，1939 年 10 月 1 日王陵基报告所部在塘埠修水附近战况密电，1939 年 10 月 4 日罗卓英报告第六十军等部在找桥甘坊一带战况密电，1939 年 10 月第九战区前敌总司令部关于长沙会战赣北方面作战经过概要，1939 年 11 月 2 日陈诚关于湘北作战经验与教训电，1941 年 9 月 19 日至 10 月 6 日薛岳报告第五十八军等部在长沙以北战况密电，1941 年 10 月杨森第二十七集团军作战经过概要报告书，1941 年 9 月第九战区第二次长沙会战战斗详报，1941 年 12 月 17—31 日薛岳报告第三次长沙会战湘北战况密电，1942 年 12 月 26—31 日薛岳报告新三军、第五十八军等部在赣北湘北战况密电，1942 年 12 月 26 日、28 日罗卓英报告新十二师等赣北战况密电，1942 年 1 月第九战区第三次长沙会战战斗详报，1942 年 6 月军令部编第三次长沙会战检讨，及第一次长沙会战桂林行营主任白崇禧文电，第二次长沙会战军令部联络参谋张元祜各项报告等。

　　三次长沙会战都是在广大湘北、赣西、鄂西等地进行，交战双方也是熟悉的老对手，日本方面主要为第十一军，中国方面主要为第九战区所属部队。中国军队指挥官一直是第九战区司令长官薛岳，日本方面指挥官第一长沙会战时为冈村宁次，第二、第三次长沙会战时为阿南惟几。日军前两次长沙作战意图是"摧毁中国军队的抗战企图"，一举消灭第九战区中国军队主力，第三次长沙作战意图则为打通粤汉线，牵制中国军队南下策援英美军作战，并乘机攻占长沙，予第九战区军队以重击。中国军事当局对日军发动的三次长沙战役的作战企图判断基本准确，并据此制定作战方针。如第一次长沙会战作战指导方针为"达成持久消耗战之目的，先依锦河南岸亘奉新以西之现既设阵地线,极力消耗敌人。敌如继续进犯,则于新淦、新喻线以北亘新喻、宜丰线以东地区,行逐次抵抗,相机断然采取攻势"。① 第二次长沙会战作战指导方针为"国军决确保长沙,并乘虚打击消耗敌人之目的,第九战区应先以一部占领汨罗江以北地区,行持久战。并各以有力一部,固守汨罗江以南各既设阵地,以于平江附近外翼地区,求敌侧背反包围而击破之"。② 第三次长沙会战作战计划为"运用尾击、侧击及正面强韧抵抗,务于浏阳河、捞刀河间地区,将进攻长沙之敌军主力,反击而歼灭之""以第二线兵团距离于战场较远地区,保持外线有利态势,以确保机动之自由,使敌先攻长沙,乘其攻击顿挫,同时集举各方全力,一举向敌围攻,以主动地位把握决战"。③ 三次长沙会战,中国军队凭借英勇顽强的战斗作风,浴血奋战,予日军以沉重打击。中国军队战法灵活,组织到位,配合得当。特别是第三次长沙会战中使用的"天炉战法",为日军始料未及,如油港河初期消耗战,新墙河二期消耗战,汨罗江三期消耗战,长沙外围磁铁战、反包围歼灭战,以及捞刀河初期追击战、汨罗江二期追击战和新墙河三期追击战等,使日军处处陷入苦战。三次长沙会战共歼灭日军10余万人,给日本侵略者以沉重打击。尤其是第三次长沙会战,正当日本

---

① 《第九战区前敌总司令部指挥中部队赣西作战计划大纲》(1939年9月1日),二史馆馆藏国民政府国防部史政局及战史会档案,《中华民国史档案资料汇编》第五辑第二编"军事"(三),第448页。

② 《军令部拟第二次长沙会战之军事部署》(1941年9月19日),二史馆馆藏国民政府国防部史政局及战史会档案,《中华民国史档案资料汇编》第五辑第二编"军事"(三),第490页。

③ 《蒋介石指挥第三次长沙会战作战密电》(1941年12月30日),二史馆馆藏国民政府国防部史政局及战史会档案,《中华民国史档案资料汇编》第五辑第二编"军事"(三),第537页。

发动太平洋战争以后，日军在南部战场所向披靡、横扫英美军队之时，中国军队重创日军，不仅极大地鼓舞了中国军民的抗日斗志，英美等同盟国家人民也倍受鼓舞，更体现了中国军民对盟军的有力支援。

8. 中国远征军、中国驻印军缅北、滇西作战

中国远征军第一次入缅作战，是应英美盟军所请，参加抵抗日军攻占缅甸的进攻。当时日方参战部队有第十八、三十三、五十五、五十六师团，战车、炮、工兵部队等，指挥官为饭田祥二郎。中国参战部队有第五、六、六十六军，第三十六师等，指挥官为中国远征军第一路司令官罗卓英（副司令长官杜聿明），中国远征军名义上亦由美国派遣的中国战区参谋长史迪威负责指挥。

1942 年 1 月日军第十五军由泰国进攻缅甸，2 月根据《中英共同防御滇缅路协定》，中国派遣援缅远征军第一路军迅速从云南边境开赴缅甸，同英军一道联合对日作战。中国远征军防区为缅甸仰光、曼德勒铁路以东至泰越边境地区。3 月 8 日，日军攻陷仰光后，兵分数路向北推进。20 日中国远征军第五军第二〇〇师与日军第五十五师团在同古遭遇，中国远征军与 4 倍于己的日军激战 12 日，予敌以重大杀伤，并救出被包围的英军 7 000 余人及被俘英军、传教师、记者等 500 余人。1942 年 3 月至 5 月，中国远征军在同古、仁安羌、腊戍等地同日军展开激战，取得许多重大战役的胜利。由于英国军队缺乏保卫缅甸的决心，加之英军遭遇日军一触即溃，中国远征军被迫撤退回国，一部撤往印度整训。1943 年 4 月中国政府在楚雄重新成立中国远征军司令长官部，陈诚任司令长官，黄琪翔任副司令长官，同年冬卫立煌继任司令长官。中国远征军下辖第十一（宋希濂）、第二十（霍揆彰）集团军等部，计 6 个军、17 个师共 20 万人。1944 年 5 月 11 日，为策应中国驻印军反攻作

战行动,中国远征军迅速强渡怒江,向滇西日军发动进攻,先后攻克腾冲、松山、龙陵、芒市等地,并于次年1月27日与中国驻印军在缅甸芒友会师,取得了反攻作战的重大胜利,并彻底打通了中印公路。1942年8月国民政府军事委员会成立中国驻印军指挥部,史迪威任总指挥,罗卓英任副总指挥,1943年春郑洞国任副总指挥,1944年10月索尔顿任总指挥。中国驻印军反攻缅北作战自1943年10月底揭开序幕,在胡康河谷地区,以及孟拱河谷地区和密支那、八莫、腊戍地区对日作战,先后击溃各地日本守军,至1945年3月30日,中国驻印军第五十师与英军第三十六师在皎梅会师。中国驻印军胜利完成了反攻缅北的作战任务。

二史馆收藏了大量关于中国远征军对日作战的文电。有关中国远征军作战部署的主要有:1941年12月16日第六军司令部下达准备入缅作战命令,1942年3月21日史迪威呈报致中国远征军的作战命令,1942年5—6月林蔚、徐永昌等关于滇西国防部署与蒋介石往来文电,1942年7—12月何应钦、徐永昌等关于中美英联合反攻缅甸计划及洽商经过情形签呈,1942年9月30日林蔚关于缅甸战役中英联合作战计划嬗变经过报告,1942年11月28日"收复缅甸作战计划",1942年12月中英美联合反攻缅甸方案大纲,1944年3月美国驻中缅印军总部请即调一师赴印备忘录及军令部拟复签呈稿,贺安转罗斯福请中国远征军出击与蒋介石往来电,1944年6月22日卫立煌滇西作战部署密电,1944年12月25日中国远征军第十一集团军进攻畹町作战命令及同日何应钦报告各部队作战部署密电,1944年12月31日徐永昌为拟远征军驻印军会师后之使用腹案签呈等。有关中国远征军对日作战战况的主要有:1942年3月杜聿明报告远征军入缅情形的文电及军令部签呈,1942年3月杜聿明、肖毅等关于同古敌我战况文电,1942年3月报

告斯瓦一带战况密电及杜聿明、林蔚报告第六军战况密电,1942 年
4 月 20 日罗卓英报告仁安羌中国军队解救英军情形密电,1942 年
4 月 22 日林蔚报告仰曼路正面激战情形密电,1942 年 4—6 月杜聿
明、林蔚等报告远征军对日作战情形密电,1942 年 7 月 11 日高吉
人关于第二〇〇师缅甸作战及突围归国情形报告,1943 年 4 月军
令部编"缅战概要",1944 年 4—6 月美国驻中缅印军总部为远征军
空中运输所需飞机事与蒋介石、何应钦往来密电,1944 年 6 月宋希
濂、卫立煌关于龙陵作战情形与蒋介石往来电,1944 年 7 月 16 日
"中国驻印军奇袭密支那作战经过",1944 年 9 月 10 日何绍周报告
围攻松山作战经过密电,1944 年 9 月 25 日宋希濂报告所部作战经
过密电,1944 年 9 月第二十集团军"腾冲会战经过概要",1944 年
11 月 3 日卫立煌报告所部克服龙陵密电,1944 年 11 月 14 日"中国
驻印军新一军新卅八师司令部虎关区作战经过概要",1944 年 11
月至 1945 年 1 月宋希濂、黄杰报告所部连克芒市、遮放、畹町等地
密电及孙立人报告所部攻取南坎作战经过密电,1945 年 1 月 15 日
"中国驻印军新一军新卅八师司令部卡盟区作战经过概要",1945
年 1 月 23、30 日卫立煌等报告远征军驻印军会师、中印公路通车等
情形密电,1945 年 3 月 9 日孙立人报告所部攻击新维、腊戍作战经
过密电,1945 年 3—5 月蒙巴顿关于中国军队继续向南推进牵制日
军与蒋介石来往密电,1945 年 5 月 4 日"中国驻印军新一军八莫区
战斗经过",1945 年 10 月 21 日远征军反攻缅北战斗经过,及 1945
年"中华民国驻印军缅北会战经过概要"等。

中国远征军第一次入缅作战,在同古、仁安羌、腊戍等地同日
军展开激战,取得许多战役的胜利,有力打击了日军,有效地支持
了英缅军队的对日抵抗,充分显示了中国军队的良好作战能力。
但由于盟国间协调不力,指挥系统混乱,英军缺乏斗志,加之受气

候、地形等影响,中国军队第一次入缅作战趋于失败。而中国远征军和中国驻印军反攻缅北、滇西作战,由于准备充分,战术运用得当,指挥系统顺畅,官兵作战勇敢,加之部队训练有素,装备改善,取得了完全胜利。中国驻印军和中国远征军在此次战役中"毙敌48 858人及大量虏获品外,打通封锁数年之中印交通,扫清滇缅敌寇,歼灭精锐师团,如第十八、第五十六两个师团全被歼灭,第五十三、第二、第四十七等师团及第二十四混成旅团被击溃"。[①] 中国驻印军和中国远征军缅北、滇西作战歼灭和消耗了日军大量有生力量和战争物资,是中国人民抗日的重要战役,同时也是世界反法西斯战争的重要组成部分,缅北、滇西反攻作战有力配合了盟军在东南亚战场和太平洋海域的反攻作战,创造了中美英同盟国军队协同作战的成功战例。

9. 其他诸战役

抗日战争中正面战场大规模对日作战的主要战役还有闽粤作战、南昌会战、随枣会战、桂南会战、枣宜会战、豫南会战、上高会战、晋南会战、浙赣会战、鄂西会战、常德会战、豫中会战、长衡会战、桂柳会战、湘西会战等。

闽粤作战发生于1938年10月至1939年7月,作战地域为闽粤两省(属第四战区),日方参战部队为第二十一军之第五、十八、一〇四师团及直属部队、第四飞行团和海军第三、五舰队等,由第二十一军司令官古庄干郎指挥;中国参战部队为第六十二、六十三、六十四、六十五军等,由第四战区司令长官何应钦、副司令长官余汉谋指挥。

---

① 中国社会科学院近代史研究所中华民国史研究室编:《中华民国史资料丛稿·大事记》第31辑(1945年),北京:中华书局1990年版,第17页。

南昌会战发生于 1939 年 3—5 月，作战地域在江西省（属第九战区），日方参战部队为第六、一〇一、一〇六师团及一一六师团之一部与海军中国方面舰队之一部，由第十一军司令官冈村宁次指挥；中国参战部队为第三十二、四十九、五十八、六十、七十、七十四、七十九军及新编第三、八、二十九、七十三、七十八军等，由第九战区代司令长官薛岳指挥。

随枣会战发生于 1939 年 5 月 1—20 日，作战地域在鄂北、豫南（属第五战区），日方参战部队包括第三、十三、十六、三十四师团等，由第十一军司令官冈村宁次指挥；中国参战部队包括第七、十三、二十六、三十九、四十一、四十四、四十五、五十五、五十九、六十七、七十五、七十七、八十四、八十五、九十四军等，由第五战区司令长官李宗仁指挥。

桂南会战发生于 1939 年 11 月至 1940 年 11 月，作战地域在广西（属第四战区），日方参战部队为第五、十八师团及台湾混成旅团、近卫师团第一旅团、航空队等，由第二十一军司令官安藤利吉指挥；中国参战部队为第二、五、六、三十一、三十六、四十六、六十四、六十六、九十九军等，由桂林行营主任白崇禧、第四战区司令长官张发奎指挥。

枣宜会战发生于 1940 年 5—6 月，作战地域在鄂北、豫南（属第五战区），日方参战部队为第三、十三、三十九、四十师团及仓桥、松井、汉水支队和飞行团等，由第十一军司令官园部和一郎指挥；中国参战部队为第二、七、十三、十八、二十六、三十、三十九、四十一、四十四、四十五、五十五、五十九、六十七、六十八、七十五、七十七、八十四、八十五、九十二、九十四军及新编第二军等，由第五战区司令长官李宗仁指挥。

豫南会战发生于 1941 年 1—2 月，作战地域在豫南、皖北（属第五战区），日方参战部队为第三、十三、十七、三十九、四十师团及独立第十八旅团和战车、炮兵团等，由第十一军司令官园部和一郎指挥；中国参战部队为第十三、二十九、五十五、五十九、六十八、八十四、八十五、九十二军等，由第五战区司令长官李宗仁指挥。

上高会战发生于1941年3—4月，作战地域在湖南、江西（属第九战区），日方参战部队为第三十三、三十四师团，独立混成第二十旅团，第三飞行团及海军航空队等，由第十一军司令官园部和一郎指挥；中国参战部队为第四十九、七十、七十二、七十四军等，由第九战区司令长官薛岳指挥。

晋南会战发生于1941年5—6月，作战地域在晋南、豫北（属第一战区），日方参战部队为第三十三、三十五、三十六、三十七、四十一师团及第三飞行团等，由华北方面军司令官多田骏指挥；中国参战部队为第三、九、十四、十五、十七、二十七、四十、四十三、八十、九十三、九十八军及新编第五军等，由第一战区司令长官卫立煌指挥。

浙赣会战发生于1942年5—8月，作战地域在浙江、江西（属第三战区），日方参战部队为第三、十五、二十二、三十二、三十四、七十、一一六师团等，浙江方面由第十三军司令官泽田茂指挥，江西方面由第十一军司令官阿南惟几指挥；中国参战部队为第四、二十一、二十五、二十六、二十八、四十九、五十、五十八、七十四、七十九、八十六、八十八、一〇〇军及暂编第九军等，由第三战区司令长官顾祝同、第九战区司令长官薛岳指挥。

鄂西会战发生于1943年2—6月，作战地域在鄂西（属第六战区），日方参战部队为第三、十三、三十九师团及第十七独立旅团、第四十四航空战队等，由第十一军司令官横山勇指挥；中国参战部队为第十八、三十、三十二、四十四、五十九、六十六、七十三、七十

四、七十五、七十七、七十九、八十六、八十七、九十四军等,由第六
战区司令长官陈诚指挥。

常德会战发生于 1943 年 11 月 1—29 日,作战地域在湘北、鄂
南(属第六、第九战区),日方参战部队为第三、十三、三十二、三十
四、三十九、四十、六十八师团及独立第十七旅团(另有伪军第五、
十一、十二、十三师)等,由第十一军司令官横山勇指挥;中国参战
部队包括第十、十八、三十二、四十四、五十八、五十九、六十六、七
十二、七十三、七十四、七十五、七十七、七十九、八十六、九十九、一
○○军等,由第六战区司令长官孙连仲、第九战区司令长官薛岳
指挥。

豫中会战发生于 1944 年 4—9 月,作战地域在河南(属第一战
区),日方参战部队为第二十七、三十七、六十二、六十三、六十五、
六十九、一一○师团及独立步兵第十一旅团等,由华北方面军司令
官冈村宁次指挥;中国参战部队包括第十二、十三、二十九、七十
八、八十五军,暂编第一、四、九、十五、十六、四十、四十七、五十七
军,新编第八、九、十三、十四、十五、三十八、八十五、九十六军等,
由第一战区司令长官蒋鼎文指挥。

长衡会战发生于 1944 年 5—8 月,作战地域在湖南(属第九战
区),日方参战部队为第三、十三、二十七、三十四、三十九、四十、五
十八、六十四、六十八、一一六师团等,由第十一军司令官横山勇指
挥;中国参战部队包括第二十、二十六、三十七、四十四军,暂编第
二、四、十、四十六、五十八、六十二、七十二、七十三、七十四、七十
九、九十九、一○○军等,由第九战区司令长官薛岳指挥。

桂柳会战发生于 1944 年 8—11 月,作战地域在广西、湖南、黔
南(属第九、第四战区),日方参战部队为第三、十三、二十二、三十
四、三十七、四十、五十八、六十八、一○四、一一六师团等,由第六

方面军司令官冈村宁次指挥;中国参战部队为第九、十三、二十、二十六、二十九、三十一、三十七、四十六、五十七、六十二、六十四、七十九、八十七、九十三、九十四、九十七军等,由第四战区司令长官张发奎指挥。

　　湘西会战发生于1945年4—5月,作战地域在湘西(属第九战区),日方参战部队为第三十四、四十七、六十六、一一六师团等,由第六方面军司令官冈部直三郎指挥;中国参战部队包括第十八、二十六、七十三、七十四、九十二、九十四、一○○军及新编第六军等,由中国陆军总司令何应钦指挥。

　　二史馆收藏了大量有关上述战役的档案资料,主要有1939年2月28日蒋介石关于部署南昌作战致薛岳密电,1939年3月3—8日薛岳关于南昌方面取攻势作战与蒋介石往来密电,1939年3月5日白崇禧关于补充第三、四、九战区作战指导要领密电,1939年3月9日薛岳报告第九战区各部队调整情形密电,1939年3月21日罗卓英报告修河南岸战况及中国军队部署情况密电,1939年3月23日蒋介石批复军令部关于第九战区情况处置意见函及蒋介石关于第三、九战区作战地境及南昌附近作战部署密电与顾祝同报告策应南昌方面作战第三战区各部出击部署密电,1939年3月25日蒋介石指示今后作战指导要领密电,1939年3月27日蒋介石命令宋肯堂部死守南昌密电,1939年4月1日罗卓英报告保卫赣湘公路作战部署密电,1939年4月11日罗卓英报告反攻南昌作战部署密电,1939年4月17—18日蒋介石关于反攻南昌作战计划与白崇禧等往来密电,1939年4月25、30日李宗仁关于日军向鄂中鄂北大举集结企图蠢动密电,1939年4月28日王陵基报告该部在武宁一带作战经过概要报告及汤恩伯报告该部作战部署密电,1939年4月29日至5月7日罗卓英限期攻克南昌命令及报告该部反攻南昌近郊战况密电,1939 年 4 月 30 日李宗仁检呈第五战区作战命令密电,1939 年 5 月 2 日李宗仁报告第一线各师及控置部队位置密电,1939 年 5 月 8—13 日蒋介石、李宗仁关于调整鄂中、鄂北部署密电,1939 年 5 月 12 日程潜报告第五战区敌情及部队位置密电,1939 年 5 月 21 日李宗仁报告随枣战后重新部署情形密电及李宗仁报告收复随枣密电,1939 年 5 月 22 日李宗仁关于随枣会战经过概要密电,1939 年 5 月第九战区反攻南昌作战简报及军委会桂林行营关于南昌会战所得教训文,1939 年 8 月 30 日第三十三集团军襄河东岸战斗经过的战报,1939 年军令部第五战区随枣会战经过的总结报告,1939 年 11 月 24、28 日白宗禧报告桂南会战作战部署及作战指导密电,1939 年 12 月 11、18 日白宗禧报告桂南各部队位置及推进情形密电,1939 年 12 月 19—31 日白宗禧等关于反攻昆仑关、高峰坳、老河口等地激战情形密电,1939 年 12 月 21 日蒋介石严令各部队努力进攻达成任务手令电稿,1940 年 1 月 5 日蒋介石命令各部彻底截断日军后方交通密电,1940 年 1 月 24 日白宗禧关于昆仑关、龙州等役战斗经过概要电,1940 年 1 月 30 日白宗禧命令坚守昆仑关击退日军反攻密电,1939 年 1 月第四战区关于南宁各役战斗经过概要,1940 年 2 月 2 日杜聿明第五军作战及转移情形密电,1940 年 2 月 3—4 日蒋介石关于宾阳一带作战部署密电稿,1940 年 2 月 5 日张发奎报告下达桂南方面作战命令密电,1940 年 2 月 11 日蒋介石颁发桂南方面各集团军作战指导要旨密电稿,1940 年 2 月 16 日白宗禧关于桂南作战部署密电,1940 年 2 月 19 日苏联军事顾问加略诺夫关于昆仑关、宾阳等役战斗经过及经验教训报告,1940 年 4 月 13 日蒋介石关于修正桂南方面作战部署要旨密电稿,1940 年 4 月军委会拟第五战区襄东部队作战指导方案,1940 年 4 月 14 日至 5 月 18 日李宗仁报告襄东战役战况密电,

1940年5月2—5日张自忠报告第一三二师等部于长寿店及附近地区作战情形密电，1940年5月5—6日孙连仲报告所部泌阳及附近地区作战情形密电，1940年5月10日蒋介石部署各军襄东作战任务密电稿，1940年5月13日蒋介石命令第五战区围歼枣阳、随县一带日军密电稿，1940年5月16日第三十三集团军枣宜会战战斗详报，1940年6月1日军委会拟定襄河西岸作战紧急部署方案及军委会关于兵力调配与作战部署会报记录，1940年6月15日关于规定宜昌、钟祥等地各部指挥系统及作战要领任务密电稿，1940年7月19日陈诚拟收复宜沙歼灭襄河以西之敌计划密电，1940年9月23日张发奎关于攻略南宁作战部署密电，1940年10月28日张发奎下达收复南宁作战计划命令密电，1940年10月29日至11月4日张发奎报告收复南宁等密电，1940年第五战区枣宜会战经过及检讨报告，1941年3月24、29日罗卓英报告所部参加上高会战作战情形密电，1941年3月30日蒋介石关于上高会战作战经过及经验教训密电，1941年4月5日薛岳关于上高会战战斗要报密电，1941年4月18、20日何应钦主持晋南会战准备之一、二次会议记录，1941年4月王耀武关于第七十四军上高会战经验教训报告，1941年5月15日第十九集团军总参谋处编上高会战经过概要，1941年5月28日蒋介石关于检讨晋南作战经验教训电，1941年5月军委会桂林办公厅对于豫北晋南会战失败之检讨及陈述意见书，1941年6月陆军第七十军参加上高会战作战经过概要，1941年7月曾万钟拟第五集团军中条山战役作战经过报告书，1941年10月第一战区长官司令部呈报中条山会战经过电，1942年4月第八十军关于中条山战役作战经过概要及经验教训报告，1942年6月17日顾祝同报告衢州战役作战经过密电，1942年7月5日至8月11日顾祝同报告所部在建德、常山、江山等作战密电，1942年11

月 21 日第三战区浙赣战役作战经验教训及检讨,1942 年第三战区浙赣战役炮兵作战经过报告及第三战区浙赣战役作战经过概要,1943 年 5 月军令部编浙赣战役之检讨,1943 年 7 月 20 日第六战区关于湘鄂地区守势作战计划,1943 年 10 月常德会战前第二十九集团军敌我形势报告,1943 年 11 月常德会战前第十集团军关于敌我态势分析与作战计划报告及第七十四集团军敌我态势报告,1943 年 11 月至 1944 年 1 月王缵绪、王敬久等有关常德会战文电,1943 年 12 月第九战区常德会战两军作战目的、兵力、作战经过要报及第七十四军第五十七师关于战前敌我态势、作战经过报告,1943 年 12 月 26 日第六战区常德会战战斗要报及中国空军与盟军空军历次出击战果表,1943 年 12 月 31 日徐永昌关于常德会战之检讨及陈诚关于常德会战回忆录,1944 年 5 月 27 日至 9 月 4 日第二十军杨汉域部参加长衡会战密电,1944 年 6 月 15 日王耀武关于薛岳命令第七十九军集结宁乡附近策应长沙作战等情电,1944 年 6 月 20 日王耀武报告日军犯湘兵力及编制情形密电,1944 年 6 月蒋鼎文拟“第一战区三十三年春夏间中原会战经过概要”及中原会战之检讨,1944 年 7 月第十九集团军为策应中原会战于皖北豫中地区作战详报,1944 年 8 月 24 日军令部拟桂柳会战有关战区作战指导要领,1944 年 8 月 26 日军令部拟长衡会战战斗要报,1944 年 8 月 29 日蒋介石为准备桂林会战所作军事部署密电,1944 年 9 月 2—8 日张发奎请集结重兵于梧州一带以防日军夹击柳州与蒋介石往来密电,1944 年 9 月 5、6 日蒋介石为准备桂林会战与余汉谋往来密电,1944 年 9 月 6、9 日张发奎命令所部死守全州与蒋介石往来密电,1944 年 9 月 7、12 日张发奎关于策应桂柳作战抽调部队事与蒋介石往来密电,1944 年 9 月 18 日蒋介石调第三十五集团军入桂作战密电,1944 年 9 月 28 日何应钦关于调整桂林作战指挥系统密电,

1944 年 9 月第九战区欧震兵团参加长衡会战战报及第四军参加长衡会战作战经过报告书与第二十七集团军关于长衡会战战报，1944 年 10 月 13 日桂柳会战及第四战区作战计划，1944 年 10 月 25 日第四战区长官司令部呈送第十六集团军司令部关于桂林方面作战计划代电，1944 年 10 月桂柳会战中日参战部队一览表，1944 年 10 月 30 日至 11 月 2 日第二十军参加桂柳会战机密作战日记，1944 年 11 月 5 日杨森关于所部作战任务及行动部署密电，1944 年 11 月 8 日杨森发布所部防守柳州防敌进犯命令，1944 年 11 月第三十七集团军罗奇部参加桂柳会战战斗经过要报，1944 年 12 月 26 日梁汉明报告第九十九军参加长衡会战经过概况密电，1944 年 12 月第九战区长衡会战经过战报，1945 年 12 月 8 日军令部编桂柳会战经过概要稿，1945 年 12 月第二十七集团军杨森部桂柳会战战斗要报，1946 年 11 月第二十军参加桂柳会战战斗经过概要等。

　　武汉会战结束后，中国人民抗日战争进入战略相持阶段，中日双方在华北及中原地区大致以包头—大同—运城—博爱—开封—淮阳—亳县一线对峙，在华东及华中地区大致在合肥—黄梅—信阳—岳阳—宁武—芜湖—杭州一线对峙。日军不断发动进攻，保持战略主动，企图捕捉中国军队主力进而加以消灭，而中国军队大体保持战略守势，但也不时发动攻势，牵制和消耗日军。因此，中日双方不时调集重兵展开对决，从晋南、豫中到桂南、桂柳，从浙赣、闽粤到鄂西、湘西，从中原大地到岭南山区，从平原地区到崇山峻岭，中国军队同日本侵略者展开了殊死搏斗。在战略上，中国军事当局坚持持久抗战，以时间换空间；在战术上则大多利用有利地形，构筑纵深防御工事，采用攻势防御战法，层层抵抗，诱敌深入，分割包围，进而聚而歼之。中国军队虽然常常丧师失地，有中条山的陷落、浙赣会战的兵败、豫湘桂战役的惨败，但中国军民不畏强

敌浴血奋战,相继取得了上高大捷、昆仑关大捷、湘西大捷等重大
战役的局部胜利,给侵华日军以沉重打击。常德会战中中国守军
战斗至最后一刻,第五十七师8 315人几乎全部阵亡。1937 年 7 月
至 1945 年 8 月正面战场中国军队歼灭日军 170 余万人,中国军人
战死1 328 501人(其中上将 9 人、中将 49 人、少将 69 人、校尉 1.7
万余人),负伤1 769 299人。正面战场上的中国军队在全民抗战中
作出了巨大的牺牲,为中国人民抗日战争和世界反法西斯战争的
最后胜利作出了重大贡献。

(四) 敌后战场的抗日斗争

1931 年 9 月 18 日日本发动九一八事变,民族危机空前严重。
9 月 20 日中共中央发表了《中国共产党为日本帝国主义强暴占领
东三省事件宣言》,9 月 22 日中共中央作出《关于日本帝国主义强
占满洲事变的决议》,1932 年 4 月 15 日,毛泽东以中华苏维埃共和
国临时中央政府的名义发布《对日战争宣言》。同日,毛泽东、项英
等签署了《关于动员对日作战的训令》,号召全国人民组织民众抗
日义勇军,驱逐日本帝国主义出中国。1935 年 8 月 1 日,中国共产
党发表《八一宣言》:中华民族已处于生死存亡关头,一切不愿做亡
国奴的人们应团结起来,建立抗日民族统一战线。同年 12 月,中
共中央作出了《中央关于军事战略问题的决议》和《关于目前政治
形势与党的任务决议》,提出了团结一切可能的反日同盟者,不使
一个爱国的中国人不参加到反日的战线上去。1936 年 12 月西安
事变和平解决,抗日民族统一战线初步形成。1937 年 7 月 7 日,日
本军队发动卢沟桥事变,掀起全面侵华战争。次日,中共中央发表
《中国共产党为日军进攻卢沟桥通电》。8 月 22 日中共中央政治局
在陕西洛川召开扩大会议,会议通过了《目前形势与党的任务的决
定》和《抗日救国十大纲领》,确定人民军队的基本任务是创建敌后

抗日根据地,开展独立自主的敌后游击战。

1937年8月25日,中共中央革命军事委员会发布命令,红军正式改编为八路军,朱德、彭德怀为正、副总指挥,叶剑英为参谋长、左权为副参谋长,任弼时为政治部主任、邓小平为副主任。八路军下辖一一五、一二〇、一二九三个师。1937年9月,八路军开赴抗日前线。10月,南方8省14区的红军游击队改编为新四军,叶挺任军长、项英任副军长、张云逸任参谋长、周子昆任副参谋长、袁国平任政治部主任、邓子恢任政治部副主任。从此以后,八路军、新四军在长城内外、大江南北抗击日本侵略者,开辟了大片抗日根据地。

陕甘宁边区。1937年5月陕甘宁边区党的第一次代表大会召开,选举郭洪涛为边区党委书记。9月6日陕甘宁边区政府成立,林伯渠任主席。至1941年11月,陕甘宁边区下辖29县(市)。

晋绥抗日根据地。1937年10月1日中共晋西北临时省委成立,马林任书记。1940年1月晋西北军政委员会成立,贺龙任书记、关向应任副书记。2月1日晋绥游击区公署成立,续范亭任主任,牛荫冠、武新宇任副主任。至1945年8月,晋绥抗日根据地包括3个行署、12个专署、48个县。

晋察冀抗日根据地。1937年9月中共晋察冀临时省委成立,12月,中共晋察冀省委正式成立,黄敬任书记。1938年1月10日,晋察冀边区行政委员会成立,宋劭文任主任、胡仁奎任副主任。至1945年8月,晋察冀抗日根据地包括热河、察哈尔2个省政府,冀中、冀晋、冀东3个行政主任公署,张家口、承德等5个市政府,19个专员公署,167个县及4个盟政府。

晋冀豫抗日根据地。1937年10月中共平汉线省委改称冀豫晋省委,李菁玉任书记。1938年4月冀豫晋省委改称晋冀豫区委员会,李雪峰任书记。1942 年 6 月成立晋冀鲁豫边区政府,杨秀峰任主席,薄一波、戎伍胜任副主席。至 1945 年 8 月,晋冀豫抗日根据地分为太行、太岳 2 个根据地,下辖 13 个专署、97 个县和 1个市。

冀鲁豫抗日根据地。1940 年 4 月冀鲁豫区党委成立,张玺任书记。1941 年 7 月成立冀鲁豫区行署,晁哲甫任主任。至 1945 年 9 月,冀鲁豫抗日根据地(含冀南)下辖 3 个行署、12 个专署、118 个县政府。

山东抗日根据地。1938 年 6 月中共苏鲁豫皖边区省委成立,郭洪涛任书记;12 月,中共中央山东分局成立,郭洪涛任书记。1939 年 8 月,山东军政委员会成立,黎玉任书记。1945 年 8 月 13日,山东省政府成立,黎玉任主席。至 1945 年 8 月,山东抗日根据地下辖 5 个行政公署、23 个专员公署、127 个县政府。

河南抗日根据地。1937 年 9 月中共河南省委重新成立,朱理治任书记。1944 年 9 月中共河南区委成立,戴季英任书记。1945年 2 月河南抗日根据地领导机构正式成立。至 1945 年 8 月,河南抗日根据地下辖 3 个专署、20 余个县政府。

淮北抗日根据地。1939 年春中共豫皖苏省委成立,吴芝圃任书记。1940 年 3 月苏皖边区军政委员会成立,刘瑞龙任书记,刘玉柱任皖东北专署专员。1941 年 8 月淮北苏皖边区行政公署成立,刘瑞龙任主任。至 1945 年 8 月,淮北抗日根据地控制了江苏、安徽、河南、山东 4 省边联地区 46 县。

淮南抗日抗根据地。1938 年 4 月中共安徽省工委成立,彭康任书记;7 月中共皖东省委成立,刘顺元任书记。1943 年 2 月,淮南区党委成立,谭震林任书记。同时,淮南行政公署成立,方毅任主任。至 1945 年 2 月,淮南抗日根据地下辖 2 个专员公署、15 个县政府。

皖江抗日根据地，亦称皖中抗日根据地。1940年初皖中军政委员会成立，何伟任书记；5月，皖中行政公署成立，吕惠生任主任。至1944年5月，皖江抗日根据地下辖2个专员公署、3个办事处、9个县政府。

苏北抗日根据地。1938年7月中共苏皖特委成立，邵幼和任书记。1941年5月盐阜区党委成立，李雪三任书记；9月，盐阜区行政公署和淮海区行政公署成立，曹荻秋、李一氓分别任主任。1942年11月，上述两区合并为苏北行政公署，曹荻秋任主任。至1945年8月，苏北抗日根据地下辖淮阴、阜宁等18个县。

苏中抗日根据地。1939年7月中共苏中工委改称苏北临时特委，惠玉宇任书记。1940年9月，成立苏北区党委，陈毅任书记，陈丕显任副书记；11月，苏北临时行政委员会成立，管文蔚任主任。1941年4月，苏中行政委员会成立，管文蔚任主任。1945年4月季方任苏中行署主任。至1945年8月，苏中抗日根据地下辖3个行政区、1个特区和20余个县政府。

苏浙抗日根据地。1941年4月江南行政委员会成立，何克希任主任。1943年3月苏南行政公署成立，江渭清任主任。1945年4月浙西行政公署成立，朱克靖任主任。1945年7月，苏南、浙西两根据地合并成立苏浙抗日根据地。至1945年7月，苏浙抗日根据地下辖3个专区和19个县。

浙东抗日根据地。1942年5月浙东区党委成立，谭启龙任书记。1944年1月，组建浙东敌后临时行政委员会，柏连生任主任。1945年2月成立浙东行政公署，柏连生任主任。至1945年春，浙东抗日根据地设有4个地委、14个县政权。

鄂豫皖湘赣抗日根据地。1938年5月中共鄂豫边省委改为豫南特委,童中玉任书记。1939 年 6 月建立中共豫鄂边地委,任质斌任书记。1939 年 11 月,豫南、鄂中、鄂东根据地合并,成立豫鄂边区党委,郑位三任书记。1941 年 4 月,豫鄂边区行政公署成立,许子威任主任。1944 年 10 月,皖湘赣抗日根据地改称鄂豫皖湘赣抗日根据地。1945 年 2 月,组建湘鄂赣行政公署,聂洪钧任主任。1945 年 8 月,鄂豫皖湘赣抗日根据地共划为 9 个专署,下辖 50 余县及游击区。

东江抗日根据地。1939 年 2 月中共东江特委成立,尹林平任书记。同年 12 月,在惠阳淡水镇建立抗日民主政权。1942 年 1 月成立广东军政委员会,尹林平任书记。1944 年 7 月 1 日,成立东(莞)宝(安)行政督导处,谭天度为主任。1945 年 3 月,成立惠东行政督导处,练铁任主任;4 月路东行政委员会成立,叶锋任主席。至 1945 年 6 月,东江抗日根据地形成了东宝、惠东、路东等抗日根据地。

珠江抗日根据地。1940 年 8 月,中共珠江三角洲中心县委成立,罗范群任书记。1944 年 10 月,分别成立了中山县行政督导处、番顺督导处,叶向荣、徐云任主任。

琼崖抗日根据地。1937 年 11 月中共琼崖特委成立,李明任书记。1940 年 10 月,文昌县抗日民主政府成立,詹庸任县长。1941 年 11 月,琼崖东北区人民政府成立,冯白驹任主席。1945 年 7 月,琼崖临时人民政府成立,冯白驹任主席。至 1945 年 8 月,琼崖抗日根据地控制全岛 2/3 面积,并在 16 个县建立了民主政权。

东北抗日游击根据地。1933 年 1 月,中共满洲省委成立,魏抱一任书记。1935 年春,分别成立南满省委、东南满省委、吉东省委、北满省委,杨靖宇、魏拯民、宋一夫、冯仲云分别任书记。1935 年 11 月,南满特区政府成立。1945 年 8 月,中共东北委员会成立,周保中任书记。东北抗日游击根据地由东满、南满、北满 3 个抗日游击根据地组成。

中共领导的抗日根据地的名称和范围时有变更，其中，晋绥、晋察冀、晋冀豫、冀鲁豫、山东、河南抗日根据地合称为华北抗日根据地；淮北、淮南、皖江、苏北、苏中、苏浙、浙东、鄂豫皖湘赣抗日根据地合称为华中抗日根据地；东江、珠江、琼崖抗日根据地合称为华南抗日根据地。

二史馆收藏了数量众多的有关中共领导的抗日根据地军民对日作战的档案资料，其中关于八路军、新四军实力分布的主要有1940 年 6 月军令部关于第十八集团军、新四军各种组织系统简表，1941 年 3 月军令部关于中共分布各战区抗日军实力位置一览表，1943 年 5 月军令部关于中共分布在华北华中地区抗日军实力统计表等。

关于晋冀鲁豫等地区抗日游击战的主要有：1937 年 1 月 20 日八路军总部关于晋北冀西游击战情况报告，1938 年 1 月 3—26 日朱德、彭德怀关于八路军在华北战场战况密电，1938 年 1 月 24 日八路军总部编印《第八路军自 1937 年 12 月 19 日起至 1938 年 1 月 20 日止之战斗汇报》，1938 年月 1 月 27 日、2 月 12 日八路军驻汉办事处关于八路军在河北等地作战战绩报告，1938 年 2 月 2—28 日叶剑英关于八路军在晋冀境内对日作战情形函，1938 年 4 月 3 日叶剑英转朱德、彭德怀关于八路军在晋冀交界处响堂铺附近战斗要报呈，1938 年 4 月 20 日、5 月 3 日朱德、彭德怀关于八路军在晋冀鲁等地粉碎日军九路围攻电呈，1938 年 5 月 1 日叶剑英转报朱德、彭德怀关于八路军在平石线上对日作战情形呈，1938 年 5 月 11 日、16 日叶剑英转聂荣臻关于八路军在平绥平汉平津等线上大量歼灭日伪军等情形与徐永昌来往电，1938 年 5 月 5—29 日康泽

等关于八路军在晋冀长治邯郸等地抗敌情形致徐永昌电,1938 年
5 月 1 日至 6 月 20 日军令部关于八路军、新四军在第二、三等战区
战况密电,1938 年 5 月 11 日至 11 月 11 日第二战区关于八路军在
晋冀察边区歼敌战报稿,1938 年 9 月 30 日叶剑英转报八路军打击
侵犯晋察冀边区日军战果呈,1938 年 11 月 24 日八路军驻汉办事
处关于八路军在晋察等地抗日情形报告,1938 年 11 月 25 日叶剑
英转报八路军于晋北广灵等地歼敌战绩呈,1938 年 11 月 2 日、12
月 7 日蒋介石关于八路军在晋冀察边区歼敌嘉奖密电稿,1938 年
12 月 22 日八路军总部印《十、十一两月战斗汇报》,1939 年 1 月 22
日至 3 月 17 日程潜关于八路军在冀晋等地对日作战情形致蒋介石
密电,1939 年 1 月 16 日至 3 月 23 日卫立煌关于八路军在第二战
区对日作战密电,1939 年 2 月 10 日、17 日、21 日叶剑英转报八路
军在冀中冀南歼敌情形致何应钦呈,1939 年 5 月 27 日、29 日叶剑
英转报八路军在晋冀鲁地区歼敌战况致蒋介石、徐永昌呈,1939 年
6 月 2 日、6 日周恩来为送左权著《一月来华北战局概况》与刘维京
往来函,1939 年 7 月 20 日叶剑英转报八路军粉碎日军对晋东南扫
荡经过呈,1939 年 11 月 20 日军令部第一厅制第十八集团军 10 月
份歼敌战绩表,1939 年 12 月 12 日叶剑英转报八路军在晋察冀边
区反日军扫荡部署呈,1939 年 12 月 18 日朱德、彭德怀报告八路军
一一五师歼灭侵犯徐州日军经过电,1939 年 12 月 18 日军令部第
一厅制第十八集团军 11 月份歼敌战绩表,1940 年 1 月 1 日、11 日、
16 日程潜报转八路军在晋东南地区对日作战战绩电,1940 年 1 月
李宗仁转报新四军豫鄂挺进纵队坚持敌后游击战战况电,1940 年
2 月 4 日朱德、彭德怀关于八路军在山东胶东半岛歼敌情形电,
1940 年 2 月 8 日、25 日朱德、叶剑英等报告八路军在晋绥地区对日
作战情形致徐永昌、蒋介石电呈,1940 年 2 月 4 日至 4 月 10 日程

潜转报第二战区八路军对日作战战况电,1940年3月14日、4月14日、5月3日程潜报告冀察鲁苏地区八路军战绩电,1940年3月4日至4月26日朱德等报告八路军在晋冀等地抗击日军战况战绩致蒋介石、徐永昌电,1940年5月2日至6月27日朱德、彭德怀报告八路军在鲁豫等地抗日战况战绩电,1940年6月25日至8月23日朱德、彭德怀报告八路军刘伯承部破敌交通战绩电,1940年7月12日、13日朱德、彭德怀报告八路军1940年6、7月份战斗缴获统计电,1940年11月朱德、彭德怀关于八路军在太行山区歼敌战绩电,1940年11月15日军令部制第十八集团军在各战区歼敌战果表,1941年12月8日周恩来转报八路军在晋鲁等地歼灭日军情形致蒋介石呈,1943年3月14日叶剑英转报朱德等关于八路军2月份歼敌战果致陈诚呈,1943年3月30日朱德、彭德怀关于八路军侧击忻口南下日军战斗情形电,1943年8月23日《解放日报》刊载《国共两党抗战战绩的比较》文,1943年8月23日《解放日报》刊载《中国共产党抗击全部伪军概况》文及1943年《八路军、新四军一年来战绩表》等。

关于百团大战的档案主要有:1940年8月27日叶剑英转报八路军百团大战兵力部署致蒋介石、徐永昌呈,1940年9月22日《新中华报》刊载蒋介石等嘉奖百团大战电,1940年11月11日军令部第一处转百团大战部署略图致徐永昌签呈附略图,1940年9月1日至30日叶剑英转报八路军百团大战战况战绩致蒋介石、徐永昌电呈,1940年9月22日第十八集团军总司令部、野战政治部撰《百团大战战绩初步总结》,1940年9月30日叶剑英转报八路军百团大战第二阶段作战部署致蒋介石呈,1940年9月军令部制第十八集团军百团大战战果表,1940年10月1—28日叶剑英转报八路军百团大战战报战绩致蒋介石呈,1940年10月7日军令部制第十八集团军第一阶段分次战绩总结表，1940 年 10 月新四军豫鄂挺进纵队出版之朱德等《论八路军百团大战》，1941 年 1 月 6 日军令部制第十八集团军百团大战战绩总结表等。

关于八路军、新四军等在大江南北抗击日军的档案主要有：1938 年 6 月 22 日新四军驻汉办事处钱之光转报新四军陈毅支队在丹阳南京间配合民众抗击日军致蒋介石呈，1938 年 7 月 1 日至 10 月 7 日新四军驻汉办事处钱之光、叶剑英转报新四军叶挺部在苏皖地区抗击日军战况战绩致蒋介石等呈，1939 年 3 月 10 日叶挺、项英关于新四军对日作战情形的报告，1939 年 4 月 20 日、24 日叶挺、项英关于在苏皖溧水、当涂等地抗击日军情形与蒋介石往来密电，1939 年 5 月 27 日、31 日叶挺、项英关于新四军在苏皖全椒、丹阳等地抗击日军情形与蒋介石往来密电，1939 年 10 月叶挺、项英关于新四军一年来抗击日军之经验及建议报告，1940 年 1 月 18 日至 8 月 3 日叶挺、项英报告新四军在苏皖镇江、六合、芜湖、铜陵等地袭击日军情形致蒋介石等密电，1940 年 3 月 10 日、20 日叶挺报告新四军在江南句容、繁昌等地抗击日军情形致蒋介石等密电，1940 年 4 月孟繁纶报送新四军江南江北部队游击战战绩概要表册，1940 年 7 月 1 日第三战区第二游击区总指挥部关于江南战场新四军各部驻地表，1940 年 9 月第三战区第二游击区总指挥部关于新四军在皖南繁昌等地歼灭日军情形的阵中日记，1940 年 10 月 5 日顾祝同关于新四军在荻港一带布雷任务等情电，1941 年 12 月 12 日周恩来转报八路军在苏北抗击日军战况战绩致蒋介石呈等。

中国人民抗日战争是第二次世界大战东方主战场，是世界反法西斯战争的重要组成部分。中国共产党领导的敌后战场有力地配合了中国正面战场的对日作战，是中国抗日战争的重要组成部分。自七七事变起至日本战败投降，八路军、新四军和华南抗日游击队等人民武装力量在广大敌后地区担负着抗击日军的重要任务。1938年11月武汉会战后,侵华日军基本停止了在正面战场的大规模战略进攻,转而对国民政府进行政治诱降,同时,日军将其主力投入对解放区敌后战场的军事进攻。中国共产党领导的解放区军民在极其艰难的条件下,坚持持久抗战,沉重地打击了日本侵略者。在全面八年抗战中,八路军、新四军及华南抗日游击队等中共领导的抗日武装,同日伪军作战共12.5万次,共歼灭日军52.7万余人和伪军118.6万余人。从1938年到1945年8月日本无条件投降止,敌后战场军民分别抗击着侵华日军总数的58.8%—75%和几乎全部伪军。中共领导的人民武装力量解放被敌侵占的约100万平方公里国土,解放人口约1.2亿人。解放区更遍布19个省份,人民军队迅速发展壮大到120余万人,民兵则发展到260余万人,在抗日战争中发挥了中流砥柱的作用。中国抗战成为打败日本侵略者的决定性力量,同时钳制了日军不敢进攻苏联,也有力地配合了同盟国军队在太平洋战场的作战行动,为世界人民最终赢得反法西斯战争的胜利作出了重大贡献。

(五)知识青年志愿从军运动

1944年8月24、28日蒋介石下达手令,要求国民党中央党部、三青团中央团部开展知识青年从军运动,提高军队素质,充实反攻力量,"集中全国人力物力,作最后之努力,以求发挥最高之战果"[1],要求在3个月内征集10万人。国民党中央党部、三青团中央团部与国民政府军事委员会指定人员起草征集办法、训练计划等草案。1944年10月11、13、14日在重庆国民党中央党部礼堂召

---

[1]《蒋介石侍秘字第23820号手令》,二史馆馆藏三青团中央团部档案,《中华民国史档案资料汇编》第五辑第二编"政治"(五),第329页。

开由国民党中央、三青团中央和各省市党团负责人参加的发动知识青年从军会议并通过各项办法。随后全国知识青年志愿从军指导委员会成立,10月24日该会秘书处正式对外办公。全国各省市及各专科以上学校、各职业党部亦先后成立征集机构,办理征集事宜。

　　二史馆收藏的有关知识青年志愿从军运动档案大多保存于全国知识青年志愿从军指导委员会全宗,主要包括:1944年8月蒋介石关于发动知识青年从军运动手令二则(三青团中央团部档案),1944年10月11、14日国民党发动知识青年从军运动会议记录,1944年10月15日高挺秀拟华北沦陷区知识青年南来从军报国计划稿,1944年10月16日全国知识青年志愿从军指导委员会制订全国知识青年志愿从军编练计划纲要,1944年10月19日国民党中央宣传部关于发动青年从军运动宣传要点代电,1944年10月21日军事委员会公布全国知识青年志愿从军征集办法,1944年10月24日蒋介石告全国知识青年从军书(三青团中央团部档案),1944年10月28日全国知识青年志愿从军指导委员会第二次常会通过知识青年从军运动宣传计划纲要,1944年11月6日吴铁城关于各大专学校成立从军征集委员会函,1944年11月7日谷正纲关于发动工商及社会团体响应知识青年从军运动函,1944年11月10日全国知识青年志愿从军指导委员会组织法,1944年11月10日国民党重庆市执委会关于征求从军青年入党密电,1944年11月22日中央社抄送西南联大学生从军动态呈,1944年11月24日黄季陆关于加快办理知识青年从军工作密电,1944年11月全国知识青年志愿从军指导委员会制订知识青年志愿从军运输计划纲要,1944年11月全国知识青年志愿从军指导委员会制订全国女青年志愿服务队征集办法,1944年11月全国知识青年志愿从军指导委员会优待从军青年家属办法,1944 年 11 月至 1945 年 2 月国民党绥远省执委会等关于该省办理知识青年志愿从军经过电,1944 年 11 月至 1945 年 2 月宁夏省征委会关于办理知识青年从军运动经过电,1944 年 11 月至 1945 年 4 月李品仙等关于安徽省办理知识青年志愿从军情形密电,1944 年 11 月至 1945 年 5 月国民党浙江省执委会等关于办理该省知识青年志愿从军情形密电,1944 年 11 月至 1945 年 5 月广东省征集委员会关于该省知识青年志愿从军情形电,1944 年 11 月至 1945 年 2 月陈寿民等关于广西省办理知识青年从军情形密电,1944 年 11 月至 1945 年 2 月谷正伦等关于甘肃省办理知识青年从军经过情形密电,1944 年 11 月至 1945 年 5 月刘建绪等关于福建省办理知识青年从军情形密电,1944 年 11 月至 1945 年 8 月韩德勤等关于江苏省办理知识青年从军情形密电,1944 年 12 月 16 日张超关于调整从军青年运输路线致康泽签呈,1944 年 12 月至 1945 年 2 月胡作砺关于山西省办理知识青年从军经过电,1945 年 1 月 8 日河北省征委会关于上报征集从军人数统计电,1945 年 1—2 月西康省征委会关于报送征集从军人数电,1945 年 2 月 2 日马步芳关于青海省从军人数统计电,1945 年 2 月 8 日全国知识青年志愿从军指导委员会关于接收超额从军青年等电,1945 年 2 月 11 日陕西省征委会报告征集从军人数统计电,1945 年 2 月全国知识青年志愿从军指导委员会历次常会决定事项一览表,1945 年 2—3 月刘茂恩关于河南省征集从军人数统计电,1945 年 4 月 23 日国民党湖北省执委会关于该省征集知识青年从军经过电,1945 年 4 月 27 日山东省征委会报送征集从军人数统计电,1945 年 4 月张治中关于就近将从军青年编成一师函,1945 年 8 月 14 日黄季陆等关于四川省征集从军人数统计电,1945 年全国知识青年志愿从军指导委员会秘书处关于该会办理知识青年志愿从军工作报告,1945年全国知识青年志愿从军指导委员会编各省市公路铁路学校征集委员会成立日期及人事配备一览表,1946年5月第九军第二○一师印制青年远征军简史等。

1944年8月蒋介石下达手令征集知识青年从军,9月蒋介石在国民参政会上号召知识青年从军,10月蒋介石更提出"一寸山河一寸血,十万青年十万兵"的口号。1944年10月底,全国知识青年志愿从军指导委员会成立,何应钦、吴铁城、陈果夫、张治中、白崇禧、陈立夫、康泽等为常务委员,罗卓英出任编练总监,霍揆彰、黄维等任副总监,蒋经国任政治部主任。知识青年志愿从军运动开始以后,全国知识青年热烈响应,踊跃应征。至1944年12月30日,全国征集从军知识青年151 516人,较原定的10万人超出50%以上。先后编成青年军九个师又两个团,其成员以大中学校在校学生为主,另有一部分失业青年,还有少数大中小学教员和行政机关公务员。

知识青年志愿从军运动是抗战后期在大后方具有广泛影响的一件大事。1944年日军为打通中国大陆交通线,发动所谓"一号作战",即豫湘桂会战,正面战场上的中国军队遭遇惨败,严重影响前线将士的士气和后方民众的民心以及国际观感。为稳定民心,应付国际舆论,同时与共产党争夺青年,培养为其效力的各级干部,蒋介石及国民党统治集团以增强抗战力量为号召,发起知识青年志愿从军运动。广大知识青年以满腔的爱国热情,积极响应号召,投身抗战救国洪流之中,短短60余天时间,即有15万多知识青年投笔从戎。这场声势浩大的知识青年志愿从军运动,大大振奋了前线将士的士气,重新唤起了后方民心,再次展示了中华民族的强大凝聚力,充分表达了中国社会同仇敌忾的精神气质,同时有力地冲击了中国数千年来形成的"好人不当兵,好铁不打钉"的那种重文轻武的传统陋习。抗战时期的知识青年从军运动就其主流效果而言应予以充分肯定。

（六）日本战败与中国受降

1945 年 4 月,中国陆军第四方面军取得湘西会战胜利,拉开了中国抗日战场反攻的序幕,6 月 30 日中国军队攻克柳州,7 月 16 日收复桂林,迫使日军在中国西南各省开始总退却。7 月 26 日中美英三国发表共同宣言,即《中美英三国促令日本投降之波茨坦公告》,要求日本无条件投降;8 月 6 日和 9 日美国向日本广岛和长崎各投下一颗原子弹,日本统治者极度震惊和恐慌;8 月 8 日苏联对日本宣战。8 月 9 日毛泽东发表题为《对日寇的最后一战》的声明:"对日战争已处在最后阶段,最后地战胜日本侵略者及其一切走狗的时间已经到来了。在这种情况下,中国人民的一切抗日力量应举行全国规模的反攻,密切而有效力地配合苏联及其他同盟国作战。八路军、新四军及其他人民军队,应在一切可能条件下,对于一切不愿投降的侵略者及其走狗实行广泛的进攻。"①次日,朱德总司令向中国共产党所领导的武装力量发布进军命令,向日本侵略军发起全面反攻。同时,中国陆军总司令部由昆明移驻柳州,并在南宁设立前进指挥所,具体指挥第二方面军反攻雷州半岛。日本侵略者在中国军民和世界反法西斯力量的联合打击下迅速崩溃,8 月 14 日日本政府向中美英苏发出乞降照会,15 日日本最高统治者天皇裕仁广播《停战诏书》,宣布接受《波茨坦公告》,正式向同盟国无条件投降。同日,盟军最高司令麦克阿瑟划分各国受降区域,其中中国战区受降范围为中国大陆地区(东北除外)、中国台湾(包括澎湖列岛)、北纬 16 度以北安南地区(包括老挝一部分)。

①《毛泽东选集》第 3 卷,北京:人民出版社 1991 年版,第 1119 页。

　　1945 年 9 月 2 日，日本政府代表重光葵、梅津美治郎在美舰"密苏里"号上正式向中美英苏等同盟国签字投降，9 月 9 日，侵华日军总代表冈村宁次向中国战区最高司令长官蒋介石的代表何应钦投降。随后，中国战区总司令发布第一号命令，在中国本土（东北除外）、中国台湾（含澎湖列岛）及越南北纬 16 度以北地区所有日本陆海空军，全部听从中国陆军总司令指挥。与此同时，各地区接受日军投降事宜陆续展开。

　　二史馆收藏了较为完整的中方接受日军投降的档案资料，主要包括：1945 年 8 月 15 日蒋介石命令日军投降电，1945 年 8 月 18 日蒋介石命令日军洽降代表应遵守事项电、蒋介石规定中国战区受降任务电、蒋介石规定各战区受降主官等情电，1945 年 8 月 19 日冈村宁次报告遵守中国政府指定事项电，1945 年 8 月 21 日国民政府军事委员会发布《中国战区各区受降主官分配表》及《日军代表投降部队长官姓名与投降部队集中地点番号表》，1945 年 8 月 21 日至 9 月 8 日何应钦致冈村宁次备忘录中字第一号至第二十三号及冈村宁次对中国历次备忘录的复文、萧毅肃与今井武夫有关日军投降事宜谈话记录，1945 年 8 月 22 日蒋介石命令各部队迅速行动电、蒋介石指示日军投降签字地点改为南京电，1945 年 8 月 23 日蒋介石批示接受日军投降有关事项电、军令部关于日军投降专使赴马尼拉洽降纪要、何应钦召见今井武夫谈话纪要，1945 年 8 月 27 日军令部关于同盟国在东京湾准备受降纪要、第六战区受降纪实，1945 年 8 月中国政府对在华日军的宣言，1945 年 9 月 2 日本向中美英苏等同盟国家投降的降书、中国记者关于东京湾日本投降情形报道、盟军驻日最高统帅部关于日军立即停止敌对行动接受各地盟军指挥命令，1945 年 9 月 9 日中国政府规定接受日本投降签字仪式程序、日本向中国投降书、中国战区最高统帅蒋介石对日军命令第一号、中国战区中国陆军总司令部对日军命令第一号，1945 年 9 月 10 日何应钦召见冈村宁次谈话记录，1945 年 9 月 11 日中国战区中国陆军总司令部对日军命令军字第七号，1945 年 9 月 12 日中国战区中国陆军总司令部对日军命令军字第九号，1945 年 9 月 13 日中国战区中国陆军总司令部对日军命令军字第十号，1945 年 9 月 14 日中国战区中国陆军总司令部对日军命令军字第十二号，1945 年 9 月 16 日中国战区第二方面军受降纪实，1945 年 9 月第九战区受降纪实，1945 年 10 月第二战区受降纪要、第十一战区受降纪实等。

至 1945 年 8 月，向中国战区投降的日军共 1 283 240 人，共分 6 个部分：华北方面军 326 244 人，华中方面军 290 367 人，京沪地区第六、十三军 330 397 人，广东方面军 137 386 人，台湾方面第十军 169 031 人，越南北纬 16 度以北地区 29 815 人。从 1945 年 9 月 11 日至 10 月 25 日，各地受降仪式进行完毕，侵华日军投降缴械工作同步进行。至 1946 年 1 月，中国战区日军投降缴械工作基本完成。共计接受日军投降的有 1 个司令部、3 个方面军、10 个集团军、33 个步兵师、41 个独立旅、1 个坦克师、2 个飞行师及海军、警备、守备部队等 1 283 200 人，各种枪支 776 096 支（挺）、子弹 18 302.9 余万发、轻重火炮 12 446 门、炮弹 207 余万颗、各种飞机 1 068 架、飞机汽油 1 万余吨，各种舰艇船舶 1 400 艘、计 5.46 余万吨。另外，国民政府军事委员会还接受伪军 24 个军、64 个师、13 个旅及其他小股伪军共 683 569 人、枪支 357 254 支。

1945 年 11 月，中国战区开始大规模遣返日俘日侨，这是一项非常艰巨的工作，在中国历史上也是绝无仅有的一次。至 1946 年底 300 余万日俘日侨遣返完毕。从此以后，在神圣的中华大地上再无日本侵略者的足迹。

抗日战争的胜利，是亿万中华儿女浴血奋战取得的，是中国人民近百年来反抗外敌入侵第一次取得完全胜利的民族解放战争。以抗日战争胜利为标志，中华民族开始走上了伟大的复兴之路。

二、抗战政治外交档案述论

所谓政治，是指政府及政党等治理国家的行为，政治是以经济为基础的上层建筑，同时是经济的集中表现，并且是以国家权力为核心展开的各种社会活动和社会关系的总和，更是牵动整个社会全体成员的利益并支配其具体行为的社会力量。军事是政治的一部分，战争是政治斗争的继续，外交也是政治的组成部分，表现为国家以和平手段对外行使主权的活动。二史馆收藏有比较丰富的战时政治、外交方面的档案，主要包括有关国民政府，国民参政会，国民政府建设委员会，国民政府主计处，立法院，司法院，考试院，监察院，最高法院，最高法院检察署，行政院，行政院经济会议秘书处，国家总动员会议，敌产处理委员会，中央图书杂志审查委员会，行政院非常时期服务团委员会，内政部，内政部禁烟委员会，地政署（部），卫生部（署），蒙藏委员会，侨务委员会及所属机构，财政部，经济部，资源委员会，农林部，粮食部，水利部，交通部，铁道部，教育部，中央研究院，国史馆，社会部，赈济委员会，行政院善后救济总署，军事委员会，军事委员会外事局，国民党中央秘书处，国民党中央组织部，国民党中央宣传部，中央通讯社，国民党中央民众训练部，国民党中央训练委员会，国民党中央训练团，国民党中央广播事业管理局，国民党中央调查统计局，国防最高委员会，国家总动员设计委员会，中央设计局，党政工作考核委员会，国民党中央执行委员会秘书处，三青团中央团部，全国慰劳抗战将士委员会总会，外交部，外交部驻沪办事处，外交部驻云南特派员公署，中国驻英国大使馆,中国驻苏大使馆及驻海参崴、伯力、新西伯利亚等领事馆,中国驻瑞典公使馆,中国驻瑞士公使馆等档案 4 万余卷。

（一）第二次国共合作形成与国民政府战时体制的确立

1931 年 9 月 18 日日本关东军发动九一八事变,并迅速占领中国东北全境,继而入侵山海关,侵占热河,窥视华北,中国军民开始了局部抵抗。1937 年 7 月 7 日日军大举进攻卢沟桥,中国守军被迫反击,中国人民的全民抗战正式开始。7 月 18 日蒋介石发表最后关头的庐山谈话,23 日中国共产党发表《为日本帝国主义进攻华北第二次宣言》,支持蒋介石"庐山谈话"并提出立即实行全面抗战的七项办法。至 7 月 30 日,侵华日军迅速攻陷北平和天津,进而兵分三路沿平绥、平汉、津浦路向西、向南进犯。8 月 7 日上午国防会议在国民大会堂召开,是晚 8 时在南京励志社举行的国防联席会议作出了对日全面抗战的正式决定,对日作战正式上升为最高国策,国民党中央政治会议改为国防最高会议;8 月 12 日国防最高会议及党政联席会议决定以蒋介石为陆海空军大元帅,以军事委员会为抗战最高统帅部;8 月 14 日国民政府发表《自卫抗战声明书》,15 日蒋介石下达全国总动员令,并设立大本营。9 月 22 日国民党中央通讯社公开发表《中共中央为公布国共合作宣言》,次日蒋介石发表对中国共产党宣言的谈话,实际承认了中国共产党的合法地位,第二次国共合作正式形成。从此以后,举国一致的抗战局面形成,有关战争动员、军事部署、战略方针制定及机构设置工作等亦随之展开。

二史馆收藏的有关国民政府战时体制的档案主要包括:1937 年 8 月 7 日国防联席会议记录,1937 年 9 月 17 日国民政府关于集党政军权于军事委员会委员长统一指挥训令,1937 年 9 月 23 日蒋介石对中共中央国共合作共赴国难宣言的谈话,1937 年 10 月 29

日国民政府关于由陆海空军大本营实施全国总动员计划大纲训令，1937年11月20日国民政府移驻重庆办公宣言令，1937年12月6日国民政府关于由国防最高会议代行中央政治委员会职权训令，1938年2月7日国防最高委员会关于军委会与行政院调整所属机关组织与隶属关系致国民政府函，1938年2月行政院颁布非常时期各地举办联保连坐注意要点，1938年2月至1941年8月国民政府公布修正内政部组织法训令，1938年9月至1939年5月国防最高会议秘书处关于处理国民参政会要求改革行政机构提案意见及国民政府训令，1939年2月25日国防最高委员会秘书厅检送国防最高委员会组织大纲致国民政府文官处函，1939年11月4日国民政府抄发国家总动员设计委员会组织大纲令，1939年12月蒋介石兼任行政院长时对于各部会工作之指示，1941年2月国民政府司法院通饬施行"户口普查条例"训令，1941年8月国民政府公布乡镇组织暂行条例训令，1941年12月4日国民政府公布稽勋委员会组织规程令，1942年2月国民政府关于国防最高委员会与立法院关系调整办法训令，1942年6月8日国民政府修正公布内政部组织法，1942年7—9月蒋介石对于"行政院会议及院部间关系之研究"与行政院往来电，1943年5月2—9日国民政府修正中华民国国民政府组织法有关条文令，1943年5月19日国民政府修正公布市组织法训令，1943年6月29日国民政府行政院组织法历次修正经过概况，1943年9月15日国民政府公布修正之中华民国国民政府组织法，1944年4月28日国民政府修正公布省政府组织法训令，1944年7月19日国民政府公布战时各省政府设置行署条例训令，1944年8月2日国民政府抄发修正中央设计局组织大纲等训令，1945年4月16日国民政府修正公布行政院组织法等。

　　1937年7月7日日本发动全面侵华战争，中华民族到了最危急的时候,面临着生死存亡的严重威胁,国民政府自 1931 年九一八事变以来的妥协退让政策再也无法应对当时严峻的形势,正如蒋介石在国防联席会议上所言:"现在这回中日战争,实在是我们国家生死存亡的关头,如果这回战争能胜利,国家民族就可以复兴起来,可以转危为安,否则必陷国家于万劫不复之中。中日战争,假如中国失败,恐怕就不是几十年,甚至于几百年可以复兴的",因此,"目前中国之情势,乃是生死存亡的最后关头"。① 在中国共产党和全国人民的推动下,国民政府作出了对日抗战的决定,并且及时调整组织机构,迅速确立战争体制,为调动一切战略资源、整合一切抗战力量,坚持全面和持久抗战发挥了积极的作用。

(二) 国民党和国民政府战时重大举措

全国军民同仇敌忾决心与日本侵略者血战到底,但如何应对空前的民族灾难,坚持全面持久抗战,成为当时迫切需要研究和解决的重大课题。1938 年 3 月 29 日至 4 月 1 日国民党临时全国代表大会在重庆和武昌召开,会议总结了抗战开始以来的政治、军事等方面情况,制定了今后对日作战的方针和各项战时政策,此次会议通过的《抗战建国纲领》,成为国民党在整个抗战时期的基本纲领,并对战时外交、军事、政治、经济等政策作出了具体的规定。国民党及国民政府为此在抗战时期制定了一系列方针、政策和法令,诸如国家总动员法、危害民国紧急治罪法、惩治汉奸条例、敌产处理条例等。

二史馆收藏的有关战时国民党和国民政府重大方针政策和措施的档案大多保存在国民政府全宗内,主要包括:1937 年 8 月 13 日国家总动员设计委员会关于制定战时民众团体工作指导纲要草

---

① 《国防联席会议记录》,二史馆馆藏,国防部史政局和战史会档案,七八七/22431。

案密函附草案,1937 年 9 月 4 日国民政府公布修正危害民国紧急治罪法,1937 年 12 月 20 日国民政府关于概不承认伪组织之宣言,1938 年 3 月 29 日至 4 月 1 日中国国民党临时全国代表大会召开及经过,1938 年 3 月 29 日蒋介石在国民党临时全国代表大会上的开会词,1938 年 3 月 31 日国民党临时全国代表大会对于政治、党务、军事报告的决议案,1938 年 4 月 1 日国民党临时全国代表大会通过的《中国国民党抗战建国纲领》,1938 年 4 月 1 日蒋介石在国民党临时全国代表大会上所作《对日抗战与本党前途》演讲,1938 年 4 月 1 日中国国民党临时全国代表大会宣言,1938 年 4 月 1 日蒋介石在国民党临时全国代表大会上的闭幕词,1938 年 7 月 2 日国民政府通饬遵照抗战建国纲领训令,1938 年 8 月 15 日国民政府公布修正惩治汉奸条例,1939 年 1 月 11 日国民党第五届第五次全体会议宣言,1939 年 1 月 27 日国民党五届五次全会通过的改进国际宣传实施方案,1939 年 11 月 17 日国民党五届六次全会通过的加强对敌斗争以粉碎敌人"以战养战"阴谋案,1939 年 11 月 21 日国民党五届六次全体会议宣言,1940 年 7 月 6 日国民党五届七次全会通过蒋介石交议的设置中央设计局统一设计工作并设置党政工作考核委员会以立行政三联制基础案,1940 年 7 月 8 日国民党五届七次全体会议宣言,1940 年 7 月 24 日国民政府公布非常时期维持治安紧急办法,1941 年 2 月 12 日国民政府修正公布勋章条例训令附条例,1941 年 4 月 1 日国民党五届八次全会通过的《严令党政军民各机关法团负责人员必须忠诚遵行一切法令、一切议案,积极推进各种政务,以奠定国家建设之政治基础案》,1941 年 4 月 2 日国民党五届八次会议宣言,1941 年 12 月 15 日蒋介石在国民党五届九次全体会议上的训词,1941 年 12 月 23 日国民党五届九次全会通过的加强国家总动员实施纲领案,1941 年 12 月 23 日国民党五届九次全体会议宣言,1942 年 3 月 29 日国民政府颁布国家总动员法训令附国家总动员法,1942 年 4 月 25 日国民政府明定国家总动员法实施日期训令,1942 年 4 月 25 日国民政府关于饬遵国家总动员会议组织大纲训令附大纲,1942 年 6 月 22 日国民政府公布国家总动员法实施纲要训令附纲要,1942 年 6 月 29 日国民政府公布妨害国家总动员惩罚暂行条例及施行日期训令附条例,1942 年 11 月 24 日国民党五届十次全会通过的《积极建设西北以增强抗战力量奠定建设基础案》,1942 年 11 月 27 日国民党五届十次全体会议宣言,1942 年 12 月 7 日蒋介石为国家总动员会议组织条例修正草案送行政院会议核定电附条例,1942 年 12 月 19 日国民政府检发国民党五届十次全会对于政治报告决议案训令附决议案,1942 年蒋介石为阐述中国抗战经过及方针与国策发表告全国国民书,1943 年 9 月 6 日蒋介石在国民党五届十一次全会上的训词,1943 年 9 月 8 日国民党五届十一次全会通过的战后社会救济原则案,1943 年 12 月 7 日国民政府公布修正敌国人民处理条例及敌产处理条例训令附条例,1944 年 5 月 20 日蒋介石在国民党五届十二次全会上的开会词,1944 年 5 月 25 日国民党五届十二次全会通过的确立中央与地方行政之关系案,1945 年 5 月 5 日蒋介石在国民党第六次全国代表大会上的开会词,1945 年 5 月 7 日吴鼎昌在国民党六全大会上做的政治总报告,1945 年 5 月 7 日吴铁城在国民党六全大会上做的党务检讨报告,1945 年 5 月 21 日国民党六全大会宣言,1945 年 5 月 31 日蒋介石在国民党六届一次全会上的闭幕词等。

抗战全面爆发后,国民党和国民政府采取了许多重大举措,推动了抗日战争朝着有利的方向发展。特别是 1938 年 3 月 29 日至 4 月 1 日国民党临时全国代表大会通过的《抗战建国纲领》,比较系统地表达了国民党和国民政府对于抗日战争的基本主张,基本上符合当时全国抗日军民的愿望和要求,有利于巩固和发展抗日民族统一战线及坚持全面抗战的政治局面。国民党临时全国代表大会各决议和《抗战建国纲领》也存在着许多不足,中共中央曾明确指出,国民党临时全国代表大会通过的《抗战建国纲领》与中共的《抗日救国十大纲领》"基本上是一致的。我们坚决赞助其实现",同时对于它的错误"亦应在此方针下给以侧面的解释与适当的批评",要努力"帮助国民党实施这个纲领,在实施中发展与提高它"。① 随着武汉会战结束,中日战争进入长期的战略相持阶段,国民党和国民政府制定和发布的一系列决议、决定、宣言、法令等存在着许多重大缺陷,其消极面逐步显露,并时常成为国民党和国民政府政策的主流,对中国人民抗日战争产生了消极影响。

（三）国民参政会及省市县参议会

1938 年 4 月 1 日国民党临时全国代表大会通过的《抗战建国纲领》之政治部分规定"组织国民参政机关,团结全国力量,集中全国之思虑与识见,以利国策之决定与推行"。1938 年 4 月 7 日国民党五届四次全会通过胡建中等提出的组织非常时期国民参政会案、潘公展等提出的国民参政会会员产生办法案及《国民参政会组织条例》。4 月 12 日国民政府公布《国民参政会组织条例》,6 月 16 日国民政府公布修正《国民参政会组织条例》第三条,7 月 1 日国民政府公布国民参政会议事规则。国民参政会参政员共 200 人,其中江苏、浙江、安徽、江西、湖北、湖南、四川、河北、山东、河南、广东各 4 名,山西、陕西、福建、广西、云南、贵州各 3 名,甘肃、察哈尔、绥

---

① 中央统战部、中央档案馆编:《中共中央抗日民族统一战线文件选编》下,北京:档案出版社 1986 年版,第 114—115 页。

远、辽宁、吉林、新疆、南京、上海、北平各 2 名,青海、西康、宁夏、黑
龙江、热河、天津、青岛、西京各 1 名,蒙古 4 名,西藏 2 名,海外华侨
6 名,共 100 名由各地遴选,报经国民党中央圈定。另 100 名社会
各界领袖由国民党中央指定。1938 年 7 月 6 日第一届国民参政会
第一次会议在汉口举行,汪精卫任议长、张伯苓任副议长。随后国
民政府颁布有关省市县参议会组织条例、选举办法等法令。

　　二史馆收藏的国民参政会档案大多存放于国民参政会档案全
宗,主要内容有:1938 年 4 月 12 日国民政府公布国民参政会组织
条例训令附条例,1938 年 6 月 16 日国民政府公布国民参政会组织
条例第三条修正文,1938 年 7 月 1 日国民政府公布国民参政会议
事规则训令附规则,1938 年 7 月 1 日国民政府公布国民参政会秘
书处组织规程,1938 年 7 月 7 日国民参政会关于议事规则的解释,
1938 年 7 月 21 日国民参政会秘书处报送国民参政会第一次大会
宣言致国防最高会议秘书处公函附宣言,1938 年 9 月 9 日国民参
政会驻会委员会规则,1938 年 9 月 26 日国民政府公布省临时参议
会组织条例,1938 年 10 月 30 日国民参政会全体审查委员会规则,
1938 年 10 月吴玉章等关于加强国民外交推动欧美友邦爱好和平
的民众敦促各该国政府对日本侵略者实施经济制裁提案,1938 年
10 月陈绍禹等关于克服困难渡过难关持久抗战争取胜利问题提
案,1939 年 2 月陶孟和等为应付持久战政府亟应以最大努力制止
敌人利用沦陷区域经济资源提案,1939 年 2 月王葆真等关于发动
战地经济战以苏我民力而制敌死命提案,1939 年 4 月 28 日国民政
府公布国民参政会组织条例第九条修正全文,1939 年 9 月 9 日蒋
介石在国民参政会第一届第四次大会上的开会词,1939 年 9 月沈
钧儒等敦请政府重申前令切实保障人民权利提案,1939 年 9 月邹
韬奋等关于改善审查搜查书报办法及实行撤销增加书报寄费以解

救出版界困难而加强抗战文化事业提案，1939 年 9 月董必武等关于拥护抗战到底反对妥协投降声讨汪逆肃清汪派活动以巩固团结争取最后胜利提案，1939 年 9 月宋渊源等关于增进南洋华侨战时筹款与投资提案，1940 年 4 月 16 日国民政府公布国民参政会组织条例第八条修正文，1940 年 4 月梁上栋等关于改善兵役法规及办法提案，1940 年 8 月 28 日山东省临时参议会宣言，1941 年 3 月冷遹等关于调节劳力整理交通改善金融与粮食管理以平抑物价提案，1941 年 8 月 9 日国民政府公布县参议会组织暂行条例，1941 年 8 月 9 日国民政府公布县参议员选举条例及行政院注释，1941 年 8 月 9 日国民政府军事委员会关于公布县参议会组织县参议员选举及乡镇民代表选举条例训令附条例，1941 年 8 月国民政府公布县参议会组织暂行条例及行政院注释，1941 年 11 月齐世英等关于积极实施土地政策改革租佃制度以期根本解决粮食问题与社会问题提案，1942 年 6 月 23 日行政院关于县市参议员违法失职暂行处分办法的指令附办法，1942 年 10 月刘明扬等请调整政治机构健全人事行政以加强行政效率而完成抗建大业提案，1943 年 9 月江恒源等关于建议政府请特别重视大学专科训育规定各校设置学生生活指导部并慎重导师人选以期养成学生健全人格训练学生处世知能提案，1943 年 12 月 13 日国民参政会组织系统图，1943 年行政院拟订限期成立各省县参议会实施纲要及蒋介石电令，1944 年 4 月 5 日国民政府公布国民参政会组织条例第十一条修正文，1944 年 9 月黄炎培等关于重订国际贸易政策调整贸易委员会组织提案，1945 年 1 月 30 日国民政府公布市参议会组织条例，1945 年 1 月 30 日国民政府公布市参议员选举条例，1945 年 7 月 6 日国民政府公布国民参政会议事规则第十七条修正文，1945 年 7 月傅斯年等关于彻查中央银行中央信托局历年积弊严加整顿惩罚罪人以重国家之要务而肃官常提案,1945 年 7 月韩兆鹗等关于再请政府实行民生以利抗战建国提案等。

1938 年 7 月 6 日第一届国民参政会第一次大会在汉口召开,共有 149 名参政员出席。国民参政会纯属咨询性机构,看似民意机关而非民意机关,其所作出的决议必须经过国防最高会议通过方才有效,对国民政府不具有任何的约束力,而且国民参政员都由国民党中央"聘请",而不是通过民主选举产生,同时国民党籍参政员或国民党附随分子占国民参政员人数的 3/4,国民党几乎可以"包办"参政会。但是,国民参政会的召开仍具有非常积极的一面,在极度缺乏近代民主的旧中国是一个标志性的事件,也是旧中国在政治上难得的一个进步。正如中国共产党参政员毛泽东、董必武、吴玉章、林伯渠、陈绍禹、秦邦宪、邓颖超所指出的:"在目前抗战剧烈的环境中,国民参政会之召开,显然表示着我国各党派、各民族、各阶层、各地域的团结统一的一个进展。虽然在其产生的方法上,在其职权的规定上,国民参政会还不是尽如人意的全权的人民代表机关,但是,并不因此而失掉国民参政会在今天的作用与意义——进一步团结全国各种力量为抗战救国而努力的作用,企图使全国政治生活直向真正民主化的初步开端的意义。"因此,中国共产党表示将"以最积极、最热忱、最诚挚的态度去参加国民参政会的工作"。[1] 会议确立的《抗战到底,争取国家民族之最后胜利》的国策,以及通过的《拥护抗战建国纲领案》《实行民主政治案》《在抗战时期改善民生案》等都具有一定的进步意义。随着抗日战争进入相持阶段,国民党及国民政府改变了积极抗战政策,抗日民族统一战线内部矛盾日益激化,国民参政会日益沦为国民党粉饰独

---

[1] 毛泽东等:《我们对于国民参政会的意见》,《新华日报》1938 年 7 月 5 日。

裁统治的工具。

（四）国民党制造反共摩擦事件

1938 年 10 月广州、武汉失守，武汉会战结束，中日战争进入战略相持阶段，日军战线拉长，已无力频繁发动大规模集团作战，正面战场战局相对稳定，国民党及国民政府开始改变抗战初期的联共抗日政策。1939 年 1 月召开的国民党五届五次全会基本确定了积极防共的方针，先后秘密颁发《防制异党活动办法》《共党问题处置办法》等，同年 11 月国民党五届六次全会确立武装限共政策，对中国共产党及其领导的抗日根据地和人民武装力量进行防范和限制，频繁制造反共摩擦，先后于 1939 年 12 月至 1940 年 3 月、1940 年 10 月至 1941 年 3 月、1943 年 3 月至 10 月掀起 3 次反共高潮。

二史馆收藏了大量有关国民党制造国共摩擦、进攻解放区、掀起反共高潮的档案，大多收藏于国防部史政局和战史委员会全宗，主要包括：1939 年 4 月国民党中执会秘书处密订"防制异党活动办法"电附办法，社会部"办理应付异党活动之经过情形概述"函，1939 年 4—9 月任冠军关于"陇东事件"呈军委会政治部报告，1939 年 6—8 月蒋鼎文等调派骑二师侵驻陕北与军令部等往来文电，1939 年 7—8 月陕北行政专员何绍南等关于限制共产党在陕北发展抗日力量函电，1939 年 9 月 4 日军委会办公厅关于封锁边区增加陕北兵力电，1939 年 11 月 22 日国民党中统局关于豫鄂皖三省党部会商防止中共活动报告函，1939 年 12 月第六集团军陈长捷部在晋西袭击张文昂抗日部队战斗详报，1940 年 2 月程潜关于八路军刘伯承部在罗川地区遭围攻电，1940 年 3 月 22 日军令部制定反共指导方案及蒋介石批语，1940 年 3 月 28 日程潜指示第二、八、十战区反共密电，1940 年 4 月军事委员会政治部制定"防止异党兵运方案"函附方案，1940 年 6 月 6 日胡宗南报告陕北陇东军队部署情形密电,1940 年 6 月陈诚为商订"共党问题处置办法"与徐永昌往来函附办法,1940 年 7—8 月沈鸿烈报告袭击山东各地八路军密电,1940 年 9 月 5 日至 10 月 6 日陆军一一七师黄桥之役战斗详报,1940 年 9 月 10 日军令部编黄桥之役战斗经过概要,1940 年 12 月 4 日徐永昌关于解决江南新四军致蒋介石等呈及蒋介石批,1940 年 12 月 10 日蒋介石密令顾祝同解决江南新四军密电,1941 年 1 月 8 日顾祝同转报袭击皖南新四军军部致何应钦密电,1941 年 1 月 4—15 日陆军第四十师方日英部在皖南围攻新四军军部战斗详报,1941 年 1 月 5—20 日陆军第一四四师唐明昭部在皖南围攻新四军军部战斗详报,1941 年 1 月 30 日行政院关于消灭皖南新四军并撤销其番号训令,1941 年 1 月陆军第七十九师段霖茂部、五十二师刘秉哲部在皖南围攻新四军战斗详报,1941 年 1 月豫鄂边区游击总指挥王仲廉部策应皖南事变袭击豫鄂边区新四军阵中日记,1941 年 1 月 23 日国民党中宣部等颁发皖南事变宣传要点电,1941 年 1—5 月陆军第九十二军袭击皖北新四军第四师情形报告书,1941 年 2 月陆军第二十一师侯镜如部在皖北涡阳蒙城袭击新四军战斗详报,1941 年 2—3 月第五战区游击纵队袭击银屏山新四军战斗详报,1941 年 4 月 7 日社会部转发国民政府军事委员会将中共改称"某党"为"奸党"的密令,1942 年 10 月 9 日陆军第二十一集团军李品仙部袭击豫鄂皖边区新四军作战机密日记,1943 年 9 月 12 日蒋介石密令马鸿逵派兵布防宁夏灵武一带袭击八路军密电,1943 年 9—10 月吴锡照关于袭击陕甘宁边区筹划兵站等事项报告,1943 年 10 月 18 日国民党中宣部拟制对中共采用反制宣传策略文,1944 年 4—9 月陆军第六十一军梁培璜部与八路军孙定国等部在山西太岳区战斗详报,1944 年 10 月国民党中央党部拟订对中共所应采取对策总检讨稿,1944 年 12 月兵役部区党部关于军委

会特别党部制发"防止异党兵运实施方案"实施令附方案,1945 年
1 月豫南挺进军袭击正阳蓝青店陡沟一带八路军、新四军战斗详
报,1945 年 5—6 月第十战区制订关于清剿八路军、新四军计划与
对策之作战机密日记附清剿方案,1945 年 5 月 17 日国民党六全大
会通过特委会对中共问题之决议及工作方针案记录,1945 年 5 月
19 日新编陆军第三十七师政治部呈送陕北封锁线守备计划电附计
划,1945 年 7 月 23 日朱绍良报告对大青山八路军开始总攻击电,
1945 年第三战区拟订"协助同盟军登陆前后防制奸伪活动办
法"等。

　　1939 年 1 月 21—30 日国民党第五届中央委员会第五次会议
在重庆召开,会议虽然仍强调继续抗战"驱逐强盗出境,争取最后
胜利",但是国民党和国民政府当初的积极抗战政策发生了变化,
防共、反共提上了日程,会议决定设立"防共委员会",会后制定了
一系列反共文件,如《共党问题处置办法》《防制异党活动办法》,规
定在"异党活动最烈之区域,应实行联保连坐法,使人民不敢与异
党分子接近而受其利用","各地党部及军政机关对于异党之非法
活动,应采严格防制政策,不可放弃职守。纵因此而发生摩擦,设
非出于本党之过分与不是,亦应无所避忌"。要求"无论在战区与
非战区,凡未经事前呈准有案,而假借共产党或八路军与新四军等
名义擅自组织武装队伍者,当地驻军得随时派兵解散,不得有
误"。[①] 嗣后,国民党制造各种摩擦事件,进而派兵进攻共产党领导
的抗日根据地,甚至悍然围攻新四军,发动"皖南事变"。中国共产
党同国民党的反共行为展开了坚决地斗争,彻底粉碎了国民党发

---

① 《防制异党活动办法》,二史馆馆藏国民政府社会部档案,《中华民国史档案资料汇编》
　　第五辑第二编"政治"(二),第 23 页。

动的 3 次反共高潮。同时,中国共产党从中华民族根本利益出发,为维护和巩固抗日民族统一战线作出了不懈努力,采取灵活的既斗争又联合的策略,正如毛泽东指出的"不论何种情况,党的基本任务是巩固扩大抗日民族统一战线,坚持国共合作与三民主义"。①经过中国共产党和全国人民的共同斗争和努力,在以国共合作为代表的抗日民族统一战线的旗帜下,中国人民最终打败了日本侵略者,取得了抗日战争的最后胜利。

（五）边疆与华侨事务

一部抗日战争史,就是中华民族的全民抗战史。中国人民经过 14 年的浴血奋战,取得了这场攸关中华民族生死存亡的伟大的民族解放战争的最后胜利。在这场战争中,全国人民团结一致,在以国共合作为基础的抗日民族统一战线的旗帜下,全国各民族、各阶层人士广泛参与、同仇敌忾。从正面战场到敌后战场,从沦陷区到大后方,从国内各阶层到海外华侨,从汉族到其他民族全部投身于抗战洪流之中,充分体现了抗日战争是全民皆兵保家卫国的全民族抗战的特点。

1. 蒙藏等边疆事务

二史馆收藏了大量抗战时期有关蒙藏等边疆事务的档案,大多收藏在蒙藏委员会全宗,主要包括:1937 年 7 月 29 日蒙藏委员会参事室关于审查蒙古各盟会暂行条例草案及会盟仪式致吴忠信呈附条例,1937 年 12 月 1 日西陲宣化使公署为告九世班禅圆寂致蒙藏委员会电,1937 年 12 月 5 日西陲宣化使公署为报班禅大师遗嘱致蒙藏委员会电,1937 年 12 月 22 日行政院核定班禅灵榇移往康定事致蒙藏委员会电,1937 年 12 月 23 日国民政府追赠护国宣

---

① 《建党以来重要文献选编》第 16 册,北京:中央文献出版社 2011 年版,第 348 页。

化广慧圆觉大师封号令，1938 年 3 月 8 日国民政府致祭班禅大师祭文，1938 年 7 月 5 日贡觉仲尼为恭同三大寺及各寺喇嘛唪经祈祷抗战胜利致蒙藏委员会函，1938 年 8—10 月蒙藏委员会关于达赖灵童依法掣签手续征认转世办法与行政院往来函呈，1938 年 9 月 24 日蒙藏委员会颁布喇嘛转世办法，1938 年 11 月 23 日戴传贤奉命致祭九世班禅大师经过报告及康行日记，1938 年 12 月 1 日拉萨哲蚌寺大会为祈祷抗战胜利等事致国民政府呈，1938 年 12 月至1939 年 1 月蒙藏委员会请国民政府派吴忠信会同热振主持十四世达赖转世及护送灵童赴藏等事宜与行政院等往来呈令，1939 年 2 月 27 日罗桑坚赞关于达赖转世应由中央派员主持致国民政府等电，1939 年 2—3 月拉萨三大寺代表罗桑团月为防英国侵略请中央速派员援藏与吴忠信往来函、西藏僧俗代表丁杰等为前往慰劳抗日将士致蒙藏委员会电，1939 年 3 月蒙旗宣慰使公署等工作报告书，1939 年 6 月 7 日热振为设坛修法祝抗战胜利致蒋介石电，1939年 7 月 7 日热振报告各寺念经祝祷抗战胜利致吴忠信电，1940 年 1 月 11 日刘曼卿关于入藏宣传经过及广大人民踊跃捐献支援抗战事致蒙藏委员会呈，1940 年 1 月 15 日周昆田关于吴忠信抵拉萨受到热烈欢迎情形致中央通讯社等电，1940 年 1 月 26 日热振为访得拉木登珠灵异情形请转报中央免予掣签致吴忠信函呈，1940 年1—2 月行政院请明令发布特准拉木登珠继任十四世达赖喇嘛并发给坐床典礼经费与国民政府往来令呈，1940 年 2 月 19 日周昆田为西藏僧俗筹备十四世达赖坐床典礼并届时由吴忠信亲莅主持致中央社电，1940 年 3 月 30 日安钦声明拥护国民政府祈祷抗战胜利电，1940 年 4 月 6 日国民政府核准设立蒙藏委员会驻藏办事处令，1940 年 6 月吴忠信奉派入藏主持第十四世达赖喇嘛坐床典礼报告，1940 年 7 月 11 日教育部、蒙藏委员会公布改进边疆寺庙教育

暂行办法令,1941 年 5 月绥境蒙政会工作报告书,1941 年 11 月 25
日罗桑坚赞呈送各方推算班禅转世灵童证明书致蒙藏委员会函,
1941 年 11 月 25 日罗桑坚赞报告办理寻访班禅灵童经过并请发入
藏旅费致蒙藏委员会呈,1941 年 12 月 9 日班禅驻京办事处转报访
得灵童姓名年庚家世略表致蒙藏委员会呈,1942 年 1 月 27 日赵守
钰护送班禅灵榇回藏经过报告书,1942 年 2 月 28 日蒙藏委员会拟
定班禅转世办法事致行政院呈,1942 年 5 月 18 日行政院核行修正
救济蒙藏失业人员暂行办法,1942 年 6 月 5 日行政院公布修正蒙
藏失业人员登记办法,1943 年 3 月 19 日陈长捷关于在伊盟兴革事
项致吴忠信函,1943 年 5 月 6 日罗桑坚赞请中央依成例主持班佛
转世致蒙藏委员会代电,1944 年 3 月 11 日噶厦为驻藏办事处处长
沈宗濂抵噶伦堡已派人迎护事致蒙藏委员会电,1944 年 8 月 1 日
班禅驻京办事处转罗桑坚赞请中央指定官保慈丹为班禅转世正身
致蒙藏委员会呈,1944 年 9 月 4 日蒙藏委员会请中央援照达赖成
例特准指定官保慈丹为班禅转世正身致沈宗濂等电等。

2. 华侨事务

二史馆收藏了大量有关海外华侨积极投身祖国抗战的档案,
此类档案大多收藏于国民政府侨务委员会全宗,主要包括:1937 年
12 月 8 日巴达维亚中华商会为组织回国华侨救护队等事致侨务委
员会呈,1938 年 4 月 18 日美国波士顿广教学校报告组织参加救亡
工作呈,1938 年 10 月 13 日陈金波关于三个月来越南南圻救国总
会工作检讨,1938 年 10 月 17 日国民党五届中常会修正通过的国
内侨务团体组织办法,1938 年 10 月 19 日国民政府关于非常时期
华侨投资国内经济事业奖励办法,1938 年 11 月 1 日纽约全体华侨
抗日救国筹饷总会第二届职员就职宣言,1939 年 3 月 2 日暹罗侨
民陈大雄为请求参加抗战工作致侨务委员会呈,1939 年 2 月 9 日

侨务委员会工作报告，1939 年 4 月国民政府文官处为嘉奖中华技术歌剧团致侨务委员会训令附暹罗华侨抗敌救国后援会原呈，1939 年 5 月旅荷华侨救国后援会关于与东亚公司交涉勿以船只为敌运送军火等致侨务委员会呈，1939 年 6 月驻南洋英属吉打帮刘兆元为报告当地侨民努力救国工作情形电，1939 年 7 月 13 日侨务委员会关于抄送第一期办理抗战动员情形致国家总动员设计委员会函附办理动员情形，1939 年 8 月 2 日侨务委员会为马来西亚侨胞回国从军冒险身殉嘱陈嘉庚转知其家属予以慰唁代电，1939 年 11 月 1 日国民政府文官处为请鼓励旅美侨胞踊跃捐输以慰侨情致行政院公函，1939 年 12 月墨国参渭华侨抗日后援总会为焚烧反宣传刊物经过情形致侨务委员会呈，1939 年驻惠灵顿领事馆编纽丝纶华侨两年来的救国运动报告，1940 年 1 月 12 日教育部等关于侨民教育设计委员会组织章程，1940 年 1 月 28 日陈嘉庚为历述南洋华侨筹赈总会工作成绩及汉奸奸商破坏构陷等请设法指示致中央广播事业管理处处长函，1940 年 1—2 月南洋荷属巴岛华侨赈灾会为检送赈灾工作与侨务委员会往来函，1940 年 1—3 月国民党中央海外部每周工作报告，1940 年 2 月 11 日侨务委员会核定施行之华侨劝学委员会组织规程，1940 年 2—6 月中国航空建设协会为其直属菲律宾支会征募成绩优异请行政院转国民政府嘉奖呈及指令，1940 年 7 月 27 日何文炯为檀香山华侨美金捐款征信录撰序，1941 年 4 月 1 日行政院关于回国侨民事业辅导委员会组织规程，1941 年 4 月 23 日《星洲日报》刊载新嘉坡星华妇女筹赈会最近筹赈工作报告，1941 年 6 月 11 日北婆罗洲西海岸中华商会报告为国筹赈工作呈，1941 年 7 月 17 日北婆罗洲诗巫华侨筹赈祖国难民委员会为献金购机致行政院呈，1941 年 7 月 29 日中华民国红十字会总会救护委员会为函复陈慕凯回国参加救护工作事项致侨务委员会公函,1941 年 8 月 25 日行政院为仰光支会征募成绩优异请求嘉奖致国民政府呈,1941 年 12 月 23 日外交部关于报告编组南洋华侨义勇军情形致行政院秘书处公函附报告,1942 年 1 月 3 日行政院关于紧急时期护侨指导纲要,1943 年 8 月至 1944 年 10 月侨民侨生为志愿参加印缅远征军致侨务委员会等函呈,1944 年 4 月 15 日行政院关于战后侨务筹划委员会组织规程令,1944 年 7 月 31 日驻惠灵顿总领事馆关于驻地侨汇情形致侨务委员会报告等。

　　1931 年 9 月 18 日日本关东军发动九一八事变,进而侵占东北全境,并步步紧逼,民族危机日益加深,1937 年 7 月 7 日日军发动七七事变,挑起全面侵华战争,中华民族到了最危险的时候,面对亡国灭种的绝境,中华民族空前觉醒,包括汉藏蒙回等各民族人民和海外华侨在内的全体中华儿女勠力同心,同日本侵略者展开殊死搏斗,无论是冲锋在硝烟弥漫的战场上,还是跋涉在运送物资的路上,也无论劳作在田间地头,还是奋斗在谈判桌前,充分展现了炎黄子孙强大的凝聚力、百折不挠的韧性和勇往直前的大无畏精神。在艰难的抗日战争环境中,全国各族人民和海外华侨积极投身抗战大业,为取得抗日战争的最后的完全胜利、为维护国家主权和领土完整作出了杰出的贡献。

　　（六）国民政府战时外交政策与外交机构

　　外交是政治的继续,当然更是军事斗争的继续,国民政府战时外交更是突出地体现了这一特色。抗日战争全面爆发后,国民政府迅速完成了战时体制的角色转换,外交机构适时进行了一定程度的调整,以适应战时所需,举凡外交方针政策的制定、对日军侵略罪行的揭露、争取外国人民对中国人民抗战的同情和援助等,成为外交战线的重要工作。

　　二史馆收藏了大量有关国民政府战时外交政策和外交机构的

档案，大多保存于外交部档案全宗，主要包括：1937 年 8 月 14 日国民政府自卫抗战声明书，1937 年 10 月 24 日外交部关于国民政府对九国公约国会议决定六点方针致顾维钧等电稿，1937 年 10 月 26日国防最高会议关于中国参加九国公约国会议原则及中国代表会外活动原则致外交部函，1937 年 10 月 26 日外交部陈述日本违反《九国公约》行动致顾维钧等电稿，1937 年 10 月 28 日孔祥熙关于对布鲁塞尔会议意见致蒋介石等密电，1937 年 10 月 28 日顾维钧报告与美国代表台维斯商议布鲁塞尔会议情形密电，1937 年 10 月29 日钱泰报告布鲁塞尔会议上英美代表所提方案电，1937 年 10月 30 日顾维钧报告探询法国政府对比京会议提议情形密电，1937年 11 月 15 日外交部公布布鲁塞尔会议报告书，1937 年 12 月 2—5日孔祥熙对于陶德曼调停之看法与蒋廷黻往来电，1937 年 12 月 6日蒋廷黻对于陶德曼调停看法致外交部电稿，1938 年 7 月 18 日国际反侵略大会中国分会陈述审核全国响应国际反对轰炸不设防城市办法函，1938 年 9 月 5 日国际反侵略大会中国分会编发《我们要求国联履行反侵略的任务》文，1938 年 9 月 30 日国联行政院公布关于对日适用国联盟约第 16 条之报告，1938 年 10 月 4 日蒋廷黻关于行政院例会讨论与德义外交关系议决案日记，1938 年 12 月 26日蒋介石驳斥日本近卫声明的讲话，1939 年 2 月 11 日蒋介石关于日军在海南岛登陆问题的谈话，1939 年 4 月蒋介石手订之《现阶段之军事外交宣传要点》，1939 年 6 月 24 日蒋介石关于日军封锁天津租界事我方宣传方针电，1939 年 7 月 25 日杭立武关于英日谈判公布原则与英国代表裨德本商讨给中国明确保证事致蒋介石密呈稿，1939 年 8 月 28 日蒋介石关于欧战前国际形势谈话，1939 年 9月 7 日国民政府公布修正外交部组织法，1939 年 9 月 9 日蒋介石对于欧洲大战爆发发表的谈话，1939 年 10 月 10 日国民政府关于伪组织与他国订立的一切文件概不生效宣言书,1940 年 1 月至 1941 年 2 月蒋介石、王世杰等关于研究日本对华宣战问题对策函令及张忠绂拟《关于日本对华宣战问题的说帖》,1940 年 3 月 30 日外交部为否认汪伪组织致各国照会文,1940 年 10 月 1 日王宠惠宣布中国对日德义三国同盟之态度声明,1941 年 8 月 17 日外交部关于赞同罗斯福邱吉尔联合宣言的声明附宣言,1941 年 11 月 4 日国民政府公布外交部战后外交资料整理研究委员会组织规程,1941 年 11 月 17 日蒋介石在二届国民参政会二次大会上宣布解决日本事件讲演词,1942 年 12 月 12 日外交部讨论修正关于侵略与制裁之原则案,1941 年 12 月 26 日外交部修正拟定关于军缩问题原则案,1942 年 1 月 29 日外交部修正拟定解决中日问题之基本原则,1942 年 2 月外交部编《抗战四年来之外交》,1942 年 2—4 月外交部拟定国际集团会章程及其他国际组织关系等文件,1942 年 3 月 23 日国民政府公布蒋介石结束访印之告别印度国民书,1942 年 4 月 12 日外交部拟定太平洋各国互助条约,1942 年 4 月 28 日外交部公布呈请授与友邦人员勋章办法,1942 年 5 月 14 日外交部拟定战后国际经济合作之原则及办法大纲修正案,1942 年 7 月 6 日国民政府公布外国航空器飞航国境检查办法,1942 年 11 月 17 日蒋介石在《纽约先锋论坛报》时事讨论会上发布的《中国对自由世界之信条》论文,1943 年 11 月 9 日国民政府公布中国与联合国善后救济总署签订有关救济问题的基本协定,1945 年 4 月 5 日蒋廷黻为联总供应物资饬拨空运吨位呈等。

国民政府寄希望于英美等列强能够出面斡旋,以使中日战事趋于平息,于是德国陶得曼调停一时甚嚣尘上。在布鲁塞尔,以顾维钧为代表的中国外交精英们舌战四方,希望能以自己的三寸不烂之舌打动欧美列强,或让他们谴责日本的侵略行径,进而出手制止日本的侵略，或唤起他们的同情心正视中国惨遭侵略的事实，进而援助中国人民反侵略的正义斗争。但残酷的事实一再证明：落后就要挨打，弱国无外交。

（七）不平等条约的废除和中国大国地位的确立

九一八事变发生后，第二次世界大战爆发。1939 年 9 月 1 日德国进攻波兰，第二次世界大战欧洲战场战事爆发。1940 年 9 月 27 日，德意日三国在德国柏林签订军事同盟条约——《德意日三国同盟条约》，法西斯轴心同盟正式形成。1941 年 12 月 7 日日本海空军偷袭美海军基地珍珠港，第二次世界大战太平洋战场正式开启。自 1931 年 9 月至 1941 年 12 月中国人民已独自同日本侵略者作战达 10 年之久，沉重地打击了日本侵略者的嚣张气焰，歼灭了日军大量有生力量，消耗了日本的国力资源，数百万日军深陷中国战场的泥淖之中。随着第二次世界大战各战场战事的全面爆发，中国战场同英法战场、苏德战场、太平洋战场一道成为第二次世界大战的四大主战场之一，英美等国日益感受到中国人民抗日战争重要的战略地位，也更加需要中国人民继续对日作战，钳制和消灭更多的日本军队，以有利于英美在东南亚及太平洋战场的反攻作战。1942 年 1 月 1 日，中美英苏领衔，共有 26 个国家签署的《联合国家宣言》在华盛顿发表及世界反法西斯战争中国战区的正式建立，实际上已开始了中美英苏合作的大国同盟关系。因此，英美等国调整与中国的关系，废除不平等条约，改订新约则势在必行。

二史馆收藏的大量有关不平等条约的废除和确立中国大国地位的档案大多保存于外交部全宗，主要包括：1937 年 8 月 21 日国民政府公布中苏互不侵犯条约，1940 年 5 月 2 日苏联空军援华志愿队轰炸虞乡日寇车站战斗要报，1940 年 12 月 1 日胡适报告美国仍将支持重庆国民政府致蒋介石电，1941 年 4 月 24 日蒋介石关于苏联签订苏日中立条约之用意致各战区将领及各省政府密电，1941年5月21日国民政府公布中美关于战后修改不平等条约换文往来函，1941年7月2日国民政府公布对德义绝交宣言，1941年7月4—12日英国驻华大使卡尔为商讨取消治外法权修改条约等事与郭泰祺往来照会，1941年8月21日驻苏大使邵力子请积极援助苏联以加强中美英苏合作致蒋介石电文，1941年12月9日国民政府宣布对德义处于战争状态布告，1941年12月19日顾维钧报告与英国外交次相商谈盟国军事合作事项致蒋介石电，1941年12月至1942年4月美军空军援华志愿大队战史纪要，1942年1月1日国民政府公布反侵略26国共同宣言，1942年1月22日杭立武报告英国卡尔大使提议设立同盟国情报委员会事致蒋介石呈稿，1942年3月9日外交部拟定关于取消领事裁判权之原则文，1942年4月12日外交部拟定关于和平变更条约之原则文，1942年4月12日外交部拟太平洋各国互助条约草案，1942年6月2日外交部公布中美关于进行抵抗侵略战争期间适用于互助之原则之协定，1942年7月26日外交部拟定取消外国在华领事裁判权以外其他特权及特种制度办法，1942年7月26日外交部拟租界租借地及其他特殊区域收回办法，1942年10月9日魏道明关于罗斯福总统与蒋介石商讨西南太平洋问题电，1942年10月24日魏道明为美国提交草拟取消治外法权等问题致蒋介石电，1942年12月17日国防最高会议秘书厅参事室关于中英、中美新约中涉及沿海贸易及内河航行问题研究意见致蒋介石签呈，1942年国民党中央宣传部公布中美新约概要，1943年1月6日蒋介石为美国军官聘用办法致军委会外事局电附办法，1943年1月11日中英关于取消英国在华治外法权及其他有关特权条约，1943年1月11日中美关于取消美国在华治外法权及处理有关问题条约，1943年1月12日国民政

府关于中国与英美改订新约废除不平等条约令,1943 年 1 月 12 日
蒋介石为中国与英美签订新约废除不平等条约发表告全国军民
书,1943 年 5 月 21 日中美关于处理在华美军人员刑事案件换文,
1943 年 5 月 24 日军委会外事局抄送苏联援华抗日军事顾问及教
官名册函附名册,1943 年 6 月 24 日蒋介石为议复中国协助美国办
法致孔祥熙电,1943 年 8—9 月外交次长吴国桢关于承认法国民族
解放委员会等事宜与驻英大使顾维钧往来电,1943 年 10 月 13 日
军事委员会转饬知照《处理在华美军人员刑事案件条例》令,1943
年 10 月 20 日国民政府公布中比卢为废除在中国治外法权及处理
有关事件条约,1943 年 11 月 10 日国民政府公布中挪(威)为废除
在华治外法权及处理有关事件条约,1943 年 12 月 1 日国民政府公
布中美英三国首脑开罗会议宣言,1944 年 5 月 11 日中美关于在相
互基础上允许一国居住另一国领土上之国民选择在该国国民所属
本国军队服役之协定,1944 年 4 月 14 日国民政府公布中加关于废
除在中国治外法权及处理有关事件条约,1944 年 10 月 9 日外交部
公布中美英苏关于筹设战后世界和平机构建议案,1945 年 1 月外
交部公布《执行收回法权各约须知》,1945 年 4 月 5 日国民政府公
布中瑞(典)关于取消在华治外法权及其有关特权条约,1945 年 5
月 5 日兵工署公布美国租借法案武器弹药统计表,1945 年 5 月 29
日国民政府公布中荷(兰)关于放弃在华治外法权及处理有关问题
条约,1945 年 7 月 7 日中英关于驻彼此领土内军队人员管辖权协
定,1945 年 8 月 14 日国民政府公布中苏友好同盟条约及换文、照
会,1945 年 8 月 14 日国民政府公布中苏关于中国长春铁路、旅顺
口、大连之协定及议定书等。

　　1840 年鸦片战争后,西方列强用坚船利炮轰开了中国紧锁的
国门,迫使腐朽的清政府签订了各种不平等条约,这些不平等条约

是帝国主义列强强加在中国人民身上的枷锁。"而其中最关重要、足制吾国命脉、损害吾国主权者,则尤在协定税则与领事裁判权。"①废除不平等条约,取消外国在华治外法权及其他特权,争取中国平等的国际地位,进而谋求大国地位,是近百年来中国人民的愿望,许多仁人志士为之奋斗不息。1943 年 1 月 11 日中美、中英新约分别在华盛顿和重庆签订,条约规定:凡授予英、美政府或其代表管辖各该国在华人民之一切条款,一律撤销作废;废除 1901 年 9 月 7 日签订的《辛丑条约》,并终止该条约给予英、美的一切权利;交还北平使馆界之行政与管理权;交还上海、厦门公共租界及天津、广州英租界之行政与管理权;撤销英、美两国军舰驶入中国领水之特权,取消两国在使馆区及某些铁路沿线驻兵权;撤销英、美两国船舶在中国沿海贸易、内河航行及外人引水等特权;英国政府放弃要求中国政府任命英籍海关总税务司之特权等。此后,中国先后与比利时、挪威、瑞典、加拿大、荷兰、法国、瑞士、丹麦、葡萄牙等国签订与英、美两国性质类似的条约。加之中国于 1941 年 12 月对德意日宣战,中国与德意日三国间一切条约即行废除。至此,外国列强强加给中国人民的不平等条约被彻底废除。中国与各国平等新约的签订,开始改变了以往中国屈辱外交的形象,大大提高了中国的国际地位。这是中国人民近百年长期奋斗的结果,更是中国人民浴血抗击日本侵略者,有力支持世界反法西斯斗争所赢得的应有的国际地位。随着《联合国家宣言》《开罗宣言》《波茨坦公告》的发表及中国以五大创始成员国之一的身份参与制定《联合国宪章》,中国的大国地位开始确立。

---

① 《外交部为办理废除不平等条约交涉情形的呈文》(1929 年 5 月 1 日),二史馆藏行政院档案,《中华民国史档案资料汇编》第五辑第一编"外交"(一),第 47 页。

三、抗战文化教育档案述论

（一）抗战时期的文化事业

1931 年九一八事变后，民族危机空前严重，抗日救亡成为全体中国人民的中心工作，文化教育战线人士更不甘人后，纷纷举起抗日救亡的旗帜，投身于滚滚的抗日洪流中，大力倡导中国传统文化，唤起民族的觉醒，决心以文化的力量增进抗战的力度。

早在抗日战争全面爆发前，日本军国主义者即以文化侵略为先导，进行广泛的渗透。七七事变后，日本侵略者一面以其飞机大炮摧残中国各地文化教育机构，一面在广大沦陷区实行奴化宣传和奴化教育。对此，国民政府扶助各种抗敌文化团体，如各种文化界抗敌协会、各类国际间文化协会、各种学术团体等，各尽抗日宣传之责。广大文化工作者以国家至上、民族至上的精神，大力从事抗日救亡工作，倡导民族文化，使民族主义精神能够深入人心，以文化的力量达成人民力量之集中，从而策动民族战争，最终打败日本侵略者；同时希望以文化建设促进国家建设，在异常艰难的条件下从事现代科学之研究与发明，为抗战建国作出自己的贡献。

1. 战时文化政策措施与抗战文化宣传的兴起

抗战初期国民政府制定并实施了一些有利于抗战文化宣传的政策措施，文化界各种抗敌团体如雨后春笋般涌现出来，一时间抗日救国观念深入人心。

二史馆收藏有大量有关国民政府战时文化政策措施和抗战文化宣传方面的档案，其中许多档案保管在军事委员会政治部全宗，主要包括：1938 年 3 月 16 日中华全国戏剧界抗敌协会为组织成立申请备案呈附会章、名册，1938 年 3 月 31 日国民党临时全国代表大会通过的陈果夫等关于确立文化建设原则纲领的提案，1938 年

4月21日军委会政治部关于组建随军抗敌剧团的训令,1938年4月22日中华全国戏剧界抗敌协会关于武汉第二期抗战扩大宣传周戏剧日公演活动情形呈,1938年5月19日军委会政治部第三厅报送成立以来工作报告呈附报告,1938年6月6日郭沫若关于各师旅政训处设立随军抗敌剧团办法签呈,1938年7月7日郭沫若撰《抗战一年来的文化运动》,1938年7月13—26日国民党汉口市党部关于组织汉口市戏剧编修委员会致军委会政治部函及审批文件附简章、细则等,1938年7月军委会政治部与国民党中宣部等单位合组战地文化服务处组织章程,1938年8月8日中华全国木刻界抗敌协会申请立案呈附会章等,1938年8—11月汉口各抗战文艺宣传团体向军委会政治部第三厅报告工作概况并请支助经费呈,1938年9月12日中华全国文艺界抗敌协会呈送会务状况报告书,1938年9月15日军委会政治部抗敌宣传队服务规则,1938年9—10月中华全国文艺界抗敌协会报送组织章程、会员名册、工作计划等备案呈及社会部批答,1938年10月3日中华全国木刻界抗敌协会会务状况报告表,1938年10月21日社会部关于中华全国文艺界抗敌协会今后工作要点指令,1938年11月何公敢关于宣传站各总分站筹备经过及工作概况报告书,1938年军委会政治部所属宣传团队一览表,1939年1月6日郭沫若关于收编新安旅行团办法的签呈附办法等,1939年1月27日国民党五届五次全会通过的《改进国际宣传实施方案》与《切实推进沦陷区域宣传工作》等决议案,1939年2月15日国民党重庆市党部嘉奖中华全国戏剧界抗敌协会积极进行抗战戏剧宣传演出案,1939年2—6月作家战地访问团筹组经过及其出发情形有关文件,1939年3月8日中华全国美术界抗敌协会报送会章、理事名册等请求备案呈附会章、名册、工作计划,1939年3月鲁少飞等为筹组中华全国漫画作家协会以从事抗战宣传呈，1939 年 3 月郭沫若、洪深为军委会政治部所属宣传队奉令改编事致各抗敌演剧队电，1939 年 4 月 14 日国民党中央宣传部奉发蒋介石手定《现阶段之军事、外交宣传要点》，1939 年 4 月军委会政治部抗敌宣传队第三队第一分队鄂北会战前线工作报告书，1939 年 4—9 月陈诚关于军委会政治部所属演剧队配属各战区政治部管理电及郭沫若签呈，1939 年 5 月 4 日社会部为改定中华全国漫画作家抗敌协会事致内政、外交部函稿，1939 年 5 月军委会政治部漫画宣传队呈送组织沿革与赴战区开展宣传活动情形，1939 年 6 月中华全国文艺界抗敌协会报送会务状况及第二届理事会名册呈，1939 年 7 月军委会政治部第三厅关于抗敌宣传工作概况报告，1939 年 9—10 月中华全国戏剧界抗敌协会关于举办第二届戏剧节办法呈及社会部批复附办法，1939 年 11 月 16 日郭沫若签报孩子剧团川东川南工作报告，1939 年 11 月新安旅行团从长沙到桂林工作报告，1939 年 11 月军委会战地党政委员会为制定《文化食粮供应计划大纲》与《战地书报供应办法》致教育部函附大纲、办法，1940 年 3 月 15 日中华全国电影界抗敌协会为恢复工作报送会章等请备案呈附会章等，1940 年 3 月 18 日中华全国文艺界抗敌协会报送作家战地访问团工作概要呈附概要，1940 年 3 月 27 日新安旅行团到桂林后的工作报告，1940 年 4 月 9 日孟健民关于中华全国电影界抗敌协会第二次会员大会筹备会及修改会章情形的签呈与谷正纲批，1940 年 7 月至 1941 年 2 月社会部等关于组织文艺奖励金管理委员会函件及该会工作报告附文艺作品奖励条例、办法等，1941 年 1 月 6 日国民党中央宣传部文化运动委员会组织大纲附委员名单，1941 年 1 月 14 日军委会政治部孩子剧团报告组织经过情形呈，1941 年 1 月 21 日军委会政治部抗敌演剧队管理规程，1941 年 2 月 19 日军委会政治部关于设立戏剧学院及话剧实验剧团的令函,1941 年 2 月军委会政治部组织戏剧指导委员会有关文件,1941 年 3 月军委会政治部第三厅关于筹设戏剧教导团的文件,1941 年 4 月 15 日军委会政治部第三厅郭沫若关于将所属抗敌歌咏队改编为新中国合唱团的签呈,1941 年 12 月 5 日郑之用关于电影放映队从艰苦奋斗中争取胜利的报告,1941 年 12 月军委会政治部电影放映队三年来工作情况报告,1942 年国民党中央宣传部文化运动委员会工作纲领,1942 年 5 月 1 日军事委员会关于实施当前之文化政策与宣传原则致教育部密电,1942 年 5 月 15 日国民党中宣部检送"各省市党部三十一年度通俗宣传实施纲要"致社会部公函附纲要,1943 年 9 月 8 日国民党五届十一次全会通过的《文化运动纲领案》,1944 年 1 月 9 日国民党中宣部拟定的文化运动纲领宣传及实施办法,1945 年 1 月 14 日国民党中央文化宣传委员会等召开推广戏剧教育运动办法会议记录,1945 年 4 月 23 日国民党中宣部奉发《文化运动纲领实施办法》训令附办法等。

2. 战时新闻图书出版与审查

1937 年 7 月抗战全面爆发到 1938 年 11 月武汉会战结束前,国民政府积极抗战,新闻出版事业蓬勃发展,大量抗日报刊包括日报、晚报、小报、通讯社稿及其增刊、特刊、号外,以及社论、专论、专电、通讯、特讯、专访等的创办和开设,使得进步的抗日言论有了自由发表的园地,新闻记者亲临抗战前线,报道广大官兵舍身报国英勇杀敌的英雄事迹,大批歌颂人民歌颂抗战的优秀作品纷纷涌现。抗日战争进入战略相持阶段后,国民政府逐渐将防共反共作为其重要工作,严格的书刊审查和钳制舆论政策严重限缩了文化发展空间。

二史馆收藏了大量战时新闻图书出版与审查方面的档案。主要有 1937 年 7 月 8 日国民政府公布的修正出版法,1937 年 7 月 28

日内政部公布修正出版法施行细则,1937 年 12 月 13 日行政院公布《随军记者及摄影人员暂行规则》,1938 年 7 月 21 日中央图书审查委员会组织大纲,1938 年 7 月 21 日抗战期间图书杂志审查标准,1938 年 7 月国民党中央宣传部颁发通俗书刊审查标准,1938 年 7 月战时图书杂志原稿审查办法,1938 年 9 月 8 日军委会政治部为施行《新闻检查规程及违检惩罚暂行办法》的公函附办法,1938 年 9 月武汉新闻检查所半年工作报告,1938 年 11 月 30 日国民党中央图书杂志审查委员会关于订定各地审查会初步工作纲要致教育部呈附工作纲要,1938 年 12 月至 1939 年 1 月国民党中央图书杂志审查委员会书刊查禁理由提要,1938 年国民党中央宣传部拟定《中外新闻记者战地采访管理办法》,1939 年 1 月至 1945 年 8 月蒋介石关于注意查扣《新华日报》"违禁"新闻稿的电令及有关文件,1939 年 2 月 23 日防范沦陷区及敌国反动书刊流入内地办法,1939 年 4 月 20 日印刷所承印未送审图书杂志原稿取缔办法,1939 年 4 月 20 日检查书店发售违禁出版品办法,1939 年 4 月国民党中央图书杂志审查委员会审查工作指示录,1939 年 6 月 2 日图书杂志查禁解禁暂行办法,1939 年 6 月 17 日国民党中央秘书处检送《战时新闻检查局组织大纲》及《新闻检查办法》致各省市党部电附大纲、办法,1939 年 6 月 19 日国民党中央图书审查委员会为查禁冼星海等编著之《抗战歌曲集》经过致军委会政治部呈,1939 年 7 月 10 日行政院为实施《邮电检查施行规则》训令,1939 年 7 月 20 日国民党中执会秘书处抄送《各省市新闻检查所组织条例暨编制表》公函附条例、编制表,1939 年 10 月至 1941 年 3 月重庆市报纸、通讯社及杂志社登记一览表,1939 年 10 月至 1941 年 3 月云南省报纸、通讯社及杂志社一览表,1939 年 10 月至 1941 年 3 月贵州省报纸、通讯社及杂志社一览表,1939 年 11 月 7 日社会部拟订的剧团组织要点,1939 年 11 月 10 日中央出版事业管理委员会工作计划大纲,1940 年 1 月 11 日中央文化驿站设置办法与组织分布状况表,1940 年 3 月 4 日《新华日报》社为各地方当局阻挠破坏该报发行事致国民党中央宣传部函附各地非法妨碍发行表,1940 年 3 月 21 日国民党中宣部制定的《戏剧剧本审查登记办法》《电影剧本审查登记办法》,1940 年 4 月 20 日军委会战时新闻检查局编报的1939 年度工作报告,1940 年 9 月 6 日国民政府修正公布战时图书杂志原稿审查办法,1940 年国民党中宣部与各地党部直属报社、通讯社分布地点及负责人名单,1941 年 2 月《新华日报》社社长潘梓年为该报屡遭破坏请求依法保护与国民党中央宣传部往来文件,1941 年 3 月行政院修正公布各省市图书杂志审查处与县市图书杂志审查分处组织通则,1941 年 4 月 1 日孔祥熙等在国民党五届八次会议提出的组织中央出版管理局以加强出版扩大宣传案,1941 年 9 月 5 日国民党中宣部关于禁止《雷雨》上演经过致军委会政治部函,1941 年国民党中宣部制定的《电影片审查标准》《电影片送审须知》,1942 年 7 月 14 日国民党中央秘书处为组织中央出版事业管理委员会及组织条例致行政院公函,1942 年 9 月军委会战时新闻检查局 1940 年 12 月至 1942 年 9 月工作报告,1942 年 10 月全国各地新闻检查处室分布及其业务范围概况报告表,1942 年 11 月21 日广西省新闻检查处成立三年来工作总报告,1942 年 11 月 28日重庆市新闻检查处自成立以来工作报告,1942 年重庆市书店概况登记表,1942 年成都市书店概况登记表,1942 年桂林市书店概况登记表,1943 年 2 月 15 日国民政府公布《新闻记者法》,1943 年4 月行政院颁发《非常时期报社通讯社杂志社登记管制暂行办法》,1943 年 7 月 6 日国民党中央宣传部试办管理出版事业计划纲要,1943 年 10 月国民党中央宣传部制定各省市出版事业管理暂行办法,1943 年 12 月 24 日各省市新闻检查规则,1943 年 12 月军委会战时新闻检查局 1942 年 10 月至 1943 年 10 月工作报告,1943 年行政院非常时期电影检查所禁映影片一览表,1944 年 1 月军委会战时新闻检查局 1943 年检扣《新华日报》稿件统计图表,1944 年 4月 27 日国民政府公布《著作权法》,1944 年 7 月军委会政治部奉发《战时出版品审查办法及禁载标准》《战时书刊审查规则》训令附办法标准及规则,1944 年 9 月 5 日国民政府公布《著作权法施行细则》,1944 年国民党中央宣传部国际宣传处国际宣传工作检讨报告,1945 年 3 月军统局关于派员参加压制《新华日报》函,1945 年 4月 19 日军委会战时新闻检查局向国民党六全大会提交的工作报告稿等。

　　抗日战争全面爆发后,大片国土迅速沦丧,北平、天津、上海、南京、武汉、广州等大城市相继失守,大批知识分子随着流亡大军走出城市,走出机关,走向前线,走向农村与基层。在抗日烽烟中备尝艰辛的文化人士,开始同广大工农兵群众相结合,将文化界抗日救亡运动与抗日战争时期的政治斗争、军事斗争相结合,开拓了创作领域,极大地丰富和充实了创作内容,无论是田间还是街头,也无论是后方还是前线,都成为广大文化界人士大力宣传抗战、讴歌英雄、激励军民抗战士气的舞台。抗战初期,国民政府改变了过去对进步文化的"围剿"和迫害政策,实行了一定的民主、开放措施,短时间内形成了比较宽松的文化氛围,许多进步文化人士有了公开活动的机会。七七事变后,特别在武汉会战前后,大量文化界抗日团体纷纷成立,一时间也创作出了大批诗歌、街头剧、话剧、板报、漫画等形式的群众喜闻乐见的文艺作品。其中,郭沫若主持的军事委员会政治部第三厅起到了实际领导作用。随着抗日战争相持阶段的到来,国民党不断制造反共摩擦事件,国民党将抗战初期的联共抗日政策而改为"防共、限共、溶共、反共"政策。1941 年国民党中央宣传部制定所谓《特种宣传纲要》,其第一条宣称"特种宣传纲要拟包括关于对敌伪及中共之宣传而置,其重点于后一项。关于对敌伪之宣传原则,已定材料甚多,故不在本原则中提出讨论"。① 此后,国统区文化界抗日宣传空间、创作范围日益缩减,抗日言论受到严格限制,《新华日报》《东方大众丛书》等进步刊物屡遭压制,《新华日报》"言论方面检扣删改,超出检政日必数起;发行方面,不独各地党政暗地阻难,而宪兵警察亦公开压迫,近复愈出愈奇,流氓奸徒受人唆使,散布荒谬传单,诬蔑本报为汉奸报纸;查缉奸宄之宪兵不独不予制止,而且同声一气,到处撕毁本报,到处逮捕卖报人员"。② 蒋介石曾多次电令相关部门对《新华日报》各类所谓"违禁"新闻稿注意查扣,指示新闻检查局"对于该报之消息及言论,务希特别注意检查,严予检扣,无令诐词邪说任意披露为要"。③ 许多剖析时局,指明抗战方向的科学论著被查禁,对于解放出版社出版的毛泽东著《相持阶段中的形势与任务》,竟诬称"内容谬误失实,足以混乱听闻,应予查禁";④诬蔑《新华日报》馆出版的周恩来《国际形势与中国抗战》"言论偏激狭隘,足以引起友邦反

---

① 国民党中央宣传部:《特种宣传纲要》,二史馆馆藏国民党中央执行委员会秘书处档案,《中华民国史档案资料汇编》第五辑第二编"文化"(一),第 6 页。

② 《新华日报致国民党中宣部呈》(1941 年 2 月 5 日),二史馆馆藏,国民党中央宣传部档案,七一八(1)/196。

③ 《蒋介石致新闻检查局代电》(1939 年 11 月 10 日),二史馆馆藏,军委会战时新闻检查局档案,一三六(2)/4。

④ 《广东省图书杂志审查处呈》,二史馆馆藏国民党中央图书杂志审查委员会档案,《中华民国史档案资料汇编》第五辑第二编"文化"(一),第 622 页。

感,妨碍国防外交";①宋庆龄的《中国不亡论》"有诋毁本党之处,应予查禁"。② 更有相当数量的优秀作品同样难逃查禁的噩运,如邹韬奋《萍踪忆语》、石啸冲《东北义勇军抗日战争斗争史话》、张友渔《冀南的"扫荡"和"反扫荡"》、邓初民《抗战以来三民主义文化诸问题》、艾青《哭泣的老妇》、沈雁冰《茅盾随笔三则》、柳亚子《关于红拂传及其他》、臧克家《大雪后》、陶行知《向民主求爱》、黄炎培《河蒩蛇》等都成了"违禁品"。③ 与此同时,以延安为中心的陕甘宁边区及共产党创建和领导的各抗日民主根据地则呈现出一片生机勃勃的景象,文化氛围活跃,文化工作者坚持正确的政治方向,创作出了大批人民喜闻乐见的文化艺术作品,引领了中国文化发展方向。

（二）抗战时期的教育事业

十年树木,百年树人。教育乃立国之本,一个国家整个国力的水准有赖于教育。和平时期如此,战争时期也是如此。国家的教育若在平时能够健全充实,在战争爆发时便可立刻显示出其巨大功能。八年抗战期间,日本侵略者对中国的文化教育机关进行疯狂摧残,企图以其残酷的铁血政策,消灭中国固有的传统文化,进而斩断中华民族的文化纽带和根基,使中国人民甘愿当亡国奴,任凭日本侵略者驱使。对此,国民政府及教育界有识之士坚持抗战与建设同时并进,教育更是建设的基础,不能因抗战而中断,故虽

---

① 《湖南省图书杂志审查处呈》,二史馆馆藏国民党中央图书杂志审查委员会档案,《中华民国史档案资料汇编》第五辑第二编"文化"（一）,第 625 页。

② 《中国国民党中央执行委员会宣传部公函》宣字第 1862 号,二史馆馆藏国防部史政局和战史会档案,《中华民国史档案资料汇编》第五辑第二编"文化"（一）,第 609 页。

③ 《扣留书刊送审稿》,二史馆馆藏中央图书杂志审查委员会档案,《中华民国史档案资料汇编》第五辑第二编"文化"（一）,第 617—619、824—1046 页。

在艰难困苦之中，仍坚忍奋发，辛苦维持。

1. 战时教育方针政策及其实施概况

1937 年卢沟桥事变爆发后，国民政府制定和发布各项教育方针政策，1937 年 8 月 19 日教育部发布《战区内学校处置办法》，要求各省市教育主管部门"于其辖境内或辖境外比较安全之地区，择定若干原有学校，即速尽量扩充或布置简单临时校舍，以为必要时收容战区学生授课之用，不得延误"。① 国民政府及其教育部门的各项措施，维护并推动了战时教育事业的发展。

二史馆收藏了大量有关国民政府制定的战时教育政策措施方面的档案，大多保存于教育部全宗，主要包括：1937 年 8 月 13 日行政院秘书处奉发朱经农、吴南轩等关于战时教育问题意见致教育部函，1937 年 8 月 17 日行政院核发《总动员时期督导教育工作办法纲要》的指令附纲要，1937 年 8 月 19 日教育部检发《战区内学校处置办法》的密令附办法，1937 年 9 月 28 日教育部关于战时设法维护文化、尽量恢复教育计划密函，1937 年 9 月 29 日战事发生前后教育部对各级学校之措置总说明，1937 年 10 月 2 日行政院秘书处抄送平津同学会关于抗战时期教育意见函，1937 年教育部拟定之平津沪战区专科以上学校整理方案，1937 年教育部战时动员计划，1938 年 2 月 23 日青年训练大纲，1938 年 3 月 28 日教育部颁发的中等以上学校导师制纲要，1938 年 3 月 28 日教育部关于各学校实施导师制应注意各点令，1938 年 4 月国民党临时全国代表大会通过之战时各级教育实施方案纲要，1938 年 9 月 14 日高中以上学校新生入学训练实施纲要，1938 年教育部制定之战时各级教育实

---

①《战区内学校处置办法》，二史馆馆藏教育部档案，《中华民国史档案资料汇编》第五辑第二编"教育"（一），第 3 页。

施方案,1939 年 3 月 4 日军事委员会抄转焦易堂条陈矫正教育不良状态意见电,1939 年 7 月 13 日教育部公布切实推行导师制办法,1939 年 9 月 25 日教育部颁发的训育纲要,1939 年 10 月教育部为国民党六全大会撰写的教育报告书,1939 年 12 月教育部第二期战时教育行政计划,1940 年 4 月 29 日教育部制定的教员服务奖励规则,1940 年 5 月 12 日教育部制定的学生军事训练实施方案,1940 年 8 月 6 日教育部与军委会政治部关于调整高中以上学校训导与军事训练办法呈附办法,1940 年 11 月 16 日教育部组织法,1940 年 11 月 16 日修正教育部各司分科规程,1940 年教育部制定的教育计划与国防计划之联系方案大纲,1941 年 4 月 8 日朱家骅关于中英庚款董事会成立经过及其与中国教育文化事业关系的报告,1942 年 8 月教育部关于国民党历届会议对于教育决议案及实施情形之检讨总述,1942 年 10 月 8 日教育部公布小学训育标准令,1943 年 1—2 月教育部关于制定中等与专科以上学校导师制纲要呈及行政院批,1943 年 1—3 月国民参政员胡秋原等提议取消庚子赔款办理教育办法案及外交与教育等部商办往来函件,1943 年 10 月 19 日教育部公布之修正私立学校规程,1943 年 11 月 22 日学生自治会规则,1944 年 2 月 10 日教育部捐资兴学褒奖条例,1944 年 7 月 7 日教育部订定之著作发明及美术品奖励规则,1944 年 8 月 16 日行政院关于中等学校与专科以上学校导师制实施办法的指令附办法,1944 年 9 月 9 日教育部制定的中等学校训育标准,1944 年 10 月 31 日国民政府抄发修正教育会法训令附教育会法,1944 年 11 月各省市教育厅局及教育部所属机关学校主管人员名单,1945 年战时各省市岁出教育经费数及其占总岁出百分比统计表,1945 年教育部编战时教育概况统计表,1945 年教育部编战时各省市文化教育费分析表,1946 年 11 月教育部《一九三七年以来的中国教育》，1946 年教育部编战时历年度中央教育文化费分析表等。

2. 战时初中高等教育、特教，边疆与侨民教育及科研机构、教育社团

八年抗战期间，中国的初、中、高等教育事业虽处艰难环境，但仍取得了一定的进步，也取得了显著的成绩。二史馆收藏的大量有关档案大多保存于教育部全宗。

关于初等教育的档案主要有：1937 年 8 月 16 日国立编译馆关于编辑中小学课本注意发扬国家民族意识道德以配合抗战军事呈，1939 年 10 月至 1943 年 1 月军事委员会委员长侍从室奉发蒋介石关于编订中小学教科书应注意事项等手令及教育部办理情形函呈，1939 年教育部编抗战以来后方各省初等教育概况统计表，1940 年 3 月 21 日教育部订定国民教育实施纲要，1940 年 5 月 6 日行政院公布的小学教员待遇规程，1940 年 6 月教育部订定的保国民学校及乡镇中心学校基金筹集办法，1941 年 7—8 月军事委员会委员长侍从室奉发蒋介石关于加强对中小学生航空知识教育的手令与教育部办理情形呈，1942 年 3 月教育部订定的乡镇中心学校设施要则，1942 年 3 月教育部订定国民学校设施要则，1942 年 3 月陈立夫在各省市国民教育会议开幕式上的讲演词，1942 年 3 月蒋介石在全国国民教育会议上的训词，1942 年 3 月陈立夫在各省市国民教育会议闭幕式上的总结报告，1942 年 6 月 13 日青海省政府报送 1942 年度国民教育实施计划致行政院呈附计划，1942 年 6 月 23 日教育部部奉令办理修订小学教科书情形致蒋介石呈，1944 年 2 月 11 日教育部部编订小学群育课程训练标准问题致蒋介石呈，1944 年 3 月 15 日国民政府公布之国民学校法，1944 年 3 月 18 日教育部国民教育司司长顾树森关于 1943 年实施国民教育工作总

检讨呈稿,1944 年 5 月 2 日教育部关于中小学教科书编辑主旨与方法问题致蒋介石呈,1944 年安徽省 1942—1944 年国民教育实施概况,1944 年教育部统计处编抗战前后国民教育比较表,1945 年 2 月 17 日国民政府公布强迫入学条例,1945 年 7 月 10 日教育部关于办理 1944 年度国民教育概况报告,1945 年 9 月教育部公布国民学校及中心国民学校规则,1945 年教育部编 1940—1944 年各省市中心、国民学校基金筹集情形表,1945 年教育部编 1941—1944 年各省市举办小学教员假期训练班学员人数比较表,1945 年教育部编后方十九省(市)1945 年度实施国民教育成绩简表,1945 年湖北省教育厅关于战时初等教育概况报告,1946 年教育部编 1936—1945 年全国学龄儿童及已入学儿童数统计表,1946 年教育部编 1936—1945 年度全国国民教育学校及小学概况表,1946 年教育部编 1941—1945 年各省市办理国民教育历年进度概况表,1946 年教育部编 1937—1945 年全国幼稚园概况,1946 年福建省教育厅关于实施国民教育第二期(1943 年 1 月至 1945 年 12 月)工作概况报告书等。

关于中等教育的档案主要有:1938 年 2 月 25 日教育部颁发国立中学课程纲要,1938 年 5 月 7 日教育部关于确定师范教育设施方案的训令,1938 年 7 月 5 日教育部制定创设县市初级实用职业学校实施办法,1938 年 12 月 26 日教育部颁发国立中学增设职业科办法,1938 年教育部编抗战以来各省市中等学校迁移概况表,1939 年 2 月教育部关于中等教育概况报告,1939 年 4 月教育部编抗战以来增设国立中学概况表,1939 年 5 月至 1940 年 5 月教育部关于举办中学学生毕业会考的训令附会考办法,1939 年 7 月 21 日教育部订定各省市师范学校辅导地方教育办法,1939 年 12 月 17 日教育部颁发修正国立中学暂行规程,1939 年教育部编抗战以来后方各省中等教育概况表,1940 年 2 月 29 日教育部订定特别师范科及简易师范科暂行办法,1940 年 5 月教育部颁发协助职业学校生产资金暂行办法,1941 年 5 月教育部关于办理国民党五届八次全会提议增设职业学校以发达地方产业案情形致行政院秘书处函,1941 年 6 月 7 日教育部奖励农工商业团体办理职业学校及职业补习学校办法,1941 年 8 月 4 日教育部、经济部等订定公私营工厂矿场农场推行职业补习教育并利用设备供给职业学校学生实习办法纲要,1941 年 11 月 18 日教育部关于促进中等学校校务、培养学风实施方案,1942 年 1 月 30 日教育部召开各省市中学教育检讨会议的决议案,1942 年 2 月 17 日教育部订定中等学校校务处理办法大纲的训令附大纲,1942 年 4 月 1 日教育部关于增加师范生来源与改进训练办法等问题的报告,1942 年 4 月 19 日教育部制定县市立中等学校设置办法的训令附办法,1942 年 4 月教育部中等教育司关于师范教育状况与今后改进意见的报告,1942 年 8 月 22 日教育部订定师范学校毕业生服务规程,1942 年教育部颁发国立中学、师范教职员支薪标准与员额配置表,1943 年 11 月教育部订定高级中学实施劳动服务及国防训练办法,1943 年教育部编国立各中等学校设置班级概况表,1943 年教育部编国立各中等学校员工人数概况表,1944 年 12 月 22 日教育部颁发全国师范学校学生公费待遇实施办法,1944 年教育部编 1936—1944 年中等教育比较表,1945 年 7 月 20 日教育部订定之短期职业训练班实施办法,1945 年教育部编 1928—1945 年全国师范教育演进表,1945 年教育部编抗战期间全国中等教育概况表等。

关于高等教育及高校内迁的档案主要有:1938 年 9—10 月陶行知等呈请设立晓庄学院文电,1939 年 1 月 31 日教育部公布抗战期间回国留学生登记办法,1939 年 2 月陈立夫抄报中央大学对于

抗战直接有关之各项工作节略致行政院密呈附节略，1939 年 4 月
抗战以来全国专科以上学校增设概况表，1939 年 5 月 16 日教育部
颁发大学行政组织补充要点，1939 年 5 月 16 日教育部颁发独立学
院及专科学校行政组织补充要点，1939 年 5 月制 1938 年度全国专
科以上学校分布概况表，1939 年 6 月 2 日教育部修订抗战期间外
国留学生救济办法，1939 年 6 月 21 日教育部公布国立各院校统一
招生办法大纲，1939 年 6 月 23 日教育部订定之专科以上学校实施
战时教程，1939 年 6 月 23 日教育部公布修正大学研究院暂行组织
规程，1939 年 6 月教育部关于私立复旦、大夏两校申请改为国立呈
与行政院批，1939 年 7 月 28 日教育部颁发抗战期间回国留学生分
发服务简则，1939 年 8 月 1 日教育部公布修正限制留学生暂行办
法，1939 年 8 月 9 日教育、经济等部关于订定《大学理工学院与经
济交通及军备工厂合作办法》的会呈附办法，1939 年 8—9 月行政
院关于省立广西大学改为国立呈与国民政府批，1939 年 9 月 4 日
教育部颁发大学及独立学院各学系名称令，1940 年 3 月 9 日教育
部颁发专科以上学校毕业生统筹分发服务办法令，1940 年 4 月教
育部请转饬各部会录用回国留学生服务呈，1940 年 5 月教育部制
定专科以上学校分配原则，1940 年 5 月教育部订定全国专科以上
学校学生学业竞试办法，1940 年 5 月 22 日教育部公布各公立院校
统一招生委员会章程，1940 年 8 月教育部公布大学及独立学院教
员资格审查暂行规程，1940 年制 1937—1940 年全国高级教育概况
统计表，1940 年中统局关于江苏教育学院概况的调查报告，1941
年 4 月 5 日教育部制定《农林技术机关与农林教育机关联系与合作
办法大纲》，1941 年 5 月 28 日教育部颁发公私立专科以上学校毕
业生派往边地研究办法，1941 年 6 月 3 日教育部公布该部设置部
聘教授办法，1941 年 9 月 29 日教育部制定政府机关委托大学教授

从事研究办法大纲,1941 年 12 月 13 日教育部制定大学各学院、独立学院及专科学校附设中小学或职业学校暂行办法大纲,1941 年全国专科以上学校内迁及其分布统计表,1942 年 1 月农林部关于嘉奖金陵大学农学院 30 年来办学成绩呈,1942 年 7 月教育部国外留学生奖助金设置办法,1942 年 8 月 1 日教育部公布修正师范学院规程,1942 年 11—12 月教育部与行政院就私立复旦大学改为国立大学的往来文件,1943 年 1 月行政院关于改重庆、英士、山西等大学为国立并恢复北洋工学院呈与国民政府批及有关文件,1943 年 8 月 17 日教育部公布师范学院学生实习及服务办法,1943 年 10 月 30 日国立专科以上学校教员支给学术研究补助费暂行办法,1943 年 10 月国立专科以上学校院系设置概况表,1943 年 10 月各国立高级学校教职员工人数表,1943 年 10 月教育部第一届国外自费留学生考试章程,1943 年 10 月教育部国外留学自费生派遣办法,1944 年 4 月 1 日教育部颁发大学教授、副教授自费出国进修办法,1944 年 6 月 1 日教育部在国外大学设置中国文化奖学金办法,1944 年 8 月行政院核发 1943 年度派遣国外学习人员计划及经费表的训令附计划,1944 年 9—10 月教育部关于调查整顿私立民治新闻专科学校文件,1944 年 12 月 19 日教育部抄送派遣国外研究人员名单并请转知有关单位拨付外汇事公函,1946 年教育部编 1929—1946 年出国留学生数及留学生留学国别统计表,1944 年全国专科以上学校一览表,1945 年 4 月 27 日教育部检报国立专科以上学校教员及国立研究机关科研人员统计总表呈附总表,1945 年制 1936—1944 年全国专科以上学校学生科别数统计表,1946 年抗战期间全国专科以上学校概况表,1946 年抗战前后全国高级教育比较表,1946 年制 1939—1945 年全国专科以上学校职员数统计表,1946 年战时全国专科以上学校毕业生数统计表,1946 年战时全国专科以上学校教员数统计表，1946 年战时全国专科以上学校岁出经费统计表，1946 年战时公立专科以上学校岁入经费统计表等。

关于边疆与侨民教育的档案主要有：1939 年 2 月 25 日侨务委员会提送第三次全国教育会议之侨民工作报告书，1939 年 4 月 10 日国防最高委员会秘书厅检送国民参政会关于培植边务人才以固国防案致行政院公函，1939 年 4 月第三次全国教育会议关于推进边疆教育方案的决议案，1939 年 4—5 月行政院奉发国民参政会建议增拨专款扩充边疆教育训令及教育部办理情形呈，1939 年 12 月至 1940 年 5 月宁夏省党部报送边疆教育巡回工作团组织大纲与工作报告书等呈及有关文件，1940 年 7 月 15 日教育部公布改进边疆寺庙教育暂行办法，1940 年 7 月 27 日教育部公布边远区域劝学暂行办法，1940 年 8—10 月陈树人向国民党五届七次会议提出的《推进侨民教育案》及教育部等会商办理情形文件，1941 年 3 月 25 日教育部订定边远区域初等教育实施纲要，1941 年 5 月 28 日教育部颁发公私立专科以上学校毕业生派往边地研究办法，1941 年 6 月 16 日教育部公布边远区域师范学校暂行办法，1941 年 7 月 17 日教育部边疆教育特约通讯员简则，1941 年 12 月军事委员会委员长侍从室抄转李根源建议加强边疆文化研究及中央研究院办理情形呈，1941 年教育部西南边疆教育考察团关于改进西南各省边疆教育建议书，1941 年侨务委员会战时侨民教育工作方案，1942 年 6 月 25 日教育部关于经办有关蒙藏教育文化设施概况公函，1942 年 8—9 月教育部等报告办理国民参政会有关蒙藏问题决议案并附呈经办发展边疆文化工作概况及行政院指令，1942 年教育部关于华侨教育过去状况与今后改进要点的报告书，1943 年 8 月 27 日边地国立各级学校一览表，1943 年 12 月 11 日教育部报送第四届边疆教育委员会委员名单呈附名单，1943 年国立边疆小学概况表，1944

年 5 月 3 日教育部关于边疆教育的检讨报告，1944 年 6 月 2 日边疆学生待遇办法，1944 年 6 月教育部关于侨民教育工作成绩报告，1944 年教育部 1940—1944 年设立的战时国立华侨中学简况，1944 年教育部颁发《国民教育在边地推行应特别注意之点》，1944 年教育部关于 1943 年度边疆教育工作报告，1944 年教育部战后海外侨民文化事业实施方案，1945 年 5 月 31 日中华基督教会边疆服务部关于 1944 年度边地文化教育工作报告，1945 年 6 月抗战期间国立边疆学校历年概况比较表，1945 年 7 月抗战前后历年各边远省份文化教育补助费统计表，1945 年 8—9 月教育部转报西康省政府发展宁属边民教育计划及行政院指令，1945 年 9 月 23 日教育部公布边疆初等教育设施办法，1946 年抗战前后历年度边疆教育经费统计表，1946 年历年立案侨民学校统计表（1929—1945）等。

　　关于战区教育与特种教育的档案主要有：1938 年 6 月行政院第 373 次院会通过的《沦陷区教育实施方案》，1938 年 11 月 18 日教育部关于特种教育发展变化与经费预算致行政院呈附经费拟分配表，1938 年 11 月 19 日教育部修正赣鄂皖豫闽等省特种教育巡回教学团工作纲要，1938 年 12 月河南省教育厅报送豫南特教工作报告书呈附报告书，1939 年 1 月 31 日教育部关于抗战以来特种教育工作总报告书，1939 年 1 月教育部 1939 年度赣鄂皖豫闽等省特种教育工作大纲，1939 年 7 月至 1940 年 12 月教育部关于游击区域及接近前线各省设立临时政治学校办法呈及行政院批，1939 年 12 月 15 日军事委员会订定之《战区失业失学青年招训办法纲要》，1939 年教育部订定的《各级战教督导人员工作纲领》，1939—1940 年教育部制定之特种教育工作人员及师资训练办法，1940 年 1 月教育部颁发 1940 年度特种教育工作大纲训令附大纲，1940 年 3 月 1 日军事委员会战地失业失学青年招致训练委员会成立公告，1940

年 5 月 30 日陈立夫谈战区教育工作要点,1940 年教育部派往沦陷区教育督导专员与督导人员表,1941 年 3 月 22 日河北省教育厅报告特教推进情形及今后改进意见呈,1941 年 6 月教育部订定之处理战区学生升学就业办法,1942 年 6 月至 1943 年 2 月教育部关于从鲁省各游击区招致青年受训函电,1942 年 11 月 3 日教育部战地失业失学青年招致训练委员会检送招致与分发办法致该部高等教育司函附办法,1943 年 4 月 15 日教育部关于招致训练机构设置与活动情形致国民党中执会训练委员会函,1943 年 7 月教育部报送《修正沦陷区域教育设施方案草案》呈附草案,1943 年 9 月 3 日教育部战区教育指导委员会第三届一次会议讨论特教、战教进行情形会议记录,1943 年 10 月教育部关于战地失业失学青年招致训练委员会分会所属招致站改由地方政府办理办法致行政院电,1944 年 8 月教育部拟订之《战区教育督导工作调整方案》草案,1944 年 12 月教育部关于改进战区教育指导委员会呈,1945 年 5 月 19 日宁夏省教育厅拟订的 1945 年度特种教育工作计划书,1945 年 5 月教育部关于失业失学青年招致训练委员会成立经过、组织沿革与工作概况报告附该会所属机构及历年招训人数等统计表,1945 年 6 月 30 日察哈尔省教育厅呈报该省特种教育团团员训练及工作推动计划,1945 年 6—8 月江苏省政府呈报该省推进特种教育计划纲要与实施步骤等及教育部批,1945 年 7 月 6 日陕西省教育厅报送特教示范区办理要点及特教团工作纲要呈附要点及纲要,1945 年 7 月战地失业失学青年招致训练委员会制定之战地青年回籍服务计划及复学办法等。

　　关于战时学术研究机构与教育社团的档案主要有:1936 年 4 月至 1938 年 10 月中国民生教育会报送《学会概览》与会务活动概况呈及社会部指令,1937 年 7 月 5 日上海市党部关于中国特种教育协会成立情形函附该会宣言、章程等，1938 年 9 月中国社会教育社检送会务活动报告及洛阳、花县实验区抗战教育实施概况呈与社会部指令，1938 年 11 月 19 日社会部关于整顿教育会签呈，1938 年 11 月 21 日社会部颁发各种教育会目前工作要点函附工作要点，1938 年 11—12 月中华健康教育研究会报送会务活动概况呈与社会部指令，1938 年 11 月至 1939 年 7 月朱启贤等为组织全国战时教育协会报送章程、战时教育施行要则、战时教育实施办法等呈与社会部指令，1938—1941 年中华图书馆协会报送抗战以来会务活动概况并请按月补助经费呈附会务概况，1939 年 1 月至 1940 年 5 月国民党广西省党部转报陶行知等组织生活教育社呈与社会部限制该社活动的文电，1939 年 10—11 月国民党河北省党部转报该省抗战教育协会成立经过呈及社会部批，1940 年 4 月晏阳初报送《中华平民教育促进会史略》及今后工作计划等致社会部呈附中国乡村建设学院学术纲领，1940 年 5—7 月黄海化学工业研究社为内迁四川犍为五通桥继续开展研究工作呈与社会部指令，1940 年 5 月至 1942 年 10 月中华职业教育社组织及社务状况报告，1942 年 1—4 月国民政府为于右任提议设立敦煌艺术研究所及教育部筹办经过文件，1942 年 3—11 月蒋介石关于设立国防科学技术策进会致教育部电附章程、职员名单等，1942 年 4 月国立中国医药研究所概况呈报表，1942 年 9 月至 1947 年 12 月中华儿童教育社报送的组织概况会务活动表，1942 年 10 月 17 日中国心理生理研究所概况呈报表，1942 年 11 月 12 日中国地理教育研究会组织概况表，1942 年 11 月 17 日国立北平研究院科研工作概况报告表，1942 年 11 月中国卫生教育社组织概况表与工作报告表，1942—1943 年国立中央研究院及所属各所概况报告表，1943 年 3 月 12 日华侨教育总会筹备委员会工作简况，1943 年两广地质调查所概况呈报表，1944 年 5 月中国教育学会会章、会务概况与历届理监事名录,1944 年 7 月 16 日中国教育学术团体联合会章程、第十一届理监事和常务理监事会议录,1945 年 5 月国立中央研究院向国民党六全大会提出的工作报告,1945 年 7 月中国教育电影协会抗战以来会务活动概况报告书等。

　　八年抗战期间,虽处动荡的战争环境,但中国的大、中、小学教育并未因此而停止其前进的步伐。各级政府部门特别是教育主管部门对教育事业多有重视且大力投入。广大教育工作者历经艰困,不畏艰辛,大部分陷于战火之中的大专院校,包括学生、教师、设备、图书档案等被安全转移到了大后方,继续从事教学科研工作;因战事而停办的许多中等学校的师生,大多由国民政府教育部门负责接送到后方安全地区设校安置;即便是仍旧留在敌占区的中学,也尽可能地设法迁移到相对安全地带或转入地下,继续坚持办学,传授知识,培养人才。八年抗战期间,中国初等教育、中等教育、高等教育得到了一定的发展,边疆教育、华侨教育和社会教育同样取得了显著进步。抗战全面爆发以前,全国有专科以上学校 108 所,其中大学 42 所、独立学院 34 所、专科学校 32 所,在校学生及研究生 41 922 人;1945 年 8 月专科以上学校 141 所,在校学生为 80 646 人,至 1946 年 8 月共有专科以上学校 182 所,其中大学 53 所、独立学院 62 所、专科学校 67 所,在校学生约 12 万人。战前中等教育学校(中学、师范学校、职业学校)3 264 所,其中中学 1 956 所、师范学校 814 所、职业学校 494 所,学生 627 246 人;1944 年底中学 3 745 所,学生 1 163 113 人。战前初等学校 229 911 所,学生 12 847 924 人;1944 年初等学校 254 377 所,在校学生 17 221 814 人。[1]

---

[1]《一九三七年以来的中国教育》,二史馆藏教育部档案,《中华民国史档案资料汇编》第五辑第二编"教育"(一),第 302,306—307 页。

战时受教育人数有了较大的增长。但是，国民党统治当局仍然延续其一贯的反共教育指导思想，对青年学生的思想进行禁锢，甚至限制学生人身自由。所谓的特种教育以反共宣传教育为主。1945年6月12日教育部制定"防止奸伪诱骗青年参加解放区工作对策"，要求"各校应加强思想指导……使学生明瞭中央国策及其实际情形，以增强学生对于政府之信仰"，"各学校对于学生请求休学转学或退学，应凭学生家长或其保证人请求方可照准，以免其蒙蔽家庭投入奸伪工作"，"各校对于思想偏激、行动荒谬之学生……应即申送战时青年训导团受训"并严加管束。①

八年抗战，中国面临空前的民族灾难和极其混乱的战争环境，在苦难的环境中，中国广大教育工作者排除万难，使中国的教育事业没有因此而中断，这对于国民教育的维持，对于中国传统文化的延续和现代科学知识的传授，对于民众素质的提高和抗战所需各类技术人才的养成，以及对于后来中华人民共和国成立后大批建设人才的培养，都作出了积极且可贵的贡献。

四、抗战经济及财政金融档案述论

中国自古有云"兵马未动，粮草先行"，这形象地说明了战争需要花费大量的钱财。近现代以来，两国交兵更不仅仅取决于战场上的搏杀，也不仅仅取决于政治、军事的强弱，更在于财力的多寡，战争是整个国力的比拼。抗日战争期间，为了维持各种必需品的供给，国家必须大力发展经济，同时为了坚持长期抗战，国家必须动员全国的财力，源源不断地提供数额庞大的经费。全面抗战爆

---

① 《防止奸伪诱骗青年参加解放区工作对策》，二史馆馆藏教育部战地失学失业青年招训委员会档案，《中华民国史档案资料汇编》第五辑第二编"教育"（二），第349—350页。

发后,国民政府迅速采取有力措施,实行战时经济和财政政策。

（一）工矿内迁

近代以来,特别是第一次世界大战以后,中国民族工矿事业取得了较大的发展,但这些民族工业大多集中在东部沿海及长江南岸。抗战全面爆发后,沿江沿海地区很快遭到战火波及。1937 年"八一三"淞沪会战开始前,国民政府当局迅速决定将沿江沿海及铁路沿线各地工矿企业迁往内地,先后组设军事委员会工矿调整委员会及厂矿迁移监督委员会,派员分赴临近战区各省市督导各公私厂矿迅速内迁,并分别性质订定奖助办法,其中属于军需生产范围的机械、化学、矿冶、动力、燃料、交通器材、被服及医药等工矿业,均可享受免税、补助迁移费及奖金、减免运费与优先运输、拨给建厂土地、提供银行低息贷款等优惠政策。1938 年 1 月由原实业部、建设委员会、全国经济委员会水利部分及军事委员会第三部、第四部合并改组为经济部,同年 3 月经济部工矿调整处接办工矿内迁有关工作。

二史馆收藏了大量有关战时工矿内迁的档案,主要包括:1937年 8 月 10 日工厂迁移监督委员会第一次会议记录,1937 年 8 月 12日资源委员会秘书厅关于运送工人及机件应注意事项致林继庸密函,1937 年 9 月 3 日蒋介石关于速办抢移物资及调整工业致张群等代电,1937 年 9 月 14 日孙拯关于迁移工厂经过致翁文灏钱昌照签呈附《迁移工厂案经过概要》,1937 年 9 月 16 日行政院关于资源委员会主办协助工厂内迁及抄送迁移工厂名单公函,1937 年 9 月30 日翁文灏检送迁移工厂会议记录致实业部函,1937 年 10 月 30日国民政府军事委员会为筹设厂矿迁移监督委员会致资源委员会公函,1937 年 10 月 30 日吴葆元呈报天利、天原两厂装运机件困难及损失各情形呈,1937 年 11 月 1 日军事委员会第四部及工矿调整委员会派员与江苏省政府主席及各主管人员谈话记录附迁移工厂要点及迁移工厂名单,1938 年 1 月 1 日陈世桢报告办理河南各厂迁移情形呈,1938 年 1 月 19 日林继庸拟迁移工厂发展云南工业筹划经过,1938 年 2 月 28 日经济部工矿调整处协助迁往西南工厂一览表,1938 年 4 月 16—23 日林继庸在粤与各方商洽工厂保全办法的报告,1938 年 6 月 11 日经济部工矿调整处关于办理武汉工厂再行内迁情形呈,1938 年 8 月 8 日湖南省政府请协助办理迁厂并请设驻湘办事处代电,1938 年 8 月 8 日汉口市政府关于召集各机关及武汉各工厂谈话决定迁移办法函,1938 年 10 月工矿调整处吴至信拟抗战一年来之工厂调整,1938 年 11 月 17 日经济部资源委员会工业部分各厂迁移状况,1938 年翁文灏关于纺织工业等内迁困难的折呈,1939 年 12 月 30 日经济部抄发广东省迁移邻近战区生产机器实施办法训令,1941 年 6 月 2 日方崇森报送厂矿迁建统计及内迁工厂复工后产品价值统计呈附统计表,1941 年 10 月资源委员会所属厂矿撤退情形及前方拆迁厂矿处置办法,1945 年 5 月经济部工矿调整处中南区办事处协助湘桂民营工厂迁移的报告,1945 年经济部关于厂矿内迁情形的报告等。

　　抗日战争全面爆发前,仅上海、天津、武汉、无锡、广州、青岛 6 地的工业产品产量即达全国工业产品产量的 70%,大后方约占全国半数以上的人口和耕地,但工业基础非常薄弱,工业总资本只占全国的 13%,工人数量约占全国工人总数的 19%。为了维持国家经济元气,奠定战时后方工业基础,并支持对日作战的各项经济需求,国民政府迅速采取措施,以迅猛手段,排除万难,组织数十万码头工人、海员、船工和纤夫在日军飞机狂轰滥炸下,冒着弥漫的硝烟实施大规模工矿内迁。自抗战开始至武汉失守,到 1940 年底,"经政府促助内迁之厂矿共达四百四十八家,机器材料七万零九百吨,技工一万二千零八十人。至二十九年底,除少数中途失事,机器损失无法开工,及与其他性质相同之厂矿改组合并者外,已大部完成复工",计机械工业占40.40％、化学工业占12.50％、编组工业占21.65％、钢铁工业占0.24％、电器工业占6.47％、食品工业占4.71％、教育用品工业占8.26％,矿业占1.87％、其他工业占3.79％,与国防工业密切相关的占60％以上。迁入四川者达54.67％,迁入湖南者29.21％,迁入陕西者5.90％,迁入广西者5.11％,迁入其他省份者5.11％。① 大规模的工矿内迁,保存了中国民族工业基础,延续了中国民族工业的命脉,保证了大后方军民日常生活必需品的供给,有力地支持了抗日战争的作战行动。

（二）战时经济政策与经济概况

1937年七七事变后,中国进入全民抗战阶段,国家迅速转入战争体制。国家经济政策必须适应时代发展的需要,在战争这种非常时期,一切经济政策和设施应以增强抗战力量,达到最后胜利为目的,一切有利于抗战的工作,必须尽速举办,以便集中全国财力、物力。1938年3月29日国民党临时全国代表大会在武汉召开,30日会议通过了《非常时期经济方案》:"目前之生产事业,应以供给前方作战之物资为其第一任务。战争之胜负,每以后方对于前方物资供给之能否充裕为断。"②该方案提出了推进农业以增生产、发展工矿以应供需、筹办工垦以安难民、发展交通以便运输、分别地区调剂金融、管理贸易以裕外汇、厉行节约以省物力等具体措施。国民政府的战时经济政策处处以统制及对日经济作战为特点。

二史馆收藏了数量丰富的反映战时经济政策的档案,主要有:

---

① 《经济部关于厂矿内迁情形的报告》,二史馆馆藏国民政府经济部档案,《中华民国史档案资料汇编》第五辑第二编"财政经济"(六),第380页。

② 《非常时期经济方案》,二史馆馆藏国民政府财政部档案,《中华民国史档案资料汇编》第五辑第二编"财政经济"(五),第1页。

1938 年 3 月 30 日非常时期经济方案，1938 年 10 月 19 日经济部奉发非常时期农矿工商管理条例致资源委员会训令，1939 年 1 月 26 日国民党五届五次全会通过的西部各省生产建设与统制案，1939 年 1 月 28 日国民党五届五次全会通过的巩固前方经济基础方案，1939 年 10 月 12 日国防最高委员会核准战时或接近战区各项事业限制办法，1939 年 11 月 17 日国民党五届六次全会通过的关于经济资源之调查研究具体设计藉树计划经济之基础以利建国案，1940 年 7 月 6 日国民党五届七次全会通过的严防官僚资本主义之发展以免影响民生主义之推行案，1941 年 4 月 2 日国民党五届八次全会通过的积极动员人力物力财力确立战时经济体系案，1941 年 4 月 2 日国民党五届八次全会通过的动员财力扩大生产实行统制经济以保障抗战胜利案，1941 年 6 月行政院公布非常时期工商业及团体管制办法，1941 年 12 月 20 日国民党五届九次全会通过的确定当前战时经济基本方针案，1942 年 1 月行政院抄发战时重要经济设施原则等训令，1943 年 8 月 31 日孔祥熙关于拟订战时经济持久政策具体实施办法电，1943 年 9 月 11 日国民党五届十一次全会通过的对于经济报告之决议案，1944 年 12 月 19 日国防最高委员会通过之第一期经济建设原则等。

　　反映战时经济状况的主要收藏于经济部的档案主要有：1938 年 12 月经济部 1938 年工作报告，1939 年 10 月经济部 1939 年工作报告，1940 年 6 月经济部 1940 年上半年工作报告，1940 年 12 月经济部 1940 年下半年工作报告，1941 年 10 月经济部 1941 年工作报告，1942 年 9 月经济部 1942 年上半年工作报告，1943 年 7 月经济部 1942 年下半年至 1943 年上半年工作报告，1944 年 8 月经济部 1943 年 7 月至 1944 年 6 月工作报告，1945 年 7 月经济部 1945 年上半年工作报告等。

反映战区经济及对敌经济作战的档案主要有：1940 年 4 月战区经济委员会组织规程草案，1940 年 7 月 3 日贸易委员会奉发战区经济委员会工作纲领审查会记录函，1940 年 10 月 15 日姚文林关于第四战区经济委员会工作概况致经济部笺函，1940 年 11 月第八战区经济委员会报告各项工作实际情形呈，1941 年 1 月 11 日第八战区经济委员会开发西北经济事业情形呈，1941 年 1 月 24 日第八战区经济委员会报告各项工作情形密呈，1941 年 1—5 月第二战区经济委员会收购物资办法，1941 年 2 月第三战区经济委员会1940 年度工作报告，1941 年 3 月 8 日战地党政委员会关于战区经济游击队编组情形致行政院经济会议秘书处函，1941 年 6 月 29 日第一战区经济委员会 1940 年度工作总报告，1941 年 7 月 2 日第八战区经济委员会报告工作推进工作折呈，1941 年 7 月第二战区经济委员会一周年来统筹调整工作概况摘要，1941 年 8 月 8 日第二战区经济委员会关于实施分区推动晋南对敌经济斗争工作办法草案致行政院呈，1941 年 8 月 18 日罗厚安关于战区经济推进工作困难情形及各种实施工作状况致经济会议秘书处笺函，1941 年 9 月 3日国民政府关于公布查禁敌货条例及禁运资敌物品条例的训令附条例，1941 年 9 月 22 日财政部贸易委员会关于各战区经济委员会办理购储物资事项检讨函，1941 年 11 月 23 日军事委员会关于南岳会议讨论经济作战议案致行政院电，1941 年第四战区经济委员会 1940 年度工作总报告，1941 年第九战区经济委员会 1941 年 6—11 月份工作报告，1941 年行政院经济会议秘书处拟具调整战区经济委员会方案，1942 年 4 月 13 日各战区经济委员会工作大纲，1942 年 7 月 23 日财政部秘书处关于开会审查对敌经济作战实施方案致戴铭礼函，1942 年 10 月 15 日行政院秘书处关于调整经济作战机构及经济作战处工作情形的签呈，1942 年第五战区经济委员会立煌办事处 1942 年工作报告,1943 年 4 月 2 日经济部关于行政院决定撤销各战区经济作战处的训令等。

　　战时经济政策之重点在于增加粮食、棉花、生丝等农产品产量和提高工业产品品种和产值,以及对敌经济封锁。为落实战时经济政策,国民政府先后公布施行了多项法规、条例。1937 年 8 月国民政府公布《战时粮食管理条例》,规定于行政院下设立战时粮食管理局,负责管理粮食之生产、消费、储存、运输、贸易、编制及分配等项事宜。1937 年底国民政府行政院核准实施《战时后方工厂生产管理办法》,规定后方工厂必须尽量扩大生产,不准停工,业已停工者必须从速复工,国家对于正在开工生产的工厂给予工人雇用、金融、原料和成品运输、燃料及动力供给等方面的便利,对擅自停工、延不复工及私自减工的工厂视情节轻重予以军法处置。1939 年 10 月经济部公布《战区或接近战区各项事业限制办法》,严格限制矿业权、渔业权、林业权等权益转移,各农场、林场、渔场、牧场、矿场、工厂或公司的场所及设备等不动产,非主管部门批准,一律不准移作他用或抵押于他人,以此来防范日伪势力侵入或渗透。1941 年 1 月,为对战时重要经济事项采取紧急措置,经济部制订《战时重要经济设施原则》,要求大力促进物资的生产与供应,特别是国防与民生必需品等扩大生产规模,提高生产效率,允许国营矿业招收民间资本,有关国防及民生必需品统由国家支配用途,对于兵工、民生必需品及燃料、电力等实行严格统制,对于物资的运输、消费强化管制。1942 年 6 月,国民政府公布《战时争取物资办法大纲》,对于赴沦陷区或国外抢购国家指定的粮食、药品、金属、弹药等物资的抢购人,国家给予通关、运输、资金汇兑等方面的便利,并给予金钱奖励。战时国民政府采取的一系列经济政策的共同特点是经济管制,其具体表现为业务管制和价格管制,实际做法是统购统销、官买官卖、运销核准、限价议价等，管制对象涉及工农矿商等领域。经过国民政府一系列经济政策和各项强有力措施的实施，大后方的经济取得了一定的发展。自 1938 年开始实施战时经济政策后，农业生产取得了一定的发展，粮食产量年均增加 2.6%；工业生产更取得了长足的进步：1936 年后方各省工厂总计约 300 家，其中民营企业 270 家，到 1943 年时，整个后方地区拥有工厂 5 266 家，资本总额达到 4.87 亿元，工人人数为 35.96 万余人，其中民营工厂约占工厂总数的 90.47%，资本额约占资本总额的 61.19%，职工人数约占工人总数的 70.29%，工农业生产大致能够满足前线将士对日作战和民众日常生活需求。

（三）战时工农业生产

抗战时期国民政府提出了"以农立国，以工建国"的口号，可见其对于工农业生产的重视程度。中国素以农业立国，中国农民占全国总人口的 85%，农业耕地占可耕地面积的 75%，农产品占全国生产总量的 90%。九一八事变直至中日战争进入相持阶段，中国广大产粮区如东北地区及江苏、浙江、安徽、江西、福建、湖北、湖南等稻米产区，华北的棉花产区等全部或大部沦陷，大后方粮食供给空前紧张，迫切需要增加农产品产量。中国工矿业大多集中于东部沿海地区，抗战全面爆发后，大批工厂的机器设备或毁于战火，或遭日军劫夺，能够迁入后方者实属寥寥，如上海地区内迁工厂数尚不及原来工厂总数的 12%，直到 1943 年大后方工业主要产品产值也只及 1937 年产值的 12%。[1] 因此，提高农产品和人民生活必需的工业产品产量成为战时生产的重中之重。

二史馆收藏了极为丰富的战时工业和农业生产方面的资料，

---

[1] 何理：《中国人民抗日战争史》，上海：上海人民出版社 2015 年版，第 358 页。

其中有关工矿业政策措施与计划的主要有:1937年10月22日实业部关于手工纺织推行办法致军事委员会第四部函附呈手工纺织推行办法,1938年6月7日国民政府抄发工业奖励法及特种工业保息与补助条例的训令,1938年12月1日国民政府抄发非常时期工矿业奖助暂行条例的训令,1938年12月15日经济部公布国营矿区管理规则,1939年1月28日国民党五届五次全会通过的提倡并奖励手工业生产以裕战时国民生计案,1939年3月经济部公布非常时期采金暂行办法,1939年4月国民政府抄发奖励工业技术暂行条例的训令,1939年5月经济部公布管理煤炭办法大纲,1939年12月经济部公布矿产品运输出口管理规则,1939年资源委员会西南各省三年(1939—1941)国防建设计划,1940年1月经济部公布钢铁业管理规则,1940年1月经济部公布民营工矿业监督办法,1940年资源委员会协助民营工业三年(1940—1942)计划,1941年4月2日国民党第五届中央执行委员会第八次全体会议通过的国防工业战时三年计划纲要,1942年4月9日农本局福生庄放纱收布办法,1943年9月11日国民党五届十一次全会通过的战后工业建设纲领案,1944年5月29日国民政府公布专利法的训令,1945年6月17日国民政府抄发工业建设纲领实施原则案的训令,1945年8月15日战时管理矿产品条例等。

1. 工矿业

关于工矿业发展情况的档案主要有:1941年2月26日经济部秘书厅编《后方之酒精工业》,1941年8月翁文灏撰战时工业法规之修订及后方工业之发展,1942年6月8日财政部秘书处关于会商迁川工厂联合会呈工业界之困难与期望事致该部钱币司函,1943年1月经济部统计处关于1941—1942年机器电器制造工业厂数、资本、工人及动力设备统计表,1943年1月经济部统计处关

于 1941—1942 年后方各省水泥厂性质产量分类统计表,1943 年 1
月经济部统计处关于 1941—1942 年后方各省火柴工厂性质产量
分类统计表,1943 年 1 月经济部统计处关于资源委员会 1939—
1943 年主要军用物资产量统计表,1943 年 2 月 18 日经济部西北工
业考察团关于西北工业状况的考察报告,1943 年 5 月经济部统计
处关于战时后方工业统计报告,1943 年 5 月经济部统计处关于
1941—1942 年后方各省主要工矿业产量统计表,1943 年 5 月经济
部统计处关于 1941—1942 年后方各省面粉工厂性质产量分类统
计表,1943 年 5 月经济部统计处关于 1941—1942 年后方各省纺织
工厂性质产量分类统计表,1943 年 9 月 20 日经济部工矿调整处关
于重庆市各工厂生产情形的调查报告,1943 年 10 月四联总处关于
湘桂粤赣四省工矿业状况的调查报告,1943 年 10 月经济部编《抗
战六年来我国工业技术之进步》,1943 年经济部全国度量衡局关于
办理工业标准之经过及现状报告,1943 年经济部工业司关于国营
民营轻重工业办理概况报告,1943 年经济部编《我国水银之生产概
况》,1944 年 3 月 6 日经济部成都工业考察团关于成都工业考察报
告,1944 年 4 月 3 日资源委员会工业处检送湘桂工业区机械工业
考察报告致矿业处函,1944 年经济部编《六年来之工矿》,1945 年
经济部战时奖助民营工矿事业概况报告,1945 年经济部关于战时
后方民用工业概况报告,1945 年经济部关于战时机器电器工业概
况报告,1945 年经济部关于战时后方电气事业概况报告,1945 年
经济部关于战时后方钢铁生产概况报告,1945 年经济部关于战时
后方化学工业概况报告,1945 年经济部关于战时后方煤矿生产概
况报告,1945 年经济部关于战时后方管制金矿生产概况报告,1945
年经济部关于战时后方铜铅锌铝生产概况报告,1945 年经济部关
于战时后方石油开采概况报告等。

关于民营工矿业发展情形的档案主要有：1937 年 9 月 9 日平阳县矾业同业公会为销路阻滞请求贷款维持生产呈，1938 年吴克颐关于四川江北县天府煤矿调查报告书，1940 年 10 月资源委员会关于云南土铁生产情形的报告，1940 年资源委员会云南永胜瓷业调查报告，1941 年 2 月赵德民拟桂林市土布业现状调查，1941 年 4 月 1 日曹诚克拟救济湖南锑业维持定额产量办法，1941 年 8 月 2 日经济部工矿调整处检同重庆市最近面粉工业生产暨统制情形调查报告函，1941 年 9 月董彬谦关于陕西省茶业、糖业、酿酒业、烟草工业、火柴工业调查报告，1941 年四川省地质调查所四川煤矿概况调查报告，1942 年 6 月财政部陕西区税务局关于长安宝鸡卷烟业状况调查报告，1942 年 7 月 29 日经济部工矿调整处报告西北各纱厂受敌机空袭损失情形及现状的呈文，1943 年 11 月程膺等撰陇海沿线各煤矿视察报告，1943 年 12 月 9 日经济部工矿调整处西北区驻兰办事处抄送西北土法炼铁之检讨等签呈，1943 年经济部拟三年来四川省民营钢铁事业，1943 年经济部四川农业改良所编四川糖业现况，1944 年 6 月西康省政府关于协记火柴厂改良火柴请予变更管制方式咨，1944 年 8 月 28 日重庆市政府检送重庆市纺织工业普查报告致国民政府文官处函，1945 年 6 月嘉陵江区煤矿同业公会关于防止煤荒继续加重办法呈等。

关于国营及官商合办工矿业发展情形的档案主要有：1938 年 3 月陶元焘拟持久应战军需化工品原料自给计划，1938 年资源委员会 1937 年度工作总报告，1939 年 2 月 4 日资源委员会办理各金矿经过情形呈文，1939 年 10 月经济部合办事业名称总表，1939 年 10 月经济部合办事业机关概况表（一）（二）（三），1939 年 10 月经济部合办事业机关概况表补编，1939 年资源委员会 1938 年度工作总报告，1940 年 2 月 14 日经济部报告采金局 1940 年度工作概况致蒋介石呈,1940 年资源委员会关于 1939—1940 年已办新办工业进展情况的报告,1940 年资源委员会编资源委员会各事业概况,1942 年 5 月资源委员会关于 1941 年工矿工作计划及实施经过报告,1942 年资源委员会拟议的合办事业总方针及合办事业概况暨整理办法表,1942 年资源委员会 1941 年下半年度工业生产情况的报告,1943 年 2 月 17 日资源委员会编该会钢铁事业概况,1945 年 8 月军政部拟军事委员会兵工厂库整理计划等。

　　1938 年 3 月国民党临时全国代表大会宣称"以极端之节约与刻苦,从事于生产资本之积累与产业之振兴;一切产业复兴之计划,必当以国家民族之利益为共同之目的",其中"凡事业之宜于国营者,由国家筹集资本从事兴办,务使之趋于生产的合理化,且必制节谨度,树之楷模;其宜于私人企业者,由私人出资举办,于国家的整个计划之下,受政府的指导及奖励,以为有利的发展"。《抗战建国纲领》明确提出"经济建设以军事为中心,同时注意改善人民生活,本此目的以实行计划经济,奖励海内外人民投资扩大战时生产"。[1] 国民政府大力发展国营经济,特别在电力、石油、煤炭、钢铁、有色金属、机械、五金、液体燃料、制碱等领域起到了统治地位,同时奖励和扶持民营企业发展,提供资金之协助、器材之供应及技术人员培训等,使民营企业得到了较大的发展。以下几组 1938 年至 1944 年数据大致能够反映战时工矿企业发展概况:(1) 年度发电量分别为 73 621 694 度、91 494 460 度、111 931 172 度、127 302 000度、136 850 090 度、146 437 220度、174 229 500 度;(2) 生铁和钢生产量为 4.1 万吨及 900 吨、41 466 吨及 1 200 吨、55 182 吨及 1 500

---

①《抗战建国纲领之戊—经济》,《中国国民党临时全国代表大会纪录》,二史馆藏国民党中央执行委员会秘书处档案。

吨、62 836 吨及 2 011 吨、77 497 吨及 3 000 吨、7 万吨及 6 800 吨、
40 134 吨及 13 361 吨；(3) 煤炭产量为 470 万吨、550 万吨、570 万
吨、600 万吨、6 313 697 吨、661.7 万吨、550.2 万吨；(4) 汽油产量为
4 160 加仑、73 013 加仑、20.9 万加仑、1 895 724 加仑、3 036 594 加仑、
4 049 936 加仑(1944 年缺)；(5) 内燃机产量为 550 部、831 部、2 910
部、3 885 部、3 933 部、2 788 部、2 754 部；(6) 纯碱产量为 944 吨、
1 250吨、1 091 吨、632 吨、1 511 吨、2 356 吨、3 733 吨；(7) 水泥产量
为 120 460 桶、278 024 桶、296 946 桶、149 584 桶、233 487 桶、
209 169桶、243 951 桶；(8) 棉纱产量为 15 870 锭、22 594 锭、4.4 万
锭、6.15 万锭、11.4 万锭、116 681 锭、115 310 锭；(9) 火柴产量为
32 109 箱、32 357 箱、39 547 箱、40 508 箱、15.72 万箱、2.24 万箱、
23 394 箱；(10) 面粉产量为 151.3 万袋、192.6 万袋、323.92 万袋、
451 万袋、488 万袋、413 万袋、3 344 229 袋；(11) 肥皂产量为 8.2
万箱、98 970 箱、27.99 万箱、40.1 万箱、32 万箱、35.32 万箱、
234 221箱。[①] 由此可见,战时大后方工矿业有了较大的发展,基本
能够满足前线将士和后方民众的日常需求。

　　同时,经济上的国进民退现象开始大规模出现。冶金、水电、
电器、机器、化学等工业领域即基础工业与重工业,国营(公营)占
有垄断地位,民营企业则在食品、木材、建筑、服饰、饮食、文化及杂
项等轻工业领域占有一定优势,而在纺织及土石品工业领域国营
(公营)与民营各占半壁江山。如各项工业国营(公营)比较民营所
占百分比分别为:水电 89%、11%,冶炼 90%、10%,金融品 3%、
97%,机器制造 73%、27%,电器 89%、11%,木材及建筑 4%、

---

①《经济部战时后方工矿企业各项统计》,二史馆馆藏国民政府经济部档案,《中华民国
　史档案资料汇编》第五辑第二编"财政经济"(六),第 317—378 页。

96％,土石品 49％、51％,化学 75％、25％,饮食 23％、77％,纺织 49％、51％,服饰 8％、92％,文化 16％、84％,杂项 6％、94％。因此,抗战开始以后,特别是抗战后期,国家经济命脉渐渐掌握到少数利益集团手中,民营企业大量破产倒闭。

2. 农业

二史馆收藏了较为丰富的农林渔牧业及农田水利方面的档案资料。

关于农业行政方面的档案主要有:1937 年 11 月行政院颁发农产工矿贸易调整委员会组织纲要,1938 年 6 月经济部关于战时农业建设方针的报告,1940 年 5 月 1 日国民政府颁布农业部组织法,1940 年 8 月财政部贸易委员会拟定外销物资增产计划大纲草案,1940 年 9 月陈济棠关于农林部工作方针原则与计划的报告,1941 年 2 月 27 日农林部关于粮食增产计划及实施现状报告,1941 年国民政府主计处关于各省市农会统计,1942 年 3 月 1 日广西省临时参议会请贷款桐农维持桐油生产的提案,1942 年 12 月第九战区经济委员会关于 1941 年度后方农林行政概况稿,1942 年 12 月第九战区经济委员会关于 1942 年度粮食增产计划与农产促进会工作概况报告,1943 年 5 月 15 日陕西省政府关于劝令农民利用冬季闲田植棉致行政院电,1943 年 12 月国民参政会参政员刘明扬等关于改进农业统制办法的提案,1945 年财政部关于农产调整委员会设立概况报告,1948 年 6 月国民政府主计部关于战时农业增产措施及其实施状况的调查统计。

关于农业金融与农业合作方面的档案主要有:1939 年 1 月 14 日程理逊关于战时农业金融恐慌及解救办法的报告,1939 年农本局关于农业合作金融与农业生产贷款情形的报告,1939 年程理逊关于抗战爆发后农业金融概况的报告,1940 年 6 月 5 日张锡昌编著《抗战三年来的合作事业》,1940 年 9 月四联总处关于全国农贷概况统计,1941 年 4 月 8 日社会部编全国合作会议概况,1941 年 4 月 10 日行政院公布社会部合作事业局组织条例,1941 年 4 月 23 日行政院关于奖励民间运输及协助合作事业办法,1941 年国民政府主计处关于合作事业概况统计,1943 年 7 月社会部关于战时合作事业概况报告,1943 年国民政府主计处关于各省市合作社发展概况统计,1943 年国民政府主计处关于各省市合作贷款统计,1947 年 10 月 1 日四联总处关于战时农业金融政策的报告,1947 年 10 月 1 日四联总处关于战时改进农田水利贷款增强农业金融的报告,1947 年 10 月 1 日四联总处关于战时推进战区农业金融的报告,1947 年 10 月 1 日四联总处关于战时农业金融政策状况的报告,1947 年 10 月 1 日四联总处关于战时土地金融状况的报告,1947 年 10 月 1 日四联总处关于战时合作金融行政的报告,1947 年 10 月 1 日四联总处关于改进战时合作金融的报告,1947 年 10 月 1 日四联总处关于推进战时县各级合作社农贷的报告,1947 年 10 月 1 日四联总处关于战时优待出征社员的报告,1948 年 6 月国民政府主计处关于战时全国合作事业发展状况的调查统计。

关于土地垦殖与农田水利方面的档案主要有:1938 年 4—5 月内政部、财政部等核议国民参政员沈钧儒关于确定佃租临时救济办法的意见,1938 年 6 月吴平关于战时四川土地开发利用的报告,1938 年 6 月经济部关于战时水利建设方针的报告,1938 年 9 月 17 日内政部关于缓办江西等省赎田归佃致行政院公函,1940 年 1 月华北水利委员会战时水利工作报告,1941 年 4 月四川简阳县佃农请求限制地价的呈文,1941 年 12 月 22 日国民党中央执行委员会通过的战时土地政策实施纲要,1942 年 2 月湖南省政府关于耕地因灾补种杂粮免收地租办法,1942 年 4 月 1 日张季春撰战时四川省农田水利述论,1942 年 5—8 月内政部、农林部等核议农运督导员廖光亨建议补救佃农解决租佃纠纷的意见,1942 年 7 月 21 日行政院令发修正办理土地陈报纲要,1942 年 11 月 30 日秦柳方关于抗战中的后方垦殖事业调查报告,1942 年水利委员会 1942 年度工作考察报告,1943 年 7 月农林部关于战时垦殖建设简况报告,1943 年 7 月地政署关于战时地权状况与扶植自耕农政策实施概况报告,1943 年 7 月水利委员会关于战时水利建设概况报告,1944 年 1 月水利委员会 1943 年工作报告,1944 年水利委员会关于 1944 年度施政方针与中心工作的检讨,1944 年地政研究所编广西省租佃情形概述,1945 年地政学会编中国扶植自耕农概况,1948 年 6 月国民政府主计处关于战时农村租佃关系状况的调查统计等。

关于农林牧渔业生产方面的档案主要有:1938 年 4 月广东省政府关于办理救济粤省渔业情形呈,1938 年 12 月 1 日陈大宁编《广西省农业发展概况》,1939 年 10 月经济部中央农业实验所湖南安化茶叶调查报告,1940 年 7 月云南省蚕桑改进所关于云南蚕桑改良情况的报告,1940 年 9 月中央农业实验所对 1940 年夏季作物产量的估计,1940 年 9 月陕西农业改进所关于陕棉改良的报告,1942 年河南各县 1942 年麦收灾情统计表,1942 年交通部、农林部林木勘查团关于统制西南林区的建议,1943 年 2 月 12 日战时中国烟草生产概况,1943 年 3 月 24 日粮食部拟中国战后之粮食问题,1943 年 5 月 1 日邹秉文关于 1942 年后方之农业建设,1943 年 7 月农林部关于战时农林建设概况报告,1943 年 7 月农林部关于战时农业生产与农村经济建设概况报告,1943 年 7 月农林部关于战时渔牧业建设概况报告,1943 年 12 月财政部贸易委员会关于外销农产品生产状况的调查报告,1943 年财政部关于专卖品食粮(甘蔗)、烟叶生产状况的调查,1943 年关于甘蔗、烟叶生产产量的调查统计,1943 年国民政府主计处关于 1934—1942 年农作物收获成数统计,1943 年国民政府主计处关于 1934—1942 年全国各地谷物种植面积产量统计,1943 年国民政府主计处 1934—1942 年全国各地麦作物种植面积产量估计,1943 年国民政府主计处关于 1934—1942 年全国各地棉花种植面积估计,1943 年国民政府主计处关于全国农作物增产成效统计,1943 年国民政府主计处关于全国森林面积估计,1944 年 6 月 7 日财政部滇黔区视察员孙石生视察贵定县烟叶生产状况报告,1945 年 4 月财政部花纱布管理局关于 1944 年陕西棉花收成的报告,1948 年 6 月国民政府主计部关于战时农作物生产的调查统计,1948 年 6 月国民政府主计部关于战时林业生产状况的调查统计,1948 年 6 月国民政府主计部关于战时畜牧业生产状况的调查统计等。

　　自 1931 年九一八事变至 1938 年武汉失守,全国重要粮食产区如东北、华北及江浙等地全部或大部沦陷,后方 19 省中青海、宁夏、西藏、新疆等省份农作物产量较低,也无法大规模种植,川、湘、黔、滇、粤、桂、闽、浙、鄂、赣、皖、甘、陕、豫、康 15 省中亦有不少省份部分地区沦陷。随着战争旷日持久,战争消耗日益增加,加之各地民众不断涌入,因此大后方粮食供应形势相当严峻。为了解决大后方军民的衣食等温饱问题,国民政府采取了一系列措施,促进农业生产的发展。1938 年行政院设立农产促进委员会,1941 年 2 月农林部设立粮食增产委员会,发动国民政府中央及后方各省农业主管机关,举办各种农作物增产宣传活动,运用政治机关力量,配合农业技术人员,以促进粮食、棉花等耕种面积之增加及提高单位面积产量。以中央农业实验所为主导,联合后方各省农业研究机构,举办各种诸如品种改良、病虫害防治、增加地力研究与推广应用,同时积极兴办农田水利,调整租佃关系,调剂农村金融。国民政府有关部门还大力组织难民及荣誉军人等从事荒地开垦。在国民政府各项政策的扶持和各方的努力下，无论战事多么激烈，即使沦陷区域时有扩大，自 1939 年至 1945 年战事结束，大后方农作物耕种面积和产量大致保持稳定。以水稻、小麦、大麦、高粱、小米、玉米、甘薯、燕麦、杂豆等为代表的农作物耕种面积和收成分别为 1939 年 544 191 千亩、1 591 110 千担，1940 年 540 226 千亩、1 418 856 千担，1941 年 548 274 千亩、1 399 451 千担，1942 年 565 800 千亩、1 404 089 千担，1943 年 572 836 千亩、1 409 864 千担，1944 年 579 271 千亩、1 561 264 千担，1945 年 572 321 千亩、1 423 800 千担。棉花产量 1938—1945 年分别为 8 432 千担、6 566 千担、6 763 千担、7 996 千担、8 861 千担、6 830 千担、6 986 千担、5 162 千担。1938—1945 年大豆、芝麻、花生、油菜籽等总产量分别为 100 393 千担、111 185 千担、117 535 千担、110 543 千担、98 533 千担、109 997 千担、111 413 千担、103 204 千担。[①]

自 1938 年开始实施战时经济政策后，后方农业生产取得了一定的发展，粮食作物产量较战前后方各省产量均有一定的增长，大致能够满足前线将士对日作战和民众日常生活的最低需求。

（四）专卖制度及商业统制与管制物价

1938 年 10 月国民政府公布《非常时期农矿工商管理条例》，规定对于（1）棉、丝、麻、羊毛及其制品，（2）金、银、钢、铁、铜、锡、铝、锌、钨、锑、锰、汞及其制品，（3）粮食、植物油、茶、糖、皮革、木材、盐、煤及焦炭、煤油、汽油、柴油、润滑油、纸、漆、酒精、水泥、石灰、酸碱、火柴、交通器材、电工器材、电器、机器工具、教育用品、药品、

---

① 国民政府主计部统计局编：《中华民国统计年鉴》（1948 年 6 月），二史馆藏国民政府档案，《中华民国史档案资料汇编》第五辑第二编"财政经济"（八），第 358—375 页。

人造肥料、陶器、砖瓦、玻璃及其他指定物品实施管制和专卖,[1] 1942 年 1 月行政院发布《战时重要经济设施原则》,规定"国防及民生必需之重要物品,由政府支配用途,统制价格",管理重要市场之存储购销,并加强消耗管制。国民政府有关部门陆续制定相关物资具体管制办法,如取缔囤积居奇,设立评价委员会及平价购销处等。对于用途重要及市场关系特殊的物品如钢铁、粗铜、水泥、煤炭、棉纱及棉布等设立专门机构实施管制,如钢铁管理委员会、资源委员会锑业管理处等。1942 年 10 月经济部制定管制限价物品实施细则,对花、纱、布、煤、油、纸等民生必需品实施限价。1943 年 2 月财政部设立花纱布管理局,经济部燃料管理处负责煤焦管制,经济部日用必需品管理处对食油、纸张实施管制。

二史馆收藏了大量有关战时商业统制和商品专卖的档案,主要有:1940 年 9 月 12 日四联总处关于全国粮食管理纲要审查意见,1940 年 11 月 11 日四联总处关于筹集抗战军粮计划意见,1941 年 4 月 7 日四联总处关于非常时期粮食管理法则审查意见,1941 年 6 月经济部日用必需品管理处关于管控物资工作报告,1941 年 7 月 25 日恽宝懿关于战时烟酒类实施专卖进行步骤意见书,1941 年 7 月蒋介石关于规定粮食管理紧急实施要项的手令,1941 年 7 月徐柏园建议缓行渝市凭证购买粮食呈文,1941 年 7 月粮食部拟管理粮食治本治标办法,1941 年 10 月国民参政会第二届第二次大会粮食部工作报告,1941 年 12 月经济部关于管制物资及物价工作报告,1941 年财政部专卖机关设计委员会火柴专卖计划纲要草案,1941 年徐世度关于专卖制度意见书,1942 年 5 月经济部平价购销

---

[1] 二史馆馆藏资源委员会档案,《中华民国史档案资料汇编》第五辑第二编"财政经济"(五),第 10—11 页。

处关于 1941 年度管制日用品等购销工作简报,1942 年 6—10 月财
政部烟类专卖局关于设立并划分烟类专卖区的呈文,1942 年 12 月
16 日洪怀祖关于推进专卖事业调整专卖机构的建议,1942 年财政
部战时糖类专卖实施大纲,1942 年财政部浙赣湘皖盐务督运专员
办事处关于 1942 年度浙江食盐专卖实施概况报告,1942 年财政
部酒类专卖施行计划,1942 年财政部战时专卖制度实施概况,1942
年资源委员会锑业管理处 1937—1942 年统制锑品情形报告,1943
年 1 月财政部关于合川火柴专卖情形调查报告,1943 年 7 月 1 日
行政院检发粮食部 1943 年度工作成绩考察报告,1943 年财政部川
康区食糖专卖工作报告,1943 年财政部江西盐务管理局 1943 年食
盐专卖工作概况报告书,1943 年财政部粤西盐务管理局 1943 年食
盐购运专卖工作报告书,1943 年财政部川北食盐管理局 1943 年食
盐购运专卖工作报告书,1943 年财政部西北区食盐专卖情形报告
书,1944 年经济部关于管制限价物品情形报告,1945 年 4 月 12 日
粮食部粮政工作报告,1945 年 12 月粮食部 1944 年度工作成绩考
察报告,1945 年经济部关于抗战期间管制物资情形报告,1945 年
经济部关于战时燃料管制及煤炭生产状况的报告,1945 年经济部
关于战时特种矿产品管制及其产销情形报告等。

　　关于管制物价的档案主要有:1939 年 10 月四联总处理事会关
于调节日用品供需平定物价的决议案,1939 年 12 月经济部日用必
需品平价购销办法,1940 年 3 月 19 日四联总处拟订粮食及日用必
需品价格办法呈文,1940 年 6 月 28 日经济部核议西北各厂出口纱
布价格的训令,1940 年 7 月 3—5 日蒋介石与四联总处关于平价问
题的往来电,1940 年 8 月 22 日四联总处拟具加强各业同业公会组
织统制日用品交易以安定物价建议案,1941 年 7 月 9 日经济部秘
书处编 1941 年全国物价波动概述,1941 年 8—9 月豫丰和记纱厂
与裕华申新等纺织公司请提高限价以维民族工业的呈文,1941 年

10 月国民参政会参政员居厥今等关于调节工商业稳定物价的提案,1941 年 11 月 6 日至 12 月 8 日四联总处关于战时平价工作研讨的相关文件,1942 年 4 月 9 日至 6 月 24 日经济部统筹棉纱管制运销办法平价供销办法及农本局平定花布价格方针,1942 年 10 月 1 日四联总处拟定平定物价方案,1942 年 12 月 11 日经济部实施限价要点及加强管制物价方案实施办法,1942 年 12 月 19 日行政院关于加强管制物价训令,1943 年 1 月经济部编战时后方主要城市物价指数,1943 年 3 月 26 日国家总动员会议关于各省市重要物品价格联系调整办法问题致财政部电,1943 年 4 月 3 日经济部抄发监察院战区第一巡察团关于湖南省限价弊端的报告,1943 年 6 月重庆市政府管制物价工作报告,1943 年 10 月沈鸿烈对第三届国民参政会所提管制物价的报告,1943 年 10 月国民政府文官处编战时重庆市公务员工人生活费指数统计,1943 年 12 月国民参政员刘明扬等建议改进物价统制办法的提案,1943 年财政部对于参政员韩兆鹗等关于物价上涨内情与囤积居奇之询问案的答复,1944 年 7 月 12 日四联总处为加强物价管制方案致行政院秘书处电,1944 年 9 月财政部对于国民参政员关于调查棉价彻查监务积弊等询问案的答复,1945 年 6 月云南省政府编抗战时期昆明市公务员生活费上涨情形表,1945 年 6 月行政院主计部关于战时物价概况统计,1945 年经济部关于战时限价政策及物价上涨情形的报告等。

国民政府在战时实施的专卖制度及商业统制与管制物价措施,其出发点在于促进生产,保障消费,调节物价,安定民生,防止垄断,打击囤积居奇现象,根本目的在于增加税收,应付日益庞大的战争需求。战争时期推行这种做法在近代东西方发达的资本主义国家非常普遍,如德国火柴专卖,意大利砂糖、石油、酒精专卖,日本烟草、食盐、火柴、樟脑专卖等。1940 年 4 月国民政府决定对盐、糖、烟、酒、火柴、茶叶实行专卖,由财政部新设相关专卖机关负责经营。烟类专卖于 1942 年 7 月 1 日在川康鄂西实行,火柴专卖于 1942 年 5 月 1 日在川康黔实行、9 月 15 日在云南实行、10 月 1 日在福建实行,食糖专卖于 1942 年 2 月 15 日在川康地区实行、8 月 16 日在粤桂地区实行、9 月 1 日在粤赣地区实行等。各专卖区设定非常严密和细致。以财政部烟类专卖局为例,该专卖局下设川康鄂西、豫陕鄂北甘宁青黔湘、浙赣闽皖粤桂滇等业务区,业务区下设一、二、三等办事处,并管辖各该地烟类专卖业务。如川康、鄂西业务区设重庆区、成都区一等办事处 2 处,广元区、泸县区、万县区、巴东区二等办事处 4 处,中江区、乐山区、雅安区三等办事处 3 处,重庆区下辖 1 市 27 县 1 实验区,成都区下辖 1 市 25 县等等。以国家强制力大力推行的专卖制度可谓成效显著,财政收入大幅增加。同时专卖制度弊端丛生,有限的资源掌握在极少数个人或集团手中,专卖成为他们敛财的工具。

　　1939 年 2 月经济部公布《非常时期评定物价及取缔投机操纵办法》,并成立物价评定委员会,同年 12 月经济部公布《日用必需品平价购销办法》,同时设立日用必需品平价购销处,评定日用必需品价格,各省市政府定期召开相关部门组成的物价评议会,评定当地相关物价。此项措施不仅未能有效扼制物价上涨,反而使物价加速上扬。如重庆市食物类和衣着类物价指数分别为(1937 年 1—6 月平均指数 100):1938 年 1 月 98.7、122.8,1939 年 1 月 108.4、216.9,1940 年 1 月 201.6、494.9,1941 年 1 月 887.5、1 590.9,1942 年 1 月 2 202.8、4 225.7,1943 年 1 月 5 204.3、13 348.4。①1942 年 12 月 19 日蒋介石签发行政院加强物价管制训令,规定"各

---

① 《各主要都市物价指数》,二史馆馆藏资源委员会档案,《中华民国史档案资料汇编》第
　　五辑第二编"财政经济"(九),第 249 页。

省市政府对于所辖区域内重要市场之物价、运价、工资应于三十二年一月十五日一律实施限价"，"实施限价应特别注重民生重要必需品，如粮、盐、食油、棉花、棉纱、布匹、燃料、纸张等物及运价、工资"，限价后"严切禁止黑市，如有违反法令擅自抬价者，主管机关应立即取缔，并按军法惩处"。[①] 管制物价由国家总动员会议总揽其事，各级物价管理机构负责实施。全国物价并未随此项严厉政策的出台应声而落，却如脱缰的野马般一路狂奔。重庆市 1943 年零售物价指数（1937 年 1—6 月平均物价指数 100）13 337，到 1944 年狂飙至 45 840，1945 年 1—7 月物价指数更是扶摇直上，全国物价零售指数由 93 751 迅速上升至 261 913，每月涨幅高达 20％。由此可见大后方人民生活之窘困和艰辛。评议物价或限制物价本为战争时期维持战争物资供应及保障民生的正常举措，但国民政府各项措施的不断失败，其根本原因不外于政治上的腐败、战场上的失利和民心的不稳。

（五）战时贸易

1937 年 10 月国民政府军事委员会设立贸易调整委员会作为战时贸易行政机关，由于贸易事项与关务、外汇、外债等关系密切，1938 年 2 月乃将该会置于财政部之下，易名为贸易委员会，财政部复添设物资处，主管贸易业务及贸易行政。1940 年 6 月财政部将物资处并入贸易委员会，专管贸易行政，而由富华、复兴、中茶 3 公司分别管理相关业务。贸易委员会主要掌理有关进出口贸易管制、国营单位对外贸易督促与考核、商营单位对外贸易调整与协助、出口外汇管理等事项，为管理地方贸易行政、调查地方贸易实

[①]《行政院关于加强管制物价的训令》，二史馆馆藏财政部档案，《中华民国史档案资料汇编》第五辑第二编"财政经济"（九），第 241 页。

情，分别在云南设立分会，在浙江、安徽、陕豫、西北、湘桂、广东设立办事处，在贵州、福建、江西设立专员办事处。贸易委员会成立之初，有关业务工作由该会自行办理，并在香港、上海设立富华贸易公司，以便利业务之推进。1940 年财政部将中国茶叶公司收归国营，并拨交贸易委员会管辖，贸易委员会原有业务划归复兴、富华两公司。国民政府所有外销业务，统统由复兴、富华、中茶 3 家公司分别办理。1942 年 2 月富华贸易公司并入复兴商业公司。中国茶叶公司主管茶叶收购、运输、推销及对外贸易，并在浙江、福建、湖南、江西、安徽、广东、广西、贵州、云南等地设分公司。复兴商业公司业务范围为经营中国进出口贸易，接受中外各公司商行委托代办进出口货物，其经营项目包括政府统销之桐油、猪鬃及大宗外销之羊毛、生丝等物品，并在云南、贵州、广西、湖南、浙江、江西、苏皖、陕豫、郑州等处设有分公司。在出口贸易方面，国民政府先后对茶叶、桐油、猪鬃、生丝、羊毛、矿产品实行统购统销，一律豁免出口关税。自 1939 年 6 月 1 日起对与战时需要无甚关系之手工制品、海产品、农产品等免征出口税，1941 年 3 月又将蛋品、羽毛等 12 类物品划定为商销货物，免征出口关税。在进口方面，1938 年 10 月 20 日国民政府公布《查禁敌货条例》，1939 年 7 月 1 日财政部公布《非常时期禁止进口办法及禁止进口物品表》，1941 年 5 月国民政府发布《战时管理进出口物品条例及附表》，对进口货物严加管制。同时，国民政府对外汇也实施管控。

二史馆收藏有丰富的战时对外贸易方面的档案，主要有：1937 年 8 月温一纶关于加强管制进口贸易安定战时民众经济的建议，1937 年 9 月 1 日上海市绸缎业同业公会请恢复交通维持商业金融周转电，1937 年 9 月 13 日财政部关于增进生产调整贸易办法大纲，1937 年 11 月行政院颁发农产工矿贸易调整委员会组织纲要，

1938 年 6 月 10 日财政部贸易委员会永嘉办事处关于浙江省茶叶产销运销情形的报告，1938 年 6 月经济部关于战时对外贸易政策的报告，1938 年 12 月财政部贸易委员会战时国货运销工作报告，1938 年 12 月财政部贸易委员会关于战时进出口物资运输工作报告，1939 年 2 月财政部贸易委员会 1938 年度统制进出口物资工作报告，1939 年 2 月财政部贸易委员会 1938 年度统制茶叶购销工作报告，1939 年 2 月财政部贸易委员会 1938 年度统制蚕丝棉花苎麻等购销工作报告，1939 年 2 月财政部贸易委员会 1938 年统制猪鬃皮毛等购销工作报告，1939 年 7 月中国植物油料厂关于与贸易委员会合作从事桐油外销经过致财政部函，1939 年 11 月 12 日国民党五届六次全会财政部关于物资贸易行政报告，1940 年 5 月财政部公布修正贸易委员会组织规程，1940 年财政部贸易委员会关于战时商业贸易工作报告，1941 年 1 月 7 日湖南省衡阳县商会等请改善桐油统制的呈文，1941 年 3 月贸易委员会浙江办事处 1940 年度关于丝茶桐油猪鬃等产购销情形的报告，1941 年 5 月贸易委员会拟全国桐油统购统销办法，1941 年 5 月国民参政会欧阳叔葆等关于提高桐油收购价格改善全国桐油统购统销办法的提案，1941 年 5 月贸易委员会修正全国猪鬃统销办法，1941 年 7 月财政部修正复兴商业公司章程，1941 年 7 月 4 日中国茶叶公司关于与振华公司协议茶叶运销缅甸办法致财政部贸易委员会电，1941 年 9 月 1 日财政部取缔禁止进口物品商销办法，1942 年 5 月 11 日国民政府战时管理进出口物品条例，1943 年 11 月财政部贸易委员会关于战时进出口贸易管制状况报告，1943 年 11 月财政部贸易委员会关于战时贸易政策变迁的报告，1943 年 11 月财政部贸易委员会关于战时管理贸易机构组建概况报告，1943 年 12 月国民参政会参政员刘明扬等建议改进贸易统制办法的提案，1943 年云南出口矿产品运销处 1942 年度滇锡等购销情形，1943 年财政部关于战时贸易政策及实施情形报告，1945 年财政部关于战时贸易政策及实施概况报告，1945 年财政部贸易委员会关于管理及改进对外贸易报告等。

有关战时对外贸易统计的档案主要有：1943 年主计处关于战时农矿工业品输入价值统计，1943 年主计处关于战时农产品输入概况统计，1943 年主计处关于战时矿产品输入概况统计，1943 年主计处关于战时工业品输入概况统计，1943 年主计处关于战时农矿工业产品输出价值统计，1943 年主计处关于战时农产品输出概况统计，1943 年主计处关于战时矿产品输出概况统计，1943 年主计处关于战时工业品输出概况统计，1943 年主计处关于战时特许物品名称价值统计，1943 年主计处关于战时金银进出口价值统计，1943 年主计处关于战时进出口商船概况统计，1943 年主计处关于战时进出口商船国别概况统计，1943 年主计处关于战时转口贸易量值概况统计，1943 年主计处关于战时转口贸易商船概况统计，1948 年 6 月主计部关于民国以来海关进出口贸易净值统计等。

中国对外贸易，由于本国公司资金薄弱，并受各种不平等条约拘束，长期以来一直为外商所把持，外贸物品之生产购运与销售无一不受外商支配，中国政府无法实施有效管理，对外贸易实权完全落入外商之手。1937 年 7 月抗日战争全面爆发后，广大沿海地区迅速成为重要战场，各地市场遭到严重破坏，交通运输阻滞。外商大多不愿触冒风险，几乎停止从事中国大部分地区的货品收购，国内商人或因组织不善，或因资金短缺，无力经营出口业务，国内生产陷于停滞，价格也因而低落，演成了农商交困之局面。国民政府因势利导，不失时机地掌握主动。1941 年 12 月太平洋战争爆发，中国成为世界反法西斯战争的重要一员。随着中国对日德意宣战及其他西方列强相继放弃对华不平等条约，国民政府完全掌握对外贸易的主动权,颁布增进生产调整贸易大纲并设立贸易专管机构,制定相关法令,由调整而进于管理,再由管理而建立国营事业。国民政府采取各种措施积极鼓励出口,限制非必需品输入,取得了一定的成效。1936 年对外贸易总值为 16 亿余元,到 1940 年增加到 47 亿余元,其中尤其以 1939 年至 1941 年增加速度最快,入超逐渐减少。国民政府对外贸易政策和举措,为大后方军民对日作战和日常生活提供了一定的保障。

(六) 战时财政金融政策与施政报告

现代战争是综合国力的较量,其最直接的体现便是财力的较量。战时财政既要以平时财政设施为基础因势利导,更要顾及战争的紧急需要而采取强有力的措施。战场形势瞬息万变,前方将士要掌握战场主动权,必须得到后方军需物资源源不断的供应,战时财政必须要有迅速支付能力。国家财力的迅速有效集中与及时运用,直接关系到战局的最后成败。财力不足固然难以言战,即使财力充足而不能及时运用,也必将影响战局。因此,战时财政为求收入迅速,必须采用非常手段。为了国家的独立和民族生存,全体人民定要作出最大的贡献与牺牲。所以战时财政政策与财政所取,不但需要利用社会的全部所得,在必要时还需要征及人民的资本和财产。战时财政收入需求庞大,同时具有有效性、及时性、集中性和安全性的特点,因此对于如何生财、聚财、用财方面提出了更高的要求。

二史馆收藏了大量有关国民政府财政部战时财政金融政策与措施方面的档案,主要有:1937 年 7 月 15 日国民政府修正公布妨害国币惩治暂行条例,1937 年 8 月 15 日财政部公布之非常时期安定金融办法,1937 年 8 月关玉吉拟订战时财政八项政策,1937 年 8 月 30 日国民政府总动员计划大纲关于财政金融实施方案,1938 年

8 月国民政府抗战建国纲领财政金融实施方案,1939 年 3 月财政部拟第二期战时行政计划实施具体方案,1939 年 4 月 11 日财政部拟具第二期战时财政金融计划中心工作,1939 年 5 月 20 日总税务司办理第二期战时行政计划情形函,1939 年 5 月 25 日财政部税务署胪陈战区财政经济处理办法涉及该署主管范围事项具体实施情形函,1939 年 6 月 16 日财政部秘书处检送修正第二期战时行政计划实施方案函,1939 年 6 月孔祥熙检陈 1937 年 7 月至 1939 年 6 月财政实况秘密报告,1939 年 8 月 7 日财政部秘书处检送财政部第二期战时行政计划函,1939 年 9 月 8 日财政部秘书处检送总动员计划大纲财政金融部分实施情形密函,1939 年 9 月 8 日国民政府公布巩固金融办法纲要及战时健全中央金融办法纲要,1940 年 8 月 7 日财政部公布非常时期管理银行暂行办法,1940 年财政部拟 1941 年度工作计划,1941 年 3 月 15 日财政部编战时三年计划财政金融部分,1941 年 8 月 15 日财政部拟第三次全国财政会议重要决议案及实施情形,1942 年 6 月 21 日财政部颁布统一发行实施办法,1942 年 7 月 31 日孔祥熙呈送战时经济持久政策具体实施办法致蒋介石电,1942 年 10 月 30 日财政部秘书处抄送 1943 年度国家施政方针函,1943 年 1 月 9 日国民政府行政院关于抄发加强战时财政合理统筹政策以裕国计而利抗战的训令,1943 年 6 月 25 日行政院公布财政部战时管理合作金融办法,1943 年 8 月中央银行经济研究处编拟十年来中国财政机构变迁之战时财政变迁概要,1944 年 5 月 20 日财政部财政研究委员会检送该会 1944 年度对于应兴应革事项之意见内容概要,1944 年 9 月 7 日国民政府行政院抄发 1945 年度国家施政方针训令,1944 年 11 月财政部长孔祥熙任内政绩报告,1946 年 2 月财政部编抗战期中之财政等。

　　自 1927 年南京国民政府成立起,便开始整理财政金融,虽经过多次改进，各方面基本有了可循的章程，但还远远没有建立起健全的财政金融基础。历年来的财政收支也从未平衡过，1931—1936 年，债款收入平均约占各年总收入的 30%，1935 年更高达 60%，租税收入所占比重则呈现出逐年递增的趋势，而税收收入中则以关税、盐税和统税为最大宗。关税、盐税和统税都属于消费税，短期内不可能爆发性增加，一旦大规模战争爆发，随着大片国土沦陷，这些消费税不但不能增加，反而更形减少。

1937 年 7 月抗日战争全面爆发后，国民政府有关当局在财政金融方面作出通盘筹划，在政策措施上有许多改进，较为有效地调动了各方的积极性，使战时财政金融力量有所强化和稳固，大致能够应付庞大的战争支出。

（七）改订财政收支系统与战时预决算

1927 年 7 月南京国民政府颁布国家地方收支暂行标准，1928 年第一次全国财政会议时加以修正，1935 年 7 月 24 日国民政府公布《财政收支系统法》，将财政划分为中央、省和县三级，1937 年 3 月 25 日《财政收支系统法施行条例》公布。

1937 年 7 月抗日战争全面爆发，军费支出急剧增加，财政经费更加捉襟见肘，原来的《财政收支系统法》已不适用于战时形势，故有重新策划改订的必要。1941 年 3 月国民党五届八次全会确立改订财政收支系统原则，同年 6 月第三次全国经济会议审定了上项措施，11 月 8 日国民政府明令公布《改订财政收支系统实施纲要》，将全国财政分为国家财政与自治财政两个系统，即国家财政包括原国家及省与行政院直辖市之一切收入支出，自治财政以县市为单位，包括市县乡（镇）之一切收入支出。同时国民政府对国家预决算也日益重视，也相应制订有关法规，规范国家的预决算行为。

二史馆收藏的战时改订财政收支系统及预决算的档案主要

有：1938 年 8 月 13 日周纲仁核拟整理四川财政金融意见签呈，1938 年主计处编 1938 年度(7—12 月)国家普通岁出总预算经过情形，1938 年国防最高会议财政专门委员会 1938 年度(7—12 月)普通岁出总预算审查报告，1939 年 3 月 13 日国防最高委员会关于核定 1939 年度国家普通岁出入总预算请分饬执行并立法院查照函，1939 年 3 月 17 日国民政府检发 1939 年国家总预算及审查报告训令，1939 年 3 月 24 日财政部赋税司抄送设立战区经济委员会等方案函，1939 年 6 月 7 日战地党政委员会抄送战区减免土地租税等暂行办法函，1940 年 1 月 30 日林森等签发游击区域及接近战区各机关收支处理暂行办法令，1940 年 4 月 23 日河南省政府陈述展缓实行财政收支系统法电，1940 年 4 月 28 日主计处检送 1939 年度第五次追加拟定预算书函，1940 年 5 月 27 日行政院奉准实施 1938 及 1939 两年度收入概算等训令，1940 年制 1940 年度中央政府总预算岁出总表，1940 年主计处整理 1940 年度中央政府岁出入预算及追加总数一览表，1940 年制 1940 年度岁出预算与上年度预算比较表，1941 年 4 月 9—15 日鲁白纯关于改进财政收支系统及田赋归中央接管两案致邹琳、赵淳如电，1941 年 4 月国民政府令行公布改订财政收支系统实施纲要，1941 年制 1941 年度中央政府岁出总预算表，1942 年 1 月 10 日行政院关于自 1942 年 1 月 1 日起施行改订财政收支系统实施纲要令，1942 年 5 月 18 日孔祥熙签发杨绵仲呈浙湘等七省财政考察报告书训令，1942 年 7 月 21 日居里撰拟之地方财政概况，1942 年 12 月 9 日行政院公布整理自治财政纲要等章程令，1942 年主计处关于 1941 年度中央政府总决算说明书，1942 年制 1942 年度国家岁入岁出总预算表，1942 年主计处关于 1942 年度国家总决算总说明书，1942 年军政部 1943 年度军费预算计划要点，1943 年 3 月 17 日财政部饬知四川省等财政厅希迅速设置督导员以便整理自治财政训令,1943 年 3 月 27 日内政、财政部关于督促四川、西康等 19 省成立县市财政整理委员会函,1943 年 7 月 25 日国民政府公布战时县市预算编审办法,1943 年 12 月 9 日财政部会计处检送 1944 年度国家岁入总预算书表函,1943 年财政部地方财政司关于闽黔两省整理自治财政概况报告,1943 年主计处关于 1940 年度中央政府决算总说明书,1943 年审计部关于 1940 年度中央政府岁入岁出总决算审查报告,1944 年 5 月 22 日财政部地方财政司函送推进自治财政部分应兴应革意见,1944 年 6 月 26 日财政部地方财政司编送三年来地方财政成果函,1944 年主计处关于 1943 年度国家总决算总说明书,1944 年总预算审议委员会审议 1944 年度国家岁入岁出总预算案报告,1944 年 12 月总预算审查委员会 1945 年度国家总预算审议报告,1945 年 9 月财政部统计处编 1941 及 1942 年度地方收支分类预算表,1946 年主计处关于 1945 年度国家总决算总说明书,1946 年制 1937—1944 年度国家岁入岁出总预算表,1946 年抗战期间各省县市岁入岁出预算表等。

　　1941 年 11 月 8 日国民政府公布的《改订财政收支系统实施纲要》规定:(1) 全国财政收支分为国家财政与自治财政两系统。(2) 国家财政包括原属国家及省与行政院直辖市之一切收入支出。(3) 自治财政以市县为单位,包括市县乡(镇)之一切收入支出。(4) 国家课税收入分配于市县者应依:① 印花税按纯收入以 30％划拨市县,② 遗产税按纯收入 25％划拨市县,③ 营业税按纯收入 35％—50％划拨市县,土地税在征收实物时悉归中央,④ 契税原属省收入部分悉归中央,原属市县收入部分仍归市县,⑤ 屠宰税概归市县。(5) 所得税悉归中央。(6) 市县之补助金由中央核定划拨。①

---

① 《改订财政收支系统实施纲要》,二史馆馆藏财政部档案,《中华民国史档案资料汇编》第五辑第二编"财政经济"(一),第 208—209 页。

确立战时财政收支系统可以做到权责分明、自主发展、统一税制、平均负担,各级政府的财权有了明确划分,做到各司其职,更可以提高行政效率,战时各项财政措施得以推行,战时财政秩序可以有效维持,特别是战时庞大军费支出能够得到保证。

(八) 田赋收归中央并改征实物

1941 年 6 月 16—24 日第三次全国财政会议在重庆召开,6 月16 日蒋介石致题为《建立国家财政经济的基础及推行粮食与土地政策的决心》的开幕词,提出国民政府财政目标:"(一)是国家财政收支能使之平衡,(二)国民负担能使之平均。"6 月 24 日第三次全国财政会议闭幕,蒋介石再次亲临大会作闭幕训词《本届财政会议之任务与实施土地政策之必要》,提出"我们的土地与粮食问题,如能圆满解决,则其他政治、军事与财政、经济及社会问题,都可以得到根本的解决"。① 此次会议通过两项决议,一是田赋收归中央接管并改征实物,二是改订财政收支系统。1941 年 7 月 23 日行政院制定公布《战时各省田赋征收实物暂行通则》,1942 年 7 月 7 日行政院公布《战时田赋征收实物暂行通则》,1944 年 9 月 19 日国民政府公布《战时田赋征收实物条例》,规定为调剂军粮民食,平均人民负担,各地方之田赋一律征收实物。所征实物均以稻麦为主,不产稻麦地区则以收获的其他杂粮缴纳。此后,田赋收归中央并改征实物的政策在大后方全面推开。

二史馆收藏的有关田赋收归中央并改征实物的档案主要有:1940 年 12 月 6 日行政院为抄送田赋酌征实物提案致最高国防委员会秘书厅函附提案,1941 年 4 月财政部向国民党五届八次全会

---

① 《总裁第三次全国财政会议开闭幕式训词》,二史馆馆藏财政部档案,《中华民国史档案资料汇编》第五辑第二编"财政经济"(一),第 602、613—614 页。

建议田赋暂归中央接管提案,1941 年 6 月 16 日及 24 日蒋介石在第三次全国财政会议开幕式及闭幕式上的讲话,1941 年 6 月第三次全国财政会议议案及决议,1941 年 9 月 2 日行政院为抄送田赋征收通则等致最高国防委员会秘书厅函附通则,1941 年 10 月 20—23 日俞鸿钧等报告田赋征实后暂不规定拨县成数理由呈,1942 年 2 月 27 日行政院为抄送 1941 年度各省田赋征实超额处理办法致国防最高委员会秘书厅函附办法,1942 年 4 月 29 日行政院为抄送田赋改征实物收纳划拨暂行办法致国防最高委员会函附办法,1942 年 4—5 月行政院为抄送浙江等省田赋征实业主收租不敷完粮补救办法等致国防最高委员会秘书厅函附办法,1942 年 7 月行政院核准公布战时田赋征收实物暂行通则,1942 年 9 月粮食部督导室视察袁逸之关于粮食征购储运加工舞弊扰民及改善办法报告,1942 年 9—10 月行政院关于 1943 年度各市县土地税按田赋征实百分数拨还致最高国防委员会秘书厅函附财政部原呈及财政专门委员会审查意见,1942 年 12 月 11 日财政部田赋管理委员会依据财政部财力粮盐等动员大纲拟具 1943 年度施政方针致该部秘书处函附实施计划及分期进度表,1942 年 12 月 28 日财政部田赋管理委员会检送 1942 年 10—12 月工作总检讨报告致该部秘书处函附检讨报告表,1942 年财政部对于参政员罗衡关于农民完粮往来旅费过大询问案的答复,1943 年 4 月 14 日财政部田赋管理委员会为编送 1943 年 1—3 月工作总检讨报告致该部秘书处函附报告,1944 年 5 月 20 日财政部拟订 1944 年度田赋部门应兴应革重要事项稿,1946 年 9 月财政部统计处编 1941—1944 年田赋行政实施统计表等。

　　抗日战争全面爆发后,广大沿江沿海经济富庶地区迅速沦陷,重大商埠和产盐区大半陷入敌手,作为国民政府主要税收来源的关税、盐税和统税收入大为减少，相比于 1936 年，1939 年中央税收中之关税减少 77％、盐税减少 56％、统税减少 89％，[1]国民政府税源枯竭，收入锐减，财政收支严重失衡，财政赤字日益扩大，战前财政赤字一般为 10％—20％，1937—1940 年度平均为 74％，1941 年更达到 88.2％，以粮价为代表的物价猛涨，1941 年 6 月重庆米价比 1937 年抗战前上涨 31 倍，人民生活受到严重影响。国家税收的锐减和粮价的猛涨构成了战时财政经济中的最严重问题，没有稳定而丰厚的钱、粮为基础，长久抗战便无法坚持。国民政府于 1941 年 6 月开始了田赋由中央接管并改征实物的重大改革，并在大后方全面推行。征实标准为 1941 年各省县正附税总额，每元折征稻谷 2 市斗（麦产区及杂粮产区折征小麦或杂粮）。田赋收归中央并改征实物的举措，适应了抗战形势的需要，得到了人民群众的广泛拥护，特别是中小农户不畏艰辛，肩挑背扛，翻山越岭，将应交的粮食运送到征收地点。自 1941 年至抗战结束，大后方历年粮食实收数都超过应征数。田赋征实所得到的粮食 2/3 拨作军粮，其余部分，一部分作为公教人员薪俸，另一部分用于调剂民食。国民政府田赋改征实物的重要目的之一在于使国库收入能够得到战前的实质价值，免遭货币贬值的影响，同时也能一定程度上起到抑制通货膨胀的作用。1942—1945 年国民政府中央财政支出中，实物收入与现金收入所占比例，除 1944 年度持平外，其他年度实物收入均大于现金收入，财政赤字亦由 70％—80％减少至 50％—60％。抗战时期，在大后方粮食紧张、粮价高涨的情况下，国民政府为保证军粮民食供应而实施的田赋征收实物制度，对于满足部队官兵基本生活需要、坚持抗战起到了重要作用。但是，在田赋征实过程

---

[1] 粟寄沧：《中国战时经济问题研究》，中新印务股份有限公司出版部 1942 年版，第 136 页。

中,也出现各级政府及官吏常以"得粮第一"为护身符,搜刮民众,致使此项政策弊害丛生,扰累人民的情况。

（九）整顿旧税另辟新税

1937 年 7 月抗日战争全面爆发后,广大东部及沿江沿海富庶地区迅速沦陷,占国民政府全部税收收入 50％以上的关税和占税收收入 20％以上的统税急剧减少,其他税收收入也日益减少,国民政府财政经济面临空前困难,整顿旧税,另辟新税成为国民政府实行战时财政经济政策的最重要措施。关于整顿旧税方面,有关关税,修订进出口关税税则,促进必需品输入,鼓励非必需品出口;有关盐税,实行专卖,彻底废除专商引岸制度;有关统税,不断增加征收品种,扩充征收范围;有关所得税,将土地、房屋等不动产纳入课征范围;有关营业税,将原属各省自行征收改归中央直接征收并按营业额 30％课税;有关印花税,由地方征收收归中央,并扩大征收范围及提高税率 100％。关于另辟新税方面,一是开征过分利得税,二是开征遗产税,三是开征战时消费税等。

二史馆收藏的整顿有关旧税另增新税的档案主要有:1937 年 8 月 31 日国民党中央政治委员会为授权财政部修改税则得以命令行事密函,1937 年 10 月 11 日财政部公布施行非常时期征收印花税暂行办法令,1937 年 11 月 10 日财政部解释非常时期征收印花税暂行办法第四条条文令,1937 年 11 月孔令侃报告海关各关税收约数及海关税款存放保管问题电,1938 年 10 月 6 日国民政府公布之遗产税暂行条例,1938 年 10 月 28 日财政部奉令公布非常时期过分利得税条例,1939 年 1 月 14 日财政部为改订以关税为担保债款摊还办法致总税务司梅乐和令,1939 年 9 月 14 日国民政府文官处为进口物品减税事致国防最高委员会秘书厅函,1939 年财政部拟 1937、1938 年所得税等税收概况,1940 年 6 月 24 日财政部拟订实施之遗产税计算公式,1940 年 12 月 1 日财政部糖类统税征收暂行条例,1941 年 1 月 23 日财政部核定之调整盐价办法四条,1941 年 7 月 7 日财政部奉准公布货物统税暂行条例,1941 年 7 月 8 日国民政府公布国产烟酒类税暂行条例,1942 年 3 月财政部公布茶类统税征收暂行章程,1942 年 4 月 2 日国民政府公布战时消费税条例,1942 年 5 月 11 日国民政府公布战时管理进口出口物品条例,1942 年 7 月 2 日国民政府修正公布营业税法,1942 年财政部对参政员王隐三等关于关卡重复有无制止办法询问案的答复,1943 年 1 月 12 日行政院秘书处检送国民党五届十次全会关于税务机关改善办法提案,1943 年 7 月 24 日财政部税务署长张静愚关于各省税务机构摩擦问题的签呈,1943 年 10 月 2 日行政院抄发战时管理进出口条例附表及清单训令,1943 年 11 月 30 日财政部秘书处关于税收机构评价办法的签呈,1943 年 11 月抗战前期(1937—1941年)的盐政设施,1944 年 5 月 24 日关务署检送 1944 年度该署主管应兴应革事项之意见等函,1944 年 12 月至 1945 年 4 月财政部处理国民参政会三届三次大会关于简化稽征酌减税率等建议案的文件,1944 年财政部关务署向国民党五届十二次全会等会议口头报告问答资料,1945 年 1 月行政院与财政部关于调整税制简化机构的往来文件,1945 年 10 月财政部设计考核委员会统计处 1937—1944 年海关进出口货物净值表,1945 年财政部对参政员陆锡光等关于税收机构合并问题询问的答复,1945 年财政部对参政员张良修关于税务人员贪污问题询问案的答复,1946 年 9 月财政部统计处编制之战时关税分类收入统计表,1946 年 9 月财政部统计处编制之战时盐税分区收入统计表,1946 年 9 月财政部统计处编制之战时各区产运销盐数量统计表,1946 年 9 月财政部统计处编制之战时货物税分类收入统计表,1946 年 9 月财政部统计处编制之战

时直接税分类收入统计表,1946 年 9 月财政部统计处编制之
1943—1945 年消费税分关收入统计表等。

　　长期以来,中国税制一直混乱不堪,1927 年南京国民政府建
立后曾着手整顿税制,但收效甚微。1937 年抗日战争全面爆发
后,整顿旧税、增加税收势在必行,国民政府顺势而为,趁机积极
进行税制改革,如盐税方面废除了专商引岸制度,彻底割除了中
国盐税制度中长期存在的一个毒瘤,另外统税的划一征收也具有
时代意义。战时整顿旧税政策收到了一定的成效,不仅增加了国
民政府战时财政收入,更建立起了较为正规的新税制。开辟新税
是维持战时庞大财政支出的必然之举,新税的开征大大增加了国
民政府战时财政收入。如 1940—1945 年征收的过分利得税分别
为 35 012 051 元、87 607 275 元、352 055 463 元、1 219 972 518 元、
1 998 065 486 元、3 253 371 729 元;1940—1945 年征收的战时遗产
税分别为 1 900 元、331 085 元、2 605 283 元、49 406 499 元、144 426 316
元、273 756 974元。1942 年 4 月 15 日开征的战时消费税税目不断
扩大,收入也日见增加。战时巨额新税收入,对维持对日作战庞大
军费支出及其他各项开支起到了一定的积极作用。但是,国民政
府政治腐败,贪官污吏充斥各地,大量税款被贪官截留而中饱私
囊,开征的新税实际上"仅有不到三分之一征来的税款缴到政
府"。[①] 新增税款实际上并未完全发挥出其应有的作用,同时大大
增加了广大民众的负担。

　　(十) 发行公债与举借外债

　　抗日战争全面爆发后,军费支出骤然增加,筹措经费刻不容

---

① 谢伟思:《美国与中国的关系》,崔国华:《抗日战争时期国民政府财政金融政策》,成
　都:西南财经大学出版社 1995 年版,第 154 页。

缓。而筹集巨额军费不外乎增加税收、募债和增加货币发行 3 种渠道，随着战争的扩大，大片国土沦陷，国民经济遭到严重破坏，增加税收短时间内已无可能，增加货币发行更会引发无法控制的通货膨胀风险，而发行战时公债和举借外债较之增税和增加货币发行更为迅速和简易。1937 年 8 月 21 日财政部公布《救国公债募集办法》，24 日由宋子文任委员长、陈行任副委员长的救国公债劝募委员会总会在上海成立；同时在全国各省市成立劝募分会支会，分别主持救国公债宣传募集事宜。9 月国民政府决定发行"救国公债"5 亿元，年息 4 厘，还本期限 30 年，10 月 15 日国民政府正式公布《救国公债条例》："国民政府为鼓励人民集中财力充救国费用起见，发行公债，定名为救国公债"，"凡个人或团体以现金或有价物品缴充救国之用者，按照其所缴数额，以本公债均给予之"，[1]从此拉开了国民政府公开发行公债的序幕。旧中国，除纺织、面粉加工等少数轻工业外，我国制造业相当落后。整个民国时期，中国所有的军事物品及国防、交通建设所需的机器设备等，大都采购自国外。全面抗战开始后，国民政府为应对战争物资需求，采用以货易货等方式分别向苏联、美国、英国、法国等国举借外债。1938 年 3 月 1 日苏联特派全权代表耿精将军和中国特派全权代表杨杰将军于苏联首都莫斯科签订《中苏第一次易货借款合约》，借款数额 5 000 万美元，年息 3 厘，5 年内还清本息。此项借款用于购买苏联生产的工业产品与设备，中国则以运往苏联的茶叶、皮革、羊毛、锑、锡、锌、镍、钨、丝、棉花、桐油、红桐、药材等农矿产品售价作为偿还。每年动支 1 000 万美元，1937 年 10 月 31 日此款亦已开始动

---

[1]《救国公债条例》，二史馆馆藏财政部档案，《中华民国史档案资料汇编》第五辑第二编"财政经济"（二），第 454 页。

支,1938 年 10 月 31 日开始还本付息,1940 年底该项借款运用完毕,1943 年 3 月 1 日中国政府全部还清此项借款。随后,国民政府又陆续向苏、美、英等国举借了大额款项。

二史馆收藏的国民政府财政部档案中有数量可观的关于国民政府发行公债和举借外债的档案文献,其中反映战时内外债基本概况的档案主要有:1938 年 9 月 5 日财政部公债司关于办理内外债情形函,1938 年 11 月 29 日财政部公债司关于抗战爆发后截至国民党中央五届五次会议止办理公债情形函,1938 年 12 月 24 日财政部公债司检送 1939—1940 两年度工作计划函,1939 年 11 月抗战以来我敌发行公债之比较说明,1939 年财政部拟《庚子赔款自二十六年七月至停付时已还本息表》,1942 年 6 月 4 日杨格关于我国沦陷区及德国占领区公债整理办法致财政部函,1942 年 6 月 4 日杨格关于整理内外债债券备忘录,1942 年尹任先撰《战后外债部分资料之检讨》,1943 年 12 月郑孝齐、朱嵩岳撰《战时国债之统计分析》,1943 年财政部拟《庚子赔款自 1939 年停付时尚欠本息表》,1944 年整理外债及战后借款基本原则及具体建议之说明,1945 年1 月 27 日财政部公债司等办理内外债务暨筹募公债报告,1945 年6 月 16 日财政部公债司抄送对国民参政会简明口头报告及问答材料函稿,1945 年财政部贸易委员会经办对外易货偿债总报告,1945年尹可权、刘凤公撰《我国战时公债》,1945 年财政部编《盐税担保各项外债摊存一览表》,1945 年财政部编《关税担保各项外债暨庚子赔款摊存一览表》,1946 年 5 月财政部国库署编《美英苏历次信用借款分配数及动支数目表》,1946 年 9 月财政部统计处编《战时内债发行数额》,1946 年 9 月财政部统计处编《战时发行各债销售抵押暨寄存债票数额》,1946 年财政部经管战时外债数额详表,1946 年 9 月财政部统计处编《战时债务支出数额表》,1948 年 7 月

3 日财政部国库署关于战时内外债实际借用数目签呈等。

关于公债筹募政策、机构及中央与地方公债发行的档案主要有：1937 年 9 月 5 日救国公债劝募委员会各经收机关收解款规划，1937 年 9 月 7 日财政部制订救国公债劝募委员会组织章程，1937 年 9 月 29 日民国二十六年湖北省建设公债条例，1937 年 10 月 15 日国民政府公布之救国公债条例，1937 年 10 月 22 日国民政府主计处关于劝导各职员认购救国公债等训令，1937 年 11 月 6 日民国二十六年山东省整理土地公债条例，1937 年 11 月 8 日民国二十六年安徽省完成公路建设公债条例，1937 年 12 月 1 日国民政府公布民国二十六年整理广西金融公债条例，1937 年 12 月 20 日民国二十七年江西省建设公债条例，1938 年 3 月 1 日民国二十七年广东省国防公债条例，1938 年 4 月 21 日国民政府公布民国二十七年国防公债条例，1938 年 4 月 21 日国民政府公布民国二十七年金公债条例，1938 年 4 月 30 日财政部通告救国公债发票办法，1938 年 7 月 1 日国民政府公布民国二十七年振济公债条例，1938 年 7 月 1 日民国二十七年湖南省建设公债条例，1938 年 7 月 21 日民国二十七年河南省六厘公债条例，1938 年 7 月 21 日民国二十七年甘肃省建设公债条例，1938 年 7 月 25 日民国二十七年福建省建设公债条例，1938 年 7 月 26 日民国二十七年浙江省六厘公债条例，1938 年 9 月 2 日行政院核准民国二十七年金公债劝募规则，1938 年 10 月 28 日民国二十七年陕西省建设公债条例，1939 年 2 月 10 日广东省政府短期金库券条例，1939 年 4 月 13 日国民政府公布民国二十八年建设公债条例，1939 年 4 月 14 日国民政府公布民国二十八年军需公债条例，1939 年 4 月 15 日民国二十八年江苏省整理地主财政公债条例，1939 年 5 月 27 日民国二十八年广西省六厘公债条例，1939 年 8 月 1 日民国二十八年湖北省金融公债条例，1939 年 8 月

31 日民国二十八年四川省建设公债条例，1940 年 3 月 1 日国民政府公布民国二十九年建设金公债条例，1940 年 3 月 1 日国民政府公布民国二十九年军需公债条例，1940 年 3 月 1 日民国二十九年江苏省整理地主财政公债条例，1940 年 3 月 4 日民国二十九年福建省生产建设公债条例，1940 年 4 月 29 日民国二十九年西康省地主金融公债条例，1940 年 6 月 29 日民国二十九年广东省六厘公债条例，1940 年 7 月行政院公布战时公债劝募委员会组织章程，1940 年 9 月 5 日民国二十九年安徽省金融公债条例，1940 年 9 月 5 日民国二十九年四川省兴业公债条例，1940 年 11 月 16 日民国二十九年四川省建设公债条例，1940 年 12 月 31 日民国三十年四川省整理债务公债条例，1941 年 2 月 10 日民国三十年甘肃省建设公债条例，1941 年 2 月 28 日国民政府公布民国三十年建设公债条例，1941 年 2 月 28 日国民政府公布民国三十年军需公债条例，1941 年 5 月 21 日国民政府公布民国三十年滇缅铁路金公债条例，1941 年 6 月第三次全国财政会议关于接收及整理省公债办法决议案，1941 年 9 月 1 日民国三十年江西省建设公债条例，1941 年 9 月 1 日民国三十年甘肃省水利农矿公债条例，1941 年 9 月 22 日国民政府修正公布民国三十年粮食库券条例，1942 年 3 月 26 日国民政府公布中国农民银行土地债券法，1942 年 4 月 25 日国民政府公布民国三十一年同盟胜利美金公债条例，1942 年 4 月 27 日行政院核准财政部公债筹募委员会组织章程，1942 年 4 月 27 日行政院核准财政部1942 年推销公债计划纲要，1942 年 6 月 12 日国民政府训令公布整理省公债办法，1942 年 6 月 27 日国民政府公布民国三十一年同盟胜利公债条例，1942 年 8 月 10 日国民政府公布民国三十一年粮食库券条例，1942 年 11 月 11 日孔祥熙拟具民国三十一年推销公债补充办法代电，1942 年 12 月 17 日财政部整理省公债委员会检送整理省公债概况,1943 年 6 月 2 日国民政府公布民国三十二年整理省债公债条例,1943 年 6 月 3 日国民政府公布民国三十二年同盟胜利公债条例,1943 年 8 月国民政府公布民国三十二年粮食库券条例,1944 年 2 月 25 日财政部公债筹募委员会秘书室送该会1943 年工作概况函稿,1944 年 5 月 11 日国民政府发动公教人员自动认购公债以为人民表率案致行政院训令,1944 年 6 月 12 日国民政府为检发整理省债公债换偿旧有各省债券办法训令附《民国三十二年整理省债公债换偿旧有各省债券办法》,1944 年 7 月 5 日国民政府公布民国三十三年同盟胜利公债条例,1944 年 7 月 11 日陈炳章拟公债筹募委员会 1944 年 1—6 月份工作报告,1945 年 5 月29 日财政部筹募公债经办收解债款领售债票办法,1945 年俞鸿钧关于调查同盟胜利美金公债销售舞弊案致蒋介石呈稿等。

关于举借外债的档案主要有:1938 年 7 月中国驻苏大使杨杰关于签订中苏第一、第二次借款合约与蒋介石往来密电,1939 年 2月 8 日中美桐油借款合约,1939 年 3 月 10 日中英签订中国国币平准基金合同,1939 年 3 月 10 日中英两国关于平准汇兑基金借款英国外相哈立法克斯与中国驻英大使郭泰祺往来照会,1939 年 6 月13 日中苏第三次借款合约,1939 年 8 月 10 日中英签订英国出口信贷合约,1939 年 9 月 29 日中国驻苏大使杨杰为抄送中苏第一次易货借款订货还本付息契约致孔祥熙电附契约等,1939 年 10 月 25日陈光甫为修改桐油限价契约并附送中美桐油借款补充合约致孔祥熙函,1939 年 11 月 5 日庞松舟陈报与英方磋商在英购料情形签呈,1940 年 1 月 13 日中国驻苏大使杨杰关于抄送中苏借款动用契约等致孔祥熙电附契约等,1940 年 4 月 20 日中美签订华锡借款合约,1940 年 7 月 6 日中英订立中国国币平衡汇兑乙种基金合同,1940 年 8 月钱昌照关于中美华锡借款与陈光甫等往来函,1940 年

9 月 5 日许德光关于"苏联购货借款过去我方订购军品及航空器材经过情形"的记录,1940 年 10 月 22 日中美签订钨砂借款合约,1941 年 2 月 4 日中美签订金属借款合约,1941 年 4 月 1 日中英签订新平准基金协定,1941 年 4 月 1 日中美签订平准基金协定,1941 年 4 月 26 日中英签订 1939 年中英平准汇兑基金补充协定,1941 年 5 月 31 日中美钨砂借款修正合约,1941 年 5 月 31 日中美金属借款修正合约,1941 年 6 月 5 日中英签订第二次信用借款合约,1941 年 12 月 30 日中美钨砂借款(第二次)修正合约,1942 年 1 月 8 日孔祥熙为商借美国 5 亿美元债款致摩根韬函,1942 年 1 月 23 日孔祥熙为附送中苏借款 1941—1942 年度还款交涉经过等致行政院电,1942 年 3 月 4 日孔祥熙关于动用中苏借款及三年来偿还账致蒋介石呈,1942 年 3 月 21 日中美签订 5 亿美元借款协定,1942 年 3 月 27 日世界公司董事会为桐油借款即将提前偿清致孔祥熙感谢电,1942 年 10 月 20 日戴铭礼关于外汇平准基金借款经过致尹任先函,1944 年 5 月 2 日中英签订财政援助协定,1944 年 10 月 25 日行政院对外贸易委员会办理对苏易货偿债事宜进行情形节略,1944 年 10 月美国商务公司修改金属合同有关对美交锡条款的凭函,1945 年 5 月 20 日财政部关于中英财政协定办理情形节略,1946 年 9 月 28 日翁文灏为送中苏第三次借款项下苏方运华货物账单致行政院呈等。

　　抗战八年期间,除短期库券外,国民政府先后发行公债 17 种,总计为法币 151.92 亿元、关金 1 亿金单位、英金 0.2 亿镑、美金 2.1 亿元。其中 149.92 亿元用于平衡预算、稳定物价、健全金融、吸收游资,约占战时公债总额的 65.7%;用于充实战时对日作战军费 40 亿元,约占战时公债总额的 17.5%,用于战时建设与救济 38.3 亿元,约占战时公债总额的 16.8%。国民政府发行的巨额战时公债,在一定程度上为筹措战时军费、平衡战时财政收支发挥了积极的作用。但由于战争环境下人民生活普遍艰难,广大民众大多无力频繁购买公债,于是国民政府除向富户强行募债外,便将大量公债向银行抵押借款,各银行则将手中大量的公债作为准备金发行货币,推动了各地物价轮番上涨,促使通货膨胀一发不可收拾。战时举借外债,对中国人民取得抗日战争的最后胜利也起到了比较积极的作用。苏美英等当时的世界强国纷纷向中国提供财政援助,在政治上鼓舞了国民政府当局以及广大民众的抗日斗志,而以易货方式所借的外国贷款,方便国民政府从国外购买战时急需的军需物资和交通器材等,使中国人民坚持长久抗战有了一定的物资保障。同时国外平准基金和财政援助协定的签订,对中国政府稳定战时汇率及减缓通货膨胀急剧恶化起到了一定的作用;对外铁路借款的取得和运用,一定程度上改善了大后方落后的交通状况,促进了国内外人员和物资的输送。但是,国民政府发行的公债和借取的大量外债并未得到合理充分的利用,尤其在稳定物价和抑制通货膨胀方面未能发挥出应有的作用。更为严重的是,国民政府腐败盛行,许多外债及外国援助往往落入私人腰包,正如1945 年 5 月 8 日美国财政部长摩根索致宋子文的备忘录中所言"二亿美元美金储蓄券与美金公债,以及在中国出售的黄金,都已落入比较少数人的手中,结果个人发了大财,而对中国经济没有真正的帮助"。[1]

五、抗战时期伪政权档案述论

1931 年九一八事变后,日本帝国主义大举侵华,首先在东北扶

---

[1]《中美关系资料汇编》第一辑,北京:世界知识出版社 1957 年版,第 531 页。

植成立伪满政权,后在其他沦陷区内又先后建立了若干个伪政权。
这些日伪政权所谓的政府机关所形成的档案,除伪满政权外,抗战
胜利后大都被南京国民政府及其所属机构分别接收。二史馆现收
藏日伪汉奸中央政权机关档案共 91 个全宗,计 10.1 万余卷,其中
保存比较完整的汪伪政权档案更是二史馆馆藏的一大特色。

(一)沦陷区伪政权的建立及其统治措施

1937 年 7 月日本侵略者挑起七七事变,发动全面侵华战争后,
先后在华北、华东等占领地建立伪政权,实行了一系列殖民统治
措施。

1937 年 12 月 14 日在日本侵略者扶植和操纵下于北平成立了
"中华民国临时政府",又称"华北临时政府"。北洋余孽王克敏、汤
尔和、王揖唐、江朝宗、齐燮元等组成所谓"政府委员",伪中华民国
临时政府标榜"三权分立",分别设置所谓行政、议政、司法三个委
员会。该伪政权的主体行政委员会是其最高行政机关,内置内政、
治安、教育、赈济、实业、司法六部,掌管日军占领的冀、鲁、豫、晋四
省沦陷区及北京、天津、青岛三市的各项伪政。日本当局通过与该
伪政权签订所谓《政治技术指导协定》以及派遣顾问的方式,对其
一切活动进行全面控制。1940 年 3 月 30 日汪伪国民政府成立后,
伪华北临时政府并入汪伪国民政府,改名为"华北政务委员会",成
为汪伪政权下的一个独立的地方机构。二史馆收藏有伪中华民国
临时政府所属的伪行政委员会、伪内政部(含行政部内务局)、伪治
安部、伪教育部、伪赈济部、伪司法部、伪统税公署暨华北政务委员
会统税局 8 个全宗 2 500 余卷档案。

档案内容涉及伪华北临时政府前身"平津地方治安维持会联
合会"成立及结束的文件,伪中华民国临时政府成立宣言、组织大
纲、解散宣言,伪临时政府公布之"行政委员会"等各委员会组织大

纲令稿，王克敏等陈报各就任伪华北政委会新职电稿，伪华北政务
委员会组织条例、年度施政要略、聘用日本顾问职员等办法，华北
各级"剿共委员会"组织大纲等。

　　1938 年 3 月 28 日在日本侵略者的一手操纵下于南京成立了
"中华民国维新政府"，简称伪维新政府或伪华中维新政府。该伪
政权主要由一批甘心受日本侵略者驱使的北洋余孽梁鸿志、温宗
尧、陈锦涛等人组成。伪维新政府宣称实行所谓"三权分立"的宪
政体制，但实际仅设有行政、立法两院，梁鸿志出任伪行政院院长
兼伪交通部部长，温宗尧出任伪立法院院长。伪维新政府行政院
为该伪政权最高行政机关，先后设有所谓外交部、内政部、财政部、
绥靖部、教育部、实业部、交通部、司法行政部等。任援道任伪绥靖
部部长、陈群任伪内政部部长、陈锦涛任伪财政部部长。该伪政权
一切活动则由日本占领者指派的以原田雄吉为首的 20 多名顾问
控制。伪维新政权政治上以"反蒋灭共"为目标，经济上则以所谓
恢复秩序、慰抚流民、安定农村、复兴商业为口号。该伪政权统治
区域为江苏、浙江、安徽三省的沦陷区以及南京、上海两个特别市。
1940 年 3 月 30 日伪中华民国维新政府宣布解散，并入汪伪国民政
府。二史馆收藏有伪中华民国维新政府所属的伪立法院、伪行政
院、伪财政部暨盐务管理局、伪实业部、伪外交部、伪司法行政部、
伪教育部、伪江苏省赈济会、伪苏浙皖税务总局、伪上海复兴局 10
个全宗 3 500 余卷档案。

　　伪维新政府档案主要内容有该组织之成立宣言、组织大纲稿、
各部官制通则稿、顾问暂行约定以及附表，伪维新政府治下省、特
别市组织大纲稿及道组织条例等。1938 年 9 月 22 日伪华北临时
政府与伪维新政府共同成立伪中华民国政府联合委员会，以统制
政务上共通事项，以便成立新的统一的所谓中央政府，相关档案有

伪联合委员会组织大纲、成立宣言、会议记录、结束公告等。

1940年3月30日由日本侵略者策划扶植的最大的傀儡组织汪伪国民政府于南京开张。该伪政权盗用中国国民党和中华民国国民政府称号，宣称"还都南京"，具有很强的欺骗性。大批政治投机分子、过气政客及地痞流氓在日本侵略者的导演下沐猴而冠，粉墨登场。

汪伪国民政府由国民党内汪精卫集团和原伪华北临时政府、伪维新政府合流而成。该伪组织在形式上完全照搬国民政府的组织架构，亦实行所谓"五权分立"。由汪精卫代理伪国民政府主席兼"行政院长""军事委员会委员长"，陈公博出任伪立法院院长、温宗尧出任伪司法院院长、梁鸿志出任伪监察院院长、王揖唐出任伪考试院院长。汪伪国民政府统治范围名义上包括除东三省和台湾以外的全部沦陷区域。

二史馆收藏有汪伪政权所属的伪中央政治委员会暨最高国防会议、伪国民政府、伪立法院、伪行政院、伪考试院及考选委员会与铨叙部、伪全国经济委员会、伪全国商业统制总会、伪物资统制审议委员会、伪文物保管委员会、伪工商部、伪农矿部、伪实业部、伪财政部、伪关务署、伪总税务司署、伪盐务署、伪中央储备银行、伪内政部、伪警政部、伪内政部警政总署、伪社会部及社会运动指导委员会、伪赈务委员会、伪社会福利部、伪外交部及所属驻江苏与浙江特派员公署、伪侨务委员会暨侨务局、伪宣传部、伪教育部、伪司法行政部暨法官训练所、伪军事委员会、伪军事委员会经理总监（署）、伪清乡委员会暨清乡事务局、伪华北政务委员会、伪华北政务委员会内务总署、伪华北政务委员会治安（绥靖）总署、伪华北政务委员会工务（建设）总署、伪华北政务委员会教育总署、伪华北禁烟总局、伪华北临时处理法务委员会、伪敌产管理委员会、伪粮食管理委员会及粮食部、伪首都食米稽查委员会及中央机关配给俸米管理委员会、伪警政部特种警察署、伪首都警察厅暨首都警察总监署、伪实业部林垦署农林署等农林机构、伪实业部保险监理局、伪商标局、伪上海商品检验局、伪实业部接收日军管理工厂委员会、伪财政部关税税则委员会、伪中国银行、伪交通银行、伪邮政储金汇业局、伪中央保险股份有限公司、伪华中及中华和裕华盐业公司、伪铁道部交通部建设部、伪监察司法机构、伪司法行政部华北事务署、伪国史编纂委员会、伪国立编译馆、伪华北救灾委员会、伪华北土药业总公会、伪华北观象台、伪华北卫生研究所、伪华北电政总局 64 个全宗 85 500 余卷。

其中反映汪伪行政组织及施政概况的档案内容主要有：伪中央政治会议组织纲要、"修正国民政府组织法""最高国防会议组织纲要""中央政府委员会组织条例"，以及汪精卫发表的《还都宣言》及其所著《国民政府还都一年》（1941 年 3 月 30 日），汪伪宣传部所编《国民政府三年来施政概况》（1943 年 3 月）等。1940 年 3 月 30 日汪伪中央政治委员会秘书厅检送之"国民政府政纲"，宣称"本善邻友好之方针，以和平外交求中国主权行政之独立完整，以分担东邻持久和平及新秩序建设之责任"①为政纲之首要目标，充分暴露了其卖国丑行和傀儡政权的本质。

二史馆所藏汪伪政权档案中，还保存有关于汪伪政府与日本当局签订的中日间"基本关系条约""中日满共同宣言""国际防共协定""中日同盟条约""大东亚共同宣言"等一系列卖国契约的文件。日军对汪伪政权的控制也十分严密，在伪国民政府各部门及

---

① 《汪伪中央政治委员会秘书厅检送国民政府政纲函稿》（1940 年 3 月 30 日），二史馆馆藏，汪伪中央政治委员会及国防委员会档案，二〇〇六/211。

沦陷区各省县机关安插了大批日本顾问与专员,他们与日本"大使馆"、日本派遣军司令部、"兴亚院联络部"等一起直接操纵和把持着汪伪政权有关人事任命、政令颁布、行政实施、组织机构设置与撤销等一切要务。

　　1941 年 12 月日本偷袭珍珠港,随着在太平洋战争上的不断失败,日本为挽回战场颓势,开始酝酿对华新政策。为拉拢汪伪政权积极实行对日经济合作政策,日本决定抢在英美与重庆国民政府废除不平等条约之前声明放弃在华租界与治外法权,以彰显汪伪所谓"主权政府"的形象。1943 年初,汪日签订的《关于交还租界及撤废治外法权协定》(1943 年 1 月 9 日)、日汪《交还专管租界实施细目与了解事项》(1943 年 3 月 9 日),日本与法(维希政府)、德、意等国有关交还在华专管租界、公共租界及撤销治外法权事宜的文件等档案大多集中存放于汪伪行政院、外交及侨务系统等机构。日本当局与汪伪政权签订的所谓交还租界废除治外法权协定,只是日本主子与其傀儡之间联合上演的一出欺骗世人的闹剧。二史馆收藏的汪伪行政院档案《日军交还天津、广州两英租界行政权所抱之希望》中载明"特别行政区(即租界之地域)内,日军所接收之权益除依日军之意志移交国民政府管理外,仍由日军管理之";"为实施租界行政起见,聘请所要之日籍职员";"关于治安警备,由中日两国军警协力为之,至特别行政区内之警察,聘请所要之日籍职员",①从中不难看出,日本在"交还"租界的同时实际仍保有各项特权。此件档案充分揭露了日汪之间所谓的废约完全是一场掩人耳目的骗局。

---

① 汪伪外交部译录:《日军交还天津、广州两英租界行政权所抱之希望》(1942 年),二史馆馆藏,汪伪行政院档案,二〇〇三(2)/127。

（二）日伪在沦陷区的经济掠夺和财政搜刮

有关日本侵略者和伪政权摧残和掠夺沦陷区厂矿交通等经济事业情况的档案主要有：1940年汪伪工商、农矿、交通、铁道四部联席会议通过的《关于调整中日合办交通事业各决议案》，1941年12月26日伪华北政务委员会抄发的关于华北船舶航运统制要纲训令稿，1942年汪伪工商部接收日军管理工厂委员会汇编的《日方发还与未发还之军管工厂各表》及《日军移交敌产目录》，1943年2月13日汪伪国民政府公布的所谓"战时经济政策纲领"，1943年4月24日汪精卫下达的"为从速设立各种商业统制机构以实行统制经济的手令稿"，1943年5月汪伪实业部陈报的"日方提出强制收买申新等三厂的呈文"，1944年4月1日汪伪实业部、建设部附送的与日方签订"中日合办各国策公司调整通则"，1945年3月30日汪伪政府要员陈公博与日本派遣军司令冈村宁次签订的《关于华北及华中铁道运营之军管协定》等。

1938年10月武汉会战后，中日战争进入战略相持阶段，日本侵略者为解决战争物资供应问题，提出了所谓"以战养战"政策，即对沦陷区工矿业的政策由原先赤裸裸的霸占改变为"企业经营模式"，大多采用所谓"中日合作"的形式，掩饰其掠夺本质。1938年6月，日本在上海设立华中水电股份有限公司，统制并经营华中占领区内的水电事业。1938年7月，日本在北平设立华北电信电话株式会社，控制并经营华北占领区内的电信电话事业。1938年11月日本成立华北开发株式会社和华中振兴公司，分别经营华北和华中地区的统制事业。其中华中振兴公司对广大华中占领区内的蚕丝、食盐、水产、火柴、矿产、煤矿、交通运输、水电、瓦斯、电气、电信电话及上海的房地产等众多产业进行控制和经营。1939年4月日本在北平成立华北交通株式会社，控制并经营华北占领区内的铁路、公路、水路交通运输业务。日本占领当局成立的各种"国策公司"往往打着所谓"中日提携，经济合作"的幌子，其经营范围极其广泛，同时更指使伪政权颁发各种法规，借此而控制了整个沦陷区的产业命脉。

　　二史馆收藏的伪维新政府立法院卷宗中有一件伪中日经济合作研究社拟具的关于华中公司强制归并重要实业意见的档案，揭示了此种公司的本质："各华中公司相继成立，对于比较重要之实业均须归入统制，几有一网打尽之势"。该研究社甚至认为各项中日经济合作事业规程的公布施行，将对中国原有的工商事业造成巨大影响，"自此标榜经济合作实行经济独占之各华中公司，不独得行政方面之特许，更将得立法方面之保障，用意深切，殊堪隐忧。中日经济合作条件果能严守公平互惠之原则本无不可，合作经营以期共存共荣，惟按诸各华中公司规程及其实施手段完全违背经济提携之精神，动辄以军令威权强制归并，今若再加以法律上重重之保障，人民更无置喙之余地，原有工商事业势将陷于万劫不复"。①

　　汪伪国民政府行政院等档案中收藏有大量反映日伪当局统制、掠夺沦陷区粮食等战略物资的档案。有关这方面的档案主要有：1941 年汪伪政府粮食管理委员会有关收购各地国产米解作日本军米、借款购买洋米以充民食的呈文，1941—1942 年汪伪政权与日本当局签订《苏浙皖三省食米购办运输谅解事项》，1943 年 8 月伪华北政务委员会抄发的华北当地生产稻米统制要纲训令，以及1943—1944 年汪伪国民政府公布、修正及实施的《苏浙皖米谷运销管理暂行条例》，汪伪全国商业统制总会检送的有关面粉麸皮集中

---

① 《伪中日经济合作研究社为各华中公司强制归并重要实业拟具意见书呈》(1939 年 10 月 1 日)，二史馆馆藏，伪维新政府立法院档案，二一〇二/583。

配给暂行方案草案暨黄豆高粱苞米收配计划草案请求备案的呈文等。有关其他战略物资的档案主要有：1941 年 2 月汪伪政府全国经济委员会检送的调整物资统制一般原则及纲要的呈文，1942 年 2 月汪伪政府拟订的物资管理实施方案，1943 年 5 月汪伪中央政治委员会最高国防会议秘书处附送的《囤积主要商品治罪暂行条例》，1943 年 6 月汪伪政府军事委员会检发的军需物资统制及委托采办暂行办法的公函附办法，1944 年 7 月汪伪国民政府公布的物资统制调整纲要等。

食粮、油料等是人民群众的生活必需品，而且需求巨大，自然是有利可图，此类人民生活必需品理所当然地成为日伪时期物资统制的重点。据二史馆所藏日伪档案揭示，在著名的鱼米之乡江苏扬州地区，日本占领当局从 1940 年起即对当地小麦搬运进行统制，次年 5 月起小麦统制办法更加强化。面对日本当局日益强化的统制政策，江都米业公会专门向汪伪粮食管理委员会苏北区办事处陈情，请求改善统制：“此在日商方面制止我华商活动固足达其分段之获利计划，而华商与农人之惨痛为何如？农人方面以日用品无一不高，人工、肥料无一不贵，付出多而收少，经济购买力自薄，几有终岁辛勤不敷半年生活之势；工人出品以农为对象，农既坐困，工品亦自滞销，而推销之商连带受其影响；粮商因农不出售，客又不能收买，日商限制严密，更无法以言经营。……夫农工商三界既不振，各界无不蒙其影响，所有症结即在统制，故非改善其办法不足延江北全民一线之生机。”①

日伪当局在沦陷区推行的掠夺和盘剥人民的粮食统制政策遭

---

① 《江都米业会致粮管会苏北区办事处呈文》(1942 年 9 月　日)，二史馆馆藏，汪伪行政院档案，二〇〇三(2)/251。

到各地商民的普遍反对和抵制,但汪伪政府在日本主子的操纵和自身贪欲的驱使下,一再坚持并强化这一祸国殃民的经济政策。1942年10月7日汪伪行政院向南京特别市市长及首都警察总监下达训令,严禁米商妨碍统制政策。收藏于二史馆的汪伪行政院的该件训令稿指责该市"不肖米商妄意造谣,反对统制,更有身为士绅不明统制意义,不察时代需要,亦随声附和为奸商张目,制造种种似是而非之言,淆乱听闻,蛊惑人心",认为此种行为"殊可痛恨",进而威胁"严禁奸商造谣生事,如敢故违,即以破坏粮政垄断民食论罪,严行拘究,并随时密查造谣生事之人,尽法惩治"。①

　　二史馆保存的汪伪国民政府行政院等档案中收藏有大量反映沦陷区财政金融状况及日伪当局榨取人民血汗的档案,主要有:1939年汪伪头目周佛海起草的"和平成立后货币与金融政策之设施",1940年1月13日伪维新政府财政部附送"关于调整币制提案等件"的公函稿,1941年伪华北政务委员会财务总署拟订的"旧通货处理办法草案",周佛海把持的汪伪财政部拟具的"关于币制金融施行情况报告稿(1943年2月—1944年1月)",各类伪政权与日本银行签订的各种借款契约书以及有关货币整理、金融管理方面的文件等。1938年2月,在日本占领当局的策划下,伪华北临时政府于北平成立伪中国联合准备银行,同年3月10日开张,发行所谓"中国联合准备银行兑换券"即"联银券";1939年5月1日,伪维新政府的所谓中央银行"华兴商业银行"在上海成立,开始发行兑换券。1941年1月6日,汪伪政权在日本财政顾问部操纵下于南京成立"中央储备银行",该行一经成立,即以"中央银行"名义,由汪

---

①《汪伪行政院关于严禁米商反对粮食统制政策的训令稿》(1942年10月7日),二史馆馆藏,汪伪行政院档案,二○○三(2)/251。

伪政权授予发行所谓"中央储备银行兑换券"即"中储券"的特权。
1942 年汪伪政府以伪中储券 1 元兑 2 元法币的比率强制勒收国民
政府法币,并通令各地限期禁用法币。二史馆藏有汪伪财政部于
1943 年 1 月 8 日和同年 1 月 12 日发布的两份公告,要求广东省全
境及武汉地区所有尚未兑换的法币限期从速兑换,"除禁止行使携
带外,并绝对不许保存持有,如有私藏或故违法令者,一经查出即
予没收充公,从严惩处"。[①] 汪伪政权通过这种公然的劫夺行动,在
沦陷区搜刮了大量的民脂民膏,养肥了一大批汉奸傀儡,沦陷区人
民因此损失惨重。各类伪政权除在日本占领当局支配下设立各种金
融垄断机构,以"强化战时金融,肃清敌性残余势力"的名义对原中中
交农四大银行以及四明等"小四行"进行直接劫夺或强行改组外,还
采用向日本财阀借款,发行所谓政府及各省市建设公债、粮食库券等
方法,以强行摊派的手段逼迫商民购买,搜刮人民财产。

日伪当局在尽其所能地保护日商利益、给予日侨减免课税等
特殊政策的同时,对沦陷区民众则是挖空心思地编造各种名目的
捐税,以榨取人民的血汗。二史馆保存的汪伪政府立法院、行政院
档案中收藏了大量汪伪政权巧立名目搜刮民财的档案,如:1940 年
汪伪国民政府颁发的《修正所得税暂行条例》,1941 年公布的《修正
契税条例》《通行税暂行条例》《糖类临时特税暂行条例》《临时建设
特捐征收简程》,1942 年公布或修正的有关麦粉、火柴、棉纱、卷烟
等涉及民生物资的《统税条例》,有关桐油、茶叶、猪鬃、禽毛等重要出
口物资的《临时特税暂行条例》,以及以"非常时期"名义颁发的《各省
市征收田赋暂行条例》,1945 年公布的所谓《土烟叶特税》《土酒税暂

---

① 《汪伪财政部布告》(1943 年 1 月 8 日、12 日),二史馆馆藏,汪伪财政部档案,二〇六
三/320。

行条例》等等。1940年6月汪伪中央政治委员会核准举办所谓蚕丝建设特捐，汪伪国民党中央执行委员会常委、中央财务委员会主任委员、财政部长周佛海公然叫嚣：近来丝价猛涨，使丝厂获利甚巨，新建及复兴丝厂已达百家之多，对蚕丝征收重税并不伤农。此事因被报界披露，引起社会哗然。二史馆收藏的汪伪行政院档案中有许多江浙一带的商民请愿文电。如无锡、杭州丝厂丝商上书伪江苏、浙江省政府请转陈反对是项特捐的理由，请求汪伪当局收回成命。江苏省无锡县家庭制丝业公会在呈请电文中称，战事发生以后，原有丝厂50余家均为日商经营，华商所组之家庭制丝社规模和资本极为有限，名义上虽有数百家，实则仅合十余家，"职工生计藉以维持、农民生产未被华中蚕丝公司垄断者均有赖于此；而茧本过昂加之税捐繁多，小型丝商非但无过分利得，反遭额外亏蚀，因此再难承受如此重捐"。[①] 该文电指出，此捐启征后唯有相率停业，听凭华中蚕丝公司贬价收茧，抑勒农民，最终将致中国丝业断送尽净。浙江省杭州市德丰暨硖石振兴等27家小型丝厂联名致电伪浙江省政府："吾国丝厂事业本极衰落，尤以浙省最甚，事变而后，各地原有之机制蚕丝工厂均归华中蚕丝公司所统制，早无华商过问之余地。"汪伪当局的"是项建设特捐暂行条例各规定似系专就运销国内工厂制造之蚕丝而言，对于出口之生丝并不受拘束。去年丝价之步趋高涨，全因生丝出口之活动所致，其贸易额远非国内市场之供求率可比，而此大宗蚕丝输出之贸易权又为华中蚕丝公司所掌握，其因价涨而生之利润亦为华中蚕丝公司之独享"[②]。大宗生丝

---

① 《伪江苏省府致汪伪国民政府行政院代电》(1940年6月22日)，二史馆馆藏，汪伪行政院档案，二〇〇三/4535。

② 《伪浙江省府致汪伪国民政府行政院呈》1940年7月15日)，二史馆馆藏，汪伪行政院档案，二〇〇三/335。

出口经营权完全操纵在日本商社手中,中国商人根本无法染指。汪伪傀儡当局不敢在太岁头上动土,只能在中国商民面前逞威。面对沦陷区小型丝厂的窘境,汪伪当局熟视无睹,对商民的陈情更是置若罔闻,继续苛税勒捐。汪伪行政院对伪江苏、浙江省政府转呈的商民所请事项以一句"所请缓征应毋庸议"了事。

　　日伪当局对沦陷区人民的搜刮和榨取无所不用其极,苛捐杂税多如牛毛,甚至到了无物不税、一物多税的地步。二史馆收藏的汪伪政府行政院档案中保存有一份《陈佐时等致行政院呈文(1943年6月15日)》,这是一份江苏崇明商户致汪伪当局的陈情文。陈佐时等在该呈文中列举了日伪统治者在当地征收的数十种税捐,真实地反映了崇明岛人民在日伪当局的压榨下的凄惨生活:"自上月开始举办清乡后四周封锁,有天然之环海,益以人工之竹篱,耗全县数千百万枝之竹杆,糜千万之币值,将以求全民众之安居乐业,墙壁标语碟墨巍然,讵料安乐之境未得,剔括之税频出,多似过江之鲫,犹雨后春笋。某税冠以财政部,某税冠以财政局,名称虽异,性质类同。纸张税与箔类税已相冲突,再加之迷信捐,一纸之微须完三种税捐,人民目眩五色,竟至无所适从。不问乡村小店,里巷酒家,取一壶之酒,佐一篮之豆,须征筵席之捐;瞽者街头踯躅,藉星卜以求饱,未能免迷信之税。他如保甲捐则按户征收,牙税则肩挑贸易必缴税领证,所得税外再有营业税,统税之外复有附加税,屈计捐税名称达十余种之多。近又开征住房捐,闻以十万元有奇之比额转辗承包,最后承包者已达五、六十万元之包价。规程上租户照租值征百分之卅,而办事者竟出之以自由估定,外加手续费二成,自己住宅概须纳百分之廿,房捐税额之大,设想之周,无微不至。在主其事者未始非意料所不及,承包者当然于包额外尽量多收,以目前生活之高,月入数百元诚不足以养廉,巧立名目,予取予求,而小民苦矣!"①崇明岛民众所受的苦难,更是整个沦陷区人民生活的真实写照。

　　(三)日伪在沦陷区的"清乡"与"治安强化运动"

　　各地伪政权为维护其残暴统治,在日本军事当局的直接操控下纷纷建立军警机构,招募土匪、地痞、流氓、恶棍等组织军警部队。二史馆收藏的此类档案,主要有:伪华北临时政府治安部颁发的《自卫团暂行办法》(1938 年 2 月 7 日),《县保卫团组织暂行办法》(1938 年 2 月 9 日),《陆军征募暂行规程》(1938 年 4 月 2 日),《治安警察法令稿》(1938 年 4 月 9 日)等;还有汪伪政府内政部公布的《各县警察队编组大纲》(1942 年 10 月 23 日)、《壮丁训练计划草案》(1944 年 2 月 7 日),1943 年 7 月 9 日汪伪政府军事委员会抄送的《建立新军招募计划草案》等。1941 年 3 月 29 日汪伪国民政府公布所谓《陆海空军军人训条》,宣称陆海空军军人要"矢忠矢信,贡献一切于国家;实行三民主义及大亚洲主义,以复兴中国,复兴东亚。认定当前国家危机、人民痛苦在'共匪'之猖獗,应尽心竭力根绝赤祸,以救国救民"。② 汪伪政府军事委员会经理总监部档案中存有一件汪伪军事委员会专门制定的《驻苏浙皖军队整编大纲》,明确提出了"依中日之协力,迅速整理素质、训练、装备均不完备之现有军队,重建为编制装备充实之新国军,以期增强大东亚战争共同之力量,并准备今后建军工作"③的所谓建军方针。汪伪傀

---

①《陈佐时等致汪伪行政院呈》(1943 年 6 月 15 日),二史馆馆藏,汪伪行政院档案,二〇〇三(2)/271。

②《汪伪国民政府检发之〈陆海空军军人训条〉暨兴亚院修正意见》(1941 年 4 月),二史馆馆藏,伪华北政务委员会档案,二〇〇五/99。

③《汪伪驻苏浙皖军队整编大纲》(1943 年 3 月),二史馆馆藏,汪伪经理总监部档案,二〇三一/7885。

傀政府粉墨登场后，日本当局提出一份军事协定初稿送交汪伪政府，作为日伪双方"协商"的基础。其主要内容为，日本协助汪伪政府成立陆军部队3个警卫师，伪军所需枪械弹药概由日方供给，日方指派日本军人为教官，担任伪军教练；日本军队对共产党军队展开军事行动时，伪军必须随时协同作战，并由日军指挥调遣；汪伪政府将沿海若干岛屿作为日本海军根据地。汪伪政权代表只在个别词句上提出了修改意见，最终双方在"平等协商"的基础上达成了协议。

　　日伪当局一向视中共及其军队为"扰乱华北治安之最大敌人"。1941年3月，伪华北政务委员会开张一周年，在日本侵略军的直接导演下，伪华北政务委员会发起"治安强化民众运动"，即臭名昭著的"治安强化运动"。日伪当局将广大华北地区分为"治安区"（即敌占区）、"准治安区"（即游击区）和"非治安区"（即中共领导的解放区）。日伪当局对不同区域分别采取不同的"强化"治安办法：对"治安区"，以"清乡"为主，实行以连坐法为目的的保甲制度，并建立所谓治安军、警备队、保安队等伪军事组织，防止和镇压一切抗日活动。同时开展欺骗宣传，实行怀柔政策，以便笼络人心，进而收到巩固其后方的目的。对"准治安区"，则以"蚕食"政策为主，兼用怀柔与恐怖两种手法，在大力开展欺骗宣传的同时，广筑碉堡、遍挖封锁沟，制造大量的无人区。对"非治安区"，则以"扫荡"为主，日伪军队对广大解放区实行残酷的"三光"政策，众多抗日军民惨死在日伪军的屠刀下。至1942年冬，日伪当局在华北地区先后进行了五次所谓"治安强化运动"，每次运动均有不同口号和重点，但都以"反共"和"建立东亚新秩序"为中心。二史馆馆藏伪华北政务委员会档案中保存了历次"治安强化运动"的宣传计划或实施纲要等有关文件，如：1941年

3月11日《华北政务委员会印发强化治安运动之实施及宣传计划训令函稿》,1941年6月20日兴亚院华北联络部制定的《民国三十年度经济封锁要领》(译件),1941年7月2日《华北政务委员会检发第二次强化治安运动实施及宣传计划训令稿》,1941年10月22日《华北政务委员会抄发兴亚院所拟第三次强化治安运动实施要领训令稿》,1942年3月《华北政务委员会检发第四次治安强化运动实施要纲暨补充实施要纲的训令》,1942年8月10日《华北政务委员会检发第五次治安强化运动实施纲要的训令》,以及《华北治安强化运动总本部组织大纲》,河北、山东、山西、天津、青岛等伪省市道公署编送的各地历次治安强化运动工作报告等。日本兴亚院(1942年11月并入日本东亚省)华北联络部制定的《经济封锁要领》,更是露骨地表明了加强经济封锁之目的在于"对敌方地域及占据地域内之匪区施以封锁,以防一切利敌物资之流出,而削灭敌方之战斗力"。①

　　1941年春,汪伪当局为贯彻日本侵略者制定的"以华治华,以战养战"政策,实施所谓"清乡运动"。以长江中下游地区为起点,渐次推广至华中、华南沦陷区,以达到巩固日军占领区并掠夺当地战略物资之目的。1941年3月24日,汪伪中央政治会议决定开展"清乡"运动,组设"清乡委员会"。同年5月22日"清乡委员会"成立,汪精卫亲任"委员长",陈公博、周佛海任"副委员长",李士群任"秘书长"。"清乡运动"以所谓"军政并进,剿抚兼施""三分军事,七分政治"为方针,以"军事清乡""政治清乡""经济清乡""思想清乡"为内容。汪伪傀儡完全奉日本主子意旨行事,各项"清乡"计划

---

① 《亚院华北联络部制定1941年度经济封锁要领》(1941年6月20日),二史馆馆藏伪华北政务委员会档案,《中华民国史档案资料汇编》附录,第426页。

均由日方制定，交由汪伪当局执行。为此，日伪双方还煞有介事地签订"清乡协定"，开展所谓合作。二史馆收藏的汪伪清乡委员会档案收录了1943年6月20日汪伪行政院副院长周佛海与日本中国派遣军总参谋长松井太久郎签订的有关清乡工作的所谓中日协定规定，日军以担当作战警备事项为主，伪军、保安队及警察须受日军指挥官调遣指挥，即使协定中规定的由汪伪方面担负的政治工作事项，亦须与日本方面密切联系。二史馆收藏的汪伪清乡委员会档案中，除伪清乡委员会会议记录、组织大纲，江苏、安徽、浙江等省年度"清乡"工作报告外，还有汪伪政府颁布的一系列"清乡"法规，如《清乡地区军事征发法》《清乡地区交通管理暂行规则》《清乡地区物资统制及运销管理暂行办法》等，犹如一道道枷锁，牢牢地将广大沦陷区人民束缚起来，使他们失去一切行动的自由。1941年7月汪伪政权公布的《清乡地区交通管理暂行规则》规定，凡出入日军封锁线的人一律接受检查所检查，除持有特别通行证、良民证、旅行证或相关身份证者可通行外，其他一概禁绝，对沦陷区居民与物资进行严格封锁。1941年7月15日汪伪《清乡地区物资统制及运销管理暂行办法》明确规定，物资通过封锁线时须受查验机关检查，械弹、火药、麻醉药等列为绝对禁运品，一律禁止运输或出入，米、面、丝、棉、烟、酒、油、盐、肉、蛋等民生物资在日占区内运输或通过封锁线时，必须持有证明书、许可证或运销护照。1943年3月27日，汪伪清乡委员会在总结其成立两年来的工作成绩时称，"清乡"地区生产增长，财政收入较未"清乡"地区增加了35倍，由此可见"清乡"给广大沦陷区人民带来的深重灾难。

（四）日伪对沦陷区的文化统制与奴化教育

在文化教育方面，日伪当局一刻也没有放松过对沦陷区的舆论控制，大肆灌输所谓"和平建国"的汉奸文化思想。1939年5月伪维新政府宣传局有关电影统制问题的文件，以及 1941 年华北日伪当局关于检查禁书与处置方法的文件等都在于对沦陷区文化宣传加强钳制。汪伪傀儡政权成立后，更是不遗余力地加强文化控制。1942 年 1 月 16 日汪伪宣传部呈送之《新国民运动推进计划》、1943 年 6 月 10 日汪伪国民政府公布的《战时文化宣传政策基本纲要》、1944 年 3 月 6 日颁发的《厉行新国民运动实践大东亚宣言实施要纲》等便是其加强文化统制的具体文件。同时日伪当局在广大沦陷区强制学校实行奴化教育，妄图在思想精神领域征服中国人民。汪伪政权大力开展的所谓"清乡运动"，内容之一便是开展以反共奴化教育为中心的"思想清乡"，"思想清乡"与所谓的"军事清乡""政治清乡""经济清乡"并重。1940 年伪华北政委会教育总署的施政方针、1940 年 8 月 10 日汪伪教育部抄送的《小学日语课程调整原则及过渡办法》、1941 年 7、8 月间汪伪教育部制定的中学训育方针及实施办法大纲草案、1943 年 2 月 20 日汪伪国民政府抄发的以大亚洲主义等为公民教育主要内容之提案及建议的训令等文件，非常明确地规定了奴化教育的具体目标和实施步骤。二史馆收藏的一组伪中华民国临时政府行政委员会档案中有伪临时政府教育部与伪行政委员会的往来函件，据该组档案记载，1938 年 8 月 23 日，伪河北省署顾问要求该省署向当地所有中小学校添派日籍日语教员，并且有与闻校内一切事务之职权，意欲对各级学校校务进行直接干预。伪河北省教育厅厅长陶尚铭以"兹事关教育行政，不得不加以考虑"，即便是伪教育部也感觉有所不妥："聘用之日籍教员应以任课为专责，对于校务及行政事项，万万不宜干涉"①。1940 年 7

①《临时政府教育部与伪行政委员会往来函件》(1938 年 8 月)，二史馆馆藏伪临时政府行政委员会档案，《中华民国史档案资料汇编》附录，第 584 页。

月,日本兴亚院文化局局长及日本驻汪伪政府大使馆书记官先后面晤汪伪教育部部长赵正平,指定在广大沦陷区中小学校加强日语教学,并且将各级各类学校是否将日语列为中小学必修课程,作为衡量中日亲善的标准。汪伪傀儡当局不得不秉承日方旨意调整中小学课程。据1940年7月汪伪教育部致伪国民政府呈文透露,该教育部发文规定小学"于都市区域,依实际需要,高年级得于正课外补授外国语(日语或其他外国语);至于初级中学以上,则列为必修科"。①

　　1942年汪伪推行了一场"新国民运动",以期实现思想上的"清乡"与"新政",二史馆收藏的汪伪外交侨务系统档案中存有一份1942年2月1日汪精卫发表的题为《新国民运动与精神总动员》的广播词,汪精卫一贯其抗战初起时"低调俱乐部"时期的陈词滥调,竭力诋毁广大军民的抗战热情。污蔑中国人民的抗战精神类似于明末士大夫"心空嘴硬"的风气,其流弊甚至与义和团思想差不多,结果"就义形于色地把国家民族断送了去"。汪精卫时刻不忘兜售其投降卖国理论,反对中国人民以抗战精神克服战时物资匮乏的困难,认为"除了提起精神创造物质,国家民族决没有第二条出路",其实质就是要让中国人民用奴化的精神来为日本占领者供应战略物资,为日军发动的"大东亚圣战"效劳。汪精卫在该广播词中一方面攻击英美方面所宣扬的"自由的中国",只是要让中国人在自由的环境中堕落和腐败下去,"只看从前的上海公共租界,只看香港,便可明白了";另一方面则极力吹捧和美化日本在"大东亚战争"中协助中国人民获得的自由之可贵,进而更厚颜无耻地要求

---

① 《伪教育部致伪国民政府行政院呈》(1940年7月),二史馆藏,汪伪行政院档案,二〇〇三(2)/291。

广大沦陷区民众"不要问能享受多少自由,只要问能贡献多少力量。贡献犹如耕耘,自由犹如收获;若要收获得丰富,只要耕耘得又勤又快",汪伪汉奸们所谓的自由,只是日伪当局榨取沦陷区人民更多物资的"自由"。① 汪精卫的该篇广播词彻底撕去了所谓的"和平运动"的伪善面纱,是汪伪汉奸集团投敌卖国思想的一次大暴露。

六、抗战损失档案述论

1931 年日本关东军发动九一八事变,进而侵占东北全境,进窥热河。1937 年 7 月 7 日,日本侵略者发动卢沟桥事变,掀起全面侵华战争。中国人民奋起抵抗,全民抗战正式爆发。中国大片国土沦丧,除新疆、西藏、青海等少数边远地区基本未受战火殃及外,中国大部河山或遭侵略者铁蹄蹂躏,或遭日军飞机轰炸。日本侵略者实行野蛮的"烧光、杀光、抢光"的三光政策,日军所过之处,人民惨遭屠杀,财物横遭掠夺。抢劫、掠夺之余,对无法移动或难以携带之物品统统付之一炬。中国人民历经 14 年艰苦的抗战,最终打败了日本侵略者,取得了抗日战争及世界反法西斯战争的最后胜利。抗战期间及战后各级政府和有关机构对战时损失进行了一定程度的调查,现存各档案部门的抗战损失档案,便是当时实际工作的真实记录。研究这些档案,可以明了中国人民为夺取抗日战争的胜利所付出的惨痛代价,更清楚地表明中华民族为打败德意日法西斯,赢得第二次世界大战的最后胜利所作出的巨大民族牺牲和重要贡献。二史馆收藏有各级政府机关、企事业单位及民间组

---

① 《汪精卫发表新国民运动与精神总动员的广播词》(1942 年 2 月 1 日),二史馆馆藏汪伪外交侨务系统档案,《中华民国史档案资料汇编》附录,第 560—563 页。

织和个人等有关抗战损失档案 3 000 余卷。其主要内容包括以下几方面：

（一）抗战损失调查之缘起

自 1840 年鸦片战争到 1900 年八国联军侵华 60 余年间，东西方列强不断侵略中国，中国人民遭受了巨大的人口和财产损失，人们只能从不平等条约中了解中国割地赔款的数字，或目睹遭到侵略者炮火摧残而遗留下来的残垣断壁，战争损失完全被漠视。1919 年五四运动后，中国人民的民族意识开始觉醒，战争损失问题逐渐受到重视。1931 年 9 月，日本关东军发动九一八事变及 1932 年 1 月日军进攻上海，挑起"一·二八"事变时，国民党中央党部统计处经过调查分别编有《东北事变官方财产损失初步统计及东三省日本非法驻军统计》和《上海市区内沪变损失初步估计》。七七事变后，战火迅速燃遍长城内外、大江南北，人员伤亡与财产损失极为惨重。1938 年 10 月 28 日到 11 月 6 日第一届国民参政会第二次大会在重庆召开，参政员黄炎培等向大会提出一份《临时动议速设抗战公私损失调查委员会案》①，内称："抗战已达十六个月，公私损失不可以数计。到战争结束时必须向敌方提出赔偿问题，未来之国史，必将此空前惨痛事迹翔实记载，昭示天下及后世，必须要有正确的数字为根据。"建议中央政府从速设立抗战公私损失调查委员会，由该会从速调查前后方直接、间接公私损失，填具表式报告政府。此项议案经大会表决后送交国民政府研办。据此国民党总裁蒋介石手谕国防最高委员会和军事委员会参事厅等处，要求"从速估计抗战之直接与间接损失，并时时注意此项工作之进行"。1939 年 7 月，国民政府行政院根据国防最高会议交办之国民

---

① 孟广涵主编：《国民参政会纪实》上，重庆：重庆出版社 1985 年版，第 326 页。

参政会第二次大会建议速办抗战公私损失一案,制定《抗战损失查报须知》暨表式,通令所属各机关及地方政府分别调查具报,并呈报国民政府通令中央其他各机关一律依式查报,同时指定国民政府主计处负责审核、汇编所有调查资料。嗣后,各级政府机关查报之损失,陆续由行政院及国民政府文官处转送国民政府主计处。1940年7月,国民政府主计处将截至该年6月底收到的行政院及国民政府文官处转送之报表和主计处由其他方面获得的调查或估计,进行整理,制成《抗战中人口与财产所受损失统计试编》。《试编》分正副两编,正编系就行政院查报表汇编而成,将人口伤亡、财产直接损失、财产间接损失3种,编列总表7种、附表2种;副编则包括军事委员会调查统计局调查各省市损失、交通部估计国营交通事业之损失、国立中央研究院社会科学研究所调查各地工业之损失、湖北省政府估计湖北省之损失、广东省政府调查广东省之损失等各项数字,分别编制附表5种,并将各方调查估计之损失数字与行政院查报之损失数字相互比较,编成总表1种。根据《试编》结果,行政院查报所得之损失数字,各级填报机关未能普遍遵行,且查报大多限于后方各地遭受轰炸之损失,因此,此项数字残缺不全,而其他方面之调查及估计大都属于一省或某种事业之资料。此后,每隔半年,国民政府主计处将各方所报损失资料进行汇总,编成《抗战中人口与财产所受损失统计》,至1944年1月先后编制8次。

　　(二)抗战损失调查机构的设立

　　国民政府主计处虽然负责汇编各地区各部门报送之抗战损失数字,但只是兼职,属临时性质,就专业而言亦非其强项,随着大量复杂情况不断出现,国民政府主计处已难以应对,故设立专门机构的需求日益紧迫。1943年11月17日,国民政府主席蒋介石手令国民政府行政院,要求其立即着手组织"关于国家社会公私财产所有之损失"的调查机构,并于次年 1 月 7 日确定该项组织机构名称。1944 年 2 月 5 日,国民政府行政院正式公布《行政院抗战损失调查委员会组织规程》,该会主要任务为"调查 1931 年 9 月 18 日以后,因敌人侵略直接或间接所受损失,向敌索取赔偿"。该组织规程规定,委员会设委员 31—49 人,由行政院院长派充之。同月 25 日,行政院抗战损失调查委员会在重庆成立,该会直隶于行政院,翁文灏、吴国桢、俞鸿钧、贺衡夫、康心如、杜月笙、王晓籁 7 人为常务委员,以翁文灏为召集人。周钟岳、陈立夫、王正廷、熊式辉、张伯苓、吴铁城、卢作孚等 39 人为委员。下设秘书处及第一、二、三、四组。其职掌为:秘书处掌理有关设计、编辑、会议及不属于其他各组之事项,以国民政府行政院秘书齐叙为主任秘书;第一组掌理关于教育及文化事业损失事项,以教育部部长陈立夫为主任,顾毓秀为副主任;第二组掌理关于公私财产损失调查事项,以国民政府主计长陈其采为主任,吴大钧为副主任;第三组掌理其他损失调查事项,内政部部长周钟岳为主任,王德溥为副主任;第四组掌理关于敌人在沦陷区内经营各种事业调查事项,以高惜冰为主任,李景潞为副主任。各组设主任 1 人,副主任 4 人,主任秘书 1 人,秘书 2 人,组员 10—15 人。该会确定调查范围计有 10 项:其一,中央各机关及其所属机关所有或受其管理的各种财产损失;其二,省级各机关及其所属机关所有或受其管理的各种财产损失;其三,县级各机关及其所属机关(含区署及乡镇保甲)所有或受其管理的各种财产损失;其四,国营工矿、交通(道路、船舶)及其他经济事业损失;其五,民营工矿、船舶及其他民营企业损失;其六,中央与地方政府及民间所办的各种教育、文化事业损失;其七,中央与地方政府及民间所办的医疗慈善事业损失;其八,人民团体及居民个人产业损失;

其九,其他因日军侵略行为所造成的财产与人民生命损失;其十,日本人在沦陷区域经营各项事业调查。

行政院抗战损失调查委员会成立后,先后接收了原国民政府主计处经办的抗战损失调查资料及相关文书档案。

1945 年 4 月 26 日,行政院抗战损失调查委员会奉国民政府行政院训令改隶内政部,内政部抗战损失调查委员会的基本职能不变,但更明确了其调查范围,即属于军事方面的抗战损失调查,由军政部负责督促所属机关查报;而属于蒙古各盟旗地方者,由蒙藏委员会饬令各盟旗长官查报;海外华侨损失,则由侨务委员会委托侨民团体调查填报。

1945 年 8 月,日本无条件投降,各盟国开始酝酿日本赔偿问题,对日索赔已经提上议事日程。同年 11 月,内政部抗战损失调查委员会改称赔偿调查委员会,直隶行政院,以行政院秘书长为主任委员。其职能遂调整为"调查统计抗战公私损失,规划对于日本责令赔偿及审议支配赔偿物资"。

二史馆收藏的档案全面完整地反映了抗战损失调查机构的设立与沿革情况,举凡人员配置、会议记录、经费拨付等都有较为翔实的记载。

（三）抗战损失调查办法的确定

对于抗战损失调查办法及查报须知等内容标准设计,学界一直以来都未能研究清楚。台湾学者迟景德在《中国对日抗战损失调查史述》中写到"《抗战损失调查办法》与《查报须知》,乃调查抗战公私各项损失实施的依据与准则,对于进行抗战损失调查工作至为重要。自民国二十八年七月一日令办实行后,至民国三十年五月十四日复经行政院予以修正。惟自现今典存的档案中,上述最初的及修正的办法与须知,均已无法查悉其内容。现在所能看到的是行政院抗战损失调查委员会设置以后，于民国三十三年八月十一日由该会第二次全体委员会修正通过的《抗战损失调查办法》与《抗战损失查报须知》"①。大陆学者也都持有大致相同的看法。如孟国祥、喻德文《中国抗战损失与战后索赔始末》中提到"虽然迄今为止尚未发现 1939 年 7 月行政院制颁的《抗战损失调查办法》及《查报须知》，但从国民政府主计处编制的《抗战时期各种损失调研材料》及《抗战中人口与财产所受损失统计（试编）》等统计资料可见，主要是调查抗战以来的各种损失"。② 在二史馆收藏的有关档案中，清楚地记载了抗战损失调查办法和查报须知提出和修正的全过程。

1939 年 4 月 27 日行政院秘书处为《抗战损失查报须知》审查意见致函交通部等机关，在广泛征求各方意见的基础上，1939 年 7 月 1 日国民政府行政院正式颁发《抗战损失调查办法》与《查报须知》，二史馆内政部档案全宗现今存有是项办法和须知的油印件。该项办法和须知在具体实施中存在诸多不足，引起各有关方面讨论。如：1939 年 11 月 4 日军事委员会参事室就抗战损失调查事项致函交通部等机关。1940 年 7 月 21 日行政院抗战损失调查委员会对《抗战损失查报须知》进行修正，二史馆收藏有此项修正文本。同年 9 月，行政院关于填报抗战损失查报表应行注意事项向所属各机关发出训令。1941 年 5 月，《查报须知》再作修正。1943 年 6 月 2 日，行政院抗战损失调查委员会召开"抗战损失资料研究办法及程序讨论会"第一次会议，二史馆档案中完整保存了此次会议的

---

① 迟景德：《中国对日抗战损失调查史述》，台北："国史馆"印行，1987 年版。
② 孟国祥、喻德文：《中国抗战损失与战后索赔始末》，合肥：安徽人民出版社 1995 年版，第 59—60 页。

会议记录。1944 年 8 月 11 日行政院抗战损失委员会再次修正公布《抗战损失调查办法》与《查报须知》。1945 年 4 月抗战损失调查委员会改隶内政部，11 月内政部抗战损失调查委员会改为直属行政院的赔偿调查委员会。11 月 22 日，制定《抗战损失调查实施要点》，并通令各方遵行。至 1948 年 8 月 11 日行政院最后一次公布《抗战损失调查委员会办事细则》止，二史馆收藏的有关档案非常清楚地载明了抗战损失调查办法产生、修正等过程的来龙去脉。

（四）抗战损失查报资料

二史馆现存最早的抗战损失资料是国民政府行政院收藏的由国民党中央党部统计处编制的两件统计资料及教育部编制的上海商务印书馆遭日机轰炸损失清单，3 份文件均形成于 1932 年。其一是《东北事变官方财产损失初步统计》，该统计说明称："本项统计系根据东北各主管机关（如东北政务委员会、东北交通委员会及财政部各税收机关等）之报告分别整理编制，其中除铁路与军事机关办公房屋部分因报告方法稍有不同略加修正外，其余数字悉与报告相符，惜各方报告尚未到齐（如吉黑方面仍欠完全），故此只可作为初步统计，以待陆续补充。"[①]该项统计所列东北官方总损失为 1 785 364 322 元，其中民政机关损失 36 853 462 元、军事机关损失 469 003 653 元、官办铁路损失 630 741 216 元、官办航业损失 2 030 万元、官办电台损失 200 万元、官办银行损失 588 986 131 元、官办矿业损失 9 653 150 元、官办林场损失 16 万元、东北大学损失 11 881 880 元、国税收入损失 15 185 330 元。其二是《上海市区内沪变损失初步估

---

① 《东北事变官方财产损失初步统计》，二史馆馆藏行政院档案，中共党史研究室第一研究部、中国第二历史档案馆编：《国民政府档案中有关抗日战争时期人口伤亡和财产损失资料选编》(3)，北京：中共党史出版社 2014 年版，第 1124 页。

计》，该估计说明称："兹先就上海市政府管辖区域内（包括闸北、吴淞、江湾、真茹、引翔、殷行、彭浦及南区特区等）所受损害作为初步估计，余俟调查齐全时再作更详确之统计。"①全市损失可以数字形容者达 1 560 049 871 元、人员死伤失踪 18 480 人。其三是《教育部为转报上海商务印书馆遭日机轰炸致行政院呈 附损失清册》，上海商务印书馆在"一·二八"事变中包括总厂、编译所、东方图书馆及尚公小学在内总计损失16 330 504元。

　　根据二史馆馆藏档案记载，抗战损失查报工作经历了艰难的过程。抗战全面爆发后的调查限于战争环境和日本占领状态下，对沦陷区的战争损失调查材料并非一般的调查手段所能取得。在行政院抗战损失调查委员会成立前，对于沦陷区的调查，大多依赖于有关情报机关搜集的情报，如中统局特种经济调查处编印的《敌伪经济汇报》《敌伪经济参考资料》，以及中央研究院社会科学研究所所做调查编成的《沦陷区经济概览》等。行政院抗战损失调查委员会成立后，有关日军占领区抗战损失调查则由该会指派委员分任各沦陷区损失的调查和估计工作。1945 年 8 月 15 日，中国人民抗日战争取得最后胜利，17 日国民政府主席蒋介石手令内政部部长张厉生："关于抗战损失调查工作，应加紧进行，务于最短期间内办理完竣"；9 月 25 日，蒋介石再次手令行政院秘书长蒋梦麟，令其尽快完成战时公私财产损失及人口伤亡调查工作。嗣后很多地区和部门迅速展开抗战损失查报工作，并陆续上报调查资料。但各地区、各部门抗战损失调查工作进展不一，对此行政院多次下令督饬所属尽速完成抗战损失调查和数据上报工作。1947 年 4 月 13

---

① 《沪变损失初步估计》，二史馆馆藏行政院档案，《国民政府档案中有关抗日战争时期人口伤亡和财产损失资料选编》(1)，第 1121 页。

日及同年 9 月 17 日,国民政府行政院先后两次发出训令,要求相关单位和部门限期完成抗战损失查报工作。

1. 国民政府主计处抗战损失资料

在行政院抗战损失调查委员会成立以前,国民政府主计处实际负责全面抗战损失资料整理与汇总工作,自 1940 年 7 月首次编成《抗战中人口与财产所受损失统计试编》,到 1944 年 1 月第八次编成《抗战中人口与财产所受损失统计》,主计处编制的抗战损失资料系累计性质,如第三次统计将三次资料累积,第八次统计则将所有八次编制之结果进行累积。主计处历次编制的《抗战中人口与财产所受损失统计》均先后分送行政院、国防最高委员会秘书厅及中央设计局。二史馆现收藏有主计处编制的第二、四、六、七、八次《抗战中人口与财产所受损失统计》。主计处历次所编的损失统计在项目设计上大致相同。如第八次统计分为人口伤亡、财产直接损失、财产间接损失 3 类,按损失主体别、损失原因别、损失时期别、损失地域别、人口伤亡、财产直接损失、财产间接损失编为总表 7 种,并将直接与间接损失之较详数字分别编为附表一及附表二 2 种。其中总表一财产主体损失别所列财产损失 5 685 830 434.90 元(直接损失 2 415 600 116.01,间接损失 3 270 230 318.89 元),再细分为机关(中央机关、地方机关)、学校(大学、独立学院、专科、中学、师范、职业、小学、未详)、农业(国营、省营、县营、民营、未详)、矿业(国营、省营、县营)、银行业(国营、省营、县营、民营)、铁路(国营、民营)、公路(省营、县营、民营)、航业(国营、省营、民营)、民用航空(国营)、电讯(省营、民营、未详)、工业(国营、省营、县营、民营、未详)、公用事业(国营、省营、县营、民营)、商业(国营、省营、县营、民营、未详)、金融事业(国营、省营、县营、民营、未详)、邮务(国营)、人民团体(文化团体、宗教团体、慈善团体、其他公益团体)、住户、税收损失（中央税、地方税）、振济费。

2. 行政院关于抗战损失问题的报告及外交部说帖等全国性抗战损失资料

二史馆现存有关全国性抗战损失资料，以 1947 年 5 月 20 日行政院向第四届国民参政会第三次大会所作的工作报告中提出的抗战损失数字和外交部《中国抗战时期财产损失说帖》（1946 年 10 月）及《行政院赔偿调查委员会报送军民人力以及公私财产损失总数》为代表，其他还有《抗战时期各种损失调研材料》（1939 年 7 月）、《战时各种损失估计报告》（1940 年 6 月）、《行政院赔偿调查委员会为函送抗战损失统计表致行政院秘书处公函附〈全国公私财产损失统计表〉》等。

1945 年 12 月，苏、美、英三国外长莫斯科会议决定（并征得中国同意）成立由中、美、英、苏、法、荷、加、澳、印度、新西兰等 11 国组成的远东委员会，负责制定促使日本履行投降条款的政策，日本向盟国赔偿问题便是政策之一。《中国抗战时期财产损失说帖》便是应出席远东委员会的中国代表，驻美大使顾维钧要求而拟就。该《说帖》初步统计了除中国东北、中国台湾和中共领导的解放区以外，8 年抗战期间损失为：直接财产损失 313 亿美元，公私其他财产损失 270 亿美元，人民伤亡 8 420 898 人，军人伤亡 321.1 万人。该《说帖》特别说明，上述仅为初步调查结果，并不代表中国抗战损失之全部，"因我国抗战八年，所受损失，自非短时期所能调查完竣，日人占领较久之区域，尚在继续调查，凡未及查报完毕之损失，或遗漏未报之损失，均应保留补列"。

行政院向国民参政会所作的工作报告中有关抗战损失问题，首次披露了中国抗战损失统计数字，也是国民政府对外公开发表的唯一一次中国抗战各项损失统计数字，所以具有一定的权威性，从而引起了各界的重视。该报告所列各项损失数字为：

（一）全国公私财产直接损失统计（自 1937 年 7 月 7 日至 1945 年 9 月 3 日　单位美元）

（A）金银币、金银条　120 566 000 元

（B）船舶（包括海船渔船）　138 812 000 元

（C）工商矿业及动力　4 057 290 000 元

（D）公共机关（包括教育文化事业）　1 157 290 000 元

（E）交通（包括港口）　653 371 000 元

（F）道路　215 062 000 元

（G）农林水利　3 976 121 000 元

（H）住户房屋家俱及私产（包括珠宝及珍贵品）
21 033 261 000 元

总计直接损失　31 130 136 000 元

（二）全国公私财产其他（间接）损失统计（时间同前，单位美元）

（A）对日作战国库之经常及非常支出　6 356 271 000 元

（B）沦陷区政府及人民之赔偿要求　4 464 211 000 元

（C）其他　3 138 518 000 元

总计其他（间接）损失　20 444 741 000 元

（三）战费损失统计（时间同前，单位美元）

（A）陆军　3 016 185 000 元

（B）海军　472 710 000 元

（C）空军　680 072 000 元

总计军费损失　4 168 967 000 元

（四）全国人口伤亡统计（时间同前）

（A）军人作战伤亡　3 227 926 人

1. 死亡　1 328 501 人

　　2. 负伤　1 769 299 人

　　3. 失踪　130 126 人

　　(B) 军人因病死亡　422 479 人

　　(C) 平民伤亡　9 134 569 人

　　1. 死亡　4 397 504 人

　　2. 负伤　4 737 065 人

　　总计人口伤亡　12 784 974

　　报告特别说明,上述各项损失数字,"系以东北各省市及台湾以外之中国领土为限,共军占领区亦未计列在内"。[1]

　　上述抗战损失统计数字,正如其说明所言,并非中国抗战损失之全部,除地域未及东北、台湾及中共领导的解放区外,就时间言,也只包括 1937 年 7 月 7 日至 1945 年 9 月 3 日之期间,1931 年 9 月 18 日至 1937 年 7 月 6 日期间之损失,1945 年 9 月 3 日以后日本侨俘供养与遣返以及因战争受伤中毒军民治疗抚养、难民返乡安置等费用未包括在内。

　　3. 有关经济部门损失统计

　　抗战期间,大片国土沦陷,上海、南京等工业发达地区陷入敌手,经济部门损失空前。如矿业之煤、铁、锰、锑、钨、金、铅、锡及其他非金属矿产,工业之食品、纺织、冶金、酸碱盐、染料、油类、造纸、皮革、火柴、机器、印刷、卷烟,以及电业、商业等损失惨重。二史馆有关抗战时期经济损失调查资料收藏颇丰,包括 1939 年 3 月经济部统计处编《战区工厂损失调查》,1940 年 5 月资源委员会为《转呈

──────────

[1]《第四届国民参政会第三次大会行政院工作报告有关抗战损失部分报告》,二史馆馆藏国民政府档案,《国民政府档案中有关抗日战争时期人口伤亡和财产损失资料选编》(1),第 386—393 页。

会属各机关抗战损失调查表》,1943 年 10 月经济部统计处编《战时经济事业财产损失统计(初编)》,1943 年 12 月经济部统计处编《战时经济事业财产损失统计(第一次修正)》,1945 年 6 月经济部统计处编《战时经济事业财产损失估计(总表)》,1946 年 1 月经济部统计处编《战时经济损失统计》,1946 年 7 月经济部统计处编《抗战前后全国工厂损益统计》,1947 年 9 月社会部统计处编《全国工商业团体财产损失函稿及附表》,1947 年 12 月经济部统计处编《战时经济事业财产损失统计》,及各厂矿企业财产损失报告表等。1947 年 12 月经济部统计处编制的《战时经济事业财产损失统计》列有总表、工业类、矿产类、电业类、商业类直接、间接损失统计及附表等 10 份表格,其中总表列明各项损失总数(1937 年 7 月美金价值,单位元)工业 2 460 957 200 元(直接损失 3 945 538 835 元、间接损失 2 823 800 661 元)[①],矿业 321 362 060 元(直接损失 266 301 098 元、间接损失 55 060 962 元),电业 215 561 428 元(直接损失 124 160 303 元、间接损失 91 401 125 元),商业 3 771 458 808 元(直接损失 2 135 284 046 元、间接损失 1 636 174 762 元),总计 6 769 339 496 元(直接损失 3 945 538 835 元、间接损失 2 823 800 661 元)。[②]

4. 财政金融事业损失统计

关税、盐税、统税是国民政府财政收入的三大支柱,1936 年,关税收入占中央财政收入的 34.14%,盐税收入占中央财政收入的 14.23%,统税收入占中央财政收入的 12.25%,关税、盐税、统税三税占全部国家税收收入的 94.29%。1931 年九一八事变后,东北

[①] 根据前后统计数计算,工业直接损失应为 1 419 793 388 元,间接损失应为 1 041 163 812 元。

[②]《战时经济事业财产损失统计》,中国第二历史档案馆藏经济部档案,《国民政府档案中有关抗日战争时期人口伤亡和财产损失资料选编》(1),第 597—608 页。

迅速沦陷,七七事变后,华北、华南及东南沿海广大富庶地区也相继沦入敌手,国民政府的关税、盐税、统税收入锐减,以银行为代表的金融业也成为战争重灾区。从二史馆收藏的众多抗战损失档案中可以窥见国民政府财政金融事业损失之惨状,如1937—1940年《江海、宜昌、沙市、长沙、江汉、重庆等海关战时财产间接损失报告表》,1940年6月《津海、江汉、金陵、杭州、闽海、粤海等关财产间接损失报告表、财产损失报告单》,1940年《1937年7月至1939年12月海关税收损失报告表》,1941年5月《海关总署为报送长沙、南宁等八海关战时财产损失致财政部呈文稿附各关财产损失报告单》,1941年7月《海关总署为报送抗战损失致财政部呈文稿附重庆关、瓯海关、闽海关、粤海关、九州关等财产损失报告单》,1945年5月《财政部盐务总局战时财产损失初步报告》,1945年11月财政部编《抗战期间各省市地方财政损失估计表》,1946年8月《财政部及所属各机关抗战损失报告表》,1946年9月财政部编《抗战期间国库有关战争支出折合美金数、美英苏历次借款动支数及中美租借法案价值表》,1946年《海关关税抗战损失估计表》,1947年7月《财政部暨所属各机关抗战损失报告书》,1947年11月《财政部盐务总局暨所属各区抗战损失分类报告表(修正表)》,1948年2月《财政部暨所属各机关抗战损失报告表》,及《抗战期间各银行损失生金银及银元统计表》等。

5. 交通邮政事业损失统计

我国幅员辽阔,自1927年国民政府建立至全面抗战爆发的"黄金十年",中国的交通事业取得了长足的进步。铁路方面,新增线路及延展工程较以往大幅增加,但这些工程均在沿江沿海一带,并依据已有铁路分别延长,其新筑铁路亦皆利用已有路线互相衔接。自抗战全面爆发以后,铁路重要干线几乎全部沦陷,故而损失巨大。公路方面，十年期间公路进步较铁路更为巨大，至 1935 年底可通车里程达 96 435 千米，至抗战爆发前的 1937 年 6 月则达 109 500 千米。公路情形与铁路相同，其出发点皆偏于东南各省，抗战期间，公路损失达 2/3 以上。航运方面，抗战期间所有江海航运业几乎全部破产，仅有川江极少部分幸免。航空及电政损失亦甚惨重。国民政府交通部门对抗战损失调查非常重视，也投入了相当大的人力物力，并形成了较为完整的调查资料。二史馆收藏有大量的抗战期间交通事业损失资料，从交通机关历次调查损失中，可以清楚地看出，随着调查的普遍展开，每次调查所得损失数字均较前次调查所得的损失数字更大更完整，而且还专门列有九一八事变后东北地区交通事业损失统计。如 1946 年 8 月交通部统计处的交通事业损失（含东北）总损失为 993 113 227 美元（1937 年 6 月美金价值），而 1947 年 12 月交通部统计数字为（不含东北）总损失为 1 979 247 262 美元（1937 年 6 月美金价值）。由此可见，其他地区和部门对于抗战损失调查不甚重视，所取得的调查资料非常不完整，其所报抗战损失数字远远小于实际损失数字。二史馆收藏的交通事业战时损失档案主要有：1938 年 6 月《战时中国轮船被毁与海员失业统计》，1939 年《交通机关抗战损失统计》，1943 年 11 月《敌伪毁损没收或占用交通事业财产损失及人员伤亡统计（铁路、公路、电政、水运、驿运、材料部分）》，1945 年 8 月交通部统计处编《抗战时期交通事业损失资料》，1946 年 8 月交通部统计处编《交通事业战时财产损失（包括东北在内）》，1946 年 10 月交通部统计处编《交通部战时损失数量及价值对照表（修正本）》，1946 年 12 月交通部统计处编《交通事业战时财产损失表（不包括东北在内）》，1946 年交通部统计处编《战时驿运损失价值表》，1947 年 12 月《交通部关于战时财产损失致行政院赔偿委员会函稿 附损失调查表》，1948

年 2 月交通部统计处编《交通建设专款总表》,1948 年 2 月交通部统计处编《民营船舶损失及船员伤亡人数表》,1948 年 3 月交通部统计处编《战时交通事业财产损失数量总表》等。

6. 文化教育事业损失统计

清朝学者龚自珍曾言道:"欲亡其国,必先灭其史;欲灭其族,必先灭其文化。"日本军国主义长久以来包藏亡我国家灭我民族之祸心,其侵略锋芒所及必对准我国文化教育事业。因此,日本帝国主义发动 14 年的侵华战争,造成了中华民族乃至人类文化史上的空前灾难。侵华日军往往以轰炸、纵火、劫掠等各种暴虐、野蛮手段,对中国广大战区各大中小学校、科研机构、出版社、报社、博物馆、图书馆、摄影所、剧团等地肆意蹂躏。日本侵略者对中国古建筑的毁坏、古文物的劫夺、古文献的焚毁、教育机构的摧残、教学场所的破坏,其范围之广、时间之长、程度之深、损失之重、影响之远,亘古未有。国民政府教育部门对战时教育事业损失进行了大量调查,二史馆保存有丰富的抗战时期教育事业损失调查资料,主要有:1938 年 10 月《抗战以来我国教育文化之损失》,1943 年 9 月《河南省教育厅为调查日本在河南境内各项文化事业概况致教育部呈文》,1943 年 9 月《日本在华经营之文化事业》,1943 年 10 月 14 日《军事委员会委员长蒋中正关于组织文化事业研究会要求日本赔偿文化事业损失的手令》,1943 年《战时教育文化事业损失统计(1937 年 10 月—1943 年 9 月)》,1945 年 8 月《日本劫夺私藏中国文物名目》,1945 年 8 月《中央博物院筹备处为日本劫夺中国文物要求赔偿致教育部呈文 附日本劫夺中国文物清单》,1945 年 12 月《教育部清理战时文物损失委员会举办全国文物损失登记办法》,1946 年 3 月《中国战时文物损失数量及估价目录》,1946 年 5 月教育部统计处编《全国各级学校及教育机关战时财产数量与价值之损失》，1946 年 6 月教育部编《全国各级学校及教育机关战时财产损失统计表》，1946 年的《南京市公私文物损失数量及估价目录》《上海市公私文物损失数量及估价目录》《江苏省公私文物损失数量及估价目录》《浙江省公私文物损失数量及估价目录》《安徽、河北省公私文物损失数量及估价目录》《湖北省公私文物损失数量及估价目录》《湖南省公私文物损失数量及估价目录》《福建省、粤港区公私文物损失数量及估价目录》《北平市、河南省公私文物损失数量及估价目录》《陕西省公私文物损失数量及估价目录》《东北各省公私文物损失数量及估价目录》《广西、江西及其他地区公私文物损失数量及估价目录》，1946 年 12 月教育部统计处编《全国各级学校及教育机关战时财产数量与价值损失》，1947 年 6 月 11 日《教育部为该部清理战时文物损失委员会结束事致内政部公函 附结束报告》，1947 年 6 月《国立编译馆为报送所属战时私人财产损失致教育部呈文稿 附财产损失报告单》，1948 年 2 月《中央博物院筹备处为天津旧旭街遭留日军劫夺文物致教育部呈文》，1949 年 1 月《工商部中央地质调查所为"北京人"化石案调查事致教育部代电 附"北京人"化石标本被劫或失踪经过报告》等。

7. 军事部门损失及军人伤亡统计

自九一八事变至抗战胜利，中国军民同日本侵略者进行了殊死搏斗，最终打败了不可一世的日本侵略者，取得了民族解放战争暨世界反法西斯战争的完全胜利，中国军民为此也付出了巨大的民族牺牲。二史馆收藏有大量国民党军队对日作战（即正面战场）档案。其自七七事变至日本战败投降，正面战场先后进行了淞沪会战、太原会战、南京保卫战、徐州会战、兰封会战、武汉会战、随枣会战、第一次长沙会战、桂南会战、枣宜会战、豫南会战、上高会战、中条山会战、第二次长沙会战、第三次长沙会战、浙赣会战、鄂西会战、常德会战、豫中会战、长衡会战、桂柳会战及湘西会战 22 次会战及大战役,战斗千余次,仅国民党军队就伤亡 340 余万人。据 1946 年 7 月《军政部修正抗战军事损失要求日本赔偿备忘录致行政院呈文 附备忘录》初步统计,国民党军人员伤亡 3 407 931 人,其中陆军伤亡 3 391 424 人、海军伤亡 2470 人、空军伤亡 14 037 人。其他如马骡、武器、器材、车辆、被服装具、油料、粮秣、医药、场厂、飞机、舰艇、要塞、停泊所、电信设备、仓库、院站、国防工事、营产、防空设备、财产、日本降俘给养费等各项损失总计为 1 135 106 247 738 941 元,又美金 150 246 858 元。①

8. 中共领导的解放区损失统计

抗战时期中国共产党领导的八路军、新四军和华南人民抗日游击队在广大人民群众的支持下,先后开辟了晋察冀、晋东南、晋西北、鲁中、苏南、苏北、淮南、广东东江抗日根据地,面积约 95 万平方千米,人口 1.2 亿。上述地区在未建立抗日根据地时均已沦陷,普遍遭到日本侵略者烧杀抢掠,人民生命财产损失惨重。1938 年 10 月武汉失守后,中国抗日战场形势发生了重大变化,中国共产党领导的抗日武装,积极主动地开展对敌军事斗争,在敌人的后方建立了大片抗日根据地,直接威胁日本占领区。日本侵略者集中主要兵力对抗日根据地进行频繁、残酷的"扫荡",实行"烧光、杀光、抢杀"的"三光政策"。因此,中共领导的抗日根据地军民在长达 7 年的艰苦岁月里,生命和财产蒙受了极其巨大的损失。二史馆保存的行政院善后救济总署和社会部档案部分反映了中共领导的解放区抗战损失,包括 1946 年 8 月行政院善后救济总署为(解放

---

① 《抗战军事损失要求日本赔偿备忘录》,二史馆馆藏行政院档案,《国民政府档案中有关抗日战争时期人口伤亡和财产损失资料选编》(1),第 1037—1043 页。

区)损失严重给予救济的训令,1946 年《渤海区战时损失典型案例调查》,社会部 1947 年 10 月《晋察冀边区机关损失总表(包括政府机关及人民团体)》,1947 年 10 月《晋察冀边区医疗卫生事业损失总表》,1947 年 10 月《(解放区)八年抗战劳动力损失表》,1947 年 10 月《边区政府对日作战经常与非常支出统计表》等。

9. 其他

另外,二史馆还收藏有大量全国部分地区与社会团体人口伤亡、财产损失统计资料及有关学者的研究报告,如 1939 年《河北、河南、湖北、重庆等十二省市抗战损失汇报表》,1939 年《中央研究院社会科学研究所关于中国抗战损失问题研究报告》,1943 年 10 月韩启桐著《桂南十九县损失之估计》,1945 年 10—11 月广西省政府建设厅编《广西省工农业、交通等战时损失统计》,1945 年 11 月广西省政府编《广西省抗战损失统计》,1945 年 12 月广东省政府编《广东省各级机关及职员战时损失统计》,1946 年 1 月福建省政府统计室编《厦门等七县市沦陷损失调查》,1946 年 1 月河南省社会处编《河南省黄泛区域人口死亡财产损失调查统计表》,1946 年 7 月河南省政府社会处编《河南灾情实况》,1946 年广东省政府编《广东省各市县局及省直属机关战时财产损失统计表》,1946 年浙江省政府编《浙江省各县市战时损失情形及复员建设计划书》,1946 年 12 月《湖南省政府关于检送该省抗战损失致行政院善后救济总署公函 附湖南省抗战损失统计》,1947 年 7 月《新生活运动指导委员会及所属抗战损失报告表》,1947 年 8 月社会部统计处编《全国农会、渔会财产损失表》等。此外,二史收藏的国民政府内政部编制的《远东战区损失——城市及房屋部分》(1946 年 12 月)及《抗战破坏城市损失续编》(1947 年 1 月)颇具特色,目前尚未引起有关研究人员的重视。

二史馆保存了大量抗战损失调查资料，大多具有较高的学术研究价值，我们可以从中了解中国人民为了争取民族独立和解放付出了多么巨大的民族牺牲。但二史馆收藏的抗战损失资料只是反映了全面抗战损失的一部分，甚至可能是冰山一角。从 1931 年九一八事变至 1945 年 8 月抗战胜利，日本军队共"侵犯我国领土二十六省一千五百余县市，计面积达六百余万方里"，而国民政府进行的抗战损失调查存在严重的局限性：

其一，时间跨度上基本限定于 1937 年七七事变以后，而1931 年九一八事变至 1937 年七七事变长达 6 年的时间几乎处于空白状态。

其二，就地区范围言也仅限于国民党统治区，东北地区、台湾省和中共领导的广大解放区并未涉及。

其三，调查时间仓促。1945 年抗战胜利后抗战损失调查工作才实质性开展，1946 年至 1947 年是全面展开阶段，但随着大规模内战的爆发，是项工作便趋于停滞或终止。

其四，调查抗战损失的出发点是为了向中国出席远东委员会的代表提供参考资料，以便提出对日索赔方案。实际上，日本赔偿数目并不取决于各国损失之多寡，而在外交战场上的实力。国民政府时期抗战损失调查工作未能全面深入地展开，所取得的各项调查统计结果也是不完整的。

七、日军战争暴行档案述论

日本军国主义在长达 14 年的侵华战争中，肆无忌惮地使用各种令人发指的残暴手段，对手无寸铁的中国人民进行骇人听闻的屠杀、迫害和摧残，其手段极端血腥和残忍，除枪杀以外，日军随心所欲地发明和使用了 260 余种诸如活埋、砍头、火烧、喂狗、冻死、

饿死、溺死、电死、开膛挖心等等杀人方法。侵华日军对中国女性
实施疯狂的蹂躏,在中国的东北、华北、东南、华南等广大地区,到
处都有日本侵略军野兽般的强奸、轮奸和各种性暴行,强迫中国妇
女充当日军随军"慰安妇",不分昼夜地成为日军发泄兽欲的工
具。① 日本侵略军大肆推行"烧光、杀光、抢光"的"三光政策",造成
了 3 500 余万中国军民的伤亡:一起起泯灭人性的诸如南京大屠杀
惨案、平顶山惨案等屠城及奸淫掳掠暴行,一个个白骨累累的"万
人坑",一片片赤地千里的"无人区",一座座归屯并户的"人
圈"……侵华日军所犯下的滔天罪行,在人类文明史上留下了最黑
暗、最丑恶、最恐怖的一页。

（一）侵华日军南京大屠杀暴行

1937 年七七事变后,中国军民奋起抵抗,8 月中国军队主动出
击,向驻扎在上海的日军发起进攻,淞沪会战爆发。中国军队的决
战勇气和牺牲精神,远出日本侵略者意料,也使日本军国主义者鼓
吹的三个月灭亡中国的"神话"彻底破灭。1937 年 12 月 13 日,日
军攻陷中国首都南京,为报复中国军民的激烈抵抗,同时企图消灭
中国军民的抵抗意志,在日本华中派遣军司令官松井石根和日军
第六师团长谷寿夫等的指挥下,日本占领军有组织地对无辜平民
和放下武器的战俘进行疯狂的大屠杀,至 1938 年 1 月,被杀人数超
过 30 万人,同时还发生 2 万余起强奸案,南京 1/3 街道、房屋遭
焚毁。

二史馆收藏有大量反映日军南京大屠杀的档案,主要有 1937
年 11 月至 1939 年 4 月南京国际救济委员会报告书,1937 年 12 月

---

① 有关日本战争暴行罪恶之记录著述甚多,其集中统计研究者如王宜田、巩艳:《罪恶——
东北沦陷时期日军酷刑犯罪实证》,长春:吉林文史出版社 2016 年版等,均可作为参考。

金陵大学非常委员会就日军在南京暴行致日本大使馆函,1937 年 12 月东京《日日新闻》关于日军在南京进行杀人比赛的报道(1947 年国防部审判战犯军事法庭编译室译),1937 年 12 月 8 日至 1938 年 3 月 1 日《程瑞芳日记》,1938 年 3 月英国《曼彻斯特导报》驻华记者田伯烈著《外人目睹中之日军暴行》(杨明译),1938 年 4 月南京市崇善堂呈报《南京市崇善堂掩埋工作一览表》(此件为南京大屠杀案敌人罪行材料京字第十三号证据),1938 年 6 月 22 日郭沫若拟《为日寇暴行告全世界友邦军人书》稿签呈及原稿,1838 年 10 月 14 日世界红卍字会南京分会请求拨助赈款致伪维新政府行政院呈,1938 年 10 月世界红卍字会南京分会救济队掩埋组关于掩埋尸体情况统计表(南京大屠杀案敌人罪行材料京字第十六号证据),1938 年 12 月 6 日南京市崇善堂堂长周一渔请求补助经费以续办慈善事业致伪江苏省赈务委员会呈,1939 年 1 月高冠吾书《无主孤魂碑》碑文,1946 年 1 月 14 日首都地方法院检察处书记官陈光敬撰《写在敌人罪行照片集子前面的几句话》(南京大屠杀案敌人罪行材料京字第陆号证据),1946 年 12 月 31 日国防部审判战犯军事法庭检察官对日本战犯谷寿夫的起诉书,1947 年 2 月 3 日周一渔在国防部审判战犯军事法庭上关于南京大屠杀及收尸情形讯问笔录,1947 年 3 月 10 日国防部审判战争罪犯军事法庭对日本战犯谷寿夫的判决书及附件,1947 年 6 月 9 日中国驻日代表团成员王丕丞关于日军在南京杀人比赛罪证致国防部第二厅代电,1947 年 12 月 4 日国防部审判战犯军事法庭检察官对战犯向井敏明、野田毅的起诉书,1947 年 12 月 18 日国防部审判战犯军事法庭对战犯向井敏明、野田毅、田中军吉的判决书,1948 年 11 月 4 日远东国际军事法庭关于日军在南京进行大屠杀罪行的判决文等。

二史馆收藏的大量侵华日军南京大屠杀档案史料,真实记录了日军在南京的种种暴行。国防部审判战争罪犯军事法庭及远东国际军事法庭的判决,更是以无可辩驳的事实为依据,从法律上作出的严正判决。20世纪初,二史馆工作人员在整理金陵女子文理学院零散档案时,发现了尘封已久的《程瑞芳日记》,该日记是到目前为止发现的第一部由中国人以亲历、亲见、亲闻,实时记录下日军南京大屠杀暴行并完好保存至今的日记档案原件,这是有关侵华日军南京大屠杀史料的重大发现。日记的作者是金陵女子大学文理学院舍监程瑞芳女士,当时任南京国际安全区第四区(金陵女子大学文理学院难民所)卫生组组长。与以往中国人所写的日记体回忆录如蒋公毂的《陷京三月回忆录》、陶秀夫的《日寇祸京始末》等不同,这份约3万字的亲历者日记,不仅逐日记述了自1937年12月8日至1938年3月1日作者所亲身经历的日军在金陵女子文理学院安全区烧杀奸抢暴行,同时还如实地记录了南京大屠杀期间难民的悲惨生活以及作者本人的心路历程,对滞留南京的西方人士向中国难民提供救助和保护的事迹也有很多记述。程瑞芳日记具有鲜明的日记体写实性特征,以其独特的视角和自然流露的思想感情真切再现了那段悲惨的历史。该日记可以与金陵女大安全区负责人美籍教授魏特琳的日记以及"国际安全区"德籍负责人拉贝的日记相互印证,互为补充,更为有力地批驳日本右翼势力企图否认南京大屠杀的无耻谰言,是揭露侵华日军南京大屠杀罪行的又一铁证。①

（二）侵华日军在华北江南各地的暴行

自日军踏上中国土地之日起,便开始了对中国人民的残酷迫害。在长达14年的侵华战争中,日本侵略者制造了无数起屠杀中

---

① 管辉、郭必强:《程瑞芳日记考释》,《民国档案》2004年第4期,第132—135页。

国人民的血腥惨案,奸淫妇女事件更是层出不穷。1931 年九一八
事变后,日本关东军迅速占领了中国东北全境,1937 年七七事变
后,日本军国主义发动全面侵华战争,日军的侵略战火燃遍大半个
中国,从东北到关内,从华北到华南,从东南沿海到西南边陲,从长
江流域到珠江流域,中国军民对日本侵略者展开了顽强抵抗,同
时,日本侵略当局也对中国人民实施了疯狂镇压。

　　二史馆收藏了众多反映日军在中国各地施行战争暴行的档
案,主要包括:1938 年 6 月国民政府军事委员会政治部编《日寇暴
行录》,全面揭露日军的残暴行径,此文共分上下两篇,上篇为日寇
在占领区域内的暴行:(1) 屠杀平民,(2) 焚烧房屋,(3) 劫掠财物,
(4) 奴役人民,(5) 压榨民众,(6) 摧残文化,(7) 侮辱外侨,(8) 奸
淫妇女,下篇为日寇加于阵地及我们后方的暴行:(1) 压迫反战运
动,(2) 虐待伪军,(3) 屠杀俘虏及伤兵,(4) 施用毒气,(5) 轰炸无
设防区域,(6) 轰炸文化机关,(7) 轰炸慈善机关及红十字会,
(8) 轰炸难民;1939 年 2 月 11 日王修身关于岳阳城内日军暴行等
情密电,1939 年 3 月 9 日卫立煌关于日军在豫拉夫勒索破坏金融
情形密电,1939 年 4 月 30 日罗卓英关于日军在庐山尽性屠杀民众
等情密电,1939 年 5 月 28 日汤恩伯关于随枣日军败退沿途烧杀奸
淫等情密电,1939 年 7 月 25 日叶剑英转报日军决开沙河滹沱河冀
中七县民众淹毙惨状致陈诚密电,1939 年 9 月 32 集团军关于日军
在江南各地暴行统计表;1940 年 5 月孙俍工编《沦陷区惨状记》,该
书是孙俍工摘录的自 1937 年 7 月至 1939 年 12 月中国各类报纸刊
物登载的日军在沦陷区所犯暴行以及时评共 10 册,全面记录了侵
华日军的各种暴行,其施暴方式计 20 种:任意殴打街头民众,奴役
虐待沦陷区人民并抢劫民财,强奸妇女,利用黑势力充当爪牙,活
埋爱国青年与学生,借防疫之名毒害民众,强拉壮丁调往前线,开

设赌场、妓院、舞厅等麻痹民众,垄断沦陷区商业,强迫妇女裸体游行,抽取中国健康婴孩之血为日本伤病员治疗,搜索民财,强迫中国妇女家翁乱伦并拍照刊登,迫使难民修筑军事工事继而灭口,开设慰安所强迫中国妇女供日军淫乐,强征壮丁充当炮灰,诱骗儿童刺探军情,纵火焚烧,拉走难民,向知识青年体内注毒进行人体试验。日军施暴范围包括北平、天津、南京、上海、山东、山西、河南、河北、江苏、浙江、江西、安徽、湖南、湖北、广东、福建等广大区域:①1941 年 2 月 21 日日军在湖南桃林滥杀无辜威逼乡民充其耳目的布告,1944 年 10 日第四战区桂柳会战日军暴行纪实,1945 年 12 月15 日谢恬英谢恬杰为第二十九军军医处长谢振平遭日军虐杀等情致蒋介石呈,1946 年 1 月 30 日叶剑英报告解放区被日军破坏蹂躏情形函,1946 年中国解放区临时救济委员会晋察冀分会编印之《日本法西斯八年来在边区的暴行》等。另外,在国民政府行政院战争罪犯处理委员会档案中收藏有一批被俘的日军下级军人的罪行自供状,包括大串胜利、榛叶修、川上义弘、井上七五三、向井春美、高野邦南、樱井龙安、种仓信一、宫崎土吉、本田佳次、日高敏夫、长谷川义久、野泽新太郎、佐佐木诚、三森秀雄、伊滕松二、丹城寺德雄、谷口良丰、植木周典、山田芳平、野原广民、山田健坊、本田元一、古市音一、日和佐健司、吉川清、松本善三郎、野口春市、横山毅、广岛胜雄、大西正义、田中勇、近滕光男、中濑宽春、藏增松男、安田麻男、光井克雄、岳边文男、小林清吉、大西猪佐雄、马场义信、仲里秀杰、冈山铁雄、武滕悦道、小野文吉、河本好光、熊仓巴、植村朝福、前田进、三电清、伊滕美吉、桃原广次、村山寅次郎、后山俊雄、森山

---

① 孙俍工编:《沦陷区惨状记》,二史馆馆藏国防部史政局和战史会档案,《沦陷区惨状记——日军侵华暴行实录》,北京,中国文史出版社 2016 年版,原序第 3—4 页。

末彦、冈野广中、塚本务、小幡石藏、高桥喜六、杉山义则、山根有八、吉山诚、小门实、比贺次郎、长泽隆男、高桥嘉雄、西坂喜代利、哇本满义、池上利一、平下觉微、藤森信夫、帐正二、五十岚正荣、有村利雄、前原英文、京井功、菊川留吉、堀清二、田中五郎、石田政一、原八郎、寺岛正二、山田增雄丸、加藤次郎、伊浪善吉、丸石光美、片山义弘、中仓绍年、岩崎祐夫、竹内丰等人，他们于 1945 年 1 月写就的 91 件证明书，共揭露日本侵略者暴行案件 282 件。所有这些揭露侵华日军暴行的证明材料，每份都附有证明人签字，并按下了各自证明人的指纹，充分说明这些材料所述案件的真实性与可靠性。

日本侵略者的铁蹄侵占了大半个中国，同时更留下惨无人道的血腥足印。从 1932 年 9 月 16 日辽宁抚顺平顶山惨案、1934 年 3 月 12—19 日黑龙江桦南惨案、1935 年 5 月 29 日至 6 月 6 日吉林舒兰老黑沟惨案，到 1937 年 8 月 14—23 日上海南京路大世界惨案、1937 年 9 月 9—12 日山西高阳惨案、1937 年 9 月 14—16 日河北固安惨案、1937 年 10—11 月河南安阳惨案、1937 年 10 月 16 日至 11 月 21 日山东济阳惨案、1937 年 11 月 5—6 日浙江平湖惨案；从 1937 年 12 月 13 日至 1938 年 2 月南京大屠杀惨案、1938 年 2—5 月安徽凤阳惨案、1938 年 4 月 12—14 日广东珠海三灶岛惨案、1938 年 6—8 月江西彭泽惨案、1938 年 8 月 29 日湖北京山惨案，到 1938 年 11 月 8 日湖南衡山惨案、1939 年 6 月 28 日重庆奉节惨案、1939 年 7 月 15 日及 22 日广西柳州惨案、1940 年 5 月 4 日湖北樊城惨案、1941 年 6 月 5 日重庆"六五"大隧道惨案、1941 年 7 月 27 日四川成都"七二七"大轰炸惨案、1942 年 5 月 5 日云南保山惠通桥惨案、1943 年 11 月 2 日至 12 月 30 日湖南常德惨案、1944 年 12 月 1—9 日贵州黔南惨案、1945 年 4 月 12 日海南乐会互助乡惨案。据不完全统计，在日本侵略中国 14 年期间，有案可查的日军一次性屠杀中国军民 800 人以上的惨案即达 173 个,[①]3 000 余万中国人民惨遭日军毒手。日本侵略者的残酷性、野蛮性和疯狂性在人类历史上是罕见的。

（三）施放化学武器与散播细菌

侵华日军公然挑战国际法,明目张胆地使用生物武器和化学武器,并且以大批中国军民作为标本进行大量的活体实验,如臭名昭著的日军七三一部队、一〇〇部队及设于南京的荣字一六四四部队等,都是日本侵略者设立的主要以中国军人和平民为对象进行人体实验的专门机构。在上述这些机构中,日军中疯狂的"研究人员"使用数以万计的无辜者进行各种活人解剖实验和冻伤冻死、细菌传播等各种实验,"许多人在冰天雪地中被剥去衣服裸露四肢,一遍遍地浇上凉水,直到将手足冻烂发黑,肌肉脱落仅剩白骨;许多人在被抽去空气的罐子内遭受撕心裂肺的痛苦,五官变形而死;还有人被抽去血液,注入空气或毒药、细菌,全身溃烂而亡;更多的人被绑在实验场的木桩上,听凭日军在他们附近投下细菌毒气弹,然后来记录杀伤效果"。[②]

二史档案馆收藏的档案中有大量反映侵华日军在中国各地普遍使用生物武器和化学武器的档案,主要有:1938 年 10 月 11 日朱德、彭德怀报告日军在豫北地区使用生物武器电,1939 年 6 月 1 日国民政府军事委员会转报日军遣派汉奸潜入散播细菌等情致重庆卫戍总司令部电,1940 年 12 月 5 日黄绍竑报告日军在浙江金华散播鼠疫杆菌致蒋介石电,1940 年 12 月 6 日顾祝同报告日军在浙江

①　中央党史研究室第一研究部编:《抗日战争时期全国重大惨案》,北京:中共党史出版社 2014 年版。

②　中国第二历史档案馆编:《日军罪行证明书》,南京:南京出版社 2015 年版,第 4 页。

境内散播鼠疫杆菌致蒋介石电，1940 年 12 月 27 日军事委员会桂林办公厅关于日本军机在浙江境内散播鼠疫及应予防范致行政院电，1940 年 12 月浙江省卫生处陈万里等关于调查日机在浙江金华地区散播鼠疫致黄绍竑报告，1941 年 2 月 7 日卫生署关于日机在浙江大片地区散播鼠疫及防治情形致行政院秘书处函。1945 年 9 月军事委员会政治部拟《抗战八年来敌军用毒经过报告书》，该报告书分绪言、敌化学战主要人物及其陆空军化学部队编制与装备概要、敌在华使用毒气及毒菌种类与我军伤亡概况、敌驻华之化学部队及工厂概况、虏获敌化学战资料及兵器照片、敌在华用毒重要战例及其有关图表、我国防毒对策之检讨等，以大量翔实的数字和材料，充分揭露了日军大量使用化学武器的罪行。

　　日本七三一部队等大量培植鼠疫杆菌、霍乱病菌等生物武器，通过飞机从空中投放已遭鼠疫、伤寒、霍乱等病菌感染的昆虫、食品、杂物等，或遣派细菌战部队人员潜入战区后方直接对民众居住区、农作物以及水井、河流等水源地投放病菌，导致疫情流行。日军细菌作战区域遍布中国东北、华北、华中、华南和西南地区，很多地区人民饱受瘟疫煎熬，惨遭病菌蚀骨噬心之痛。在山东、河北、浙江、江西、广西、湖南、云南等广大地区瘟疫流行之时，"疫区内尸首相枕，满目废墟，人烟尽绝；大灾之后，鼠疫、炭疽余毒不绝，绵延流续，受害者之惨痛遭遇，无以言表"。①

　　日本侵略者是第二次世界大战中唯一在实战中大量使用化学武器的国家，使用化学武器是亘古未有的犯罪行为。据 1945 年 9 月军事委员会政治部拟《抗战八年来敌军用毒经过报告书》统计，侵华日军在中国进行毒气战的次数为：1937 年 9 次，1938 年 105

---

① 《中国抗日战争史》编写组：《中国抗日战争史》，北京：人民出版社 2011 年版，第 507 页。

次,1939 年 455 次,1940 年 259 次,1941 年 231 次,1942 年 76 次,1943 年 137 次,1944 年 38 次,1945 年 2 次,总计 1 312 次。① 这是国民政府军事当局根据当时检举材料整理而成,因此只是侵华日军进行化学战的部分情况。自 20 世纪 90 年代以来,经众多学者深入研究和有关方面的初步调查统计,"日本军队使用化学武器的地点遍及中国的 18 个省区,使用次数超过 2 000 次,至少造成中国军民直接中毒伤亡 10 万余人"。②

第三节　中国第二历史档案馆馆藏抗战档案的整理与对外利用

一、抗战档案的整理

档案整理是档案馆最重要的一项基础业务工作,是档案信息资源得以发掘、利用和档案价值得以体现的基础。二史馆成立后,一直设有专门的档案整理部门,从初整到细整,从全宗到专题,从案卷级到文件级,档案整理编目至今仍是档案馆的重点基础工作。

二史馆是集中典藏民国时期(1912—1949)历届中央政府及其所属机构档案的中央级国家档案馆,馆藏中有着极其丰富的抗战档案史料,经过几代档案人数十年的努力,这些抗战档案史料得以整理发掘,并对外提供利用,为中国抗日战史的研究发挥了极其重要的作用。

----

① 中国第二历史档案馆馆藏国民政府军事委员会政治部兵工署档案,《中华民国史档案资料汇编》第五辑第二编"军事"(五),第 950 页。

② 《中国抗日战争史》编写组:《中国抗日战争史》,第 514 页。

二史馆馆藏"战史编纂委员会"和"战争罪犯处理委员会"两个全宗,集中保存了大量有关抗战的档案史料,其他机构如国民政府各院、部、会,特别是各军事机构的档案中与抗战有关的档案史料亦较为丰富。

战史编纂委员会由军事委员会委员长南昌行营第一厅的"剿匪战史编纂处"演变而来。该处成立于1934年秋,职能是编纂国民党"围剿"苏区红军的战史。1935年2月南昌行营结束,该处改隶参谋本部二厅。1938年2月参谋本部并入军令部,次年1月该处扩组为军令部战史编纂委员会,其职能为:修改国民革命军战史,整理国内政治战争史,编纂中华民国陆海空军沿革史及中日战史。1946年6月军事机构改组后,该会改隶国防部,受史政局指导,其职能为:专任编纂中日战史,并完成国民革命军战史和政治战史的初稿。

1965年9月,战史编纂委员会档案及馆藏5万余卷民国军事档案一并移交给解放军档案馆保管。1981年底,按照国家关于民国档案资源集中管理的要求,二史馆派专人赴河南洛宁县解放军档案馆后库,将存放在山洞中的民国军事档案接收回馆。这部分军事档案原经过初步整理,是有目可查的,接收进馆后并未对案卷本身进行整理,而是由整理部根据馆藏档案编列规则,按照档案的立档单位,重新编定了全宗号,并按原序编排了案卷号。其中的国防部史政局和战史编纂委员会两个机构档案编为一个全宗,全宗号为七八七,共计18 057卷。

1987年,为满足抗战研究需要,二史馆决定从馆藏档案中选取关于抗日战争作战方面的档案,以专题形式编制《抗日战争(作战)档案目录选编》。整理部成立了专门小组开展选编工作,历时半年。该专题目录选编以战史编纂委员会档案为主,兼及馆藏其他全宗中的相关档案。选材从抗战作战角度出发,时间从1931年的九一八事变至 1945 年日本投降，涉及馆藏 41 个全宗，共 7 360 卷档案。该专题目录的选材以案卷为单位，限于当时条件，选编工作完全靠手工完成。工作组先在馆藏档案目录中选出相关档案条目，并按档号调出相关档案，逐卷核对案卷题名与卷内文件内容，完善案卷标题并制作案卷卡，再将案卷卡片进行分类编排，最后打蜡纸、校对、油印并装订成册，提供利用。

　　该专题目录共分 10 个大类：(1) 国防准备，包括国防建设和要塞建设等；(2) 军事组织，包括军事机关组织人事、部队编练、参战部队沿革、战斗序列与主官及兵役等；(3) 筹划指挥，包括军事会议、建议条陈、情报资料、作战计划及部队调遣等；(4) 作战概况，包括军委会及各战区往来军事文电、战况概述与报告、各部队参战纪实与战况统计、参战将领回忆及日军暴行与抗战损失等；(5) 重大战役，包括九一八事变与东北抗日、"一·二八"淞沪抗战、卢沟桥事变及平津作战、平绥沿线作战(含平型关、娘子关、太原诸役)、淞沪会战与南京保卫战、徐州会战、武汉会战，以及后来中国军队与日军的各大会战等；(6) 一般作战与游击战，包括游击队编组与作战计划及在闽、湘、赣、鄂、苏、浙、皖、豫、鲁等省境内作战情况，以及新四军在敌后打击日伪军情况等；(7) 海空作战，包括江海防御、空战及防空等；(8) 抗战胜利后的对日受降，包括中国战区和各受降区受降情形的有关文件；(9) 抗战后方勤务；(10) 日伪军事活动。该专题目录的编制，为馆藏抗战档案的查阅及抗日战史的研究提供了较全面的参考。

　　战史编纂委员会全宗集中保存了较完整的抗战档案，是馆藏重要全宗，考虑到其对抗战研究的重要性和对其利用需求较大，1989 年，二史馆决定对该全宗档案进行缩微复制，以复制件替代原档提供查阅，从而有效保护档案原件。在缩微前由整理部先行对该全宗档案进行加工整理,整理原则是按照档案形成的规律,保持档案之间的历史联系,并充分利用档案原基础,即以原案卷为单位进行整理,维护档案的历史原貌。整理工作的主要内容是:补充案卷题名的基本要素、核对完善案卷题名、卷内文件排序和编页、登记需修裱的档案、更换档案卷封并形成新的案卷目录。整理结束后由技术部先行对破损档案进行修裱,再进行缩微拍摄和胶片冲洗拷贝,完成该全宗档案的缩微复制工作后,再将档案逐卷装订成册移交进库保存。该全宗共制作 16 毫米缩微胶片 746 盘、32 毫米缩微胶片 31 盘。

其后,根据抗战正面战场研究需要,二史馆又对该全宗中反映抗日正面战场重要战役的档案进一步整理编目,选编了南昌会战、随枣会战、第一次长沙会战、桂南会战、枣宜会战、豫南会战、上高会战、第二次长沙会战、晋南(中条山)会战、第三次长沙会战、常德会战、豫中(中原)会战、常衡会战、桂柳会战及滇缅会战的档案史料,完成了《抗日战争正面战场档案选编》这一专题项目,并将这些重要战役档案的缩微胶片分别拷贝,形成 15 个抗日正面战场专题缩微胶片,提供对外利用。

随着信息化时代的到来,档案数字化为现代档案馆的档案管理与利用开辟了全新的模式。二史馆档案数字化工作起于 20 世纪 90 年代末,经过 10 多年的探索,馆藏档案的数字化工作全面展开。2015 年是中国抗日战争胜利 70 周年,二史馆又将战史编纂委员会档案进行了数字化处理,以满足抗战档案利用需求。

二史馆馆藏战争罪犯处理委员会全宗的代号为五九三,共有档案 1 074 卷。该会成立于 1945 年 11 月,直隶于行政院,次年 11 月改隶国防部。该会由军事机关会同外交部、司法行政部、行政院秘书处共同组织,负责战犯处理的设计、督导、考核及其他事项。

其中司法行政部负责调查编审及提列战犯名单,外交部负责引渡战犯及翻译名单,国防部负责逮捕战犯并由军法处负责审判。该全宗档案主要内容有:(1)处理战犯各项条例、办法及审判程序;战犯处理委员会会议记录;有关审判战犯军事法庭组织、人事文件等。(2)日本战犯名册,包括132名重大将级日籍战犯名册、日本战犯索引及简历等。(3)审判材料,包括联合国战争罪犯处理委员会远东国际军事法庭、纽伦堡国际军事法庭、第一绥靖区军事法庭、国防部军事法庭及战争罪犯处理委员会等提审战犯的文件和起诉书、请愿书、供词、判决书、见证人名单以及审判记录;公审日本战犯及日本投降情形等照片;国防部上海审判战犯军事法庭、上海战犯拘留所战犯羁押表;全国各地战犯阶级、人数统计表等。(4)战犯罪行材料,包括远东国际军事法庭调查罪证纲要;司法行政部调查日寇侵华罪行材料;南京大屠杀敌人罪行调查表及南京大屠杀事件被害人详表等。(5)有关汉奸、战犯引渡及遣送日侨、战俘的文件。这些档案对研究战后对日本战犯的审判及抗日战史有着极其重要的参考价值。

为发掘利用战后战犯审判的档案史料,二史馆决定将战争罪犯处理委员会全宗档案进行细化整理和数字化,并将这一工作纳入2017年度工作计划。该全宗档案的整理与以往不同,一是属于数字化前整理,是在整理编目处专业人员指导下由外包公司完成,二是该全宗档案在按数字化前整理要求进行案卷级整理后,还要进行文件级编目。为此,整理编目处组织专人对该全宗状况及内容进行摸底,并针对该全宗制定了整理细则,同时对外包公司整理人员进行了专门培训,强调该全宗档案的整理编目要求、方法和相关注意事项。为做好该全宗档案的整理工作,特别是文件级的编目,整理编目处的专业人员全程跟踪指导,负责质量监管。

　　该全宗的原整理基础相对较好,但存在一卷多宗情况,整理工作在充分利用档案原基础的前提下,解决了一卷多宗问题,即化宗为卷,分别拟写案卷标题。为准确完整反映并区分战犯审判的不同阶段,整理中还对部分战犯审判的案卷进行了分卷处理,亦分别拟写案卷标题。每卷档案的整理包括案卷题名修改、补充、完善,新立卷的案卷题名拟写,以及卷内文件排序和编页等。同时将案卷目录的案卷号分为新号和旧号,便于新旧案卷号的对照。由于化宗为卷及案卷分卷,最终该全宗形成案卷数为 2 023 卷。同时,二史馆开创了按全宗进行文件级整理编目的先河,对该全宗进行了文件级细化整理编目。一个案卷由多组文件组成,需要分别拟写文件题名并标明文件的相关信息,最后组成该全宗的文件级档案目录。文件目录由案卷号、文件号、文件题名、起止时间、文件页码和备注组成。案卷号分为新号和旧号;文件号以"全宗号＋案卷号＋文件号"方式填写;文件题名要求直抒其事,客观反映文件内容,并标明语种;起止时间需标明具体年月日;文件页码标注该组文件在案卷中的具体位置;备注项主要是反映档案实体状况及记载所附特殊载体等。经过文件级整理编目,该全宗共编制出文件目录 59 141 条,平均每卷编制约 30 条文件目录。该全宗文件级整理编目工作全部在电脑上完成,著录人员使用专门开发的软件对照电子档案,采用先分件再著录的形式进行。

　　2017 年 6 月,二史馆与上海交通大学东京审判研究中心、上海交通大学出版社签署了"日本战犯审判档案文献整理与出版项目"的合作协议。据此,二史馆根据编辑出版要求,依托战争罪犯处理委员会全宗的文件级档案目录,在电子档案中进行选材,共选出相关电子档案 5.1 万余画幅,开展《日本战犯审判档案文献》的编辑出版工作。

　　二史馆保存的包括《程瑞芳日记》在内的南京大屠杀档案较为丰富,这些档案除战争罪犯处理委员会全宗中较多外,还涉及馆藏国民政府、行政院、国民党中央宣传部、赈济委员会及汪伪内政部等 10 余个全宗,二史馆将这部分档案进行了发掘整理并数字化,形成了《南京大屠杀档案》专题数据库。除二史馆外,南京市档案馆、侵华日军南京大屠杀遇难同胞纪念馆等单位亦藏有有关南京大屠杀的档案,这些档案不同于一般的历史档案,它作为人类创伤性记忆的一部分,对人类文明的发展具有十分重要的借鉴与警示性意义,符合世界记忆遗产的标准。鉴于此,中央档案馆、中国第二历史档案馆、辽宁省档案馆、吉林省档案馆、上海市档案馆、南京市档案馆和侵华日军南京大屠杀遇难同胞纪念馆 7 家单位,于 2014 年 3 月,联合将各自所藏南京大屠杀档案申报"世界记忆遗产"名录,并由国家档案局以世界记忆工程中国国家委员会的名义,正式向联合国教科文组织世界记忆工程秘书处递交了《南京大屠杀档案》提名表。2015 年 10 月,《南京大屠杀档案》被联合国教科文组织评为"世界记忆遗产",列入《世界记忆名录》。南京大屠杀档案的成功申遗,在国内外引起了广泛关注和强烈反响,其中的主体档案为二史馆馆藏。按照国家档案局的部署,在 2017 年南京大屠杀惨案发生 80 周年之际,配合"12·13"国家公祭,由二史馆负责将 1 万余页的南京大屠杀档案汇集整理,编辑影印出版了《世界记忆名录——南京大屠杀档案》。该书共 21 册,首发式于 2017 年 12 月 11 日在南京举行,其电子版也同时在互联网上线。

　　二史馆馆藏抗战档案极为丰富,对这些珍贵档案的整理与研究工作还在不断进行,如"中国远征军档案整理与研究"已获得 2019 年度国家社科基金重大项目立项,目前相关的研究编纂工作已在有序进行中。

二、抗战档案的对外利用

　　二史馆是民国档案的保管和利用基地,民国档案的利用是二史馆实现馆藏档案价值的一项重要工作。1980 年党中央、国务院作出开放历史档案的重大决策后,民国档案利用工作焕发出蓬勃生机。改革开放以来,二史馆接待档案利用者近 60 万人次。民国档案在政府工作、经济建设、史学研究、对外交流、服务民生以及爱国主义教育等方面发挥了积极的作用。

　　二史馆馆藏抗战档案的发掘与利用一直未曾间断。20 世纪90 年代,各地为编史修志前来查阅相关档案并查找本地籍贯军人在抗日战争中阵亡档案的需求明显增加。为满足这一利用需求,二史馆在馆藏近千个全宗中选出了可能出现抗日阵亡将士名单的8 个全宗 9 万余卷档案进行调查,从 1931 年九一八事变至 1945 年日本投降这一时间段的档案中查到有关档案 815 卷。这些抗日阵亡将士的资料主要集中在馆藏国民政府和行政院全宗的档案中,是国民政府和行政院核办各部队抗日阵亡将士抚恤的档案。为能方便利用这些档案,二史馆将这些抗日阵亡将士档案,按人名制作成专题资料卡片 20 万张。卡片登记内容包括:阵亡者姓名、籍贯、部队番号、军衔、阵亡地点及遗属姓名等,并按籍贯和姓氏排列,方便查找利用。为能更好的利用这一专题档案以服务社会,二史馆又将这 20 万卡片输入电脑,建成了《抗日阵亡将士名录》专题数据库,使其利用查找更加快速便捷。随着个人查证需求的不断增加,2015 年二史馆将《抗日阵亡将士名录》数据库正式对外开放,当年即为 130 余名抗日阵亡将士遗属提供了档案资料证明。抗日阵亡将士档案发掘利用至今,二史馆已为近千名牺牲于抗日战场的中国军人遗属提供了档案资料证明,这些档案资料在还原历史事实、弘扬爱国精神、编修地志家谱以及为抗日阵亡将士遗属落实优抚政策方面发挥了重要的作用。这项对外利用服务得到了广大利用者的赞许，很多利用者在查到先辈参加抗战的档案资料后感动万分，他们以一封封感谢信、一面面锦旗来表达其真诚的谢意。近几年，二史馆还为北京中国抗日战争纪念馆、上海淞沪抗战纪念馆、江西德安万家岭大捷展示馆、广州市十九路军淞沪抗日阵亡将士陵园管理处等单位，提供了数千名与各自相关的抗日阵亡将士名单，得到了各单位的高度肯定和赞扬。

2007年，为配合各方抗战损失研究的需要，二史馆对馆藏有关抗战损失的档案进行摸底调查，从馆藏89个全宗调出300余卷有关抗战损失的档案进行整理，编制了抗战损失档案专题目录，并将这些档案进行数字化扫描。此项整理以原卷为基础，不改变原档号，只对案卷题名不准确或不完整的进行完善，并进行卷内文件排序和编页。经过数字化扫描后，形成《抗战损失档案》专题数据库，方便利用者查阅，为各方有关抗战损失研究发挥了重要作用。

2014年，为配合中央党史研究室编撰《抗日战争中国人口伤亡和财产损失调研丛书》，二史馆与中央党史研究室第一研究部合作，将馆藏抗战损失档案编辑成《国民政府档案中有关抗日战争时期人口伤亡和财产损失资料选编》（共3册），成为该丛书的组成部分，由中央党史出版社出版。

近年来，随着抗日战争研究工作的进一步深入，特别是在习近平总书记关于加强中国人民抗日战争研究的重要讲话发表后，二史馆馆藏抗战档案的利用成为民国档案利用的热点。2015年是中国人民抗日战争暨世界反法西斯战争胜利70周年，全国各大媒体和各有关单位为做好宣传与纪念活动，纷纷来馆查阅利用抗战档案，拍摄制作抗战题材专题片。二史馆敞开大门，向他们提供档案资料查阅和拍摄服务，为丰富抗战档案的利用形式和扩大社会受众面发挥了积极作用。这一年先后有中央电视台、江苏电视台、上海电视台、福建电视台、山东广播电视台、河北电视台、南京电视台、凤凰卫视、五洲传播中心等 40 余家媒体，为拍摄制作《东方主战场》《历史的审判》《重读抗战家书》《行走战场》《台湾光复》《长空之忆——苏联援华计划揭秘》《铁血丹心》《档案中的历史》《我们一起走过》《抗战回眸：1931—1945》等解读抗战题材的节目，来馆查阅并拍摄相关抗战档案。这些抗战题材的专题片依托二史馆的档案资料和图片，进行深度挖掘提炼，再现了中国抗日战争的历史背景，收到了良好的宣传效果。

利用档案史料举办有关抗战的专题展览，让历史说话，用史实发言，一直是抗战档案利用的一个重要方式。早在 1982 年 6 月，为配合反击日本右翼势力否认侵略的言行，二史馆利用馆藏与南京博物院联合举办了"侵华日军南京大屠杀罪证史料展览"，用大量真实的档案史料揭露了日本军国主义罪行，有力回击了日本当局篡改教科书、否认侵略史实的做法。1995 年 6 月，二史馆又利用馆藏在香港国际会展中心举办了"纪念抗战胜利 50 周年历史图片展"，取得了良好的社会反响。2015 年，为纪念中国人民抗日战争暨世界反法西斯战争胜利 70 周年，二史馆进一步挖掘利用馆藏，配合国家档案局完成了与俄罗斯联邦档案署联合举办的"中苏联合抗击法西斯胜利 70 周年档案展"以及国家档案局主办的"铭记历史 珍爱和平——纪念中国人民抗日战争暨世界反法西斯战争胜利 70 周年档案图片展"。同时，二史馆还与南京市文广新局、南京市博物馆总馆联合举办了"中国战区受降档案史料展"，与中共新疆维吾尔自治区党委宣传部、新疆维吾尔自治区档案局（馆）联合举办了"世界反法西斯战争中的新疆——纪念中国人民抗日战争暨世界反法西斯战争胜利 70 周年档案文献展"，这些展览集中展示了抗战的历史，警示后人不忘历史、珍爱和平。展览的成功举办，扩大了二史馆的社会影响，取得了良好的社会效果。二史馆还发挥馆藏和复制技术的优势，为山东台儿庄大战纪念馆、江西上高县博物馆、广西南宁市档案馆、侵华日军南京大屠杀遇难同胞纪念馆等单位制作了有关"台儿庄大战""上高会战""桂南会战""南京大屠杀档案"等抗战档案的仿真复制件数百页，以供其陈列与展览之用。

充分利用新媒体开展宣传，有效扩大抗战档案利用的受众面和社会影响，也是抗战档案利用的一个重要手段。为配合中央档案馆（国家档案局）组织的抗战胜利纪念日宣传活动，二史馆成立了专门小组，从馆藏抗战档案和照片中精心选编，完成了《浴血奋战——档案里的中国抗战》及《伟大的胜利——中国受降档案》两个专题制作。这些专题史料比较具体、全面和生动地反映了中国人民抗日战争的历史原貌，突出显示了中国人民抗日战争在世界反法西斯战争中的重要地位。这两个专题在国家档案局官网以网络视频连载形式直播后，引起了强烈反响，收到了良好的社会效果。

为纪念抗战胜利 70 周年，二史馆史料编辑处利用丰富的馆藏与南京电视台新闻频道合作制作了 20 集专题电视片《抗战档案揭秘》，该处多名专家撰写了专题文稿，并出任访谈嘉宾，讲述抗战档案的背景，评述抗战档案的价值。同时，二史馆还编辑了《中国战区受降档案》（共 30 辑）及《南京大屠杀档案》（共 7 辑），分别于抗战胜利纪念日和侵华日军南京大屠杀遇难同胞国家公祭日期间在该馆官网向社会公布。这些利用抗战档案配合国家重大纪念日制作的专题，在播出和公布后都受到了广泛好评，取得了良好的社会反响。此外，二史馆的专业人员还利用馆藏抗战档案，撰写了近 20 篇抗战题材文章，在该馆微信公众号"民国大校场"上发表。如："新四军每天都在打仗""淞沪八一三：先发制敌""抗战史上的公路之谜——二十四道拐""殇城 1937""血战长城""血战水西门"及"释太虚与佛教的抗日救国"等，这些文章图文并茂，史料翔实，可读性强，引起了广泛的关注，受到社会与学界的赞誉。二史馆的微信公众号每周推出一篇有关民国史的文章，目前订阅数 9 000 余人，总阅读量近 12 万次，在全国档案系统公众号排名中名列前茅。

二史馆还以对外合作的方式，开发利用馆藏抗战档案。2012年，利用馆藏抗战时期湖南战场的三次长沙会战、常德会战、常衡会战及湘西会战等档案史料，与湖南省档案馆合作编辑出版了《抗日战争湖南战场史料》(共 5 卷)。2016 年与江汉大学签订协议，合作开展"武汉保卫战档案史料"编研项目。2017 年与国家图书馆、武汉大学、中山市档案局等 11 家单位合作开展"抗日英烈名录数据库"项目建设。2018 年与侵华日军南京大屠杀遇难同胞纪念馆合作编辑《南京保卫战档案》，作为其编撰的《南京保卫战史料》丛书的组成部分；与衡阳市档案馆合作开展"衡阳会战档案史料"编研项目等。通过这些合作项目，为各方提供丰富的档案史料，充分发挥了馆藏抗战档案的史料价值，满足各方利用档案研究抗战的需求。

第四节　中国第二历史档案馆抗战档案编研成果及其价值

二史馆坚持史料编研工作的优良传统，围绕工作中心及重大纪念活动、学术热点，深入挖掘馆藏档案资料，组织编辑出版了大量编研成果，有效地服务社会与学术研究。伴随着抗日战争研究的不断进步与发展,抗战档案编研成果亦日渐丰富,为抗战历史研究提供了大量的直接素材,受到学界普遍赞誉。相关主要成果包括如下内容。

1.《中华民国史档案资料汇编》①

该丛书是"为了适应中国近现代史的科学研究与教学需要,就馆藏档案中具有一定史料价值的资料编辑而成的一套综合性资料汇编",全书共分5辑,经过先后30余人、历时20余年的辛勤劳动,全书由江苏古籍出版社于2000年春全部出齐,共90册,计5 000余万字,该书被列为国家"七五"社会科学研究与出版重点规划项目。该书第五辑第二编《第二次国共合作与八年抗战》(1937.7—1945.8)。其主要内容有:国民政府的战时体制与国民参政会的召开,国民党历次重要会议与其他党派的活动,国民党的防共、限共与制造反共摩擦活动;国民政府对日作战方针、计划、部署与正面战场各大战役及敌后战场作战概况;战时国民政府的外交政策及其与美、英、苏等国的关系;战时国民政府的财政经济政策与国家金融垄断资本的扩张,工厂西迁与后方工业的发展,物资统制与商业贸易,"战时经济"与对敌"经济作战"和走私,农村经济与交通运输事业;战时国民党的文化教育方针政策与查禁进步书刊、统制新闻事业和扼制抗日文化团体,以及战时教育实施概况与学术文化团体的活动;侵华日军暴行及其失败等档案资料。此外,附录有汪伪国民政府等伪政权的档案资料。

第五辑第二编内容包括政治、军事、外交、财政、经济、文化、教育、附录等方面,分为27册。在重大历史事件和重大历史问题的

---

① 中国第二历史档案馆编:《中华民国史档案资料汇编》,南京:江苏古籍出版社,1979—2000年版。

选材上,基本做到:(1)弃粗取精,选择典型性材料;(2)弃伪存真,选取反映历史真实的材料;(3)由此及里,注意历史联系,选取全面、完整的材料。第五辑第二编军事分册中抗日战争正面战场与敌后战场的作战概况,即着重选取重大战役的材料。在选取国民党军队于八一三淞沪抗战、南京保卫战、太原会战、徐州会战、武汉会战、长沙会战、中原会战、桂柳会战、滇缅会战等20多个重大战役的档案材料的同时,重点选取了中国共产党领导的八路军、新四军在晋、冀、鲁、豫等地和大江南北抗击日本侵略军,进行百团大战的作战报告暨有关文电。这些档案材料,既反映了国民党军队在正面战场的作战及其失利退却转移的情况,又揭示了共产党领导的八路军、新四军挺进敌后,开辟敌后战场,进行敌后抗日游击战争的光辉业绩,从而驳斥了当时所谓共产党军队“游而不击”的谰言。这些档案材料,充分说明了正面战场与敌后战场互相依存的关系,正是中国共产党领导的八路军、新四军挺进敌后,开辟了敌后战场,建立了抗日根据地,有力地支持和配合正面战场,支撑着中国持久抗战的大局直到抗日战争的胜利。

在分类编排方面,该丛书注重系统性。例如,第五辑第二编的政治、军事资料的分类问题。在抗日战争期间,国民党军队一再奉命发起对共产党领导的八路军、新四军的摩擦袭击,形成了一批机密作战日记、战斗详报及有关电文。这类档案文件,如从单纯的军事角度看,似可将其作为“反共军事”编入军事类,但考虑到抗日战争时期的军事是国共两党合作武装抗击日本侵略者的战争,而国民党军与八路军、新四军的摩擦则是属于“内争”,因而将国民党军队袭击八路军、新四军的作战日记、详报、文电等作为“国民党制造反共摩擦事件”编入政治类,与国民党的“防共、限共法令与措施”有机地结合起来。这样,便将国共合作抗击日寇与国共“内争”的资料区分开来,区分了两类不同性质的矛盾,反映了国民党在其片面抗战路线指导下消极抗战积极反共的历史真实。

2.《抗日战争正面战场》①(上下)

由江苏古籍出版社于 1987 年出版。该书为《中华民国史档案资料丛刊》专题资料之一。

本专题资料,是为了纪念七七事变 50 周年,由二史馆编研部、研究室和《民国档案》杂志社编辑部合作编辑的。这里所指的抗日战争时期的正面战场,是与中国共产党所开辟的敌后战场相对而言的。国共第二次合作,造就了抗日战场的有利条件,两个战场,互相依存,共同对敌,为保卫祖国的独立、领土完整和民族尊严,各自作出了贡献。本专题资料辑录的档案文件,仅为反映这一时期有关国民党正面战场的史料。其主要内容有:(1) 国民政府的对日作战方针与计划部署;(2) 战略防御阶段的主要战役,如卢沟桥事变、八一三淞沪抗战、南京保卫战、太原会战、徐州会战、武汉会战的战况;(3) 战略相持阶段的主要战役,如南昌会战、随枣会战、桂南会战、枣宜会战、上高会战、晋南会战、长沙会战(第一、二、三次)、常德会战、豫中会战、长衡会战、桂柳会战、湘西会战,以及中国远征军入缅作战等战况。此外,还附有抗日战争时期中国军队序列表等资料。这些档案资料中,虽由于当时的历史原因,少数战报的记载数目有不尽确实之处,但还是基本上反映了抗日战争期间国民党方面对日作战方针的变化和各个主要战役的情况。它对于研究中国抗日战争史和世界法西斯战争中国战场史,都具有重要的参考价值,出版后深受学术界青睐与好评,成为学者论著引据最多的抗战档案集之一。

---

① 中国第二历史档案馆编:《抗日战争正面战场》,南京:江苏古籍出版社 1987 年版。

为弥补资料之缺，编辑者于 2005 年纪念抗战胜利 60 周年之际，重新编辑了该书，补编了一册"海空军抗战"的内容，分为上中下 3 册，使资料更趋完善。

3.《抗日战争时期国民党军机密作战日记》①（上中下）

由中国档案出版社于 1995 年出版，全书 160 万字，为《中华民国史档案资料丛刊》专题资料之一，自二史馆馆藏国防部史政局及战史编纂委员会档案中，选取有价值的正面战场国民党军机密作战日记编成，基本上以第一至十二战区为区块划分，加上军委会委员长天水行营的部队，编为 7 个部分。按照当年国民党军队的习惯做法，各部队机密作战日记是比较各类战报而言更能如实反映作战真实情况、敌我伤亡确切数量的档案文件，因此该书对抗战各战役作战史和国民党军研究而言，具有十分重要的参考价值。

4.《侵华日军南京大屠杀档案》②

由江苏古籍出版社 1987 年出版。1937 年 12 月 13 日，侵华日军攻陷南京，在南京进行了长达 6 个星期的血腥大屠杀，这是 20 世纪 30 年代惨绝人寰、举世震惊的大惨案。为了揭示历史的真实面貌，总结历史经验教训，二史馆与南京市档案馆从两馆所藏有关南京大屠杀的档案中选辑有关资料，共同编纂成书，为中外学者研究侵华日军南京大屠杀史实提供了有重要价值的佐证资料。

5.《南京保卫战》③

由江苏人民出版社出版。该书所收集的材料为中国军队为保

---

① 中国第二历史档案馆编：《抗日战争时期国民党军机密作战日记》，北京：中国档案出版社 1995 年版。

② 中国第二历史档案馆、南京市档案馆、"南京大屠杀"史料编纂委员会编：《侵华日军南京大屠杀档案》，南京：江苏古籍出版社 1987 年版。

③ 马振犊等编：《南京保卫战》，南京：江苏人民出版社 2005 年版。

卫首都南京而与来犯的日本军队进行顽强作战的历史档案及其他史料，包括目前所能搜集到的中方有关南京保卫战的作战计划、战斗方案、作战命令及其执行情况，蒋介石与南京保卫战指挥官唐生智等人的往来电文，各参战部队战斗详报、战斗报告、战斗序列，中方参战部队的撤退与损失情况统计报告、战役总结，以及参战人员的亲历回忆资料等。正史档案与口述史料兼备，为研究抗日战争及侵华日军"南京大屠杀"的历史提供了许多极具价值的史料。该书所载的档案资料出自二史馆馆藏及保存在台湾地区相关机构的档案，大都是第一手的原始资料。回忆录及其他资料则转引自各地文史资料等正式出版物。

6.《中国抗日战争时期物价史料汇编》①

该书是由二史馆、四川联合大学经济研究所合编，四川大学出版社出版。物价问题是商品经济社会的综合性问题，研究抗日战争时期大后方的物价问题，对认识国民政府统治区社会很有帮助。当前研究中华人民共和国成立前国民政府统治区经济的著作较少，而国家历史档案馆保存的国民政府档案中有关这方面的资料却很丰富。该书就是发掘国民政府档案中有关物价的史料，为研究抗日战争时期国统区经济和物价问题提供原始资料，对研究物价变化的历史也有参考价值。

该书反映抗日战争时期大后方的物价变动过程，主要编辑了国民政府颁布的有关管制物价的政策法令、各省市政府各部门有关管制物价实施方案及执行情况的报告，同时还选辑了国民政府统计部门编制的国统区各重要城市物价指数表、运价指数表及各

---

① 四川联合大学经济研究所、中国第二历史档案馆编：《中国抗日战争时期物价史料汇编》，成都：四川大学出版社 1998 年版。

重要市县生活费指数表。它是一部比较全面系统反映抗日战争时期国统区物价情况的珍贵历史资料,是利用二史馆馆藏抗日战争时期国民政府有关物价的档案资料,采取原件汇编形式,以保持原件面貌为原则而编辑出版的。

7.《抗战时期西北开发档案史料选编》①

该书由中国社会科学出版社出版。民国时期,西北地区的政治局势日趋复杂,从南京临时政府到北洋政府、广东国民政府、南京政府,为保卫国家统一与安宁,都比较重视西北问题。1931 年,日本发动九一八事变并占领中国东北地区,华北地区面临直接威胁,西北国防战略地位凸显,"开发西北"再次成为社会关注的热点。抗战爆发后西部成为全民族抗战的大后方,国民政府西迁后,为了建立稳定的国防基础,保障抗战之需,把开发与建设西部作为最迫切和现实的任务。中央政府及西部各省成立了若干专门机构,政府、民间有关西部开发的调研资料及各种各样的开发建议层出不穷,中央政府相继制定了各项开发计划和方案,其内容涉及政治、国防、工业、农业、资源、社会、教育、卫生、水利、外贸、民族等许多方面,并逐步开始实施,西北地区经济得以空前发展。

有关民国时期西部开发的历史资料,在二史馆馆藏档案中有关大量而详细的记载,与民国时期西部调查、西部情况介绍及西部开发有关的案卷达数千卷,相关目录有 10 万余条,涉及陕、甘、川、新、藏、滇、桂等省。这些档案以经济方面最多,政治、文化、民族、军事方面次之,直接涉及西北开发的档案有 3 000 余件。该书主要选取馆藏抗战时期国民政府有关开发西北的档案资料编辑而成,

① 中国第二历史档案馆编:《抗战时期西北开发档案史料选编》,北京:中国社会科学出版社 2009 年版。

尤其是经济建设方面的档案。其主要内容包括：蒋介石、汪精卫、宋子文、孔祥熙、孙科、杨虎城、吴鼎昌、刘守中、张继、马步芳等中央和地方官员对开发西北的综合性提案及意见，以及国民政府各部委及地方政府关于西北行政建设、工赈救灾、实业建设、农林水利建设、移民与垦殖、交通建设、邮政建设等方面的计划方案、资金预算、建设成果等，为西部历史研究提供了第一手档案文献，具有相当的史料价值。

8.《台湾光复和光复后五年省情》①

由南京出版社出版。目前，有关台湾光复后历史的研究愈来愈为学术界所重视。台湾光复后5年，是台湾光复后历史发展所经历的第一个阶段，其后台湾各个方面的发展，皆发端于此。而研究台湾光复后的变化，对于推进对今日台湾现状的了解和研究，促进祖国统一大业早日完成，具有重大的现实意义。本书分为3编：国民党政府接收台湾的准备；台湾光复（台北受降及军事接收）；台湾光复后五年省情。本书所选的资料，记载了在开罗会议确定战后将日本所侵占的中国领土——东四省、台湾、澎湖列岛等归还中国后，国民党政府拟定的关于接收台湾的总体构思：在台湾光复后，将50年来为日本殖民地的台湾完全纳入其统治体系之中，强化对台湾的政治思想统治，利用台湾的资源和原有的生产设备、技术力量，以支撑其在大陆的统治。本书还记载了国民党政府在台北受降、处置受降日军官兵和接收其军事设备的情形。光复后5年，国民党政府在政治上设置有别于大陆各省省政府的台湾行政长官公署，赋予行政长官公署特殊的权力；成立国民党党团机构和参议会；沿用原有的警政、户政制度，留用大量日警和旧有的基层

---

① 陈鸣钟、陈兴唐主编：《台湾光复和光复后五年省情》，南京：南京出版社1989年版。

政权人员，强化对台的政治统治。在教育文化上，推行党化教育，控制新闻宣传，强化对台湾民众的思想统治。在经济上，没收日籍地主和日本会社所占有的土地；凡属规模巨大而在国民经济中占有重要地位的工矿农林事业，以国营形式由经济部资源委员会接办，或以国省合营形式由会、省合办；主要的交通运输和整个邮政、电信由交通部接管；先后发行台湾流通券、新台币，进行台币改制，又于1948年年底以后，将上海国库库存金银强行运台，以增强其金融实力；推行专卖制度，控制糖、烟、酒等生产和销售，全面控制了台湾经济命脉；等等。本书为研究台湾光复和光复后5年史的发展，提供了大量有价值的档案资料。

9.《国民政府抗战时期厂企内迁档案选辑》①

由重庆出版集团、重庆出版社于2016年出版。1937年七七卢沟桥事变和上海八一三事变爆发后，8月14日，国民政府发表自卫抗战声明书，表示"中国绝不放弃领土之任何部分，遇有侵略，惟有实行天赋之自卫权以应付之"。1937年11月，在上海淞沪抗战失败已成定局，首都南京遭受巨大威胁的形势下，国民党中央和国民政府自料南京无法坚守，为坚持长期抗战，决定依照既定方针，作出了国民政府迁都重庆办公的重大决定。15日，作为当时国家最高决策机关的国防最高会议常务会议正式决定："国民政府及中央党部迁重庆"。12月，蒋介石飞抵重庆，随后国民政府军事委员会亦移渝办公。至此，重庆成为中国的战时首都，成为中国抗战时期大后方的政治、军事、经济、文化中心。

重庆战时首都地位的确定，奠定了重庆作为大后方抗战中心

---

① 中国第二历史档案馆编：《国民政府抗战时期厂企内迁档案选辑》，重庆：重庆出版社2016年版。

的法定基础。抗战爆发后,东部地区大量工矿企业迁往内地,重庆成为中国抗战时期大后方的工业中心。同时,重庆还是中国抗战时期大后方的金融中心。中央银行、中国银行、交通银行、农民银行四行总行迁往重庆,并准许各省地方银行在重庆设立分支机构,中央信托局等也迁到重庆,这使重庆金融业获得空前发展。工业中心和金融中心的形成及大量人口运输,促使抗战时期重庆商业极为繁荣,商业门类齐全,经营品种繁多,并形成以重庆为中心,辐射到四川及西南、西北各省的庞大商业网络,从而确定了重庆作为中国抗战时期大后方商业中心的地位。国民政府迁都重庆后,大量文化机构和学校迁至重庆,东北等各地区大量优秀人才也随之而来,人才荟萃,文化教育事业得以迅速发展。该书尽选二史馆馆藏国民政府中央暨西南、西北 13 省(区)市档案文献,计 140 万字,所选档案,为保存原貌,一般原文照录。

10.《国民政府档案中有关抗日战争时期人口伤亡和财产损失资料选编》①

由中央党史研究室第一研究部、二史馆编,中共党史出版社 2014 年出版。该书所辑资料依据二史馆馆藏档案,按照全面抗战损失统计,经济事业损失统计,财政金融事业损失统计,交通邮政事业损失统计,文化教育事业损失统计,社会、内政、军政等部门损失统计,监察司法部门损失统计等 8 个部分排列。这些资料准确且详尽地记录了这场战争给中国造成巨量损失的灾难历史,更加充分和有力地揭露了日本军国主义的罪恶,为学界研究中国人民抗日战争和日本军国主义的侵略罪行提供了翔实的证据,具有重

---

① 中央党史研究室第一研究部、中国第二历史档案馆编:《国民政府档案中有关抗日战争时期人口伤亡和财产损失资料选编》,北京:中共党史出版社 2014 年版。

大的政治意义、历史意义、现实意义和国际意义。

11.《馆藏民国台湾档案汇编》①

该丛书为九州出版社于 2006 年出版的专题史料，纳入国家重点出版工程。该套影印汇编丛书，共计 300 册，15 万页，由中共中央台湾工作办公室、国务院台湾事务办公室立项，二史馆编辑。1895 年，甲午战争失败，台湾被日本侵占。1945 年 8 月，抗战胜利，中国收复台湾，台湾人民在遭受长达 50 余年的殖民统治后重新回到祖国的怀抱。这种历史背景下，目前民国时期的涉台档案，不仅大陆、台湾各有所藏，日本方面也有所藏。日本所藏的档案，主题内容为台湾殖民当局（及台湾总督府）与日本政府当局之间的来往公文等，比较集中的收藏场所为日本的国会图书馆、东洋文库、尊经阁文库等。台湾地区收藏者，主体内容为抗战胜利前台湾总督府及各级机构形成的档案和抗战胜利后台湾省行政长官公署、台湾省政府及各级机构形成的档案，收藏在台北"国史馆"和位于南投的"国史馆台湾文献分馆"。大陆的有关档案，集中典藏于二史馆。

二史馆涉台藏档有 6 000 余卷，30 余万页，从内容看，这些档案可分为以下 5 个方面：（1）台湾人民冲破重重阻挠申请恢复祖国国籍、回国求学、参政议政、参加革命运动等相关档案；（2）台湾志士回国从事抗日复台活动形成的档案；（3）中国政府筹备收复台湾相关档案；（4）台湾受降与军事接收相关档案；（5）台湾光复后两岸往来形成的档案。该汇编就是从上述档案中挑选出来的精品，是国内首次以影印的形式大规模公布的涉台历史档案，其学术价值

---

① 中国第二历史档案馆、海峡两岸出版交流中心编：《馆藏民国台湾档案汇编》，北京：九州出版社 2006 年版。

可归纳为：

第一，内容丰富，信息量大。这套汇编所收录的档案文件，上起清末，下迄国民党政权 1949 年败退台湾，涵盖了整个民国时期。其内容包括民国时期中央政府与台湾地方政府的来往公文、各地方政府与台湾省各级机关往来公文；台湾在日本军国主义殖民统治时期各族人民心向祖国、归国求学、参加祖国革命运动、抗日救国的档案文献；中国在甲午战争失败被迫割让台湾后，各界人士及历届政府要求早日光复台湾、筹备收复台湾的规划、宣言、纲领；台湾爱国人士关于收复台湾和收复台湾后建设台湾的各种建议、报告等；民国时期台湾政治、军事、经济、文化、社会等方面的调查报告、统计数据等。总之，该汇编内容的信息量已远远超过了以前出版的任何一套台湾档案文献汇编，是有关台湾历史档案之集大成者。

第二，真实可靠，史料价值高。该汇编系从二史馆馆藏 40 多个全宗、6 000 余卷档案中精心选辑而成，许多档案均是首次公布，具有很高的史料价值。例如，2005 年，中国国民党主席连战先生率国民党代表团在两岸分离 60 年后首次访问大陆，胡锦涛总书记在接见连战先生时，曾亲手向其赠送二史馆制作的其祖父连雅堂先生要求恢复中国国籍的相关档案仿真复制件。该汇编即公布了这份连雅堂先生请求更名复籍以及民国北京政府内务部批准同意等相关文件。再如，1944 年，为配合筹备收复台湾的工作，中央广播电台增设对台广播频道，向广大台湾同胞宣传台湾与祖国密不可分的血肉联系，揭露日本帝国主义霸占祖国领土、掠夺台湾人民的丑恶历史。迄今为止，学术界在论及中国筹备收复台湾时，对此一直语焉不详，原因就是史料缺乏。该汇编收录的"中央广播电台对台广播稿"，对于这一课题的研究将提供帮助。透过对"中央广播

电台对台广播稿"的解读,不仅可以了解中国筹备收复台湾工作的
策略与步骤,还可以借此将当时中央政府对于台湾政治、经济、社
会民情的基本判断作一合理的研究。该汇编采用影印的形式出
版,虽然成本较大,但在杜绝校对方面的疏漏、保存史料原貌方面
有很大的优势。

第三,编排合理,便于利用。该汇编多达 15 万页,编辑体例的
选择至关重要。经过反复酝酿,广泛征求意见,未采取传统文献汇
编按照政治、经济、文化、社会等类别分册立卷的通行体例,而是采
用以事件为经、以时间为纬的编年体编辑方式。编年体不仅便于
利用,将来的"补编"或"续编"工作也留有方便余地。

该汇编的编纂和出版,不仅对学术界研究民国时期台湾与祖
国的关系、民国时期广大台湾同胞爱国爱乡的历史及民国时期台
湾地方史有极大的推动作用,而且对于批驳台独势力宣扬的"法理
台独"和"去中国化"等谬论具有十分重要的现实意义。

12.《台湾光复档案》①

包括《台湾光复档案·历史图片》《台湾光复档案·文献史料》
两册。该书所辑档案资料系二史馆所藏,相当一部分档案资料为
首次公布,涉及抗日战争的档案有日本朝鲜台湾反法西斯同盟创
立准备委员会宣言、台湾义勇队相关档案、陈仪在台湾省参议会第
一届第二次大会上的开幕礼致辞、丘念台《治台大计管见》等。该
书内容反映了台湾人民心系祖国、反抗日本殖民主义统治斗争及
台湾回归祖国的历史,对推动对台湾光复历史的研究,批驳"台独"
谬论,具有重要意义。

---

① 海峡两岸出版交流中心、中国第二历史档案馆编:《台湾光复档案》,北京:九州出版社
　2005 年版。

13.《日本侵华教育史料》(第三卷)①

主要辑录日本侵华时期日伪在其控制下的华东、华中、华南沦陷区执行的奴化教育方针与政策、教育行政机构、初等教育、中等教育(包括普通中学、师范、职业及日语学校)、高等教育、社会教育、留日教育、教育团体与组织、教育报告与统计,以及香港教育等相关资料,并将抗战时期中国教育损失概况作为附录。该书所选资料以二史馆所藏档案及公报、年鉴等原始文献为主,适当选录由上海档案馆、浙江省档案馆、广东省档案馆、福建省档案馆编辑出版的相关史料汇编中的部分史料,并收录了不少报刊资料。该书所辑档案资料大多选自二史馆藏国民政府教育部、伪维新政府行政院及其教育部、汪伪国民政府、汪伪行政院、汪伪教育部、汪伪宣传部等全宗的档案。本书第十编"反殖民奴化教育斗争"及附录"战时中国教育损失概况"部分反映了中国对日本殖民奴化教育的抵制和斗争情况等。本书中大量史料是首次披露和发表,对于中日关系、抗日战争暨教育等领域研究有很大帮助。

14.《沦陷区惨状记——日军侵华暴行实录》②

本书 2016 年由中国文史出版社出版,所选史料源自二史馆所藏《沦陷区惨状记》原件手稿。收录了孙俍工摘录的 1937 年 7 月至 1939 年 12 月中国各类报刊所载侵华日军在沦陷区所犯各类暴行及其时评。

孙俍工,湖南邵阳人,抗战时期在重庆中央军校和华西大学任教职。在中央军校任职期间,广阅报刊,将记者及亲历者从沦陷区

---

① 宋恩荣、余子侠、曹必宏主编:《日本侵华殖民教育史料》(三),北京:人民教育出版社 2016 年版。

② 孙俍工编,中国第二历史档案馆整理:《沦陷区惨状记——日军侵华暴行实录》,北京:中国文史出版社 2016 年版。

发出的侵华日军暴行的报道摘录辑集,按月详细记录中国军民所受日军残害的事实。该书全面记录了侵华日军所犯的各种罪行,范围包括北平、天津、上海、南京、山西、山东、河南、河北、江苏、浙江、安徽、江西、广东、湖北、湖南、福建、香港、澳门、金门等地。时间为 1937 年 7 月至 1939 年 12 月。残害方式计 20 款,即任意殴打街头民众;奴役、虐待沦陷区人民,并抢劫民财;强奸妇女;利用黑势力充当爪牙;活埋爱国青年与学生;借防疫之名毒害民众;强拉壮丁,调往前线;开设赌场、妓院、舞厅等麻醉民众;垄断沦陷区商业;强迫妇女裸体游行;抽取中国健康婴孩之血为日本伤病治疗;搜索民财;强迫中国妇女家翁街头乱伦,并拍摄照片刊登,侮辱中华民族纲常;设立难民收容所,修筑军事工事,继而灭口;开设慰安所,强迫中国妇女供日军蹂躏;强征壮丁,冲当炮灰;诱骗儿童,刺探军情;纵火焚烧;拉走难民;向知识青年体内注毒,进行人体试验。全面深刻地揭露了日军的残忍暴行。

更为可贵且具有价值的是,孙俍工不仅仅记录了日军暴行,更着意记录了沦陷区中国军民的反抗,尤其是敌后游击队的频繁活动,基本每册均有涉及。北平、天津、河北、山西、安徽、济南、上海、武汉、太仓等地游击队"对抗日兵完全利用游击战术,三五成群,攻敌不备,收效甚宏",日军"调动时,每于途中,被游击队袭击,时有损失,故敌人除各地据守城关外,绝不敢在乡间行动"。这些记载展现了中国人民坚强不屈的斗志和争取最终胜利的坚定决心。

该书堪称日军罪行大全,其内容可与已出版公布的日军暴行档案相补充,形成一条较为完整的日军战争罪行证据链。另外,由于资料中所涉及的一批报纸、杂志已难觅踪影,这些摘录的史料价值不言而喻,它不仅记录了史实,而且反映了当时的舆情导向和民众心理。本书史料除南京大屠杀的相关章节以前公布过,其他内容均为首次公布。

15.《程瑞芳日记》

南京出版社 2016 年版。《程瑞芳日记》是迄今为止发现的第一部由中国人以亲历、亲见、亲闻，实时记录下日军南京大屠杀暴行，并完好保存至今的日记类档案出版品，具有极高的史料佐证价值。该份档案的单独出版，采用了原件彩色影印，配以中、英、日 3 种文字的注解和翻译。这种新的编辑方法保证了这份珍贵档案的真实性与可信度，是揭露日军南京大屠杀暴行的铁证，也便于让更多的读者，包括海内外各界人士的阅读与收藏。

16.《抗战档案汇编》丛书

以金城出版社为主，九州出版社、重庆出版集团、社科文献出版社等分别出版。该丛书为二史馆参与国家档案局主持的《抗日战争档案汇编》系列丛书之主要组成部分。自 2016—2020 年先后编辑完成了以下几套专题档案选编：《国民政府抗战时期外交档案选辑》、《国民政府抗战时期军事档案选辑》（上、下）、《日本侵华战争时期播音纪要》77 册、《抗战兵役档案选编》30 册、《抗战军粮档案选编》20 册、《长城抗战档案汇编》（30 册）、《一·二八淞沪抗战档案汇编》23 册、《日本对华调查档案资料选编》50 册及其"续编"50 册共 100 册。这些专题档案的选编出版，是响应习近平主席有关加强抗战史研究的号召，针对抗战学术发展与研究拓展之需，精心选题，认真编纂的成果，这批史料的出版将会有力促进抗战史学术研究向更深更宽的领域发展。

第四章 重庆市档案馆馆藏抗战档案概况、特色及其整理利用

第一节 重庆市档案馆馆藏抗战档案概况

一、重庆市档案馆的基本情况

重庆市档案馆筹建于 1959 年 5 月,1960 年 3 月 10 日正式开馆。筹建之初的馆址设于市区解放西路 222 号原《西南工人日报》社旧址,三楼一底。随着接收档案的不断增多,原有馆址已不能满足档案库房和办公的需要,为适应档案事业的长远发展,1960 年 11 月,馆址迁至沙坪坝区天星桥复元寺 46 号(即现在的沙坪坝区天星桥晒光坪 56 号)。20 世纪 60 年代,为因应时代与形势的需要,1965 年,中共重庆市委、市人委决定在沙坪坝区化龙桥黄桷村修建档案战备库房和防空洞。1966 年 9 月,化龙桥一库竣工;1970 年 11 月,又在化龙桥馆区修建化龙桥二库,同年 12 月,重庆市档案馆迁至化龙桥黄桷村 100 号办公。与此同时,"重庆市清查敌伪档案办公室"部分工作人员(大部分人员在西南政法学院办公)和解放军警卫班进驻天星桥馆区。此时的重庆市档案馆,档案分别保

管于化龙桥虎岩村 17 号、天星桥复元寺 46 号和西南政法学院
3 处。

　　1974 年,"重庆市清查敌伪档案办公室"撤销,原在西南政法学
院的档案及工作人员,分别迁往天星桥馆区和化龙桥馆区。1983
年,重庆进行城市经济体制综合改革,原四川省永川地区合并于重
庆市,永川地区档案馆也因此合并于重庆市档案馆,但合并之初,
档案和人员一时未能集中,永川地区档案馆成为重庆市档案馆永
川分馆。至此,重庆市档案馆的档案和人员实际上又分别处于天
星桥馆区、化龙桥馆区和永川分馆 3 处,这对档案的管理、工作人
员的工作生活以及社会各界查阅利用档案,都带来诸多不便。
1987 年,经市委、市政府批准,将化龙桥分馆、永川分馆的档案和人
员向天星桥馆区集中,馆址位置也正式改为沙坪坝区天星桥晒光
坪 56 号。

　　受经济社会发展的限制,位于沙坪坝区天星桥晒光坪 56 号的
重庆市档案馆,其档案库房和办公用房,均属不同时期的分期建
筑,既缺乏统一规划和标准,也远远不能满足档案事业发展的需
要。随着国家综合档案馆社会功能的不断增多,也随着社会各界
对档案利用需求量的日益增加和扩大,更随着重庆经济社会的发
展,2009 年年初,市政府第 31 次常务会议批准了重庆市档案馆新
馆建设项目,并将其定位为"全国领先,西部一流,代表重庆历史文
化元素的重要的地标性建筑"。经过反复勘验、选址,最终的新馆
位于重庆市渝北区同茂大道 420 号,紧邻中央公园。重庆市档案
馆新馆于 2019 年底建成并投入使用,新馆占地面积 55 亩,投资金
额 4.5 亿元,建筑面积 5.5 万平方米,功能齐全,布局合理,设施设
备先进,大大改善了重庆市档案馆馆藏档案的保管保护条件,提升
了档案及档案工作在社会上的影响和地位,为发挥档案工作"存史

资政育人"作用,做到"四个好""两服务"提供了重要的载体。

历史上,重庆市档案馆长期与重庆市档案局实行局馆合一,两块牌子、一套班子的管理体制。2018 年 10 月的机构改革中,重庆市档案局的行政职能划归中共重庆市委办公厅,并于市委办公厅内挂"重庆市档案局"的牌子,重庆市档案馆改为市委办公厅所属事业单位。现重庆市档案馆,是中共重庆市委办公厅所属的集中管理档案的科学文化事业机构,是重庆行政区域内集"党和国家重要档案的安全保管基地、爱国主义教育基地、档案利用中心、政府信息查阅中心、电子文件中心"等多功能于一体的地方国家综合性大馆。历史的丰厚积淀与后人的艰辛努力相结合,使得重庆市档案馆的馆藏档案十分丰富,截至 2016 年底,馆藏档案资料总计103.5 万余卷(册)。其中,档案 737 个全宗 95.9 万余卷,资料(包括图书、报纸和期刊)7.6 万余册。另有录音录像影片档案 1 000 余盘,照片档案 6 万余张,电子档案(光盘)8 700 余 GB,3 150 余万画幅及大量的实物档案。这些档案和资料,全面地记载了重庆市自1725 年(清雍正三年)以来特别是 1929 年重庆建市以后各个时期的真实面貌,系统揭示了近代以来重庆历史的发展轨迹,真实反映了重庆人民在中国共产党的领导下进行新民主主义革命、社会主义建设以及改革开放的奋斗历程,为社会各界编史修志、工作查考、经济建设、政策咨询、寻根问祖、服务民生、影视拍摄、举办展览以及学术研究工作等发挥了积极作用,备受海内外社会各界特别是历史学界和文化界的关注和好评。1996 年 12 月,重庆市档案馆荣获"国家一级档案馆"称号,2007 年 12 月,荣获"全国档案事业发展综合评估先进单位"称号。

二、重庆市档案馆馆藏抗战档案概况

众所周知,在中国近现代历史上,重庆是一座具有特殊地位和作用的城市。自 1891 年重庆正式开埠以来,重庆重要的历史地位便日益显现,并逐渐发展成为西南地区的政治、经济、军事中心,特别是自 1937 年抗战爆发至 1949 年这短短的 12 年中,国民党中央及国民政府曾两度迁都重庆,使得重庆开始走出西南范畴,在中国历史舞台上扮演着十分重要的角色。其中,1937 年全面抗战爆发后国民政府的迁都重庆,更是中国历史上最大规模的一次政府首脑机关和国家都城自东向西的大迁徙。这次大迁都,其迁移机构之众多,在重庆这一新的中国"战时首都"办公时间之长久及其在中国历史上发挥作用之巨大,在中国近现代史上都是独一无二的。在此期间,不仅国民党中央、国民政府、国民政府军事委员会及其所属的各党政军中央机构纷纷迁移重庆办公,而且东部沿海地区的大批厂矿、学校、新闻单位、群团组织等也相继迁到以重庆为中心的大后方各地,此外中共中央代表团及中共中央在国统区唯一公开发行的机关报——《新华日报》、唯一公开发行的机关刊物——《群众》周刊,以及其他各民主党派的主要代表人物也相继聚集重庆。因此,抗日战争时期的重庆,在成为中华民国的战时首都继而于 1940 年 9 月成为"陪都"之后,其政治、经济、军事、外交、文化和社会地位的重要性,远非昔日可比:它既是国民党中央、国民政府及所属其他中央机关的驻在地,是国民党统治区政治、经济、军事、文化、外交、社会的统治中心和活动中心;又是以国共两党合作为基础,各党各派主要领袖和代表人物参与其中的抗日民族统一战线的重要活动舞台;既是中共中央南方局所在地,又是世界反法西斯战争同盟国中国战区统帅部的指挥中心。因此,抗战时期的重庆,在为伟大的抗日民族解放战争暨世界反法西斯战争的最后胜利作出巨大贡献与牺牲的同时,又对重庆自身的发展进步起了巨大的推动和促进作用:抗日战争时期,是重庆历史大发展、重庆社会大进步、重庆市政大拓展的一个重要时期。在此期间,重庆的政治地位得到前所未有大提高的同时,重庆的市政机构日益完善,市政建设日益发达,经济事业迅猛发展,文教卫生事业日趋进步,人口数量急剧增加。所有这一切均表明:抗日战争时期,既是中华民族走向伟大复兴的一个起点,又是重庆历史发展长河中十分重要的一环。因此,著名历史学家李新教授曾经指出:研究抗日战争,可以从中国共产党党史、中华民族全民族团结一致进行抗战、全世界反法西斯战争这 3 个角度来进行研究,但"无论从哪个角度上看,重庆都是最重要的地方……研究抗日战争离不开重庆"。① 著名历史学家金冲及教授也指出:"研究抗日战争史,如果不深入地研究当时作为陪都重庆的历史,这个研究是不完整的",他又说:"不了解抗日战争时期的重庆,就不能完整地了解中华民族的近代历史"。② 由此可见抗战时期重庆城市和重庆历史的重要。

重庆在"抗战"这一重要历史时期所形成的囊括各方面内容的丰富档案,我们统称为"陪都档案",也称之为"抗战历史档案"。它是重庆市档案馆馆藏民国档案的主体,也是重庆市档案馆馆藏档案的主要特色和优势所在,其内容涉及抗战时期方方面面的一切大小事件,而尤以有关政治、经济、轰炸与反轰炸、社会运动与社会

---

① 李新:《中国重庆抗战陪都史国际学术研讨会论文集序言》,顾乐观主编:《中国重庆抗战陪都史国际学术研讨会论文集》,北京:华文出版社 1995 年版,第 2、3 页。
② 金冲及:《应当重视抗战时期陪都史的研究——在重庆抗战陪都史学术讨论上的讲话》,《中国重庆抗战陪都史国际学术研讨会论文集》,第 12 页。

变迁、对外交往、市政建设等方面的档案最为系统和完整。除此之外,抗战时期发生的一系列具有全国意义和特色的重大事件、重要活动等,馆藏中也有不同程度的介绍和反映,如沿海工矿企业、机关学校的内迁,国民政府对西南西北的建设与开发,国民党中央为支撑抗战于政治、经济、军事、文教上采取的种种措施,国民党中央、国民政府及所属各院、部、会等党政机关及其主要负责人在重庆的活动,日机对重庆长时期的野蛮轰炸、损失概况以及重庆人民的反轰炸斗争,重庆各界各阶层人民对不平等条约的废除以及平等新约签订的庆祝,国民党当局对《新华日报》的迫害及其对中国共产党、各民主党派和其他进步人士的监视等。

　　正因为抗战时期重庆地位的重要,所以记载、反映这段历史的档案不仅重要,而且数量庞大,馆藏数量多达 370 个全宗,40 余万卷,排列长度 8 000 余米,主要分为国民党、国民政府中央机构档案,重庆地方党政机构档案,社团福利机构档案,司法机构档案,科研、文教、卫生机构档案,工矿企业机构档案,财政、金融机构档案,交通、邮电机构档案,商业、贸易机构档案几个部分。除此之外,重庆市档案馆还收藏有抗战时期的图书、报纸、期刊等 1 万余册,照片 1 万余张和一些实物档案。这些档案,多角度、全方位地记载、反映了抗战时期国民党中央、国民政府及其所属各院、部、会在重庆的重要活动与重大举措,彰显了抗战时期生活、战斗在重庆的各党派、各界各阶层、各族人民为支撑、支持抗战所做出的种种努力、奋斗与牺牲,全面反映了抗战时期作为中国"战时首都"的重庆在政治、经济、军事、文教、外交、社会等领域的活动及其发展变化,清楚地展示了抗战时期重庆历史的发展轨迹及其对中国抗日战争和世界反法西斯战争的巨大贡献。此系重庆市档案馆馆藏档案中最具保藏、利用和研究价值的档案,吸引了国内外学者的广泛关注、重视和好评，为国内外专家学者查阅利用最多的档案。

第二节　重庆市档案馆馆藏抗战档案的主要特色

与其他省市档案馆相比，重庆市档案馆馆藏的"抗战历史档案"，不仅数量众多、内容丰富、门类齐全、保存完整，而且许多档案不仅具有重庆地方特色，而且具有全国意义，具有重要的保藏、研究与使用价值。现分别介绍于下：

一、战时中央机构档案

由于重庆在抗战时期特殊的历史地位，使得重庆市档案馆成为国内少有的省级档案馆藏有国民党中央、国民政府等中央机构档案的档案馆之一。馆藏此部分档案主要涉及国民党中央组织部、宣传部、中央训练团、国际广播电台，国民政府司法院、考试院、行政院、司法行政部、铨叙部、内政部、财政部、经济部、粮食部、资源委员会，国民政府主席重庆行辕、重庆卫戍总司令部、内政部调查统计局、军事委员会调查统计局重庆特区、西南特区等50个全宗，共11 564卷。此部分档案形成的时间大致在20世纪30年代初至40年代末，也就是抗战爆发前夕至1949年底国民党政府于大陆败亡这一段时间。由于这一时期内国民党中央、国民政府以及国民政府军事委员会等中央机关最重要、最机密的档案被带去了台湾，来不及和无法带走的大多数中央机构的档案，中华人民共和国成立后又按照档案"集中管理"的原则被集中收藏于南京中国第二历史档案馆。因此，虽然重庆在中华民国史上曾两次成为"首都"，其时间也长达10年，但由于上述原因，使得重庆市档案馆馆藏的有关国民党、国民政府等的中央机构档案，无论是从形成档案的全宗数量和案卷数量看，还是从形成档案的时间和内容看，与其形成者本身在中国历史上的地位相比，不仅档案数量少，而且内容大多不完整，也不系统，但它们在重庆市档案馆馆藏档案中，仍是最具特殊性和重要性的档案之一。

首先，此部分档案大大丰富了重庆市档案馆馆藏档案的结构和内容，使重庆市档案馆成为全国各省市档案馆中为数不多的收藏有国民党中央机构档案的档案馆之一，而且这部分档案大多形成于"抗日战争"这一特殊又重要的历史时期，它们或多或少、或直接或间接地反映了这一重要历史时期某些方面、某个事件的具体情形，对研究抗日战争史具有其他地方档案不可替代的重要价值。

其次，这部分档案涉及国民党中央、国民政府各主要部门的机构沿革、人事更迭、方针政策、会议记录、法规法令、规章制度、训令指示、来往函电，以及当时出版的各种内部资料如新闻稿、参考资料、政治情报、调查周报、敌情参考，国民党中央和国民政府、军事委员会等中央机关科长以上人员的姓名、职掌、住地及各单位主要负责人的任免登记，西南各省市报社、杂志社、通讯社的登记申请书及其概况统计等。这些重要史料，既包括了抗战时期国民党中央政府一些重大方针政策的决策制定过程，又包括了其执行实施过程及其结果。这些档案，对研究这些机构的历史沿革、政策措施、工作情形及其迁渝留渝史实等，均具有重要价值。如重庆市档案馆根据这些史实编辑出版的《迁都重庆的国民政府》《抗战时期国民政府在渝纪实》《重庆：中国抗战大后方名人手迹》等书，即因史料翔实、内容丰富受到学界的广泛好评。

第三，此部分档案虽然数量不多，内容不系统，但档案中仍不乏一些颇具重要研究价值而为重庆市档案馆所独有的珍贵史料，如有关战时宣传的各项方针政策、纲要、办法、要旨；太平洋战争爆发后,中国有关研究日本问题之专家学者对未来战争发展态势的预测和分析;汪精卫集团叛国投敌后,孔祥熙官邸系统的谍报人员在上海、南京、香港及国外其他重要城市如河内、柏林、华沙、日内瓦、东京、马尼拉等地搜集的有关日伪及轴心国各地的政治、经济、军事、文化、外交、人事情报,如抗战时期国民党政府与日本当局秘密接触史料,汪伪傀儡组织的内幕及其现状,日、汪、蒋拉拢争取吴佩孚的史料等;国民党军统特务对中国共产党、中国民主同盟及其他民主进步人士的调查监视情报及各地特务组织搜集的战时全国各重要地区的政治、经济、军事、文化、宗教、社会、外交情报等;此外,还不乏一些重要的专题档案史料,如抗战初期震惊全国的"綦江战干团惨案"史料,经济部工矿调整处自编的该处大事记、工作报告及其对各地民营工厂概况的调查报告、视察报告等,抗战后期军统局渝特区调查所得的《知识青年从军运动真相》、军统局渝特区1939年度工作报告、军统十年大事记、军统关于国民党六大召开时各派系争斗倾轧的情报等等。这些档案,对研究抗战时期国民党中央、国民政府有关方针政策的制定、实施及其结果等,都具相当的价值,也是馆藏档案中使用频率较高的一部分。

二、重庆地方政府档案

重庆位于长江、嘉陵江的交汇处,优越的地理位置、便利的交通环境,使得重庆自1891年正式开埠以来,其重要地位逐渐在四川乃至整个西南地区日益显现出来:重庆不仅是西南地区最大的商贸中心城市,是西南地区最早跨入近代化、城市化门槛的城市之一,而且是民国以后各路军事、政治势力争夺的焦点和活动的主要聚焦地,西南及四川地区的辛亥革命、护国运动、护法战争以及随之而来的新文化运动、轰轰烈烈的四川大革命运动、长达20余年的四川军阀混战、国民党中央势力渗入四川及西南各地等四川、西南乃至全国的重大历史事件，无不以重庆为重要的活动舞台且在重庆历史上留下了重重一页。但正因为此时期急剧的社会动荡、频繁的战争以及由此带来的政权更迭，使得记载、反映这段历史的各类档案尤其是政务档案保存下来的相当少而且很不系统，因而造成了重庆市档案馆馆藏 1912—1937 年的地方政府档案基本上是空白的遗憾，但 1937 年以后的档案则保存得相当完整、系统且齐全。

重庆市档案馆馆藏抗战时期重庆地方政府档案，主要有重庆市政府、重庆市党部、三青团重庆支团部、重庆市参议会、北碚管理局、重庆市第三区行政督察专员公署、重庆市动员委员会、陪都建设计划委员会、重庆市都市计划委员会及重庆市政府所属各职能局如警察局、社会局、工务局、卫生局、教育局、财政局、粮政局、地政局、民政局、公用局等机关的档案，共有 55 个全宗 77 629 卷。其形成时间主要在 1937 年抗战爆发后，其特点是数量较多、保存完整、内容丰富、价值颇高、利用者众，在馆藏档案中占有十分重要的地位。

首先，此部分档案大多形成于 1937 年全面抗战爆发之后（少部分档案可上溯到民国初年），且重庆市政府所属的大部分局、处、室，也系抗战爆发之后成立或拓展其职权。因而这部分档案不仅全面、系统地反映了各立档单位的机构沿革、组织概况、规章制度、会议记录、人事更迭、工作情形，还较全面地反映了重庆自设市以来的行政区划变迁、政府机构沿革、历任长官更换、市政建设拓展、经济事业发展、文化教育卫生事业进步的详细情况，反映了重庆地区的土地、人口、民族、宗教、风俗、帮会、赈济等社会情形；而且还集中地反映了抗战爆发后重庆地方党政机构一方面贯彻执行国民党中央各项方针政策的经过与结果,另一方面自行制定的法规法令、规章制度及其贯彻执行情形,历次市政会议记录、决议及其贯彻执行情况,各职能部门的工作计划、报告、总结等等,如重庆市政府的组织规程、组织系统表、办事细则、工作计划、工作报告、施政纲要、会议记录,国民党重庆市执行委员会的组织规程、办事细则、会议记录、工作计划、工作报告、历届党员代表大会宣言,重庆市临时参议会的成立宣言、组织条例、议事规则、办事细则、参议员履历表、历届会议记录及提案等等,它们是研究抗战时期中国抗战史、重庆抗战史不可或缺的重要史料。

其次,由于重庆在抗战史上的特殊地位,使得它与国民政府及国民党中央在各个方面都有着十分密切的关系。因此之故,国民党中央、国民政府及其下属机构于抗战时期制定颁发的一系列下发性文件,如国民党中央、国民政府、军事委员会及所属各院、部、会、署的组织法规、组织章程、组织条例、工作计划、工作报告,国民党中央颁发的各项方针政策及其执行情况;重庆市地方党政机构与国民党中央各部门的来往函电;国民党中央一些重要人物的活动,如中国国民党服务总队调查表、国民政府军事委员会驻渝直属机关一览表、国民政府军事委员会军法执行总监部审查组报告、国民政府军事委员会水陆交通检查所会议记录、兵役部日日命令、国家总动员会议施政计划与工作报告、国民精神总动员运动的发起实施与举行国民月会与宣誓情况、知识青年从军运动的发起组织动员实施过程与结果、国民政府教育部有关教育计划规则、社会部第一次全国社会行政会议提案等等,在档案中均有相当程度的反映。除此之外,抗战时期一些闻名全国的重大事件、重大活动等,在档案中都有十分完整的记载。

三、战时对外交往交流档案

外交是一个国家主权的象征，由中央政府主持和办理，所以一般的地方政府档案中，是不可能有外交方面的档案的。但由于重庆是抗战时期的中国战时首都，而抗战时期的中国外交是十分活跃、频繁的，"雁过留声"，虽然主体的、重要的、大部分战时中国外交档案藏于中国第二历史档案馆，但重庆市档案馆仍藏有小部分、零星的战时重庆对外交往交流的档案，使得重庆市档案馆成为少数藏有外交档案的地方综合档案馆之一，这也为重庆市档案馆馆藏的一大特色。

此部分档案，虽然馆藏档案中没有固定统一的全宗，但各个全宗内都有程度不同的反映，特别是重庆市政府、国民党重庆市执行委员会、市警察局、市社会局、北碚管理局、行政院以及一些工厂银行全宗内，都有较为集中的反映。其涉及的国家有美国、英国、苏联、法国、加拿大、日本、德国、意大利、缅甸、印度、韩国、土耳其、巴西等数十个国家，可以说，凡是第二次世界大战时期与中国有关系的国家，馆藏档案都因其与中国政府的亲疏关系不一而有不同程度的反映。其涉及的内容也是包罗万象，其中既有政治方面的，也有经济、军事、文化、外交等方面的；既有反映抗战时期国民政府外交方面的一些重大事件和活动，如不平等条约的废除和平等新约的签订，联合国日的产生和活动，联合国宪章的签署，中美、中缅、中法比瑞等文化协会的成立及其活动等，也有一些具体的微观的民间外交活动，诸如外国驻华驻渝使领馆的迁建、馆址的寻觅修筑以及国民政府和重庆市地方政府给予的协助与帮助，各国驻华大使、驻渝领事到重庆的时间及政府当局的迎来送往，外国各界著名人士如居里、威尔基、华莱士、蒙巴顿夫妇等访华（主要是访问重庆)时的警卫、食宿、迎送及其在重庆期间的一般活动安排等,如有关中美、中英不平等条约的废除与平等新约的签订及中苏友好同盟条约文件,外国使领人员及外侨保护办法、外国人民加入中国国籍办法、外国机关及外侨雇用中国人民办法、德意侨民及其私人财产处理办法,美国罗斯福总统致重庆人民纪念轴、英国布里斯宅市市长慰问重庆市民电,英国驻华大使卡尔为儿童保育会募捐、美国医药援华会补助重庆市救济站经费、美国红十字会捐赠重庆市小学布疋,重庆市外国侨民调查表、外国兵舰停泊往来调查,追悼美国总统罗斯福及筹设国立罗斯福图书馆,禁止外国人在内地游历及拍照,打捞美国军舰图图拉号以及调查印度医师行踪,欢迎英国议会访华团、缅甸记者访华团以及华莱士、魏德迈、马歇尔、蒙巴顿等等。

这些战时重庆对外交往交流档案,既有官方的也有民间的,既有正式的也有非正式的,既有已办的也有未办的,形式多种多样,内容繁简不一,充分体现了重庆作为中国战时首都在对外交往交流中的重要地位和作用,也体现了中国人民与同情、支持中国抗战的国家及世界上爱好和平的人们的友好往来,是研究中国战时外交特别是民间对外交往交流的重要史料,具有较高的保藏、利用和研究价值,颇受海内外学者的重视和关注。

四、"重庆大轰炸"档案

抗战时期,重庆因其特殊的政治、经济、军事地位,成了日本帝国主义狂轰滥炸的主要目标,也是抗战时期中国各大城市中遭受日机轰炸时间最长、投弹量最多、损失最惨烈、损失最大的城市。据不完全统计,在抗战时期的 1938 年 2 月至 1943 年 8 月这 5 年半的时间里,日机共出动飞机 5 746 架,对以中国战时首都——重庆市行政区域为核心的,包括巴县、江北、北碚等环重庆周边各县(局)在内的地区共实施轰炸 131 次(其中有 3 次虽未投弹但用机枪扫射),共投弹 19 719 枚,其中爆炸弹 17 402 枚、燃烧弹 2 307 枚、手榴弹 10 枚,共炸死重庆市民 11 057 人,炸伤 12 385 人,损毁房屋 9 469 栋又 32 848 间,船(主要为木船,另有少量汽艇)558 艘,车(主要为汽车,另有部分包车)41 辆。① 其中,1939 年的"五三""五四"大轰炸,1940 年的"八一九""八二〇"大轰炸以及 1941 年的"大隧道惨案",都是日本帝国主义侵略中国并对中国人民进行屠杀的铁证,是震惊中外的大事,且为中国及世界爱好和平的人民永志不忘。

重庆市档案馆馆藏抗战时期日机轰炸重庆及重庆人民反轰炸的档案十分齐全、完整和丰富,它除主要藏于重庆防空司令部、重庆卫戍总司令部、重庆市政府、重庆市警察局、市工务局、市教育局、市卫生局、重庆市参议会、重庆市防空洞工程处和北碚管理局等全宗外,馆藏其他全宗内,几乎都有程度不一的涉及和反映。可以说,凡是抗战时期生活、工作在重庆的,无论是单位或个人,多多少少都与"重庆大轰炸"有着一定的关系。因此,重庆市档案馆馆藏的"重庆大轰炸"档案,不仅系统完整,而且数量颇大,仅直接相关的就多达 4 000 余卷,占馆藏抗战历史档案总数的 1%强。其具体内容大致包括以下几个方面:

一是有关防空机构如重庆防空司令部、陪都空袭紧急救护联合办事处、重庆防空洞管理处、重庆市防护团以及其他反空袭机构的成立经过、组织规章、机构沿革、人员名册、工作条例、工作计划、工作情形和工作报告。二是重庆地区消极防空的相关史料,特别是人口疏散的有关政策、规定、办法及其执行情形和结果,各类防

_____

① 笔者根据重庆市档案馆馆藏各种档案逐次统计。

空洞、沟、壕的开凿、管理和容量统计,空袭时期的交通管制、灯火管制、车辆管制,为避免空袭损失扩大而进行的隔火巷(也称"太平巷")的开辟、市区房屋的拆迁,轰炸后政府当局及社会各界人士对轰炸现场的消防、救护及其对受灾市民的赈济等等。三是自1938年起至1943年止近5年的时间里,日机空袭重庆主城区的经过情形及其所带来的巨大损失,包括日机历次轰炸重庆时的飞机架数、批次,投弹种类及数量、空袭警报发布与解除时间、被炸地点及投弹数量、市民死伤人数及财产损失状况等统计资料。此中,《重庆防空司令部调查日机袭渝情况暨伤亡损害概况表》,是迄今为止有关"重庆大轰炸"档案和资料中记载日机轰炸重庆经过概况及其造成损失情形最为完整、系统和权威的档案。该调查表由重庆防空司令部调制,大多数于轰炸当日填写,有少量的于轰炸之后补填。时间从1939年1月7日日机的第12次空袭(之前的"轰炸"也就是1938年的"11次空袭",在此表中没有统计)起,到1943年8月24日日机第203次空袭(空袭地点为万县)止,总计调查制作了此间日机空袭重庆市区及重庆防空司令部监视区域的192次空袭和损害情况,其中除第181、183次的空袭情况表缺乏外,其余的190次都依次有着详细的记载。其记载的内容,包括"敌机经过路线(内分窜入路线、逸去路线)""空袭次数""被炸弹区次数""警报时间性(内分空袭、紧急、解除、经过时间)""敌机架数""投弹地点""投弹种类枚数(内分爆炸弹、燃烧弹)""人口伤亡(内分伤、亡)""建筑物损毁(内分房屋、交通工具,其中房屋又分栋和间)""施救情形""备考"和"附记"等13个大项。它们与战时重庆防空或救济业务密切相关的重庆卫戍总司令部、陪都空袭救护委员会、重庆市政府、重庆市警察局的相关档案,互为补充和映证,可以全面、完整地反映出抗战时期日机对重庆实施轰炸及重庆市民遭受的巨大牺牲和损失。除此之外,"重庆大轰炸"中震惊中外的"五三""五四"大轰炸、残酷的"八一九""八二〇"大轰炸以及1941年"大隧道惨案"的经过情形和善后处理,档案中均有翔实的反映和记载。四是重庆人民反空袭的斗争,包括战时会集于重庆的各界各阶层人民对日机野蛮轰炸的声讨、抗议,踊跃捐款捐物修建防空洞及救济灾民,于空袭时期不畏轰炸坚持生产,重建家园以及于空袭后对被灾人员和空袭救护人员的慰问等。五是重庆各部门各团体有关遭受空袭损失的详细调查、统计材料以及以此为据向日本政府索赔的文件、函电、办法、规定等等。

馆藏"重庆大轰炸"档案,真实地揭露了抗战时期日本帝国主义违反国际准则,轰炸不设防城市,滥炸无辜市民的罪恶行径,也表现出了中国人民不畏强暴,爱好和平,坚持正义、坚持抗战并最终赢得胜利的伟大斗争精神。

五、战时工矿企业档案

1937年全面抗战爆发后,国民政府为支撑抗战,以专门的机构、人员和大量的人力物力财力,将东部沿海地区数量众多的与战争密切相关的工矿企业迁到以重庆为中心的抗战大后方,再加上战时军用民用的需要,促使重庆的工业在战争的环境下突飞猛进,迅猛发展。据资料统计,到1945年8月抗战胜利前夕,整个大后方有工厂5 266家,工业资本4 801 245千元,职员59 246人,工人359 663人,动力机5 225部,各式设备8 727部。以上各项,重庆分别为1 518家,1 408 125千元,14 517人,89 630人,2 302部,4 320部,各占整个大后方总数的29%,29%,19%,25%,44%,50%。①

---

① 李紫翔:《四川战时工业统计》,《四川经济季刊》第3卷第1期,1946年1月1日。

重庆也因此成为抗战时期中国工业门类最齐全、工业规模最大、工业产品最丰富、工业产品数量最多的唯一的综合性工业生产基地，被誉为战时中国的"工业之家"。

重庆市档案馆馆藏抗战时期工矿企业方面的档案，主要藏于国民政府军政部兵工署第一工厂、第十工厂、第二十工厂、第二十一工厂、第二十三工厂、第二十四工厂、第二十五工厂、第二十六工厂、第二十八工厂、钢铁厂迁建委员会、第四十一工厂、第五十工厂、中国兴业股份有限公司、渝鑫钢铁厂股份有限公司、资源委员会资渝钢铁厂、资源委员会中央电工器材厂重庆制造厂、资源委员会重庆化工厂、中央工业试验所油脂实验工厂、中国工矿建设股份有限公司、中国纺织企业特种股份有限公司、中国毛纺织厂股份有限公司渝厂、裕华纺织公司、豫丰纺织公司、沙市纺织股份有限公司重庆分厂、上海机器厂股份有限公司、中南橡胶厂股份有限公司、天原电化厂股份有限公司、中央印制厂重庆造纸厂、四川水泥股份有限公司、重庆电力股份有限公司、民生实业股份有限公司民生机器厂、天府煤矿股份有限公司、东林矿业股份有限公司、南桐煤矿、綦江铁矿等全宗内，共有 101 个全宗 81 960 卷，为馆藏抗战档案的重要组成部分，利用者众多，主要有以下特点：

一是此部分档案不仅数量多，保存完整，而且内容丰富，门类齐全，几乎涉及抗战时期工业经济部门的方方面面。按工业部门分，它涉及兵器工业、冶金工业、机器工业、电力工业、纺织工业、能源工业、化学工业、食品工业等等；按经营方式分，它包括国营工业、民营工业、地方政府举办的工业等；按投资方式分，它又可分为独资、合资和股份制等。由此为研究战时工业经济的各种类型和结构提供了翔实的史料。二是此部分档案与馆藏金融机构档案一样，凡是兴办比较成功、比较注重近代经营方略和经营思想的企业,其档案保存就相当完整,数量也较多,国营大型企业如兵工署所属各兵工厂的档案、资源委员会所属诸企业的档案,即属此类。相反,一些民营企业特别是私营企业,由于其资金少、规模小,所从事的大多系一些作坊式的加工工业,在生产活动中形成的档案本来就少,形成之后又不注重或无力保管,所以能够保存下来的档案也就更少了。三是此部分档案,不仅是研究各立档企业及有关工业行业、部门历史沿革、组织构架、生产经营必备的重要史料,而且还可从中了解、研究抗战时期许多重大经济政策、经济法规的出台背景、实施经过与结果,从而更进一步研究抗战时期国民政府及所属经济主管部门在经济立法、经济决策、经济施政诸方面的利弊得失及其原因。

在馆藏工矿企业档案中,值得特别一提的是兵工企业等国营企业的档案。馆藏有关兵工企业的档案,主要有兵工署所属的 17 个生产厂家、1 个工程处、3 个材料总库等 24 个全宗共 39 067 卷。此外,馆藏经济部、经济部物资局、经济部工矿调整处、兵工署及所属办事处等全宗内,也有部分与兵工企业及生产有关的档案。就目前所掌握的情况看,重庆市档案馆馆藏此部分档案,其成档数量之众多、保存之完整系统、内容之丰富齐全,在全国各级各类档案馆中无出其右者。这些档案,除反映各生产厂家的组织规程(大纲、条例)、办事细则、组织系统、人员编制、工厂沿革、厂内员工兵伕人数,及其厂务会议、生产计划、生产情形、生产经过、生产品种、生产数量等各厂自身的方方面面情形外,还集中地反映了抗战时期中国兵器工业及其他国营工业、民营工业的内迁过程,反映了抗战时期以重庆为中心的大后方工业中心地位的形成和发展,反映了各生产企业内部的生产组织、科技进步和员工管理,也反映了各生产厂家的广大员工于战时艰难困苦的条件下不计得失、努力生产及其为支撑八年抗战所作出的卓越贡献,同时还反映了战时国营经济的发展对重庆地方经济以及重庆社会的巨大影响等等。此外,对于抗战时期国民政府及所属相关部门如经济部、交通部、战时生产局等制颁的各种经济政策、经济法规、经济措施及其举行的经济会议等宏观史料,馆藏档案中也有较翔实的反映。因此,馆藏此部分档案,对研究战时中国经济结构及国民政府的战时经济政策,对研究战时中国经济发展变迁史,均是不可或缺的重要史料,具有极高的保存和研究价值,深受国内外专家学者的青睐和重视。

六、财政金融档案

由于优越的地理位置和便利的交通环境、发达的工商业、众多的人口以及重庆城市化的需要,抗战爆发前的重庆金融业已有一定程度的发展,成为整个四川乃至西南地区的金融中心。特别是民国之后兴起的以聚兴诚银行、四川美丰银行、川康殖业银行、重庆银行、川盐银行、和成银行为首的"川帮"银行,不仅在四川金融史上占有重要地位,而且在中国近代金融发展史上也占有一席之地。1937年全面抗战爆发后,国民政府为适应战争的需要,除将国家级的金融机构——中央银行、中国银行、交通银行、中国农民银行总行以及中央信托局、邮政储金汇业局全部迁到重庆办公外,东部沿海地区的其他省营、民营银行,或将总行迁到重庆,或在重庆设立分支行处。到1943年10月,重庆的金融业已发展到162家,内总行设于重庆者37家,各银行在重庆设的分支行处89家,钱庄银号36家。[①] 除此之外,还有保险公司21家。到抗战胜利前夕,重庆的保险公司更增加到53家,是战前9家的近6倍。这些金融

---

① 康永仁:《重庆的银行》,《四川经济季刊》第1卷第3期,1944年6月15日。

机构的档案,在重庆市档案馆里均有完整、系统、全面的保藏。

重庆市档案馆馆藏财政金融档案,主要由国民政府财政部、财政部重庆直接税局、财政部重庆货物税局、财政部重庆国税局,重庆市财政局、重庆市银钱业放款委员会、重庆市银行公会,中央银行、中国银行、交通银行、中国农民银行总管理处及各自所属的重庆分行,中中交农四行联合办事处总处及所属重庆分处,邮政储金汇业局重庆分局、中央信托局重庆分局、重庆市合作金库,聚兴诚银行、四川美丰银行、川盐银行、川康平民商业银行、中国工矿银行重庆分行、中国通商银行重庆分行、中国实业银行重庆分行、中国国货银行重庆分行、上海商业储蓄银行重庆分行、金城银行重庆分行、浙江兴业银行重庆分行以及钱庄档案等组成,共有54个全宗78 089卷档案,其中的绝大部分属于抗战时期,是馆藏抗战档案中数量比较多的部分。与其他几个部分的档案相比,馆藏抗战财政金融档案主要有以下几个方面的特征。

一是此部分档案数量众多,形式多样。银行的构成种类丰富,除财政方面档案既有中央政府财政部的档案,又有地方政府所属财政局的档案外,金融机构方面的档案主要包括国民党中央一级金融机构,如四行二局及其分支机构档案,原设于重庆的各川帮银行档案,原设于东部沿海各地、抗战爆发后西迁重庆的外省各著名银行(或分行)档案,以及抗战时期在重庆新成立的各银行档案及钱庄档案等几大部分。二是馆藏金融机构档案的数量,既与各银行存在的时间长短、规模大小有关,更主要的是与各银行的管理手段、经营思想是否先进有关,与各银行开办的成败与否密切相连。中央级金融机构的档案自不待说,就是一些川帮银行的档案也保存完整,数量巨大,动辄数千卷甚至上万卷。这些银行的档案,均具有时间跨度长、内容丰富、保存完整、涉及面广、数量众多的特点。如中央银行及其重庆分行的档案多达 4 395 卷，时间跨度为 1928—1950 年；中国银行及其重庆分行的档案多达 12 109 卷，时间跨度为 1915—1951 年；交通银行及其重庆分行的档案为 7 841 卷，时间跨度为 1917—1950 年；中国农民银行及其重庆分行的档案为 6 565 卷，时间跨度为 1933—1950 年；中中交农四行联合办事总处及重庆分处的档案为 1 375 卷，时间跨度为 1937—1948 年；聚兴诚银行的档案为 5 130 卷，时间跨度为 1913—1955 年；四川美丰银行的档案为 2 444 卷，时间跨度为 1921—1956 年；川盐银行的档案为 4 370 卷，时间跨度为 1930—1954 年……而一些影响力小的银行特别是经营方式和管理手段都相对落后的钱庄，保存下来的档案就很少，整个馆藏的钱庄档案，仅一个全宗 90 余卷，根本不能反映钱庄这一金融组织在战时金融活动中的地位和作用。三是馆藏金融机构单位档案，因为时间跨度长，数量众多，内容丰富，它们中的许多档案，不仅弥补了抗战爆发前重庆政务档案的不足，而且还远远超出了金融本身的范畴和重庆的地理界限，涉及抗战时期全国各地的各个方面，特别是聚兴诚、四川美丰、川盐等川帮银行于全国各重要城市如上海、南京、苏州、汉口、长沙、北京、广州、厦门、香港、成都、宜宾、万县、内江等地所设分支行处，为开展业务而对该重要城市及周边地区所作的政治、经济、军事、文化、社会情形的调查及报告，更是研究各该城市战时政治经济及社会变迁的重要史料。这些档案史料，不仅对研究整个战时中国经济、金融的发展变化具有重要意义，而且对研究上述各该城市在抗战时期（有的上溯下延）的历史，也具重要参考价值。

　　就各立档金融机构本身而言，馆藏金融机构档案还包括了以下几个方面的内容：它一方面反映了各银行的成立、资本构成及其变化、组织章程及人员更迭、经营管理及投资策略，以及各银行投资其他各项事业的情形,反映了抗战时期有关财政金融方面的法规法令、制度办法和方针政策的出台背景、实施过程与实施结果,反映了不同历史时期不同币值、利率、汇率的发展变化情形,反映了重庆自民国初年区域性经济中心逐渐发展成为抗战时期全国金融中心的历史演变过程,反映了抗战爆发后东部沿海地区各银行(包括分支行处)的内迁经过及其在重庆设立、发展、兴盛过程,反映了抗战时期重庆金融市场和金融制度的演变概貌,它们是研究抗战时期中国经济金融史不可或缺的重要史料。另一方面,这些档案又多角度、全方位地反映了与银行等金融机构相联系的战时全国及重庆历史的其他方方面面,如四川美丰银行内的有关国家总动员会议、第二次全国生产会议文件,重庆市临时参议会记录,陪都空袭救护委员会有关重庆历次遭受空袭的通报,中国民主建国会成立的文件等;川盐银行内有关国民政府军事委员会委员长重庆行营文件,1937年四川旱灾民食救济会文件,国民政府及重庆地方政府当局有关防空救护文件、新生活运动会文件、伤兵之友文件;聚兴诚银行内的有关该行与外商合组公司开发四川矿源的文件,华洋义赈会四川分会民国二十六年报告书;中央银行重庆分行内的重庆市驻扎部队一览表等等。它们对研究抗战时期国民政府、国民党中央以及重庆地方的有关方针政策、法令措施以及一些重大事件、活动和人物等,均具有重要的史料价值。因此,馆藏金融机构的档案,不仅是研究重庆金融史的重要史料,也是研究整个中国金融史特别是抗战金融史、经济史不可或缺的重要史料,而且对研究抗战时期其他各专门史也具重要的补充价值。

七、战时文教档案

抗战爆发前,重庆的文化教育虽有一定的发展,但与先进的华北、华东等东部沿海地区相比又是微不足道的。抗战爆发后,作为中国文化教育精华荟萃之地的华北、华东地区相继沦为战区并很快陷于敌手。为了减少日寇的破坏、避免日军的蹂躏并摆脱日军的奴役,保存中国文化教育的命脉,一些国立、省立乃至私立的大专院校、文化团体、报纸杂志等纷纷内迁,从而形成了中国文化教育史上第一次最大规模的自东向西的大迁徙。据统计,在战前全国 108 所专科以上学校中,抗战爆发后被迫迁移的达 52 所,其中先后迁入四川的达 48 所。在所有迁川高校中,又以迁入重庆的为最多,共为 31 所,占抗战时期高校内迁总数的 59.6%,占迁川高校总数的 64.5%。① 内迁、新建,再加上重庆原有的高校,抗战时期重庆高校最多时达 38 所。高等院校的发展,又促进了中等教育、初等教育及其他文化事业的进步,重庆也因此成为战时中国文化教育的高地。但由于抗战胜利后内迁高校纷纷迁返原址,其于抗战时期形成的众多档案,也随学校离开重庆,从而使得重庆市档案馆并没有内迁高校的完整档案。虽然如此,重庆作为战时首都,仍有相当部分的文化教育档案保藏于重庆市档案馆。此部分档案,主要藏于重庆市教育局、重庆市卫生局、国立重庆大学、国立女子师范学院、国立中央工业专科职业学校、国立国术体育师范专科学校、四川省立教育学院、四川省立川东师范学校、四川省立重庆女子师范学校、四川省立重庆高级工业职业学校、四川省立重庆中学、世界佛学苑汉藏教理院、重庆市立师范学校、重庆市立第一中学、重庆市立女子中学、私立中国乡村建设学院、私立西南美术专科学校、私立南开中学、私立树人中学、私立复旦中学、私立巴蜀中

---

① 根据《抗战中 48 所高等院校迁川梗概》,四川省政协文史委员会编:《四川文史资料选辑》第 13 辑(1964 年 5 月)一文统计而成。

学、私立求精中学、北碚私立兼善中学、中国西部科学院、经济部矿冶研究所、经济部重庆工业试验所、国立罗斯福图书馆、重庆市立图书馆、重庆市立艺术馆、中央国医馆、陪都中医院、重庆市市民医院、重庆仁济医院、北碚医院等全宗内，共有 60 个全宗 15 116 卷，虽然在馆藏抗战档案中不占主体，但对研究战时教育、文化、科技、卫生等方面的施政与发展等，仍具一定参考价值，也是有关方面之专家学者必阅的档案。

　　馆藏文教档案，主要以教育方面特别是各个学校的档案为主，其他文化、科研、卫生方面的档案虽然有一些，但数量并不多，也不是十分系统和完整。其中教育方面的档案，既有高等教育方面的，又有中等教育、初等教育方面的，还有职业教育、社会教育方面的；既有国立的，又有省立的、市立的，还有私立的；既有原本就设在重庆本地的，也有抗战爆发前后从沿海各地迁来或于抗战时期新设的。它们包括了各学校的历史沿革、组织情形、教职员名单、学生名册、课程设置以及学校管理、教育施政等方面的基本情况，比较全面地反映了抗战时期重庆地区各种教育类型的产生、发展经过及各学校在教学过程中所采取的种种措施、做法和结果。其中，一些重要的典型事例更具特色和研究价值，如：军阀混战时期重庆第一所大学——重庆大学诞生的背景、经过及其抗战时期在接纳战区学校和学生中的作用；抗战爆发前夕，著名教育家、天津南开大学校长张伯苓先生于华北局势危急之际，决定于西南大后方的重庆开设南渝中学（后改名南开中学）的原因、背景，及其影响和学校发展概况；著名实业家卢作孚先生于重庆北碚投资创办中国西部科学院（抗战后期改名为中国西部博物院）的动机、原因、科研考察概况及其经过意义等；抗战胜利后西南地区第一家国家级图书馆——国立罗斯福图书馆的提议、选址经过，以及筹设、工作概况及其对今天重庆文化事业的影响等等。以上无不对研究抗战时期中国文化、教育、科技、卫生的发展变化具有重大价值。

八、战时社会档案

著名历史学家、前中国史学会会长刘大年教授曾经指出："抗日战争引起的全中国社会的反应不下于一场大地震：对外它是一场规模罕有的军事大较量，对内它是一场强烈震撼社会各阶级，使他们改变原来态度，发生深刻变化的巨大政治运动、政治大变革。"①对于因抗战而成为中国战时首都长达8年之久的重庆来说，由抗战引发的社会变革、社会运动无疑是更加巨大、更加强烈，也更持久的。

抗战时期，重庆是中国的战时首都，不仅国民党中央政府的机构、组织、人员等大多迁到重庆，而且全国各地特别是东部沿海地区的工矿企业、文教团体、社会组织，战前来往穿梭于全国各地的各党派领袖、各界知名人士、社会贤达等，也纷纷聚集于重庆，从而使得重庆的人口猛增，各种各样的社会组织、社会团体如雨后春笋般地兴起，各种形式的社会运动、社会活动更是如火如荼，此伏彼起。为适应战时重庆社会运动与社会活动的开展，管理各种各样的社会组织和社会团体，国民政府、国民党中央、国民政府行政院、国民党中央宣传部、组织部、社会部等，制定了众多的法规法令、政策措施加以规范和管理。所有这些，在重庆市档案馆的大量档案里均有体现。

重庆市档案馆馆藏战时社会档案，主要藏于国民政府社会部劳动局、司法行政部，国民党中央宣传部、组织部，重庆市政府、重

---

① 刘大年：《抗日战争与中国历史》，《人民日报》，1987年7月6日。

庆市党部、重庆市社会局、重庆市警察局、北碚管理局等全宗内，馆藏其他全宗内，也有多少不一的记载和保存。

馆藏战时社会档案的主要内容有：抗战时期重庆（也包括全国）众多全国性、地方性社会团体的成立及其经过沿革、章程条例、组织概况、工作计划、工作经过、工作报告以及政府当局管理各社会团体的法规法令、政策办法等；抗战时期首先于重庆发起举行的众多全国性社会运动诸如节约献金运动、寒衣征募运动、鞋袜劳军运动、一元献机运动、春礼劳军运动、伤兵之友运动、为抗战将士书写贺年片贺年信运动、大户献金献粮运动等的发起经过、章程制度、规则办法制订、开展情形和工作计划与工作报告、最后结果等；抗战时期重庆人口数量每年每月变化的详细统计（包括外国人士在重庆的数量、职业、进出等统计）、人口结构（包括男女性比例、年龄、文化、籍贯）的变化、人口职业构成以及人们思想意识、语言习惯、民俗风情的冲突和变化等；抗战时期众多节日节令如国庆节、儿童节、记者节、音乐节、戏剧节、美术节、体育节、健康节、禁烟节、空军节、防空节、工程师节、教师节、农民节、国际合作节以及中华民国成立纪念日、新运纪念日、国民精神总动员纪念日、革命先烈纪念日、联合国纪念日、抗战周年纪念日、国民革命纪念日、国父诞辰日的规定、来源、庆祝办法、庆祝内容和实际活动等；抗战时期政府当局禁烟禁毒、禁赌禁娼的法规法令、方针政策和具体的执行过与结果；提倡节约、限制消费、反对浪费的法规法令、来往电文、执行情况和具体事例，如禁止烫发、禁止饮酒、禁止赌博及提倡营养运动等；战时社会救济诸如慈善宗教团体的募捐活动、难民难童的收抚教育、文艺体育及社会各界的义演义赛等；各种各样的全国性社会团体、各省市旅渝同乡会、各著名大学在渝同学会等民间团体的成立、组织、活动和调查统计表、名册以及政府当局的管理办法等。这些档案,对于研究抗战时期中国社会的巨变特别是战时首都重庆社会生活的发展变化、社会活动的开展、社会团体的成立及其结果、影响等,均具有极为重要的价值。

九、战时司法档案

在各地方国家综合档案馆馆藏民国档案中,均存在一定数量的司法档案,重庆市档案馆也不例外。此部分档案虽然只有最高法院、军委会军法机构档案汇集、军政部军法司、四川省高等法院重庆分院、重庆地方法院、北碚地方法院 6 个全宗,但其拥有的档案数量则多达 18 万余卷,起止时间为 1911 年至 1949 年,其中又以30 年代初至 40 年代末为主,横跨了整个抗战时期,是重庆市档案馆馆藏抗战档案的重要组成部分。

此部分档案的主要特点:一是诉讼档案占此中的绝大部分,其案由涉及盗窃、欺诈、伪造、伤害、侵占、妨碍兵役、妨害自由、妨害名誉、妨害公务、非法拘押、索贿、贪污、通缉、抢劫、债务、诬告、杀人、侮辱、渎职、烟毒、奸淫等等,以及由此而产生的控告、审判、上诉过程及其材料、审判时所引用的相关法规法令等。它们对研究民国时期的法制史及民国时期的社会状况、社会犯罪及其成因、各种犯罪的比率及其缘由,并由此进而了解、研究民国社会实情等均具有较高的史料价值。二是这部分档案的有关材料,不只涉及重庆,而且涉及全国各地;不只涉及司法,而且涉及社会生活的方方面面,诸如军委会、军政部、国家总动员会议、军法执行总监部等机构的组织规程、条例、大纲、历史沿革、内部组织、工作活动情形等,在这些档案中都有一定程度的反映。三是这部分档案对立档时期一些重要的法规法令如战时军律、保障人民身体自由办法、非常时期人民团体组织纲领、非常时期维持治安紧急办法、合作法、专卖法、粮政法、地政法、兵役法等，以及一些重大历史事件诸如中美中英新约的签订、救国会七君子案、张笃伦妨害选举案、高秉坊贪污案、郭景琨贪污案、盛世才案等等，均有较为翔实的反映。它们除对研究民国时期法规法令和司法制度的变迁具有直接、重要的参考价值外，也对研究抗战时期的一些典型事例、重要人物具有重要的参考作用。

十、图片档案

除上述文字档案外，重庆市档案馆还保存有相当部分的抗战时期的照片档案，其中人物方面的照片档案主要有蒋介石、林森、宋美龄、程潜、何应钦、李宗仁、孔祥熙、陈诚、张自忠、张治中、鲜英、白崇禧、张群、张学良、杨虎城、杨森、宋希濂、黄季陆、陈仪、胡子昂、邵力子、蒋经国、龙云、张笃伦、潘文华、李士珍、任觉五、康心如、沈钧儒、晏阳初、太虚大师以及史迪威、华莱士等人的照片；重要事件与重大活动的照片档案主要有抗战时期毛泽东、周恩来、董必武在重庆活动，重庆"一·二五"学生运动，抗战胜利后重庆庆祝抗战胜利，国民政府"五五"还都的照片；机关、企事业单位工作与活动的照片档案主要有兵工署、渝鑫钢铁厂、中央电工器材厂、军政部重庆制呢厂、电信机械修造厂、中央造纸厂、维昌纺织厂、上海炼钢厂、重庆电力公司、聚兴诚银行、川盐银行、川康平民商业银行、川康殖业银行、私立巴蜀小学、私立西南美术专科学校、重庆被服总厂弹子石工场、南桐煤矿、綦江铁矿、兵工署第十厂、兵工署第二十一厂厂房、重庆市电信局、兵工署第二十三厂、二十四厂、兵工署第五十工厂厂房设备、汉藏教理院、私立中国乡村建设学院、中国西部科学院、玉森和天府等33家酱园厂、康乐剧院、复旦中学校舍、南开中学、陆军军需学校等的照片；名胜古迹方面的照片档案主要有重庆南温泉、真武山、老君洞、觉林寺、大佛寺、罗汉寺、北温泉、缙云山等的照片；民俗风情方面的照片档案主要有：民国服饰照片，集体结婚、个人结婚及祝寿、丧葬照片，运动会合影、儿童节合影，车间生产、后勤工作、消防训练、职工教育、工人罢工、银行钞票样式、运送器材、桃源炮厂被炸、春季旅行、银行营业执照、查办违反军法案件，以及儿童学习、劳动、生活，救助难民，成立同业公会等的照片。

第三节　重庆市档案馆馆藏抗战档案全宗举例

一、重庆防空司令部(1938—1948年)

1937年抗战爆发后，随着国民政府的移驻重庆，在重庆政治、经济、军事、文化等地位发生巨大变化的同时，日本帝国主义对中国的侵略战争则深陷泥潭，其"速战速决""速和速结"的阴谋也遭到彻底失败。为配合正面战场的进攻，破坏大后方的社会经济秩序，摧毁大后方的人力、物力和财力，动摇大后方人民的抗敌决心和信心，以达到迫使国民政府与之媾和的目的，从1938年起，日本帝国主义即公然违反国际公约，在"破坏要地内包括重要的政治、经济、产业等中枢机关，并且至要的是直接空袭市民，给敌国民造成极大恐怖，挫败其意志"的轰炸战略指导下，对中国抗战大后方的各重要城市进行了长时期的野蛮轰炸。作为中国战时首都的重庆，也就首当其冲，成了日本帝国主义轰炸的主要目标。

为应对日机对重庆的残酷轰炸，国民政府当局在原"重庆市防空司令部"的基础上，于1938年2月正式改组成立了"重庆防空司令部"，下辖3处1办公室，其中第一处分管积极防空，第二处分管防空情报,第三处分管消极防空,其监视、指导的范围不仅包括了重庆市区,而且还包括了重庆附近的 31 个县(局)。重庆市档案馆馆藏重庆防空司令部的档案,就是这一时期所形成的。

馆藏重庆防空司令部档案,全宗代号为 0044,共有 141 卷,其形成时间为 1938 年至 1948 年(主要内容为 1938—1945 年)。此全宗的档案数量虽然有限,却是了解、研究重庆历史上最为重大事件之一的"重庆大轰炸"不可或缺的重要史料,其主要内容有:

第一,反映该部历史沿革及基本情况的组织概况、官佐名称、业务划分等。如重庆防空司令部组织大纲、防护团组织章程、重庆防空司令部官佐情报人员简历、防毒部队名册、防空洞管理人员通讯名册、防空救护队人员名单等。

第二,反映该部基本活动和工作内容的会议记录、命令、工作计划、报告以及该部的通令、训令、电文等。如防空会议记录、防毒工作报告书、防毒训练工作检查报告、防空情报所检视报告、防空部工作计划实施进度、有关防空战斗情况、工程处工作报告、防空部队驻地及工作报告、防空资料编写纪要、防空史料等。

第三,反映该部实施防空业务职能的一些法规、办法、规定及命令、图表等。如防空法、防空洞管理布告及管理办法、航空委员会中央防空情报所各地敌机行动总报告表、情报业务调整方案、指挥系统表和救护一览表、重庆无线电台番号驻地表和总机通信联络图、防空要图、防空设备图、高射照测部队兵力配备图等。

第四,反映日机空袭重庆概况及重庆遭受生命财产损失的调查统计表、报告等。如空袭损害统计表、大隧道惨案来往文件及补充报告等。其中空袭损害报告表最为完整系统,是研究抗战时期"重庆大轰炸"最为权威的第一手重要资料。

二、重庆市政府(1929—1949 年)

重庆市政组织产生于 20 世纪 20 年代四川军阀混战时期,经历了重庆商埠督办处——重庆市政公所——重庆商埠督办公署——重庆市政厅——重庆市政府等几个不同的组织形式和发展阶段。1929 年 2 月 15 日,经驻重庆的国民革命军第二十一军军部批准,重庆市政府正式成立,隶属于四川省政府。抗日战争爆发,国民政府西迁,重庆成为战时首都。1939 年 5 月,国民政府改重庆市为行政院直辖的甲种市。至此,重庆市完成了其建市以来三次中央政府直辖的第一次直辖。市政府的内部机构也有所扩大,先后设有总务处、秘书处、会计处、统计处、参事室、设计考核委员会、人事处、新闻处、主计处等,下辖的市政组织机构先后有社会局、警察局、财政局、工务局、卫生局、教育局、民政(民生)局、地政局、粮政局、图书杂志审查处、防空洞管理处、下水道工程处、日用品供售处、采购委员会、市仓保管委员会、国民兵团、防护团及 1—18 区公所等。重庆市政府的主要职能是:掌理全市行政事务,单行规章、命令、工作计划(方案)、报告之编审,《重庆市政》之编印、发行和监督所属机关及自治团体推行政令等事项。1949 年 11 月重庆解放后,重庆市政府由重庆市军事管制委员会接管。

重庆市档案馆馆藏重庆市政府档案,全宗代号为 0053,共13 754 卷档案,其形成时间虽然是 1929 年至 1949 年,但由于民国初年四川各地军阀混战频繁,政局动荡不安等原因,1937 年抗战爆发以前的重庆政务档案相当不完整,只是零星散见于有关的文件之中,所以馆藏重庆市政府档案主要是 1937 年后形成的,其主要内容有:

第一,市府及所属机构之组织规程、条例、组织系统表、办事细则、机构成立文件,国民政府、四川省政府、重庆市政府所颁之法规法令、办法政纲,市政府工作计划、报告、施政纲要,市政会议记录、政绩比较表、《重庆市政》,市府及所属机构人事管理办法与施行细则、职员任免调迁、公务员奖惩训练,市政府及所属各机构人员编制系统表、职员动态表、职员录等。

第二,社会救济施行细则,救济特捐用途分配办法,临时性灾害、难民、难童、残疾人收容救济办法,各种灾害损失报告,"九二"火灾请求救济名单,抗敌官兵伤亡、褒恤调查表,抗战征属优待办法,勘定市区范围、全市街道命名、市区拓展等文件。

第三,市财务会议记录、市库管理办法、整顿财政办法、收支结算办法、管理敌产暂行办法,各机关编制经费预算、拨发支领经费办法,各种财会报告、年度预算概算、地方岁入岁出总概算,各种税收征稽办法、统一缉私办法、偷漏税案件处理等文件。

第四,营建行政状况报告,重庆道路概况,营造业申请登记,修建码头、桥梁、纪念碑、忠烈祠、运动场、下水道工程等有关方面的文件,公墓、森林园林设置计划,公园管理办法,整顿市内交通、轮渡办法,本市公共汽车概况,装置改善路灯、电话设备等文件。

第五,市区教育统计,学校基金筹集办法,全市中小学校一览表,私立小学设置办法,国民教育辅导办法,体育协进会简章,筹集体育基金实施办法,各报社经理名单,新闻记者法施行细则,战时新闻禁载标准及筹办各种展览等文件。

第六,筹建市立各医院文件,医院管理暂行规则、办法,中西医管理条例,贫民住院免费办法,非常时期收容病人办法,疫情报表,禁烟禁毒给奖办法,烟民戒烟统计表等。

第七,全市土地管理计划,地籍整理实施办法,收取勘测费办法,地价申报条例,估价地价办法,土地地权登记、无主地管理办法、契约暂行条例及房地产案件处理,外国教会租用房地暂行规程,外国人租买房地税契办法等。

第八,工商业户登记办法,商业普查与市场管理办法,物价变动概况、物价指数表、管制限价工作报告,全市存粮调查、粮食市场情况报告、粮食管理会议记录、管理粮食办法、粮食购销办法、粮商违法处理办法等。

第九,治安组织条例、维护治安紧急办法、防缉盗匪实施办法、码头秩序整顿办法、取缔市区棚户办法、公共娱乐场所登记规则、乐女营业办法、联保连座实施办法、身份证登记办法、非常时期社会运动及各种联谊会管理办法、自由职业团体登记办法、工会管制暂行办法、示范农会实施办法、学生自治会管理办法、帮会问题应付原则、社团情况调查表、帮会活动概况表、人民团体请愿书等。

第十,区民代表议事规则,区政会议记录,保甲行政实施概况,保甲长训练办法,区镇长名册,沿江船户保甲整编,保甲概况统计表,乡镇财产保管委员会及调解委员会委员名单,户口调查统计,人口疏散政策,计划、纲要、实施办法及其执行经过与结果等。

第十一,防空协会组织条例、防空洞管理处成立经过、防空警报实施规则、全市防空洞一览表、防空洞窒息伤亡报告、敌机空袭罪行统计、空袭情形及损害概况调查表等。

第十二,取缔全国学联、支持政府对中共继续作战决议,来往邮件调查表,公民宣誓统计表,参加反共大游行保甲名单,以及监视《新华日报》、镇压工潮、枪杀民生机器厂工人、破坏学生运动、取缔学生游行示威等文件。

馆藏重庆市政府档案,较全面地反映了重庆自建市以来到重庆解放的行政区划变迁、政府机构沿革、历任长官更换、市政建设拓展、经济事业发展、文化教育卫生事业进步的详细情况,反映了重庆地区的土地、人口、民族、宗教、风俗、帮会、赈济等社会情形，反映了抗战爆发后重庆地方党政机构一方面贯彻国民党中央各项方针政策的执行经过与执行结果，一方面自行制定的法规法令、规章制度及其贯彻执行情形，历次市政会议记录、决议及其贯彻执行情况，各职能部门的工作计划、报告、总结等等，它们是研究民国时期特别是抗战爆发后重庆各方面历史不可或缺的重要史料。

三、重庆市社会局(1930—1949 年)

重庆市社会局在原重庆市政府社会科、教育科的基础上筹建，于 1939 年 1 月正式成立，隶属重庆市政府。内部机构设有第一科、第二科、第三科、第四科、秘书室、组训室、合作室、会计室、统计室 4 科 5 室，后几经变动，于 1949 年 6 月调整为第一科、第二科、第三科、第四科、第五科、秘书室、人事室、合作室、视察室、主计室、会计室。所属单位先后有：重庆市工商业行规审查委员会、重庆市肃清敌货委员会、重庆市图书馆、重庆市民众教育馆、重庆市公共体育场、重庆市国术馆、重庆市日用必需品公卖处、重庆市度量衡检定所、重庆市戏剧审查委员会、重庆市赈济委员会、重庆市抗属优待委员会、重庆市救济院、重庆市名胜保管委员会、重庆市乞丐收容所等单位。由于当时的市政分工没有现在精细，所以市政组织也不如今天完善，由此，重庆市社会局管理的范围就相当广泛，也十分庞杂，其主管的内容分别包括：重庆市群团组织的审查登记，工矿农林商业等单位申请开业歇业、增资增股及合并调整，劳工管理及劳资纠纷处理，市场物价管制及粮食储备调节，合作社及互助事业组织指导，社会救急抚恤及福利教育事业管理，电影、戏剧、出版业的审查登记等事项。1949 年 8 月，重庆市社会局撤销，业务交重庆市民政局接管。

重庆市档案馆馆藏重庆市社会局档案，全宗代号为 0060，共 5 676 卷档案，形成时间为 1939 年至 1949 年，其主要内容有：

第一，该局及所属机构组织规程、机构沿革、内务规则、组织系统表、机关概况调查表、年度工作计划、工作报告、行政会议记录、印信启用通知、工作移交清册，以及各种业务经费预算、申请救济费底册底稿、年度预决算会计报告等。

第二，该局局长任免、科长以上人员名册、机关职员名册、考核委员会委员一览表，公务员退休抚恤办法、公务员不得经商规定，职员考试简章、考试规则，员工考绩考勤，职员任免、铨叙、送审、待遇、奖惩、调派、到职、裁减等文件，以及职工简历、保证书、各种人事调查表、公务员动态月报等。

第三，重庆市各机关团体企事业单位成立合作社章程、申请注册登记表，农林、厂矿、公司、银行、商店、服务行业等企业单位申请开业歇业呈报表、组织章程、发起人名单、股东名册等。

第四，非常时期督导人民团体办法、工人农民福利章程，重庆市总工会所属各行业工会、重庆各商业同业公会、妇女会、各区农会、渔会、各地旅渝同乡会、同学会、宗教、慈善单位等社会团体及群众组织申请注册登记报告表、发起人略历、组织章程、组织沿革、工作条例、办事细则等。

第五，冬令救济实施概况，救济经费、物资调拨训令，工人失业救济及劝募捐款办法，施舍棺木办法，抗敌军人家属免役及发荣誉证、征兵及其家属调查办法、节日劳军办法、抚恤抗战阵亡遗属条例，以及战区学生调查表、战区学生救济办法、收容难民登记、设置难胞膳食供应站等。

第六，重庆市容整顿及取缔棚户办法，服务社会奖章领给办法，建立沧白纪念堂、保护名胜古迹训令、禁烟禁毒训令、中毒治疗办法,取缔囤积居奇及物价管制法规,重庆市历史上不同时期的物价指数、市民生活指数等。

第七,重庆文化团体一览表、社会团体一览表、群众团体一览表等,各个报社、杂志社、通讯社申请登记注册办法、申请表及审核表等,娱乐场所管理登记办法、电影院管理事项,话剧公演统一办法,演员登记表、演员薪资调查表、川剧职业演员救急办法,推行农工商职工体育办法,图书杂志审查登记的训令、办法及登记表等。

除此之外,馆藏重庆市社会局档案还包括了抗战时期重庆各项社会活动和社会变迁的档案,如抗战时期重庆(也包括全国)众多的全国性、地方性社会团体的成立及其经过沿革、章程条例、组织概况、工作计划、工作经过、工作报告,以及政府当局管理各社会团体的法规法令、政策办法等;抗战时期于陪都重庆举行的众多的社会运动诸如各种节约献金运动、寒衣征募运动、鞋袜劳军运动、一元献机运动、春礼劳军运动、伤兵之友运动、为抗战将士书写贺年片贺年信运动等的发起经过、开展情形和最后结果的工作报告;战时重庆人口数量每年每月变化的详细统计(包括外国人士在重庆的数量、职业、进出等统计)、人口结构(包括男女性比例、年龄、文化、籍贯)的变化、人口职业的构成以及人们思想意识、语言习惯、民俗风情的冲突和变化;抗战时期众多节日节令的规定、来源、庆祝办法、庆祝内容和实际活动;禁烟禁毒、禁赌禁娼的法规法令、方针政策和具体的执行情形;提倡节约、限制消费、反对浪费的法规法令、来往电文、执行情况和具体事例;社会救济诸如慈善宗教团体的募捐活动、难民难童的收抚教育,文艺体育及社会各界的义演义赛等;各省旅渝同乡会、各著名大学在渝同学会等民间团体的成立、组织和活动以及政府当局的管理办法等。这些档案,对于研究抗战时期中国社会的巨变特别是战时首都重庆社会生活的发展变化及其影响，均具有极为重要的价值。

四、重庆市警察局(1929—1949年)

重庆市警察机构始于1905年冬，前后有巡察总局、巡察署、警视总厅、警察署、警察厅等机构名称。1927年重庆市政厅改厅为府，警察厅改为公安局，局内设秘书、督察2处，总务、行政、卫生、司法4科。1934年改公安局为警察局，一直延续到重庆解放。局内分设秘书、人事、统计、会计4室，总务、司法、行政、外事4科，另设有督察处、刑警处和消防、保安2个警察总队，以及设计考核委员会、员警福利社等。1939年5月重庆直辖、市区面积扩大后，行政区域增加到18个区，市警察局也相应增设18个分局，另设水上分局1个，各分局下设分驻所及派出所90个。1949年11月重庆解放后，该局由重庆市公安局接管。

重庆市档案馆馆藏重庆市警察局档案，全宗代号为0061，共10 163卷，是仅次于重庆市政府的民国时期重庆各局、室、处档案保存最多的一个局，其形成时间为1929年至1949年。其主要内容有：

第一，该局组织沿革、组织规程、组织章程、组织条例、组织概况、组织系统表，人事编制、人员异动表、聘用人员登记表、调查表、工作分配表，保甲长任免表，人口统计表、调查表、登记表、考核表，历年户口、户籍调查表，居民身份登记、国民党党员花名册、员工福利待遇登记表等。

第二，该局督察处、刑警处、侦缉队的烟毒、贪污、盗窃、诈骗、偷盗等民事、刑事案件的调查处理报告，各分局及其下属派驻所的各类治安案件的调查、处理和报告等。

第三，该局督察处、侦缉队、刑警队及所属各分局监视、调查、侦破工人、学生运动的报告，搜捕共产党地下组织、进步人士的名册,各社会团体、帮会、教会调查登记表,监视敌国和外侨行动调查登记表,各种报纸杂志审查登记表报,特种行业(妓女、歌女、舞女)管理办法及登记表册,驻华使馆及外侨财产调查统计、保护保卫及处理、异动表报等。

第四,该局督警处、侦缉队、刑警处及所属各分局、消防、交通总队警务、勤务工作计划、工作报告、批复、批示,月、季、年度工作安排、工作总结,各种训令、密令、通令、命令、通缉令,各种训练大纲及办法,消防、交通统计报表及法规,火灾损失、交通事故统计、调查报告,重庆警备司令部密令、密电,重庆卫戍总司令部防谍防奸防暴计划大纲,重庆卫戍总司令部警力、兵力、驻地表报,内政部第二警察总队实力驻地任务报告表、统计表,特种训练大纲等。

第五,国民党中央、四川省政府、重庆市政府制定的有关防空法规法令、规章制度、办法计划等,该局办理重庆人口疏散的办法、大纲、计划及其执行经过与总结、报告等,有关日机空袭重庆重庆市民生命财产损失的登记表、调查表、统计表及报告等。

重庆市警察局与重庆市政府、重庆市社会局,是民国时期管理重庆市政最为重要的 3 个行政机构,也是重庆市档案馆馆藏民国档案数量最多、内容最为完整系统且最为重要的 3 个全宗,3 个全宗的档案互相印证,基本上勾勒出了民国时期重庆各个方面的发展变迁轮廓,因此,它们是了解、研究民国时期重庆乃至中国的重要历史资料。

五、北碚管理局(1923—1949 年)

北碚管理局是在原江(北)巴(县)璧(山)合(川)4 县特组峡防团练局、嘉陵江三峡乡村建设实验区署的基础上,于1942 年 3 月组织成立的,隶属四川省政府,是民国时期四川省政府管理北碚地方行政的一个特殊组织机构。经过一段时期的完善,其内部机构由建局初期的 4 科 1 室,于 1945 年后调整为民政科、财政科、建设科、地政科、教育科、田粮科、军事科、社会科、秘书室、会计室 8 科 2 室。下辖行政区域有白庙乡、文星乡、二岩乡、龙凤乡、金刚乡、朝阳镇、黄桷镇、澄江镇 8 个乡镇。该局的主要职责是管理北碚地区的行政社会事务,推进北碚及其附近乡镇的各项建设,贯彻执行国民政府、四川省政府、四川省政府第三行政督察专员公署的各项行政法规及地方自治事项。实际上是一个特殊的县级政权机构。1949 年底北碚解放后,北碚管理局于同年 12 月由重庆市军事管制委员会北碚分会接管。

馆藏北碚管理局档案是一个组合全宗,全宗代号为 0081,除包括有江(北)巴(县)璧(山)合(川)4 县特组峡防团练局、嘉陵江三峡乡村建设实验区署、北碚管理局、国民党直属北碚区执行委员会,以及北碚管理局所属二岩、文星、龙凤、澄江、黄桷、朝阳、白庙乡(镇)和北管局动员委员会等行政管理机构的档案外,还包括有三峡实验区署兵役会、北碚新村筹备委员会、北碚图书馆、北碚文化基金建设委员会、三峡文化基金委员会、北碚教育基金保管委员会、北碚税捐稽征处、北碚农业试验场、北碚蚕种场等文化教育和社会经济方面的档案,其总卷数多达 10 487 卷,形成时间主要在1923 年至 1949 年。主要内容有:

第一,该局及其前身以及附属机构的组织规程、组织通则、施政计划、年度工作报告、行政会议记录、主干会议记录、政绩比较表,北碚概况、政治经济社会调查表、峡区纪要、政务概况、事业单位概况、局属单位名称调查表、乡镇地名汇编,人事管理工作规则、地方干部训练办法、机关职员名册、主干人员简历表、乡镇长简历、人员任免调动奖惩公报等。

第二，该局民政工作报告、乡镇保民大会概况、自治人员选举规则、乡镇施政联系办法，户政督导月报、清查户口实施办法、各乡户籍调查统计表、人口调查及职业调查、户口异动统计表，烟毒劝诫施戒办法、烟民自首登记、禁烟禁毒实况统计表，难民收容所暂行规则、办理赈济人员规则、收容流浪儿童办法、灾民救急调查、辖区灾情报告、受灾调查表，刑事民事案件处理、民事纠纷调解等。

第三，该局财务工作报告、经费开支规定、现金保管要则、总预算分配表、事业经费会计报告、地方追加追减预算书、地方收支总概算书、地方总决算，税务管理暂行办法、招商投标包捐办法、税务经收处理规则、田赋征实标准、各种税收报表，粮食会议记录、粮食管理办法、粮食收支情况、征收积谷清册、粮食调查暂行办法、粮食市场报告、粮商登记管理等。

第四，该局工商团体管制暂行办法、工商团体调查报表、商业公司登记办法、工矿调查统计表、工商贸易管理办法、建筑管理规则、工人受雇解雇办法、工人数量调查表，市场设置办法、市场管理办法、市场物价管理办法，交通概况表、水陆空交通调查情形、水陆驿运管理规则、车辆管理办法、车船牌照实施细则、船只调查表，拍发电报规定、无线电台登记办法等。

第五，该局农业技术人员调查表、农林场概况、扶植自耕农示范区实施办法、荒山荒土调查、开垦华蓥山建议书，预防农作物灾害办法、粮食作物灾情报告、粮食增产计划、粮食增产实施方案，国有林区管理规则、造林计划、植树办法、保护森林暂行规则、育苗造林实施概况、林场概况调查，各种畜产调查、牲畜保护概况、猪种管制办法、推广白猪成绩考核表、保护淡水鱼产卵暂行办法，保护土壤调查、气象研究报告、农田水利工程调查、征集农产品展览等。

第六，该局辖区地图、土地管理办法、土地清理实施规则、土地申报实施办法、房屋买卖租佃规定、教会租用土地暂行章程、地价申报条例、地籍整理实施办法、土地所有权变动规定，辖境面积统计、土地调查表、地价调查表、公私房屋建筑登记表、地政人员登记表、土地复查工作情况等。

第七，该局国民教育研究会记录、教育概况、工作报告、学校工作概况，师资训练办法、地方教育视察督导办法、幼稚园组织规程、肃清文盲办法、办理民众学校注意事项，学校兼办社会教育计划、学龄儿童统计表、失学民众统计表、小学教职员一览表、赤贫学生调查表、国民教育统计报表等。

第八，卫生所组织章程、补助私立医院办法、开歇业医生调查、防治疟疾霍乱办法、健康检查统计表、收集古方丸散膏丹处方调查表，文化机关名册、文化事业进度表、征集文物史料奖励办法、出版刊物审查办法、剧团组织申请备案表、图书馆调查表、娱乐场调查表、体育实施概况、文物展览等。

第九，该局兵役概况、征募新兵接收办法、收容散兵游勇实施办法、壮丁调查统计表、优待出征军人家属调查表、在乡军官组织法、国民兵训练办法、国民兵管理教育实施细则、国民兵教育视察规则、国民兵名册，自卫队组训实施方案、民众训练组织实施办法、冬防实施计划等。

第十，北碚国民党三青团联席会记录，区党部组织沿革、工作概况，三青团分团部组织沿革、工作概况，三青团工作人员名册、国民党员名册，制发身份证办法、清乡工作计划、疏散城市人口办法、敌机轰炸损失调查表、警察组织机构沿革、警官受训办法，人民团体登记调查、外国教会评查表、哥老会首脑名册、回教徒概况统计表、佛教协会成立情况、同乡会及同学会名册等。

民国时期的北碚，是卢作孚实施乡村建设的试验地，从江巴璧合四县特组峡防团练局成立之日起,即在实践着卢作孚的各项乡村建设的理论。由于卢作孚的努力,北碚地区成为民国时期四川的一道独特风景,各项经济、文化、社会事业的建设有条不紊地进行,并且取得了一定的成绩。因此,北碚地区保留下来的档案也相对完善、系统而且内容丰富。馆藏有关北碚地区的档案,除上述内容外,还有成独立全宗的北碚地方法院(0111全宗,4 582卷)、中国西部科学院(0112全宗,258卷)、世界佛学苑汉藏教理院(0123全宗,41卷)、私立中国乡村建设学院(0124全宗,30卷)、北碚私立兼善中学(0157全宗,78卷)、北碚医院(0168全宗,35卷)、赈济委员会北碚中医院(0169全宗,241卷)、北碚富源水电股份有限公司(0220全宗,286卷)、天府煤矿股份有限公司(0240全宗,6 888卷)、三才生煤矿股份有限公司(0244全宗,282卷)、北碚邮局(0342全宗,841卷)等机构的档案,以及与其他机构共同组成全宗汇集的其他机构的档案,其数量之多,内容之完整、系统和丰富,不仅是当时重庆各行政区域之最,而且在整个民国时期的各个地方政权中,也是罕见的。因此,北碚管理局及其相关机构的档案,是研究民国时期地方基层政权最为完整、系统、丰富的重要资料。

六、中国西部科学院(1930—1949年)

中国西部科学院是我国近代著名爱国实业家卢作孚先生在动荡混乱的20世纪20—30年代,于一个贫穷落后的偏僻小镇——四川省巴县所属的北碚(现属重庆市)建立的中国西部地区第一家也是唯一一家冠以"中国西部"4字的民办科学院。该院于1930年9月在北碚成立,系私立性质的学术研究机关,下设总务处、生物研究所、理化研究所、农林研究所、地质研究所,附设博物馆、图书馆、兼善学校。北碚解放后,中国西部科学院于1951年改组为西南人民科学馆。

重庆市档案馆馆藏"中国西部科学院"档案（包括1944年12月正式开馆的中国西部博物馆档案），全宗代号为0112，共有258卷，时间起讫为1930年至1955年。其主要内容有：

第一，系统、完整地反映了民国时期中国西部科学院的创办原因、组织经过、工作设想和工作概况，如《中国西部科学院之缘起、经过及未来计划》《中国西部科学院概况》《中国西部科学院二十年度报告书》《中国西部科学院历年办理事业概况》《中国西部科学院二十八年度工作概况》《中国西部科学院二五年度虫害研究工作计划》《中国西部科学院理化研究所燃料研究第二期工作计划》《中国西部科学院生物研究所三十六年度工作设计》等等，它们真实地反映了中国西部科学院的全貌，是中国西部科学院档案的精华，也是研究中国西部科学院及中国科技发展变革史的主体材料。

第二，反映该院基本情况、人员构成、经费收支、行政管理的组织大纲、规章制度、职员名录及薪俸、年度收支预决算及报告、历年行政会议记录，如《中国西部科学院简章》《中国西部科学院西昌工作站章程》《中国西部科学院董事会简章》《中国西部科学院服务规则》《中国西部科学院董事一览表》《中国西部科学院职员录》《中国西部科学院薪级条例》《中国西部科学院所获各机关单位补助费一览表》《1930—1931年个人对中国西部科学院捐款一览表》《中国西部科学院1933、1935年请款书》《中国西部科学院历年收支预决算书》《中国西部科学院行政会议记录》等。

第三，反映中国西部科学院各项科研工作实际活动的档案，如《中国西部科学院采集川康动物计划书》《中国西部科学院关于望海松种籽的分发及种植方法的函》《中国西部科学院关于种植洋槐及插扦法国梧桐的情况》、中国西部科学院关于呈送綦江地质矿产调查报告、四川宁属 7 县地质矿产调查报告、宁属矿产分析表、南川县水土镇煤炭化验报告等与四川省政府往来函、《中国西部科学院理化所燃料研究工作报告》等等。

第四，反映中国西部科学院协助社会各界进行研究并对社会各界作出重大贡献的档案，如《中国西部科学院为呈改良稻种计划与全国经济委员会往来函》《中国西部科学院为赠送西瓜籽致广安县政府函》《四川省政府委托中国西部科学院代四川工业试验所负责化验工作的来往函》《四川省政府与中国西部科学院为派员勘察川滇铁路事往来函》《四川省政府、中国西部科学院关于调查华蓥山矿产情况往来函》《四川省政府、中国西部科学院关于代为化验重庆大学所采集矿物标本往来函》《中国西部科学院为呈报已化验之四川省各种矿石结果与四川省政府往来函》等等。

第五，反映中国西部科学院与社会各界合作及参加有关科学组织的档案，如《中国西部科学院与四川大学合作调查四川青衣江流域植物办法》《中国西部科学院与国立北平研究院植物研究所合作整理植物标本办法》《中国西部科学院与军政部汽油厂筹备处燃料研究合作办法》《农林部中央农业实验所、中国西部科学院合作研究办法》《四川省运输公司、中国西部科学院合办北碚游览专车条约》，以及中国西部科学院加入中国化学会、上海中国博物馆、北碚学术机关联谊会、中国西部博物馆、中国土壤学会的来往函件等等。

第六，著名人物的个人资料和档案，中国西部科学院作为一个民间性质的科研团体，在当时的历史背景下，其成立和生存，都远较国立或公立的科研机构更为艰难。因此，它就更加需要社会各界特别是有权的政界、有钱的金融产业界和有理论权威的科技界的关心、帮助和支持。事实上，中国西部科学院在卢作孚的运作下,很好地做到了这一点。在它创办的过程中,不仅得到了四川军政界首要刘湘、杨森、刘航琛、郭文钦、甘典夔等在行政上的大力支持(刘湘担任董事长,杨森捐资2万余元建立办公大楼),而且也得到了重庆金融大亨康心如、杨粲三、温少鹤、何北衡、汤壶峤、任望南等人经费上的大力支持(在该院创办期间,其接受的捐赠款占绝对多数),更得到了我国著名的科学家蔡元培、翁文灏、任鸿隽、丁文江、秉农三、竺可桢等在舆论和人力诸方面的热心关注和支持。这以后,中国西部科学院始终与各方保持着良好的合作关系,得到社会各界及个人的多方捐赠和资助,这也是该院在当时的历史条件下得以存续下去的重要原因。档案中保留的中国西部科学院与这些人物、机构的往来函件,既是研究中国西部科学院历史的重要资料,也是研究这些重要历史人物生平事迹和活动的重要史料,具有其不可替代的稀有性和唯一性。

正因为中国西部科学院档案的重要性和独特性,所以在2002年9月由国家档案局、中央档案馆组织编辑的首部《中国档案文献遗产名录》中,重庆市档案馆选送申报的《民国时期的中国西部科学院档案》,经过国内文献、档案、古籍、史学界众多知名专家学者组成的"中国档案文献遗产工程"国家咨询委员会的评审,与尹湾汉简、西藏归属、清代金榜、贵州"水书"、开国大典、周恩来总理手稿等国内著名档案文献并列,而被确定为我国上亿万卷档案中的首批精品(首批国家档案精品文献共48件)。

七、国立重庆大学(1929—1949年)

重庆市档案馆馆藏教育方面的档案,既有高等教育方面的,又有中等教育、初等教育方面的,还有职业教育、社会教育方面的;既有国立的,又有省立的、市立的,还有私立的;既有原本就设在重庆本地的,也有抗战爆发前后从沿海各地迁来或于抗战时期新设的。它们较全面地反映了重庆地区各种教育类型的产生、发展经过及各学校在教学过程中所采取的种种措施、做法和结果。而其中保存最完整且最具典型意义和研究价值的,非重庆创办的第一所大学——重庆大学莫属。

重庆大学于 1929 年 10 月设立,首任校长由四川善后督办刘湘兼任。创办之初以菜园坝为临时校舍,内设教务、训导、总务等机构,开设文理预科班,1932 年开办本科,设文、理两学院,1933 年秋增设农学院。1934 年 10 月迁入沙坪坝新建校舍。1935 年春经教育部核准立案为省立大学。此间,四川省政府对四川的教育进行调整,将原省立工学院并入重庆大学,而重庆大学的文、农两学院则并入四川大学。1937 年添设商学院。1943 年 4 月改为国立大学,直属于国民政府教育部。

馆藏重庆大学档案,全宗代号为 0120,共 1 068 卷,形成时间为 1929—1949 年,其主要内容有:

第一,该校组织沿革、组织大纲、组织系统表,校董会简章、招生简章,董事会成立及其组织条例、简章、会议记录、校董名册,图书馆规程、编辑委员会规程,学校历年概况调查及校务近况、训导概况调查表,历年班数及学生数比较表、教职员履历调查表和名册、教授名册,历年教员情况比较表、历年各院系主要教职员变化表,全校简况表,学校工作计划、报告或总结,历次校务会议记录、处务会议记录、院系科会议记录,工作移交清册、教育法令和章程、招生考试规程等。

第二,该校教职员、公务员、机关工作人员考绩晋升及奖惩办法、条例,教职员、学生申请贷金、请免学费登记表及实施情况,教职员工生病住院、病故伤亡、优抚等问题的规定和往来文件及名册,教职员资格审查履历表,教职员聘请、借用、辞退情况和证明书,历届毕业生就业志愿调查表、学生学籍调查表,学生试读、借读、旁听办法及名册,学生实习、参观、保送、出国深造等规定和办法,学生入学、转学、开除、退学、休学、复学、补考、降级、并入、转入等有关文件和名册,历届已验和未验毕业证书、学生注册表、学生成绩册、教员任课表,原四川公立工业专科学校、四川省立工学院等校教育、学籍、经费等方面的文件及教职员、学生名册。

第三,该校与有关厂矿、运输统制局公路工务总处、交通部公路管理处和配件制造厂、农业气象等各部门合作进行国防及生产学术之研究和试验的有关文件和情况报告,采集川康各地生物学标本及调查西、秀、黔、彭等县地质矿产情况,兼办社会教育、特种教育等工作的报告、计划、组织大纲及有关往来文件,该校学运经过及处理情况报告,有关经费岁入、岁出等预算、决算的各种报表等。

第四,国民政府、国民政府教育部、四川省政府教育厅、重庆市社会局、教育局下(转)发的有关民国时期教育方面的法规法令、规章制度和各种办法,该校与各有关方面往返的函电、通讯,这些往返函电通讯,有的涉及教育方面的内容,有的则是教育以外的其他内容,对完善 1937 年以前的重庆市政务档案,有着一定的补充作用。

八、兵工署第二十九工厂(1935—1949 年)

兵工署第二十九工厂的前身系钢铁厂迁建委员会。1938 年 3 月 1 日,资源委员会与兵工署会同组织钢铁厂迁建委员会,暂借迁移汉阳的上海炼钢厂办公,组织汉阳钢铁厂、大冶铁厂、六河沟铁厂、上海炼钢厂等沿海工矿企业机器设备的拆卸、内迁工作。委员会下设技术室、会计室及总务、铁炉、钢炉、轧机、动力、建筑、运输等股。1938年5月,内迁重庆大渡口地区建厂,同时设立直属的南桐煤矿、綦江铁矿两筹备处,1941年3月在綦江蒲河镇建设大建分厂。1940年3月,第三兵工厂(即上海炼钢厂)归并钢铁厂迁建委员会,使该会成为战时大后方最大的钢铁联合生产企业,年产钢铁可达8071吨。1949年3月1日,钢迁会改称军政部兵工署第二十九工厂。1949年11月30日重庆解放后,该厂由重庆市军事管制委员会接管,隶属西南工业部领导。

重庆市档案馆馆藏兵工署第二十九工厂档案,全宗代号为0182,共计6437卷,其形成时间为1917年至1949年(因包括上海炼钢厂的档案)。其主要内容有:

第一,该会、厂联合办公会议记录、联席会议记录等各种会议记录,组织规程及各种规则、办法、条例、规章制度,该会、厂及所属机构沿革、组织概况、大事记,该会、厂及所属各机构各种工作报告书、生产事业报告表、工作进度表、政绩比较表、编制概况表等。

第二,机关名称一览表、职员考绩暂行规定、人事动态及人事移交清册、官兵花名册、士兵逃亡报告单、人事调动呈报单、职员履历表、职员须知、职员考绩名册及人事委任履历表、考绩核定晋级人员名册、人事异动报告表、出差出勤职员登记册、薪饷名册、官佐简任名册、外勤人员休假制度及名册、官佐成绩表、职员空袭救济名册等。

第三,会计处审核登记簿、建设经费概算,各种会计规章、决算表、特别支出预算书、薪饷费附属表、职工奖金清册及奖金计算表等。

第四,材料处理程序、工具试验规则、工作日报表、工作进度报告表、财产调查一览表、铸造记录,所属第一至第七制造所、运输所

有关生产、科研、运输的各种文件及工作生产情形,100 吨、30 吨、
20 吨炼钢铁高炉、平炉拆卸、建造的有关文件及技术资料,煤矿、铁
矿开采情况报告,火砖生产、机器修理情况报告,各年度、各月份之
产量统计及钢锭平均成分表,钢迁会 1938—1948 年生产统计表、
历年重要技术改进统计表,制造钢板、钢轨、钢条、生铁、道钉、螺丝
钉、螺丝帽、锉刀、五金、兵工器材等各种产品的训令、报告、函电、
合同等。

第五,各种工程的合同、图纸,购、拨、借、发及运输原材料、燃
料的往来函电,印发《涛声》《通报》等期刊的文件,该会秘书处的各
种通报、历次通讯稿及资源委员会工作月报等。

重庆市档案馆馆藏的工矿企业机构档案,是其主要馆藏特色
和重要组成部分,共有 101 个全宗 81 960 卷。其主要特点是此部
分档案不仅数量多,保存完整,而且内容丰富,门类齐全,几乎涉及
工业经济部门的方方面面。其中,以兵工署第二十九工厂为代表
的兵工企业档案,包括兵工署所属的 17 个生产厂家、1 个工程处、3
个材料总库等 24 个全宗共 39 067 卷;此外,馆藏经济部、经济部物
资局、经济部工矿调整处等全宗内,也有部分与兵工企业及生产有
关的档案。就目前所掌握的情况看,重庆市档案馆馆藏民国时期
兵工企业档案,其成档数量之多,保存之完整系统,内容之丰富齐
全,居全国各级各类档案馆之首。

九、天府煤矿股份有限公司(1933—1949 年)

1927 年,卢作孚等为开矿创立北川民业铁路公司,聘丹麦人寿
乐慈为筑路工程师,修筑自嘉陵江岸之白庙子经水岚垭到戴家沟
一段铁路,于 1930 年 6 月竣工。1933 年 3 月底组合同兴厂、福利
厂、又新厂、天泰厂、和泰厂、公和厂的资产,并邀集民生公司及北

川铁路公司投资,于 1934 年 6 月 24 日组成天府煤矿股份有限公司,举卢作孚为董事长。1938 年 5 月,卢作孚与河南中福公司总经理孙越崎协议,将中福公司的机器材料运川作为股本,合并天府及北川两公司原有资产,成立天府矿业股份有限公司,卢作孚为董事长,孙越崎为总经理。1946 年又与全济煤矿公司、嘉阳煤矿公司合并,再次更名为天府煤矿股份有限公司,隶属资源委员会,以翁文灏为董事长,孙越崎为总经理。公司下属天府、全济、嘉阳 3 个矿厂,重庆、嘉阳 2 个营业处,成都、合川 2 个办事处及 5 个采矿区。公司内部设有董事会、监事会以及经理室、秘书室、会计处、业务处等办事机构。重庆解放后,该公司由川东工商厅接管,更名为公私合营天府煤矿股份有限公司。

重庆市档案馆馆藏天府煤矿股份有限公司档案,全宗代号为0240,除天府煤矿股份有限公司的档案外,还包括全济煤矿股份有限公司、嘉阳煤矿股份有限公司、石燕煤矿的档案,共 6 888 卷,形成时间为 1933 年至 1949 年。其主要内容有:

第一,公司及所属各矿厂章程、组织规则、办事细则、职工联谊会规程,公司及各矿厂沿革、基本情况调查表、"天府煤矿概况"、公司及各矿厂组织机构系统表,公司及各矿厂人事任免、委派、调动、奖惩等方面的有关规章、条例、办法及表报,公司董事、股东名册,公司董事会、监事会、股东会会议记录等。

第二,公司和各矿厂历年工作计划、总结、报告、指示、批示,公司和各矿厂、处、室历年产供销运旬、月、季、年度报表和营业计划书、报告书、报告表,公司和各矿厂新建、改建、扩建工程计划、报告、工作进度表,有关采煤、挖煤、运煤工具设备的采购、消耗的计划和报告,安全生产的有关文件和各种事故的处理报告,生产会议记录、业务检讨会议记录,历年车船运输数量、价格报表,煤炭产运销、捐赠、自用、外销表报等。

第三,公司和各矿厂财务、会计管理和资产管理的规章制度、条例办法,营业报告书、预算表、决算表、损益计算书、资产负债表以及会计旬、月、季报表,职工工资和股息发放表,与银行往来的有关函件表报,对外投资及其他机构投资公司和各矿厂的有关文件等。

第四,公司和各矿厂教育工作计划、总结、报告,附属中小学校招生及招工培训、参观实习、选派出国参观实习的计划报告及名册,有关员工子女奖学金、教育学金、教育代金的办法和报告,举办土产展览会、工矿展览会、煤矿展览会、图片展览会的基本情况及矿厂地面、设备、人员照片材料等。

天府煤矿股份有限公司是民国时期重庆地区最大的煤矿公司,也是重庆地区产煤最多、供应重庆市区各机关团体及工厂学校煤量最大的煤矿公司。其档案不仅涉及民国时期重庆工业特别是能源工业的发展变迁,而且还涉及交通运输、社会生活与社会经济等方方面面。

十、聚兴诚商业银行(1913—1955 年)

聚兴诚商业银行是重庆较早成立的最为重要的商业银行之一,筹建于 1914 年,1915 年 3 月正式开业。该行由重庆富商杨文光及其族人所创办,初为股份两合公司,1937 年改组为股份有限公司。中华人民共和国成立后,1951 年参加以新华银行为首的 11 家商业银行的联营,次年加入公私合营银行。该行在两合公司时期,实行总管理处制,初时总处下设总务、业务、会计 3 股,后增设储蓄和办理信托业务的代办股。1937 年改组为股份有限公司后,改行总行制,下设机构改股为室,机构逐渐增多。1942 年增资后,又改行总管理处制,下设信托、储蓄、国外 3 部,业务、稽核、秘书、经济研究 4 室。至解放前夕,该行共有分支行处 32 个(其中分行 3 个、支行 4 个、办事处 20 个),分布在四川省内的成都、万县、内江、乐山、自流井、泸州、宜宾、竹根滩和省外的上海、汉口、宜昌、沙市、长沙、常德、北京、天津、南京、昆明、贵阳、广州、香港等地。

重庆市档案馆馆藏聚兴诚商业银行档案,全宗代号为 0295,共计 5 021 卷,形成时间为 1913—1955 年,其主要内容有:

第一,该行为申请成立登记、注册、增资、改组变更登记以及在各地增设分支机构与有关方面的往来文件,该行有关公司组织、人事、经营制度方面的各种章程、规则、办法,各届股东大会记录、行务会议记录等。

第二,该行总管理处关于经营、储蓄、代办、信托、投资、稽核、福利等业务、行务方面的各种通函,该行业务大纲、营业计划大纲、业务检讨和总报告书以及各地分支机构关于自身营业情况的周报、旬报,总处与各地分支机构就具体业务方针、措施、办法与各分支行处的往来文件。

第三,该行各分支机构就所在地有关经济、金融、物产、交通等方面的调查报告,被调查的地区主要有重庆、万县、苏州、常德、衡阳、南京、沙市、乐山、长沙、恩施、昆明、上海、宜昌、广州、老河口、涪陵、成都、泸州、贵阳、天津等地,被调查的内容包括经济金融、时局、战事及其对金融、物价以及市民生活的影响等方方面面,以及该行关于重大金融事件对各地影响的调查报告,如关于各地实行"废两改元"(1933 年)情况的调查、关于推行法币制度(1935 年)的调查、关于所谓"币制改革"(1948 年)和实行"银元券"(1949 年)时各地金融市场动态的调查报告及其他调查半月报和日报,以及各种物价调查等。

第四,该行被国民党政府指定为经营外汇银行及其经营外汇情况的有关文件,该行与四川军阀往来和被军阀敲诈勒索的有关文件。

第五,该行聘用外籍经理,拟与英商合伙开发四川矿源引起国人反对,拉拢意商扩展川江航运引起诉讼纠纷,揽做德七古、美孚等外商存汇款项业务等的有关文件。

第六,该行全行、银行部、储蓄部、信托部、国外部及其各地分支机构的各种年报决算表、财产目录、总账,各分支行处的职员名册、营运概况,总行"暗账"表报等。

第七,除总行档案外,该行还有下列各地分支行处的档案:宜昌、竹根滩、泸州、乐山、老河口、沙市、遂宁、南充、叙府、贵阳、汉口、柳州、衡阳、内江、重庆、自流井、万县、海防(越南),还有该行经营的永聚公司、聚兴诚贸易公司的档案。

第八,该行解放后的档案,除一般的业务经营、人事机构方面的档案外,重要的有公私合营银行联合总管理处的各种通函、通报,全国金融业会议渝市提案及讨论座谈会记录,人民银行对存放汇等业务的指示,关于清估该行资产的有关文件,关于"五反"运动的揭发、坦白等材料,以及美国对中国"禁运"和封冻资金后,该行就外汇业务方针及该行国外部外币资金、冻结外汇处理等问题向人民银行的报告等。

第四节　重庆市档案馆馆藏抗战档案的整理

一、重庆市档案馆馆藏抗战档案的整理

整理工作向来被视为档案工作的基础环节。重庆市档案馆建馆以后,大批档案被接收进馆,其中大部分虽然经过代管单位不同程度的整理,但一般采取短期突击的办法,加之人手少,整理业务

不熟,不少档案进馆以后仍存在这样那样的问题。因此,对进馆的抗战档案进行整理,从建馆开始就成为重庆市档案馆的基础工作之一。经过多年的实践与探索,重庆市档案馆在档案整理工作中逐步形成了自己的规则和方法:

一是充分利用原有基础,在原有基础上加工、调整和补充。一方面不轻易打乱重整,只要是有规可循、有目可查,就尽量保持其原有整理体系,"不必拘于一律,不足之处,可以用其他检索工具来补救";另一方面充分利用原有的整理成果,即"凡是原基础合理的,合乎科学的部分,不管是分类、标题、组卷",都可以利用。

二是要"正确的反映出历史事件的本质"和"保留文件材料本身固有的特征",即要尊重档案在历史活动中自然形成的规律,最大限度地保持文件之间的历史联系。

三是全宗内的分目宜粗不宜细,"一般按问题分类为好",便于提供利用。

四是对无用档案的鉴定"从宽"处理。由于在认识"有用"和"无用"上没有统一标准,认识水平也参差不齐,在难于掌握标准和认识不统一情况下,"对只要有用的文件资料,都从宽留用,防止轻易剔除"。

五是把整理和研究结合起来,边整理边研究,以研究促整理。所谓研究,主要是指在整理过程中熟悉档案内容,研究档案形成的历史背景,对档案的若干疑难问题进行考评,在整理和研究中编制卡片。

从建馆之初(1960 年)至 1964 年,形成了开馆以后的第一个档案整理高潮,共整理全宗 124 个、档案 118 590 卷,分别占馆藏历史档案全宗数、卷数的 34% 和 25%。

1967 年 10 月,重庆市设立清查敌伪档案办公室,从该办设立到 1973 年 2 月并入重庆市档案馆,共接收民国档案 397 071 卷。此间,为适应形势的需要,从驻渝部队,退伍军人,市区级公、检、法系统,市、区党政机关,工矿企业和各大专院校选调清档人员,集中在西南政法学院内工作,人数最多时达到 2 000 人左右。"市清办"采取"大兵团的作战"方式,在 3 年时间内对 397 071 卷档案进行了"逐卷逐页的清查",填制"敌伪人员索引卡片"600 余万张。

1973 年秋冬,"市清办"保管的从市公安局、市法院接管的旧政权党、政、军、警、宪、特和法院的 20 余万卷重要档案正式接收进馆,使重庆市档案馆馆藏的历史档案数量成倍增长,重庆市档案馆馆藏历史档案的规模、结构和特点,于此基本形成了。特别值得一提的是,"市清办"为清理阶级队伍填制的"敌伪人员索引卡片",无意中为重庆市档案馆留下了一套规模宏大的人名检索工具,至今仍是检索系统中除案卷目录外,数量最多、覆盖面最广、检索非常便利的重要检索渠道。1976 年开始进行的历史档案人物卡的"销重"工作,到 1982 年基本完成。"市清办"留下的 600 余万张人物卡经"销重"后,保留了"基卡"172 万张,约占原卡的 1/3 左右,使这套规模宏大的检索工具更好地投入了使用。

20 世纪 80 年代,重庆市档案馆加紧对散存于社会的历史档案进行抢救性收集,1980 年至 1986 年 7 年中,共接收历史档案和资料 3 万余卷。

1990 年 11 月至 1992 年 7 月,重庆市档案馆组成 5 人清(整)理小组,对抢救性接收进馆的,原由市建设银行代管的民国时期交通银行 4 万余卷档案进行清理鉴定、整理。1993 年 5 月至 1994 年 2 月,市馆对抢救性接收进馆的,由市人民银行、市财政局代管的 384 篓民国时期档案进行了鉴定整理。据统计,1989 年至 1993 年市馆共整理历史档案 24 287 卷。

重庆市档案馆馆藏中有数量不少的照片,但这些照片有的夹存在档案中,有的是未归全宗的散片;大多数无卷内目录、无页号、无照片号、无照片说明。1997 年,重庆市档案馆开始对照片档案进行整理,共整理形成照片档案 4 个全宗、1 个档案汇集,78 卷、57 盒,10 155 张。

重庆市档案馆还保存有大量的徽章、印鉴档案,具有独特的史料价值、文物价值,有的还具有较高的艺术价值,是重庆市档案馆馆藏的重要特色之一。但这些徽章、印鉴档案,由于先前保管不善,污染严重,许多因发霉、氧化而发绿、发黑,加之未分类编目,难以长久保管和有效利用。1996 年,重庆市档案馆成立专门的整理小组,对徽章、印鉴档案进行彻底的清理和整理,经过鉴定价值、清洁复原、分类编号、标签说明(印鉴档案拓印随附)等程序,共整理徽章档案 27 盒、147 板、1 126 枚,印鉴档案 123 枚。

至此,重庆市档案馆馆藏抗战档案基本整理完竣,大大方便了广大利用者的查阅利用。

二、重庆市档案馆馆藏抗战档案的检索

档案检索工具,是对档案信息实行智能控制(即超脱档案原始客体限制,揭示并组织档案信息的过程),把档案内容和形式特征的各种线索存储于各种检索工具之中,形成智能控制网,以供利用者从庞大的档案群体中检索所需档案的一项业务工作环节。它是利用者了解、利用档案不可缺少的重要工具,是提高档案部门工作水平的重要手段。

重庆市档案馆自建馆以来,即十分重视档案检索工具的编制,提出了"边接收、边整理、边利用、边建馆"的工作原则。而要方便利用,最为重要的工作就是检索工具的编制,向利用者提供方便、

简捷、及时、准确的检索工具。为此,在 1960 年开馆前后就组织力量编写了 44 个立档单位的全宗介绍。这以后,为适应馆藏档案的增多和利用人数的增加以及利用者结构的变化,又适时地编制了各种检索工具,以满足利用者的多方面需要。到 1989 年,重庆市档案馆共有全宗名册、案卷目录 1 105 册(包括民国时期和中华人民共和国建立以后,下同)、综合目录 48 本、专题索引 16 册、专题人名索引 10 册、全宗介绍 500 余个、人物卡片 172 万余张、专题卡片8 万余张、重要文件卡片 32 万余张,基本上形成了多渠道、有系统的检索体系,在全面、准确地揭示馆藏档案形式和内容的同时,又大大地方便了各个利用者的需要。而 2010 年 2 月公开出版的《重庆市档案馆指南》(上下册),对已开放的馆藏档案全宗及其内容作了翔实的介绍,是利用者了解重庆市档案馆馆藏档案的另一重要工具。

除此之外,随着社会的发展与科技的进步,档案的数字化程度越来越高,就重庆市档案馆而言,截至 2015 年底,馆藏抗战档案除司法档案及个别全宗未数字化以外,其余的已全部完成数字化,共完成数字化档案 353 个全宗,236 927 卷,31 043 171 个画幅,采集目录数据 600 余万条。这些已数字化的档案,包括了馆藏抗战档案的 90% 以上,它大大方便了利用者的利用,节省了其查档时间,提高了其利用效率。

第五节　重庆市档案馆馆藏抗战档案的利用

一、社会各界对重庆市档案馆馆藏抗战档案的利用

重庆市档案馆馆藏抗战历史档案的利用,主要包括两个方面

的内容：一是社会各界特别是学术界人士为了学术研究，有目的、有计划地到档案馆去查阅利用档案；二是档案馆自己积极主动地编辑出版一些档案史料汇编，为社会各界特别是学术界服务。

在学者利用档案方面，因重庆市档案馆馆藏抗战历史档案的丰富、完整和独具特色，使其已成为国内外专家学者研究民国史特别是抗战史必去的档案馆之一。除大量的国内学者外，美国、英国、法国、韩国、日本、澳大利亚、新加坡以及中国台湾、中国香港、中国澳门等国家和地区的专家学者，都曾来馆查阅利用档案。通过利用馆藏档案，他们有的完成了博士论文，有的丰富了课题内容，有的拓展了研究的深度和广度。特别是 2008 年重庆市实施"重庆中国抗战大后方历史文化研究与建设工程"以来，来馆查阅利用档案的专家学者更是逐日增加，每年多达数百人次，特别是寒暑假学校放假之际，查阅室的十几台电脑更是供不应求，需要预先约定。这些查阅利用者，既有国内学者，也有国外学者；既有知名的专家教授，也有硕士研究生和军旅作家；既有丰富其研究课题的，也有来馆通过查阅利用档案寻找线索、确定其研究方向的；既有进行学术研究的，也有举办展览、寻找父辈工作生活足迹的，还有寻求小说创作、影视拍摄素材的，其研究的领域虽然各不相同，但目的只有一个，就是通过档案的查阅利用，使其研究更加丰富、充实和完善。

通过对来馆利用档案的学者及其研究课题的调查，可以发现，目前有关抗战史的研究呈现出以下几个特点：一是研究领域更为广泛。过去侧重于政治、经济和军事，现在则涉及抗战的方方面面，如教育、美术、电影、卫生、社会福利、司法、市政建设与发展、金融等等，既有过去有所涉及的，更多的则是过去未曾涉及或研究不够的。二是不同的研究群体其研究、关注的重点不一样。一般说来,国内硕士研究生的研究大多集中在比较单一的选题上,如"抗战时期重庆的教育""抗战时期重庆的公共交通""抗战时期重庆的卫生"等;博士研究生的选题较硕士研究生的选题稍进一步,其空间范围更大,视野也更高更宽一些,如"民国时期的金融制度""民国时期西南地区鸦片的传入传播与危害研究"等;而一些专家教授的研究,因为其课题本身系通过了有关方面的论证才获得,所以也就显得更加全面和系统,如"抗战时期国民党政府对八路军、新四军根据地的经济封锁""抗战时期重庆的救济""抗战时期重庆的金融业""民国时期书刊查禁研究""20世纪中国佛教史研究""抗战时期的公共卫生研究"等。三是随着中国法制的健全,国内学者对民国法制制度的研究也出现了前所未有的热潮,先前少人问津的民国司法档案,也受到了较大程度的关注和利用。这主要以西南政法大学的一批老师及其硕士、博士研究生为代表,他们分别进行着"民国商标诉讼""民国时期宪政""民国公务员财产申报制度""民国票据案例""抗战大后方司法""民国时期的民事诉讼(公证)"等方面的研究。四是与国内学者相比,国外学者进行的研究更加接近普通市民,也更加贴近现实生活和具有借鉴意义,如"民国时期商贸性纠纷的正式和非正式调解方法""抗战时期与战后的难民社区意识""民国社会福利""抗战期间及1949年前重庆公共设施建设""1937—1949年的妇女社会工作及社会救济"研究等等。从这些学者的选题,我们也可看出目前国内抗战历史研究的一些新动向和新方法。

二、重庆市档案馆的抗战档案史料编研工作

重庆市档案馆自成立以来,即在广泛收集、安全保管、科学管理馆藏档案的同时,充分利用馆藏优势,采取多种形式,积极主动

地开发档案信息资源。特别是党的十一届三中全会后,随着我国改革开放的渐次推进,档案部门也加大了对抗战档案信息资源的开发开放力度,并开始走出"自我封闭"的大门,积极主动地编辑出版一些档案史料汇编和专题史料,为社会各界特别是学术界服务。

重庆市档案馆的档案史料编研出版,开始于20世纪80年代中后期。1982年11月,中共中央办公厅、国务院办公厅转发国家档案局《关于开放历史档案问题的报告》,对各级档案馆开放历史档案的有关问题作了详细规定,其中"关于历史档案的公布与出版"规定:"为了满足各方面对档案利用的需要,各级档案馆除积极热情接待利用单位来馆查阅档案、举办历史档案展览、举办学术报告会,编印有关刊物和公布某些历史档案外,还应努力创造条件,有领导、有计划、有步骤地编辑专题档案史料,报经党委审查批准后,根据不同情况,公开或内部出版发行,以适应和满足各方面的需要。"遵照上述指示精神,重庆市档案馆于1980年底恢复设置了档案编汇研究科,并调配充实编研人员,将中断已久的编研工作恢复起来。但恢复之初的编研工作,只是选编一些重要的单组史料在一些历史刊物上公布,供各界利用者参考。在此时期,社会各界兴起了编史修志的热潮,学术界的历史研究工作也日渐繁荣,为适应社会各界的需要,重庆市档案馆组织力量编纂了《在重庆战斗的中国劳动协会》《重庆较场口事件档案资料选编》《迁川工厂联合会档案史料选编》等抗战史料汇编,并根据档案史料,撰写发表一些研究论文。

1987年《中华人民共和国档案法》的颁布实施,使中国的档案事业步入法治化、健康化的发展轨道,而《档案法》中有关档案编研工作的规定,更给全国各级各类档案馆的编研工作指明了方向,创造了条件。乘《档案法》颁布实施之东风,重庆市档案馆的档案编研工作也上了一个新台阶，先后编辑完成了《民国时期重庆冶金工业档案选》《抗战时期工厂内迁史料》《重庆工人运动档案史料汇编》《国民党反动派迫害民主同盟档案史料汇编》《钢铁厂迁建委员会档案史料》《中国兴业公司档案史料》等，并与有关方面合作，先后公开出版了《白色恐怖下的新华日报》《抗战后方冶金工业史料》《抗日战争时期国民政府经济法规》《重庆大轰炸》《四联总处史料》《中国近代兵器工业档案史料》《迁都重庆的国民政府》等抗战档案史料汇编，并撰写出版了《抗日战争时期西南经济发展概述》《抗战时期重庆的军事》《抗战时期重庆的兵器工业》《抗战时期重庆的科学技术》《抗战时期大后方经济史研究》等学术专著。

此间，重庆市档案馆还于 1989 年创刊了以公布馆藏抗战档案史料和发表学术界研究论文为宗旨的馆刊——《档案史料与研究》（季刊），该刊每期以一半的篇幅公布馆藏档案史料，到 2003 年底该刊停刊时止，共出版 60 期，公布的有关档案史料达 400 万字以上，其绝大多数为抗战历史档案。

当时代跨入新世纪之后，随着国家实力的增强和社会经济的发展，抗战档案史料汇编的环境也越来越好，特别是党的十七届六中全会提出推动社会主义文化大发展大繁荣，中共重庆市委决定实施"抗战大后方历史文化保护与建设工程"，国家档案局实施"国家重点档案保护与开发"之后，重庆市档案馆的抗战档案编研工作，也和全国其他地区档案馆一样，进入到一个新阶段。在此期间，重庆市档案馆紧密结合馆藏抗战档案的特点和优势，充分发掘馆藏抗战历史档案的精品，一方面参与抗战历史文化保护与建设工程、国家重点档案保护与开发，一方面积极开展历史研究，编辑出版了《重庆大轰炸》《重庆大轰炸档案文献》《抗战时期国民政府在渝纪实》《抗战时期大后方经济开发文献资料选编》等上千万字的档案史料汇编,撰写并公开出版了《康心如与重庆市临时参议会》《衣冠西渡——抗战时期政府机构大迁移》等专著,参与编著的《抗日战争时期重庆大轰炸研究》荣获重庆市哲学社会科学优秀成果一等奖。与此同时,重庆市档案馆的编研人员,还深入馆藏,在充分熟悉、掌握抗战档案史料的基础上,积极撰写论文,多次参加国际国内学术研讨会并于大会上发言,使重庆市档案馆在抗战档案史料编研方面的地位,继续在史学界、档案界得到巩固和发展。

重庆市档案馆有关抗战档案编研成果一览表

书　　名	编纂者	出版时间	出版社	备　注
重庆较场口事件	舒福蓉等7人	1986年	内部出版	
白色恐怖下的新华日报	黄立人等	1987年10月	重庆出版社	与中国第二历史档案馆合编
抗战后方冶金工业史料	张友高等	1988年1月	重庆出版社	与四川省冶金厅合编
抗日战争时期西南经济发展概述	凌承学等	1988年7月	西南师范大学出版社	与重庆社科院合著
吴蕴初与中国天字化工企业	冯丽霞、张友高等	1990年6月	科学技术出版社重庆分社	与重庆天原化工厂合编
抗日战争时期国民政府经济法规(上、下册)	舒福蓉等	1992年7月	中国档案出版社	
重庆大轰炸	凌承学等	1992年7月	重庆出版社	与西南师范大学历史系合编
四联总处史料(上、中、下册)	黄立人等	1993年7月	中国档案出版社	与重庆市人民银行金融研究所合编
中国近代兵器工业档案史料(第三辑)	张友高等	1993年12月	中国兵器工业出版社	与中国第二历史档案馆合编
迁都重庆的国民政府	陆大钺等	1994年7月	北京出版社	与中国人民抗日战争纪念馆合编

续表

书　名	编纂者	出版时间	出版社	备　注
抗战时期重庆的军事	唐润明	1995 年 8 月	重庆出版社	专著
抗战时期重庆的兵器工业	陆大钺、唐润明	1995 年 8 月	重庆出版社	专著
抗战时期重庆的科技	程雨辰等	1995 年 8 月	重庆出版社	专著
抗战时期大后方经济史研究	黄立人	1998 年 12 月	中国档案出版社	论文集
卢作孚书信集	黄立人等	2003 年 12 月	四川人民出版社	与民生公司合编
民国歌乐山档案文献选编	张建中、唐润明等	2004 年 6 月	内部出版	与沙坪坝区地方志办公室合编
重庆沙磁文化区创建史	张建中、唐润明等	2005 年 9 月	四川人民出版社	专著,参编
抗战时期大后方经济开发文献资料选编	唐润明	2007 年 9 月	内部出版	
招商局与重庆——1943～1949 年档案史料汇编	唐昌伦等	2007 年 12 月	重庆出版社	
中华民国战时首都档案文献——国府迁渝·明定陪都·胜利还都	舒福蓉、郑永明	2008 年 1 月	内部出版	
中华民国战时首都档案文献——战时动员	唐润明	2008 年 1 月	内部出版	
中华民国战时首都档案文献——战时金融	唐润明	2008 年 1 月	内部出版	
中华民国战时首都档案文献——战时工业	唐润明	2008 年 1 月	内部出版	

续表

书　名	编纂者	出版时间	出版社	备　注
中华民国战时首都档案文献——战时社会	郑永明等	2008 年 1 月	内部出版	
重庆大轰炸档案文献：轰炸经过与人员伤亡（上）	唐润明	2011 年 1 月	重庆出版社	
重庆大轰炸档案文献：财产损失	唐润明	2011 年 1 月	重庆出版社	
抗战时期重庆沙磁文化区档案史料选编（教育文化）	张建中、唐润明等	2011 年 3 月	民国档案增刊	与中国第二历史档案馆、沙坪坝区地方志办公室合编
重庆大轰炸档案文献：财产损失（文教卫生部分）	唐润明等	2012 年 12 月	重庆出版社	
抗战时期大后方经济开发文献资料选编	唐润明等	2012 年 12 月	重庆出版社	
抗战时期国民政府在渝纪实	唐润明等	2012 年 12 月	重庆出版社	
重庆大轰炸档案文献：财产损失（军工企业部分）	唐润明等	2013 年 10 月	重庆出版社	
重庆大轰炸档案文献：财产损失（厂矿公司部分）	唐润明等	2013 年 10 月	重庆出版社	
重庆大轰炸档案文献：财产损失（同业公会部分）（上、下册）	唐润明等	2013 年 11 月	重庆出版社	
康心如与重庆市临时参议会	唐润明	2014 年 1 月	重庆出版社	专著
中国战时首都档案文献·迁都定都与还都	郑永明等	2014 年 12 月	重庆出版社	与重庆师范大学合编

续表

书　名	编纂者	出版时间	出版社	备　注
中国战时首都档案文献·战时动员（上、下册）	唐润明	2014 年 12 月	重庆出版社	与重庆师范大学合编
中国战时首都档案文献·战时工业	唐润明	2014 年 12 月	重庆出版社	与重庆师范大学合编
中国战时首都档案文献·战时金融	唐润明	2014 年 12 月	重庆出版社	与重庆师范大学合编
中国战时首都档案文献·战时社会	郑永明等	2014 年 12 月	重庆出版社	与重庆师范大学合编
重庆：中国抗战大后方名人手迹	唐润明	2015 年 4 月	九洲出版社	
衣冠西渡——抗战时期政府内迁	唐润明	2015 年 12 月	商务印书馆	专著
日本侵华图志第 14 卷《无差别轰炸》	张瑾、唐润明等	2015 年 5 月	山东画报出版社	
重庆大轰炸档案文献：轰炸经过与人员伤亡（中）	唐润明	2015 年 7 月	重庆出版社	
重庆大轰炸档案文献：轰炸经过与人员伤亡（下）	唐润明	2015 年 7 月	重庆出版社	
重庆大轰炸档案文献：轰炸经过与人员伤亡（区县部分）（上、下册）	唐润明	2015 年 7 月	重庆出版社	
重庆大轰炸档案文献：财产损失（机关部分）（上、下册）	唐润明等	2015 年 7 月	重庆出版社	

书　名	编纂者	出版时间	出版社	备　注
重庆大轰炸档案文献:财产损失(私物部分)(一、二、三、四册)	唐润明等	2015 年 7 月	重庆出版社	
重庆大轰炸(含成都、乐山、自贡、松潘)受害史实鉴定书(上、下册)	刘世龙、唐润明等	2017 年 2 月	社科文献出版社	论文集
重庆:中国战时首都大事记	唐润明	2017 年 3 月	重庆出版社	工具书
中国战时首都档案文献·战时政治	唐润明等	2017 年 6 月	西南师范大学出版社	
中国战时首都档案文献·战时经济	唐润明等	2017 年 6 月	西南师范大学出版社	
中国战时首都档案文献·反轰炸(上、下册)	唐润明等	2017 年 6 月	西南师范大学出版社	
民国时期中国西部科学院档案开发	唐润明等	2018 年 10 月	西南师范大学出版社	影印本
民国时期世界佛学苑汉藏教理院档案开发	唐润明等	2018 年 12 月	内部出版	影印本

第五章　东三省档案馆馆藏抗战档案概况、特色及其编纂出版

第一节　东三省档案馆概况

一、辽宁省档案馆的基本情况

辽宁省档案馆坐落于辽宁省政府院内,其前身是 1954 年 8 月成立的由中央人民政府政务院秘书厅直接领导的东北区临时档案保管处,集中保管原东北大区一级行政机构的档案。同年 11 月,改由国家档案局管辖。辽宁省档案馆 1958 年 10 月正式建馆,除继续保管原东北大区行政机构档案外,也着手接收辽宁省省级行政机关的档案。1960 年,该馆成为党政合一的档案馆,开始接收和保管省级党群机关的档案。1969 年 11 月,辽宁省档案馆接收了东北档案馆(于 1969 年撤销)移交过来的伪满"国务院"搜集的"东北地区清代及民国时期县级以上各官署档案"110 万卷。从此,辽宁省档案馆成为一个党政合一,历史和现行档案兼有的大型综合档案馆。

辽宁省档案馆所藏档案约 192 万卷,语种除了汉文档案外,还

有大量的满文、日文档案。该馆馆藏时间跨度上至公元 714 年，下至 20 世纪末，卷帙浩繁，档案种类多样。

该馆馆藏主要有以下几部分：

1. 唐代档案。该馆保存着 6 件唐开元年间纸质公文，是我国最古老的档案馆馆藏纸质档案。

2. 明代档案。该馆保存的 1 081 件明代档案，时间跨度为洪武到崇祯朝的 200 多年，内容涉及军事、民族、马市、驿站、赋役、司法、民政、官吏、涉外、文教及其他 11 大类，对研究明史和清前史有着重要价值，亦属珍品。

3. 清代档案。该馆保存着举凡清朝以来，涉及辽宁乃至整个东北地区各个历史时期的档案，共计 28 个全宗，16 余万卷，有清朝皇室活动抄送给盛京的重要文档，如满文老档、圣训实录、玉牒等；还有八旗档、行政官署文书档等盛京地方档案。

4. 民国时期档案。该部分档案是该馆历史档案中的主体部分，数量大，范围广，系统完整，内容丰富，共有 110 个全宗，100 余万卷（内含 10 余万卷清末档案），包括从 1912 年至 1931 年九一八事变近 20 年间原东北和热河、辽宁省级机关及其所属的外交、警务、司法、海关、盐务、土地、财税、文教和各道、府、厅、州、县等机构的档案。其中对奉系军阀的形成与发展、辽宁辛亥革命、五四运动、五卅运动、两次直奉战争、郭奉战争、皇姑屯事件、杨常事件、万宝山事件以及九一八事变等重大历史事实均有较详细的记述。这部分档案有 3 个重要特点：一是完整记录和反映了奉军的崛起、形成及其对东北长达 15 年的统治；二是记录了沙俄对东北的侵略及中俄交涉的历史；三是突出记录了日本帝国主义对东北的侵略及中日交涉的历史。还保存有杨宇霆（奉军总参议、张作霖心腹）与全国各派军阀、政客往来信函 400 余封，具有珍贵的文物价值和较高的史料价值。

5. 日伪档案。该馆还存有少量日伪档案，共由 4 个部分组成：一是残存的奉天维持会、奉天省长公署以及军队、警察、宪兵、法院、高等检察厅档案；二是"南满洲铁路株式会社"（简称"满铁"）档案，内容包括其会社内部的总体、地方、经理、产业、计划、商事、铁道、调查及 10 条铁路线等方面的档案，共 1.4 万余卷，主要是日文；三是溥仪私藏伪满密档；四是近 4 万册日文资料，这是日本在武装侵占东北前后，为了扩大侵略，巩固统治，通过"满铁"、各地驻屯军和伪满各行政机关等各种渠道，搜集和调查我国尤其是东北各方面情况所形成的内部文字资料，内容涉及我国政治、经济、军事、矿藏、地质、土地、河流、气候、风俗习惯、宗教信仰等等。

6. 国民党政府档案。国民党政府在抗战胜利后，曾在美国的支持下运兵东北，对东北铁路沿线和大中城市有过 2 年多的统治，留下了 2 万多卷档案。

7. 东北大区档案。这部分档案共 13 余万卷，形成时间为 1946—1954 年，反映了东北行政委员会（中华人民共和国成立后改为东北人民政府）在中国共产党的领导下率领东北人民支援全国解放战争、建设东北重工业基地的历程。

8. 中华人民共和国成立前后辽宁地区党和政府机关、群众团体形成的档案。建国前的档案内容主要包括东北地下党、东北抗联及其他革命组织活动资料，以及中共党政机关在解放东北时摧毁敌人政权、建立民主政权、开展土地改革、锄奸反特、发展生产、支援战争等过程中所形成的文件资料，共 1 万余卷。建国后档案内容齐全，共有 23 万余卷，对发生在辽宁的重大政治事件以及经济、文化、卫生、民政、司法、党务等各项事业的发展均有详尽的记录。是该馆馆藏的又一主要部分。

辽宁省档案馆现有馆库两栋,建筑面积 1.5 万平方米。2018年7月23日,新组建的辽宁省档案局挂牌成立,省档案局整合了省档案馆、省政府地方志办公室、辽宁音像资料馆、辽宁图片资料馆、省民政档案资料馆,加挂省档案馆、省工业文化发展中心、省政府地方志办公室3块牌子,是省委办公厅所属事业单位,承担档案资料保管、整理和地方志编纂等职能。辽宁省档案馆经过重组,集中保管了记录辽宁省历史和经济社会发展历程的各种载体档案。

目前辽宁省档案馆已开放档案 90 多万卷,档案特藏室工作已初具规模,建立了全省民国档案目录中心、互联网主页,并通过信函咨询、电话预约、网上目录介绍等方式,主动开展对外服务。

二、吉林省档案馆的基本情况

吉林省档案馆于 1958 年开始筹建,1959 年 10 月 27 日正式成立,1983 年与吉林省档案局合并。该馆位于吉林省长春市宽城区人民大街 55 号,现已成为吉林省永久保管档案的基地和社会各界利用档案资料的中心。

该馆馆藏丰富,保存着旧政权档案、革命历史档案、中华人民共和国时期档案共 60 余万卷,有纸质档案、照片档案、录像档案、影片档案、实物档案等多种载体。

该馆馆藏档案主要有以下几部分:

1. 清代档案。现存清代档案形成年代最早的是 1725 年,主要包括吉林将军衙门、吉林行省、吉林分巡道、吉林行省文案处、吉林边务文案处、吉林兵司、吉林全省旗务处等机构形成的档案,共 75 个全宗,13 余万卷。

2. 民国时期档案。该部分档案在该馆馆藏中所占比重较大,形成时间从 1912 年至 1948 年。主要是吉林省公署及其所属各厅、局档案,吉林交涉署、吉林铁路交涉总署等机构档案。内容涉及这一时期吉林省政治、经济、军事、司法、外交、实业、财税、教育等方面。档案数量较多,内容丰富,其中九一八事变、万宝山事件、中村事件、中东路事件等档案既是历史文化遗产,也是研究民国时期政治、经济、文化的重要史料。这部分档案不仅是历史档案,还兼具文物性质。

3.伪满档案。该部分档案主要包括伪满国务院、经济部、民生部、兴农部、军事部,以及日本关东军宪兵队、吉林省公署、吉林交涉总局、伪满中央银行、伪满建筑局等机构在 1931 年至 1945 年间形成的档案,共 6 万余卷。档案大部分为日文书写,较全面、真实地记载了日本帝国主义对我国东北地区政治、经济、军事、文化等方面的统治和侵略活动。其中,有保存较为完整的 5 万余卷伪满中央银行档案资料和从原关东军司令部院内挖掘出来的机密情报档案;另有反映东北抗日联军与日军作战情况、东北抗日联军活动、东北民族联军发动军事攻势等内容的档案。这些档案是揭露日本帝国主义在华侵略罪行,研究中国人民抗战史的宝贵材料。

4.革命历史档案。该部分档案形成于 1923 年至 1949 年,共有 2 000 余卷。主要是涉及中国共产党、共青团满洲省委及南满、东满、吉东、北满省委等方面的档案,东北各地农会、妇救会、反帝大同盟、抗日救国会等革命群众组织的档案,东北人民革命军、东北抗日联军总司令部与各路军所属部队的档案,以及抗日战争胜利后我党建立和巩固东北革命根据地及解放战争相关档案。其中有多位老一辈无产阶级革命家的手稿、日记等,是研究中共党史、人民革命史、抗日联军史、解放战争史的第一手资料。

5.中华人民共和国时期档案。这部分档案主要有中共吉林省委、吉林省人民政府及其所属各厅局档案,吉林省工会、共青团吉林省委等群众团体档案,吉林省企事业单位档案等。档案记录了建国后吉林省在党的建设、工农业生产、城建交通、财贸金融、科教文卫、体育新闻、社会生活等方面的情况,反映了吉林人民在中共吉林省委省政府领导下开展社会主义革命和建设的历史过程。

吉林省档案馆馆藏档案是吉林省历史的真实写照,具有很高的历史研究价值,尤其是伪满档案和革命历史档案为国内罕见,价值更为珍贵。

三、黑龙江省档案馆的基本情况

黑龙江省档案馆成立于 1964 年,是集中收集、保管该省省级机关及其他重要档案资料的省级国家综合档案馆,1999 年晋升为国家一级档案馆。建立初始,该馆与省档案局实行局馆合一体制,2018 年 10 月省档案局馆分设,省档案馆重新组建,现为中共黑龙江省委直属正厅级事业单位。2001 年黑龙江省档案馆被省委省政府确定为爱国主义教育基地,2003 年省档案馆成立现行文件中心,2012 年被省政府命名为省政府公开信息查阅中心。

该馆现馆舍是二类保护建筑,总建筑面积约 2 万平方米。主要保管省级党政机关、群众团体、事业单位档案,以及革命历史档案和旧政权时期的历史档案。现有馆藏档案 418 个全宗,85 万余卷,资料 5 万册,排架长度 1.1 万延米。全面记录和反映了黑龙江自清代设治以来政治、经济、军事、文化、民族及社会生活历史等各方面发展进程。

该馆建有 1 000 平方米的档案展览大厅,依托档案馆藏资源,建有《黑龙江历史记忆》基本陈列展,展示了黑龙江 300 多年的历史发展原貌。黑龙江省档案馆以独特的馆藏资源优势,社会功能日益凸显,现已成为全省干部教育教学基地、省直机关党建活动基地、省级科普教育基地、黑龙江省在哈高校的教学实习基地。

该馆馆藏主要有以下几部分：

1. 清代档案。馆藏最早的档案形成于 1684 年（康熙二十三年），距今 330 多年，共有档案 7 万余卷，其中满文 2 万余卷。包括黑龙江将军衙门、黑龙江行省公署、黑龙江全省垦务总局等机构档案。其中黑龙江将军衙门档案是清代在全国设置地方军事机关以来至今保存最为完整的一个全宗，为该馆的镇馆之宝。

2. 民国档案。该部分档案分为两部分，一是 1912—1932 年，黑龙江省政府、民政厅、教育厅、财政厅等机构形成的档案，共 11 余万卷；二是国民党在 1945—1948 年在东北地区进行网罗人员、发展组织、收集情报、蛊惑宣传等活动时形成的档案近 3 000 卷。

3. 伪满洲国档案。该部分档案是伪满时期龙江、滨江等省公署、警务厅、宪兵团（队）、特务机关等机构及伪满中央银行、各株式会社形成的文件，近 2 万卷，真实记录了日本帝国主义在我国东北地区实行法西斯统治和经济掠夺的罪行。

4. 革命历史档案。该部分档案记录了抗日战争时期中共满洲省委（北满、吉东省委）领导各族人民同日本侵略者浴血奋战的重大史实，还包括解放战争时期中国共产党在该省进行革命根据地建设、剿匪、土改、支援东北和全国解放战争等方面的比较系统完整的档案材料。同时还有陈云、张闻天等党和国家领导人在这一时期的革命实践活动史料。

5. 中华人民共和国成立后党政机关档案。该部分档案主要有反映国民经济恢复、社会主义改造、国家 22 项重点工程、大庆油田开发、大小兴安岭林区开发情况的档案材料。另有毛泽东、周恩来、刘少奇、朱德、邓小平、陈云等党和国家领导人来黑龙江省视察时的指示、亲笔题词和照片，更是馆藏的珍品。

6. 该馆还保存着还有许多重要资料，如旧政权时期满铁资料、革命历史和新中国成立后的资料等。

黑龙江档案馆馆藏五大连池火山喷发满文档案、清代呼兰府《婚姻办法》、黑龙江通省满汉文舆图图说、鄂伦春族满文户籍档案、日军"慰安妇"档案等已被收入《中国档案遗产名录》。

第二节　东三省档案馆馆藏抗战档案概况

1931 年，日本悍然发动九一八事变，由于国民党政府对日本的侵略采取不抵抗政策，导致日军几乎未受到抵抗便将沈阳全城占领。此后，东北各地的中国军队被严令不许抵抗，使日军得以迅速占领辽宁、吉林、黑龙江等省。至抗战胜利，日本帝国主义对中国东北进行了长达 14 年的残酷殖民统治。

这一时期，东三省成为日本侵华的物资基地。日本帝国主义在东北地区实行残酷统治和掠夺性开发政策，他们建立银行、各类株式会社，在东北修电站、办工厂、开矿山、垄断金融及商业，在经济上进行疯狂掠夺，榨取东北人民血汗。

政治上他们建立伪满洲国，扶持傀儡政权，对东北人民进行殖民统治和奴化教育。

军事上日本关东军长期驻扎，实行法西斯军事占领统治，并建立伪满军队、日伪警察机构和宪兵队伍，对抗日军队进行残酷镇压，实施"三光"政策，制造"平顶山""老黑沟""桦川县西宝屯"等惨案，使东北人民饱受苦难。阜新万人坑、北票万人坑里那些死于日本侵略者的残酷屠杀和迫害之下的人们，昭示着日本侵略者残害、奴役中国人民的历史。臭名昭著的七三一细菌部队和五一六化学武器部队以中、苏、朝鲜等国人民做人体实验，惨无人道，五一六部队当年在战败投降前未来得及销毁的化学武器依然是今天当地百姓很大的安全威胁。

在文化教育方面日本实行法西斯政策，极力摧残东北人民的民族意识，强制奴化教育。

面对日寇的种种暴行，"吉林省抗日义勇军""抗日救国军""吉林人民抗日自卫军"等东北的爱国官兵和广大东北人民自发组织各种抗日力量及后来中国共产党领导的东北抗日联军奋起抵抗，在极其恶劣的环境中，同日本侵略者进行艰苦卓绝的斗争，最终战胜了日本侵略者。

东三省在抗日战争中形成的数量众多、价值极高的档案均为抗战档案。

一、辽宁省档案馆馆藏抗战档案概况

辽宁在近代中日关系史和抗战史上具有特殊重要的历史地位，日本侵华的历史几乎在辽宁都有完整的反映和记录。甲午战争的主战场在辽宁，日俄战争发生在辽宁，1931 年九一八事变的发生地也是辽宁。辽宁是日本侵华的起点和终点，也是抗日战争的爆发地和抗战胜利最后一次战犯审判地，承载着重要的历史记忆。

自九一八事变起，辽宁人民率先扛起反抗日本帝国主义侵略的大旗，以英勇顽强、不屈不挠的精神坚持抗战整整 14 年，从未间断，为全国抗日战争的胜利作出了重要贡献。

辽宁省档案馆馆藏档案涉及抗战的主要存于以下全宗：

1. 言长、吉敦等 11 个铁路局资料（全宗代码 JD2-12）

该省 11 个铁路局在九一八事变后均被日本占领，这些铁路局资料中与抗战有关的内容有：九一八事变中，日军侵占辽宁、吉林、黑龙江的情报；日军兵力调查；抗日团体在铁路沿线活动、破坏铁路交通等情况材料。

2. 满铁档案（全宗代码 JD1）

满铁的全称是南满洲铁路株式会社，是日本 1906—1945 年在"满洲"设立的一家特殊公司，它除了经营管理南满铁路和从中国政府手中逐步并吞过去的 10 条铁路线、煤矿、铁矿各种产业，还是日本在"满洲"进行政治、经济、军事等方面侵略活动的前哨和基地。与抗战有关的内容有：日本推行的殖民方针、政策；伪满洲国皇帝溥仪访日相关材料；伪满洲国政府对外交涉以及签订的协定、合同等；九一八事变、七七卢沟桥事变电文；搜集有关共产党的文件以及工人罢工情况调查等。

3. 奉天省公署档案（全宗代码 JD14）

1931 年 9 月 24 日，日本帝国主义在沈阳成立了伪奉天地方维持会，代行省政府职权。是年 12 月 15 日，成立伪奉天省政府，取代了伪奉天地方维持会。"省政府"下设秘书处、财政厅、教育厅、实业厅等机构。1932 年 4 月 11 日，奉天"省政府"改名为"奉天省公署"，下设总务、民政、警务、实业、教育 5 厅，并辖各市县公署。

"奉天省公署"档案形成于 1931—1945 年，共有 500 余卷，大部分是中文，少量是日文。由于日本在投降前夕销毁了大部分档案，导致该全宗档案很不完整。残留的部分涉及抗战的内容有：该省维持会、各县治安维持会、自治委员会设立与改组的文件，人员名单及官制、规章、制度等；伪满洲国、省、市、县及所属机构情况的文件，行政会议记录、政务调查以及人事材料；各警备司令部辖区划分，兵力配备和兵工厂生产的文件；有关黄显声枪毙张学成事件的文件；日本人向东北移民扩张情况；"国联"调查团到奉调查的文件；英、美、法、德、奥、日等国驻奉领事情况及外侨调查统计；奉天各县自然情况调查、统计，以及奉天省民政、文教卫生、农业、工矿商机构、交通邮电、财政金融等各方面的材料。另有，中共派共产党员分赴东满、北满、南满组织抗日活动，中共地下党员在柳河县抗日、与唐聚五部队合作抗日的文件；辽宁民众义勇军、东北救国义勇军、吉林抗日自卫军、大刀会等各种抗日团体的活动材料；有关邓铁梅、唐聚五、马占山等领导的抗日活动文件，以及伪满军警哗变的材料等。

4. 伪满军警宪机构档案（全宗代码 JD15－18）

伪满军警宪机构共有档案 257 卷，全宗代码为 DJ15－18，形成于 1932—1945 年。涉及抗战的内容有：中共东北、华北地下党、东北抗联等活动情况月报、图表；反满抗日人员名单、伪满对八路军、抗日被俘人员审讯材料；各地抗日军活动情况、统计表；镇压抗日义勇军及各种民间抗日组织材料；日本人搜集有关共产国际、苏联、朝鲜等材料；关于阜新、北票、抚顺等工矿工人死亡人数统计表及工厂工人情况调查统计；日军破获东北国民党地下组织和审讯材料；日本宪兵队、特务活动材料等。

5. 溥仪秘档（全宗代码 JD13）

这部分档案是溥仪就任伪满"执政"和称帝后一段时间与亲信近臣进行秘密活动形成的，共 98 卷。其中有溥仪给"执政府"秘书长胡嗣瑗的密谕及批示；伪满对东北各地抗日武装力量的调查分析材料；日本政府承认"满洲国"声明及伪满勾结日本人策划入关、策划华北叛乱的密信等。

6. 伪满中央银行档案（全宗代码 JD25）

伪满中央银行是九一八事变后，日本在东北地区设立的重要经济机构之一，是日本为实现掠夺东北资源，控制东北经济命脉，建立后方基地而服务的金融机构。共有 60 余卷，内有发行货币，调整货币流通等文件，有关债权债务处理、裁定的文件及金库管理的规定等。这些档案反映了伪满中央银行作为日本侵略的御用工具对东北人民带来深重灾难。

7. 中共满洲省委员会档案（全宗代码 DB1）

中共满洲省委员会是中国共产党于 1927 年在东北地区设立的最高领导机构。该机构在东北地区领导工农群众进行艰苦卓绝的斗争中也留下了少量档案，形成时间为 1927 年至 1944 年，原件收藏于中央档案馆，辽宁省档案馆馆藏均为复制件。

该部分档案记载了中共满洲省委和东满、南满、吉东、北满四个省委，总工会、青年团满洲省委和东北抗日联军活动史实。涉及抗战的内容主要有：创建东北人民军、民众自卫军、救国军、义勇军、抗日同盟军、反日联合军、东北抗日救国军、少年铁血军、大刀会、红枪会、自卫团等抗日队伍，并在此基础上建立起抗日民主联军一至十一路军的文件；党领导的工人罢工、学生罢课、士兵罢岗罢操等文件；组织青少年反日斗争；反对日本帝国主义武装占领满洲告全满洲工人、农民、学生和劳苦大众书；东北抗日救国运动新纲领等文件；东北抗联各军负责人及活动区域文件；党内交通、军需供给、牺牲干部及作战阵亡人员调查表、追悼抗日牺牲将士等文件；朱德总司令致东北抗日联军将领的信及杨靖宇、李兆麟、周保中、李延禄、赵尚志等抗日联军将领往来信函；反映东北地区发生的"中东路事件""中村事件""万宝山事件"及九一八事变等重大历史事件的文件等。

辽宁省档案馆馆藏抗战档案全方位、多角度地反映了 14 年抗战期间辽宁省政治、经济、文教、军事、外交、社会活动及其发展变化，清楚地展示了抗战时期辽宁历史的发展轨迹及其对中国人民抗日战争和世界反法西斯战争的巨大贡献。

二、吉林省档案馆馆藏抗战档案概况

吉林省长春市曾是伪满洲国的"国都",也是日本关东宪兵队司令部的所在地,吉林既有日本侵华时期所犯罪行的人证,更有日本战败投降后,关东宪兵队来不及销毁而埋于地下的档案物证。吉林省档案馆保存了 10 万卷伪满档案,涉及抗战的档案主要有以下几类:伪满吉林省公署及其下属机构档案;伪满洲国国务院总务厅、外交部、中央银行等机构的档案;日本宪兵队档案等。这些档案九成为日文,是日本奴役殖民统治的原始凭证。这些档案既是日本侵华档案,也是吉林抗战时期档案。

（一）伪满吉林省公署及其下属机构档案

1. 伪满吉林省长官公署（全宗代码 J171）

共有档案 800 余卷,内容有:伪满吉林省长官公署的组织大纲;伪满吉林省长官公署与伪满中央各部文书;吉林省各地财政金融类档案;司法机关、警团、清乡捕杀共产党的文件等。

2. 伪满吉林省公署总务厅（全宗代码 J336）

该厅成立于 1932 年,共形成档案 50 余卷,内有日本在东北第一次武装移民的情况。

3. 伪满吉林延边行政督察员公署办事处（全宗代码 J341）

该办事处主要职能是办理延吉、珲春、和龙、汪清地区的国际交涉,管理外国人留居和在外侨民事务。共有档案 50 余卷,内有延吉、珲春、和龙、汪清 4 县上报的抗日武装活动情况;日伪当局捕获共产党疑犯审讯笔录,延吉、珲春、和龙、汪清 4 县上报共产党活动情报;该处为防捕共产党采取的措施、发布的命令等;共产党在延吉一带抗日活动情况及抗日宣传的材料。

4. 伪满吉林省公署警务厅档案(全宗代码 J331)

东北沦陷后,日伪当局竭力使用警察这一特殊的统治工具,对东北各族人民实行法西斯统治。在伪满政府设置警务司,负责指挥伪满洲国内全体警察,于各省级地方设置警务厅。该馆共有该机构档案近 700 卷,其中有反映抗日义勇军武装抗日活动情形的文件。

5. 伪满吉林省清乡总局档案(全宗代码 J332)

清乡总局是日伪为了大肆镇压人民抗日斗争而设立的反动机构,该全宗档案有 200 余卷。

6. 伪满吉林省保卫管理处(全宗代码 J333)

共有档案 338 卷,内有反映抗日义勇军活动情况的文件。

7. 伪满吉林省公署民政厅档案(全宗代码 J334)

共有档案 130 余卷,内有各县呈送的抗日救国军活动情况的文件。

8. 伪满吉林省公署财政厅(全宗代码 J335)

共有档案 153 卷,内有为特殊事项拨款的训令等。

(二)伪满洲国行政机构档案

1932 年 3 月 9 日,日本侵略者扶持前清逊帝爱新觉罗·溥仪在东北建立傀儡政权——伪满洲国,下设伪民政部、军政部、财政部、外交部、司法部、实业部、交通部、立法院、监察院等伪政权机构。

伪满洲国行政机构档案是伪满洲国(1932—1945 年)政权"中央"和地方机关在各项活动中形成的档案。其中,吉林省档案馆存有伪满中央国务院总务厅、外交部、最高法院、首都警察厅、中央银行等的档案 10 万余卷。内容包括伪满各级政权机构的设置沿革、人员任免、各项规章制度;行政区划演变;军队、警察、宪兵队侦查和镇压抗日义勇军、抗联和各人民团体反满抗日活动;各宪兵队工作报告；"国联"调查；各国驻伪满"领事馆"的活动；各级行政机构办学堂，设医院，经营铁路、航运，设银行，办厂矿，移民开拓等政治、经济、军事、文化等活动中形成的材料。

（三）日本关东宪兵队档案（全宗代码 J315）

1905 年日本关东宪兵队于旅顺成立，直属关东总督府。1906 年，转归日本宪兵司令部直辖。1931 年九一八事变后，隶属于关东军司令部。关东宪兵队的职能为：镇压反满抗日活动，搜集情报，执行治安保卫任务，负责机密保护、伪军政要人之监视，搜集政治、经济情报；后期负责防谍（即防止苏联、中共、国民党等谍报人员），搜捕抗日武装部队人员，维持治安等。吉林省档案馆馆藏日本关东宪兵队全宗档案共 3 696 卷，文件起止年代为 1931—1945 年。内容包括：

1. 内务管理档案

有关东宪兵队机构设置、人员编制等文件，所属分队、分遣队人员名单及统计表，人事任免，宪兵雇用密侦人员名册及支付经费细表，关东老兵队服务规程，宪兵队分课业务规定，关于事务经理、文件管理规定等内容。

2. 共产党活动档案

有东北地下党、东北抗日联军活动情报；关于杨靖宇、陈翰章、魏拯民、金策、赵尚志等人活动情况；东北义勇军抗日活动；关东宪兵队破坏中共地下组织，捕杀中共地工人员、抗联干部及进步群众的情况；宪兵收集中共武装、各解放区、游击区的军事、政治情报；编辑《思想对策月报》《特高警察报》《讨伐旬报》《防共旬报》《治安周报》等资料。

3. 国民党活动档案

主要为关东宪兵队侦察、破获国民党辽宁省、黑龙江省党部，国民党重庆地工人员,东北青年抗敌建国挺进团等情况,如"一二·三○"事件,"忧国工作""贞星工作"等档案材料。

4. 关东军档案

主要为日本关东军与宪兵队来往文件,如关东军的命令、指示、作战及讨伐肃正计划,特种演习计划,防谍特别规定等档案;九一八事变时关东军情报以及关东军作战配置、行动计划。

5. 对苏谍报

有日本关东宪兵队搜集的苏联政治、经济情报;苏联派入伪满特工人员活动情况;宪兵逮捕苏谍的策略、手段及方法;被捕苏谍审讯及口供;关东宪兵队防谍概况等材料。

三、黑龙江省档案馆馆藏抗战档案概况

黑龙江省是全国打响有组织具规模抗战第一枪的发生地,也是东北抗联的主战场,又是抗日最后一战的终结地。黑龙江省中共满洲、吉东、北满省委、特委和各县委以及抗日联军各军在极其艰苦的斗争环境下建立、发展,东北抗日联军 11 个军中,除第一军、第二军活动在吉林、辽宁外,其他 9 个军,还包括抗联第二军的一部分,都在今黑龙江省境内组建和战斗。黑龙江省档案馆有关抗战的档案大都存于日伪档案全宗内。

1. 伪满龙江等省公署暨警务厅档案(全宗代码:旧 1)

伪满洲国建立后,为了强化殖民统治,建立了伪滨江省公署、伪龙江省公署、伪哈尔滨特别市公署等"中央"到地方的各级傀儡政权。

目前保存在黑龙江省档案馆的有 4 800 余卷,形成时间为1932—1945 年。涉及抗战的内容有:日伪各省(县)公署的人事任免文件及人员履历、人员名册;省(县)公署会议记录及政务月报;

有关农业开拓政策、收获调查及捐税的文件；齐昂铁路、北满江运局、北满特区文物研究所、各省民生厅有关人员配置、财务收支的文件；日伪警察系统各厅署的会议议程及工作计划；有关治安管理的文件及会议文件；有关抗日联军、地下党及抗日团体活动的情报等。

2. 日伪陆军特务机关（全宗代码：旧3）

本全宗共有档案 99 卷，形成于 1933—1945 年。主要内容为：有关加强和改进特务工作的报告；有关东宁事件的文件；有关梨树镇满军游击队骑兵连哗变的文件；有关赵尚志牺牲的传闻；有关东北义勇军总司令孔宪荣及救国自卫军司令陈东山活动情况的文件；抗联第五军军长柴世荣、政委李青给杨靖宇、魏拯民的信；周保中给第五军全体同志的信及赵尚志给日本士兵的信等。

3. 日伪第三、第四宪兵团（队）（全宗代码：旧4）

本全宗共有档案 128 卷，形成于 1935—1945 年。主要内容有：第三宪兵团命令录及警备条例；第四宪兵团特务人员名簿；有关宪兵总团及各宪兵团人员任免的文件；有关宪兵业务报告；宪兵服务概要、服务活动日记；各宪兵队教育计划实施状况报告及各宪兵队状况；有关军事警察及军人心理动向的月报；有关调查中共南满省委组织状况及共产党、抗联情况文件材料等。

4. 伪满警务厅与国境警察队（全宗代码：旧5）

本全宗共有档案 980 卷，形成于 1932—1945 年。主要内容为：有关警务厅组织机构情况的文件；扩充警察机构的计划；警务行政三年计划要纲；加强国境地带管制对策；警察事务处理规程与指纹事务管理规定；有关特务团体组织要领及训练实施状况的报告；有关治安工作实施规则及治安情况的报告；有关抗联、中共地下党员赵尚志及国民党人员活动情况的报告；中共党政军系统表及活动概要；有关抗日救国军第一总队、东北义勇军、游击队、东北联合光复军的编制及活动情况的情报;有关满军及三河子警察队起义情况的文件等。

5. 日伪军管区军队(全宗代码:旧6)

本全宗共有档案 76 卷,形成于 1935—1945 年。主要内容有:日伪教导骑兵三团历史沿革;情报班要员名单;有关第一、第四征兵区的文件;第三军管区内治安判断要图;日满协定书;军事工程竣工后的调查书;伪满洲国西南地区抗日团体配置图、抗日政党布置图、抗日团体分布要图;各军管区作战的命令;有关罗斯福、希特勒死亡的反响;"诺门汉事件"作战详报;有关对八路军连长逮捕的报告等。

6. 伪满帝国协和会(全宗代码:旧10)

九一八事变后,从事把东北从中国分离出来并"施行君主政治以推动新国家建设"的日方"自治指导部"为伪满帝国协和会的起源。伪满洲国建国后,"自治指导部"则转型为官民一体化的"满洲国协和会"。"协和会"与伪满洲国"政府"共同宣称推动"建国理想(建设王道乐土)",并以此对"国民"进行宣传教育。

本全宗共有档案 69 卷,形成于 1932—1945 年。主要内容有:"协和会"行动纲领、战时工作要领和联合协议会规则;"协和会"先锋团组织要纲;北安省特别工作指导机构概况及特别工作要纲;甘南县"协和会"办事处设置要纲;"协和会"五常县本部职员一览表及双城"协和会"会员名单;龙江省联合协议会施政方针;双城、林向联合协议会记录等。

7. 各株式会社档案(全宗代码:旧12)

本全宗共有档案 854 卷,形成于 1914—1945 年。主要内容为:有关吉林省各煤矿、铜矿的文件、图纸;有关辽宁矿区的现状及沿革、调查报告、采矿图纸;"满洲"重工业厅开发株式会社管理法、章程及各种调查；电信电话株式会社人员履历与营业收支状况；运输及其他株式会社章程、事业报告等。

8. 黑龙江清乡总局档案（全宗代码：旧93）

内有有关马占山抗战文件。

第三节　东三省档案馆馆藏抗战档案特色

日军侵华档案、伪满洲国档案及伪满成立前地方伪政权在活动中形成的各种档案，是东三省抗战档案的主要组成部分。

有关日军大屠杀、殖民统治、经济掠夺、奴化教育、细菌战与化学战、鸦片毒害以及强征"慰安妇"等历史均在东北日伪档案中有所反映，这些档案对于日军侵华史及东北抗战研究具有无可替代的价值。

与其他省市档案馆相比，东三省档案馆馆藏的抗战历史档案，几乎没有国民党军对日作战史料，更没有东北地区最高行政机关——东北政务委员会组织抗日的材料，这是由东北军及东北政务委员会在九一八事变发生后即撤往关内所致，因此，反映和记录中国共产党领导下的抗日斗争便成为东三省抗战档案的一大特色。

一、伪满洲国档案

伪满洲国是日本侵略者在中国建立的第一个傀儡政权，拥有一套完整的政权体系，所占据的"国土"，包括14个省、2个特别市、1个特别区（后改为19个省、1个特别市），并组建了伪满军队，奴役了400多万的"国民"。伪满政权及其统治与日本侵略者后来在中国内地建立的几个伪政权既有相似之处，又有很大不同。伪满历史的多样性和复杂性吸引着众多的中外学者从不同视角、领域对其开展了研究。

现存于东三省档案馆的伪满档案保存并不完整，数量也不庞大。但依然为我们今天研究伪满洲国政治体制、殖民统治、经济状况、社会生活、文化建构、文学艺术、产业科技、人口卫生等方方面面提供了翔实的历史凭证。又因伪满档案中有大量关于东北人民抗日的材料，对研究中国 14 年抗战具有不可替代的作用和意义，所以具有十分重要的保藏、研究与使用价值。

（一）伪满宫廷密档

这部分档案是溥仪在 1932 年 3 月 9 日就任伪满"执政"和 1934 年称帝后一段时间内与其亲信近臣在各项活动中形成的，共 98 卷。档案主要内容大致有 3 类：一是溥仪及其亲信近臣往来密函。主要内容有溥仪出任伪满"执政"及改制称帝时，东北行政委员会"推戴书"及溥仪答书；溥仪给执政府秘书长胡嗣瑗的密谕及批示；伪满为实行"君主立宪"派赵欣伯赴日研究法制的文书；伪满尚书府大臣郭宗熙、宫内府大臣沈瑞麟为"变更国体改称帝制"提出的方案；溥仪改组内阁的训示；执政府开支预算；"国务"总理郑孝胥请假始末；原东北军旅长马廷福拟发动叛乱致胡嗣瑗的密信；对中国各派力量的分析等材料；溥仪的老师陈宝琛、朱益藩为复辟帝制给溥仪的密札。二是溥仪的涉外文件。如：日本关东军司令官本庄繁的密函密约；溥仪致日本国裕仁天皇的国书；"满"日双方缔约的基础案；溥仪接见"满洲电信电话株式会社"总裁内静夫等的训词；日本政府承认"满洲国"声明；伪满财政部长熙洽访日声明及谈话；日本"对满政策建议案"；日本陆相与苏联大使关于"满洲"问题谈话；胡嗣瑗复日参谋次长的信稿；伪满勾结日本人策划入关、策划华北叛乱，迎接伪满入关的密信；溥仪就任伪满"执政"前后的活动材料；溥仪接见外国记者的谈话；国外人士给溥仪的信函；外刊对日本侵略中国东北的评论，即对伪满洲国政治、军事、经济形势的综合评论，对伪满洲国的成立与日军侵占华北的评论；国联李顿报告书等材料。三是伪满对东北各地抗日武装力量的调查分析等材料。

从第一类档案中可以看出溥仪企图复辟大清的政治野心；从第二类档案可以看出溥仪等人卖国求荣的嘴脸，以及伪满洲国的傀儡性质；从第三类档案可以看出溥仪伪政权作为日本傀儡与打手的本质。

（二）"满洲中央银行"档案

"满洲中央银行"是日本侵略者为了控制东北的经济命脉，操纵其金融事业而设立的金融机构。它的主要职能是：垄断货币制造发行，实行金融统治，扶植垄断企业，控制金融市场，集聚资金，代理日本国库业务，为日军侵华效劳。

档案的主要内容有："满洲中央银行"组织状况记载、重要记事、会计概况、金库管理、金融市场管理、经济调查以及造币厂相关档案。

透过档案的记载，揭示了"满洲中央银行"的设立给东北人民带来的深重灾难。从其组织规程，可以看出"满洲中央银行"是日本侵略东北、进行掠夺的"御用"侵略工具；从其吸收资金的方式，可以看出日本对东北人民的残酷掠夺；从其资金去向可以看出日本对东北资源的疯狂侵占。

（三）移民开拓团档案

侵华战争期间，日本为了奴化殖民东三省，不光是派来血腥的侵略军，还开始有组织、有计划地向东北大规模移民。1936 年 8 月，日本广田弘毅内阁正式将百万移民计划列为日本政府的七大"国策"之一。日本计划从 1937 年起，在 20 年内向我国东北地区移民 100 万户计 500 万人,其主要目的是改变东北人口构成,图谋中国东北永久成为日本的领土。

伪满洲国档案中关于日本开拓团的档案史料,揭开了那段日本移民侵略史,更揭露了当年日本"开拓团"的真相。其中,早期的满铁独立守备队退伍兵移民档案、"关东都督府"都督福岛安正筹建"爱川村"等比较有代表性的移民村档案,以及几种特殊移民形式的移民团档案,详细记载了日本移民团创建定居点的移民计划、移民构成及移民经过等内容,记录了他们在中国犯下的罪行,以及给中国人民造成的巨大物质和精神伤害。

(四)唱片档案

吉林省档案馆保存的唱片档案有 2 000 余件,起止年代为 1940 年到 1945 年。

唱片主要内容有:溥仪的活动;建立建国神庙诏书;溥仪第二次访日报道;伪满和日本高级官员等各界人物的讲话录音;伪满国务总理大臣张景惠、宫内府大臣熙洽等在各种会议上的讲话;汪精卫关于签订日"满"华三国共同宣言的讲话及汪精卫在伪满访问实况;蒋介石在日本投降后向全国发表的广播讲话;日本关东军司令官梅津美治郎的讲话;各种座谈会的实况录音;伪满电台录制日本送放协会的日语新闻广播等。

二、日本关东军、宪兵队档案

关东军是日本陆军驻扎在中国东北的一支军队,因侵驻中国东北的金县、大连地区所称"关东州"而得名。关东军司令部 1919 年在旅顺成立,1932 年迁至长春,它的前身是 1904 年日俄战争时期成立的满洲军总司令部。当时关东军司令部的任务,名义上是防卫关东州(山海关以东的区域),保护南满铁路,实际上是在日本天皇的直接指使下，在中国东北全面进行武装干涉和军事侵略。1928 年的"皇姑屯事件"，1931 年的"万宝山事件"及九一八事变都是关东军司令部精心密谋策划的。九一八事变前，关东军的兵力一直保持着 1 个师团和 6 个独立守备大队的规模，共 1.04 余万人。事变后，关东军的势力日益膨胀，为镇压中国人民的反抗和积极准备进攻苏联，兵力不断增加，1931 年有 3 个师团，1940 年增至 12 个师团，至 1945 年，关东军人数达 70 余万人。日本关东军是伪满洲国的实际统治者。

在日本军国主义对中国东北实行殖民统治的 14 年间，关东军、宪兵队形成了大批档案。1945 年 8 月 15 日日本投降前夕，关东军司令部撤离长春之时，为逃避罪责大肆销毁罪证，将档案烧毁或埋入地下。现存的这些档案是被抢救及后来发掘出来的，虽然留存数量不多，但保存尚好，尤其是黑龙江档案馆档案资料中有日本关东宪兵队所谓"特殊输送"工作的档案，更是珍贵。

七三一部队是关东军属下的一支细菌战部队，侵华日军在中国共设立了 63 个细菌战部队，七三一部队是他们的研究和指挥中心。其以研究防治疾病与饮水净化为名，实则进行细菌战实验，他们使用中国人、朝鲜人、联军战俘进行生物武器与化学武器的活体效果实验，犯下反人道罪行，是臭名昭著的法西斯军队。七三一部队地址设于今哈尔滨平房区。

所谓"特殊输送"，就是日军关东宪兵队所属分遣队，将秘密逮捕的反满抗日者直接进行秘密审讯，然后将审讯报告逐级上报关东宪兵队司令部，经司令官批准并下达"特殊输送"的指令，秘密地将其输送给七三一部队，进行惨无人道的细菌实验，直至残暴地杀害。1945 年 8 月日军投降前，为消灭罪证，他们刻意炸毁了七三一细菌战实验基地的大部分设施，并将实验资料带回日本，后来又移交美军,被用于朝鲜和越南战场,对战后西方细菌战研究与作战产生了重大影响。由此,七三一部队的所有成员在美国庇护下逃过了东京国际军事法庭对他们的审判。而"特殊输送"档案恰是揭露侵华日军罪恶行径尤其是七三一细菌部队反人类罪行最有力的铁证。

三、"慰安妇"档案

"慰安妇"制度是二战时期日本政府强迫各国妇女充当日军官兵的性奴隶,并有计划地为日军配备性奴隶的制度,是日本法西斯违反人道主义、违反两性伦理、违反战争常规的制度化的、无可辩驳的政府犯罪行为。日本政府为防止国家形象受损,一直处心积虑地掩盖其实施的"慰安妇"制度的罪恶事实。由于"慰安妇"制度具有隐秘性,加之日本军队和政府刻意销毁相关资料,现留存的文献材料相对较少。

吉林省档案馆公布的日本关东宪兵队档案中有涉及"慰安妇"的记载,如:日军在东北各地、华北、华中地区以及爪哇等地普遍设立慰安所,甚至有"慰安妇"与日军官兵比例、日军官兵进入慰安所的人数统计等。

在关东军的邮件检查文件中,保存了许多官兵的信函,里面也记载了许多日军推行"慰安妇"制度的细节。这些档案弥足珍贵,体现了资料的本原性和唯一性,是揭露日军实施性奴隶制度等暴行的新证据。

在关东宪兵队档案中,记录慰安所的地点有奉天(今沈阳)、新京(今长春)、东安、平阳、鞍山、东宁、珠河、北安、勃利、密山、海拉尔、老黑山、石门子、大肚川、八面通、牡丹江、下城子、伊列克得(今属内蒙古)等地。在黑河边境,日军在陆军宿舍旁边也设立了慰安所,这进一步证实日军确实普遍地推行了"慰安妇"制度。

关东宪兵队等档案中明确记载,日军慰安所通常有4种经营模式:(1)军队自己设立的固定慰安所。这种形式最多,其主管者从方面军、师团、旅团到联队、大队甚至警备队或小队都有。当军队转移时,他们便带着"慰安妇"共同行动。(2)日侨经营的慰安所。这种由日本侨民在军方支持下开设的"军督民办"的慰安所,数量也不少。(3)日军指定使用的民间妓院形态的慰安所。这类慰安所多是汉奸、朝奸受日军指使在当地建立的,除日军外,一般的日本人也可以利用。(4)军队或民间经营的流动式慰安所。有设在火车、卡车和轮船上等多种。其中日军自设的慰安所最能体现日军性奴隶制度的本质。

吉林省档案馆的档案中有一份《关于南京宪兵队辖区治安恢复状况的调查报告(通牒)》,其中第十一项记载了南京地区"慰安设施"状况,包括南京、下关、句容、镇江、金坛、常州、丹阳、芜湖等多地日军数量,以及"慰安妇"人数、"慰安妇"一人所应对士兵数、"慰安妇"构成和一旬内利用慰安所士兵人数等情况,这些档案所记载的事实有力回击了"日军慰安妇制度是商业行为"的谎言。

另外,日军要建立庞大的慰安所系统,必然要投入巨资。日军推行性奴隶制度见不得人,其如何使用军费建立慰安所,很少在文件中刊载。在吉林省档案馆最新发现的两个文件表明,日军建立"慰安妇"制度支付的费用巨大。其中一份"满洲中央银行"的档案,是该行资金部外资科关于"慰安妇"采购资金的电话记录,时间是伪康德十二年(1945年)3月30日上午10点40分,在徐州的日军七九九〇部队,经关东军第四科批准,通过"满洲中央银行"淮海省联络部向该行鞍山支行经理汇款53.2万日元,用于采购"慰安妇"。日军用军费来推行"慰安妇"制度是当时军队内合法的事情,也就表明了日本政府和军队是建立性奴隶制度的推手。这些钱款，主要用于日本在华、在韩的警察系统征用"慰安妇"、运输"慰安妇"，日本工兵部队修建慰安所建筑、建立军医体检体系、慰安所警戒等用途。所谓的"采购慰安妇"的钱并不是支付给"慰安妇"的，在中国、韩国、朝鲜的调查中，这些国家的"慰安妇"幸存者连生命也没有保障，根本就没有任何报酬。①

这些档案都以无可辩驳的事实表明，日军设立"慰安妇"是国家行为，"慰安妇"制度是日军军事附属制度，有关"慰安妇"档案是日本政府的犯罪行为的最直接、最有力的证据。

四、东北抗日联军档案和中共满洲省委档案

东北抗日联军是在中国共产党领导下的一支英雄部队，它的前身是东北抗日义勇军余部、东北反日游击队和东北人民革命军。他们在异常艰难困苦的环境里，与日军进行了长达 14 年的艰苦斗争，牵制了数十万日伪正规军，有力地支援了全国的抗日战争。他们是中国人民抵抗日本帝国主义侵略的重要组成部分，在中国的革命史上有着不可磨灭的伟大功绩。他们可歌可泣、英勇无畏的牺牲精神，是中华民族为争取独立自由宁死不屈精神的集中体现。

东北抗联档案分别存在于辽宁省档案馆的"建国前后省级党、政、群机关档案"、吉林省档案馆及黑龙江省档案馆的"革命历史档案"。各馆馆藏伪满档案卷宗里也有大量关于东北抗联的档案。如吉林省档案馆馆藏伪满吉林延边行政督察员公署办事处档案（全宗代码 341）、辽宁省档案馆馆藏伪满军警宪机构档案（全宗

---

① 《罪行自白　铁证如山——专家剖析解读吉林档案馆藏日本侵华档案》，2014 年 7 月 3 日，www. chinanews. com. cn/cul/2014/07－03/6348921. shtml.

代码 JD15－18)、黑龙江省档案馆馆藏日伪陆军特务机关档案(全宗代码:旧 3)等皆有关于东北抗联的调查情况、活动情况等,甚至有抗联领导的往来信函等。东北抗联档案无疑是东北抗战档案的亮点,其特点是:

1. 对日斗争开展时间最早,持续时间最长

自九一八事变起,东北人民就自发组织了东北抗日义勇军、东北人民革命军等武装进行抗日斗争。1931 年 11 月初,由马占山领导的齐齐哈尔江桥保卫战,是东北抗日有组织具规模的第一战,也是中国抗日战争的起点,揭开了世界反法西斯战争的序幕。它比埃塞俄比亚抗击意大利法西斯战争早 4 年,比西班牙反对德意法西斯战争早 5 年,比波兰反对德国法西斯战争早 8 年,比苏联卫国战争和美日太平洋战争早 10 年,这表明东北地区是世界范围内最早开辟的反法西斯战场。对此,美国总统罗斯福曾公正地指出:"中国人民在这次战争中是首先站起来同侵略者战斗的。"直到 1945 年抗战胜利,东北人民坚持了 14 年艰苦卓绝的抗日斗争,创造了战争史上的奇迹。

2. 坚持共产党领导

东北的抗日战争是在中国共产党的直接领导指挥下进行的,这是东北抗战和关内抗战的显著区别和突出特点。

早在 1932 年,中共满洲省委就根据中共中央提出建立党领导抗日武装的方针,派出党员干部到东北农村发动群众。经过两年多的艰苦努力,先后在南满、东满、吉东和北满地区创建了 16 支反日游击队,开启了共产党在东北直接领导抗日武装的历史。共产党领导的反日游击队无论从组织性、纪律性以及抗日意志方面均比其他抗日力量有明显的优势,逐渐成为东北武装抗日战场的重要力量。

　　1933 年 5 月,中共满洲省委根据中共中央《给满洲各级党部及全体党员的信》中提出组织反日民族统一战线的策略方针,以共产党直接领导的反日游击队为骨干,联合抗日义勇军余部和反日山林队,相继建立东北人民革命军 7 个军,共 6 000 余人。东北人民革命军坚持人民军队的宗旨,加强党的建设和政治思想工作,对外联合多重武装抗日力量共同抗日,逐渐成为东北抗日武装的核心,有力地推动了东北抗日斗争形势的发展。

　　以东北抗联为代表的东北抗日武装在中国共产党的领导下,同日本侵略者进行了长达 14 年的艰苦斗争,牵制了 76 万日军,消灭日本关东军 18 万,涌现出了杨靖宇、赵尚志、赵一曼等一大批抗日烈士,表现了中华民族不畏强暴,英勇不屈的精神,有力地支援了全国的抗日战争和世界反法西斯战争。

第四节　东三省档案馆馆藏抗战档案的编纂出版

一、辽宁省省档案馆馆藏抗战档案汇编成果

序号	出版物名称	出版者	出版时间	册数	字数
1	《临江抗日风暴档案史料》	浑江市政协	1987 年	1	12 万
2	《溥仪私藏伪满密档》	档案出版社	1990 年	1	20 万
3	《万宝山事件》	吉林省人民出版社	1991 年	1	54 万
4	《"九·一八"事变图志》	辽宁人民出版社	1991 年	1	44 万
5	《"九·一八"事变档案史料精编》	辽宁人民出版社	1991 年	1	50 万
6	《"九·一八"事变前后日本与中国东北——满铁密档选编》	辽宁人民出版社	1991 年	1	46.3 万

序号	出版物名称	出版者	出版时间	册数	字数
7	《"九·一八"大事记》	辽宁人民出版社	1991 年	1	21 万
8	《罪恶的"七三一""一〇〇"——侵华日军细菌部队档案史料选编》	辽宁民族出版社	1995 年	1	
9	《满铁与卢沟桥事变》	日本柏书房株式会社	1997 年	3	20 万
10	《满铁经济调查会档案史料》	日本柏书房株式会社	1998 年	6	
11	《满铁密档——满铁与侵华日军》	广西师范大学出版社	1999 年	21	180 万
12	《日本侵华罪行档案新辑》	广西师范大学出版社	1999 年	15	500 万
13	《满铁与移民》(综合卷、分卷一、二)	广西师范大学出版社	2003 年	20	480 万
14	《满铁与劳工》(第一、二辑)	广西师范大学出版社	2003 年	18	468.8 万
15	《国难国耻国愤国魂——东北沦陷及抗日斗争史实图片资料选》	万卷出版社	2005 年		
16	《东北抗日义勇军档案史料》	线装书局	2015 年	13	325 万
17	《日本宣抚班档案史料》	线装书局	2015 年	上、下	45 万
18	《日本开拓团档案史料》	线装书局	2015 年	7	170 万

二、吉林省省档案馆馆藏抗战档案汇编成果

序号	出版物名称	出版者	出版时间	册数	字数
1	《东北抗日运动概况》	吉林文史出版社	1985 年	1	
2	《溥仪宫廷活动录》	档案出版社	1987 年	1	
3	《万宝山事件》	吉林人民出版社	1991 年	1	54 万
4	《七三一部队罪行铁证》	吉林人民出版社	2003 年	1	
5	《特别移送研究》	吉林人民出版社	2003 年	1	

序号	出版物名称	出版者	出版时间	册数	字数
6	《东北日本移民档案》（吉林卷）	广西师范大学出版社	2003 年	5	
7	《伪满洲国的"照片内参"》	山东画报出版社	2004 年	1	7 万
8	《关东宪兵队报告集》	广西师范大学出版社	2005 年	19	
9	《铁证如山——吉林省新发掘日本侵华档案研究》	吉林出版集团有限责任公司	2014 年	1	35 万
10	《铁证如山——吉林省档案馆馆藏日本侵华邮政检阅月报专辑》	吉林出版集团有限责任公司	2014 年	上下	
11	《王希天档案史料选编》	长春出版社	2016 年		
12	《以史为鉴·日本制造伪满洲国图证》	吉林人民出版社	2017 年	1	
13	《关东军文件集》	吉林大学出版社	2019 年	1	

三、黑龙江省省档案馆馆藏抗战档案汇编成果

序号	出版物名称	出版者	出版时间	册数	字数
1	《日本向中国东北移民》	不详	1989 年	1	47.8 万
2	《侵华日军第七三一部队罪证图片集》	侵华日军第七三一细菌部队陈列馆	1994 年	1	
3	《"七三一"部队罪行铁证——关东宪兵队"特殊输送"档案》	黑龙江人民出版社	2001 年	1	
4	《东北日本移民·黑龙江卷》	广西师范大学出版社	2003 年	10	
5	《满铁调查报告》	广西师范大学出版社	2014 年	1	
6	《日本移民侵略黑龙江》	黑龙江人民出版社	2015 年	1	

第六章　台湾地区所藏抗战档案概况
及其开放利用

第一节　台湾地区档案机构所藏抗战档案介绍

台湾地区所典藏有关对日抗战的相关档案史料，以典藏机构而言，并无一专项收藏对日抗战主题的专门性档案馆。以档案全宗的整理性质而言，在台湾几个主要的档案馆当中，亦无将对日抗战时期的相关档案全部收整到一个档案全宗这样的档案分类方式。因此，如要窥探与检索出有关对日抗战的档案史料，在几个档案典藏机构中，还需依照档案馆对于档案整理分类的方式，也就是以"原始机关"来源作为整理分类的依据，进而从中检索出有关对日抗战专题的相关档案史料。

以此而言，在台湾目前主要的几间档案保藏单位中，主要以中国国民党党史馆、"国史馆""国家发展委员会档案管理局""中央研究院"近代史研究所4处为主。

一、中国国民党文化传播委员会党史馆

现在中国国民党负责典藏党史史料之单位，名为中国国民党

文化传播委员会党史馆（以下简称"党史馆"），负责有关中国国民党党史相关史料的典藏、征集、整理、展览、阅览、学术交流等相关工作。

1929 年，中国国民党于三届中执会第六十次常务会议中提出有关党史编纂相关组织的方案后，随即决议通过，并于 1930 年 5 月 1 日在南京正式成立中国国民党中央执行委员会党史史料编纂委员会，于国民政府内及全国各地重要区域开设史料采集办事处，主要聘请多位实际参与过辛亥革命的党内元老担任相关编纂工作。1937 年 7 月抗战爆发后，党史会所征集而来的相关史料，亦从南京装箱后运往大后方四川，以免除被战火波及之命运，待抗战结束后方迁回南京。1949 年在内战情势之下，档案史料再度装箱，连同党史会人员直接迁往台湾。

在台湾阶段的党史会档案史料，至目前为止一共经历过 4 次搬迁。1949 年党史会档案史料从南京迁往台湾后，1950 年先搬往南投草屯的荔园集中保存，并于 1960 年在此兴建档案史库。1972 年，党史会由原本的党史史料编纂委员会更名为中国国民党党史委员会，在秦孝仪接任主任委员后，于 1979 年开始分批将档案史料由荔园迁往位于台北阳明山上的阳明书屋（原中兴宾馆）进行存放，为第二度搬迁。1998 年 9 月，因国民党中央党部大楼（现为"张荣发基金会"）启用，各单位合署办公，位于阳明山上阳明书屋的党史会亦随之迁移下山，连同档案史料搬至中央党部 7 楼，此为第三次搬迁。2000 年，国民党中央党史委员会与文化工作委员会合并，改称文化传播委员会，将党史委员会缩编为党史馆改隶其下。2006 年，中央党部大楼售予张荣发基金会后，档案史料仍暂时存放于基金会 6 楼库房，直到 2012 年年中，方搬迁至今日八德路党部大楼 4 楼典藏至今，此为第四度搬迁。目前该馆所藏之档案史料超过 300 万件。①

在党史馆所典藏的档案中,目前在其检索系统中呈现之已开放可进行检索阅览的档案,共有 18 个档案类别,分别为一般档案、中央执行委员会政治会议议事录、中央政治临时会议速纪录、中行卢经世数据、五部档案、副总裁批签档案、吴稚晖档案、国防档案、大溪档案党务类、政治档案、敌方广播新闻纪要、会议纪录、汉口档案、特种档案、狄膺史料、环龙路档案、监察档案、蒋介石批签档案。② 党史馆的档案史料主要是以档案内容性质作为分类依据,将相同类型或性质的档案编为同一系列。在目前党史馆所典藏的 18 个类别的档案史料中,与抗战期间相关的系列档案,大致以"国防档案""大溪档案党务类""敌方广播新闻纪要""特种档案"这 4 个系列内所典藏的档案为主。

（一）国防档案

党史馆所典藏之国防档案,主要为 1937 年 8 月 14 日成立之国防最高会议,尔后于 1939 年 2 月 7 日改组之国防最高委员会的相关档案史料。由于国防最高委员会为战时国民党为加强党、政、军三方的联系沟通,并建立战时体制,而在党内设立的最高统帅机构,因此该组织的档案作为党的组织系统档案,目前亦存放于党史馆之中。

国防最高委员会档案以"门"为类别,共分为 5 门:第一门为国防最高委员会本身业务档案;第二门为中国国民党中央执行委员

---

① 王文隆:《中国国民党文化传播委员会党史馆档案目录检索系统简介》,(台北)《"国史"研究通讯》2013 年第 5 期,第 163—164 页。

② 有关党史馆所典藏各系列档案的详细介绍,可参考刘维开《台湾地区中国国民党党史史料典藏与研究》,中华民国史专题第四届讨论会秘书处编:《中华民国史专题论文集》(第四届讨论会),台北:"国史馆"1998 年版,第 1725—1760 页。

会相关档案;第三门为国民参政会、中国国民党中央全会、全会的
报告、提案、决议案、法案规程、人事任免,及中央设计局、党政工作
考核委员会、宪政实施协进会、国防重工业委员会等国防最高委员
会附属机构档案等;第四门为与国防有关的各类案卷;第五门为国
防最高委员会奉令研拟外交方面相关事务的建议、意见、报告书
等。内容包括国防最高委员会本身业务档案,中国国民党中央执
行委员会相关档案,国民参政会,中国国民党全会等机构的报告、
提案、决议案,有关战时军事与国防方面的建议、意见、报告等多项
资料。①

依照目前党史馆的检索系统查询,此系列名称的档案共有
4 359笔,②时间起于1931年,终于1947年。此批档案内容可反映
出抗战期间有关军事方面的决策内容。

(二)大溪档案党务类

党史馆所藏的"大溪档案"党务类系列档案,在1989年由负责
管理"蒋中正总统"档案的"总统府"机要室,将"大溪档案"内的特
交档案分类数据中有关党务类的数据共1 832件,移交给了党史会
收藏。为维持此批档案的完整性,党史会将其单独建档,③在经过
数字化扫描后,曾将此部分之数字化电子档案提供给了台北的"国
史馆",即为目前"国史馆""蒋中正总统文物"全宗内"特交档案"系
列下的党务类档案。

目前收藏于党史馆的大溪档案党务类系列档案,共计1 621

---

① 《档案介绍/国防档案》,中国国民党文化传播委员会党史馆,http://archives.kmt.org.
  tw/cgi-bin/gs32/gsweb.cgi/ccd=LnFISK/webmge? mode=basic.

② "笔",档案保管单位,相当于"件"。

③ 刘维开:《台湾地区蒋中正先生资料之典藏与整理——兼论"事略稿本"之史料价值》,
  (台北)《档案季刊》2008年第7卷第3期,第36—37页。

笔，时间起于1908年，终于1966年，涵盖了这一时段内有关中央法令、国民党改造、中央人事、中央会议、中央宣传、中央报告、总裁训示及各方建议、地方海外及特种党务、三民主义青年团、中央训练团、革命实践研究院、各党派动态、"匪情"报告、其他共14个分类。其中自1931年至1945年与抗战期间相关的档案部分，约有216笔，由此部分档案可以了解在抗战期间国民党内部党务运作的相关情况。

（三）敌方广播新闻纪要

《敌方广播新闻纪要》是党史馆于2015年11月3日正式公开的史料，内容时间起于1938年12月7日，终于1940年1月17日，是中国国民党党部人员在抗战期间截听和抄录日伪广播、电报之内容。当时由中国国民党中央执行委员会宣传部负责执行资料的编辑工作，内容为手写油印，限量发行，全属机密，在每册的封底都印有注意事项，特别叙明纪要内容为敌方宣传，编辑分送是为了供军政领导参考，绝非新闻报导。党史馆所藏的《敌方广播新闻纪要》主要以重庆版第1辑至第407辑为主，每册出刊时间为每日上午8时，该册内容涵盖自当日出刊前两天的11时起，至该纪要出刊前一天的11时止，共24小时的广播内容，截听广播发话源以东京、大连两地为主。①

在目前党史馆档案目录检索系统中所呈现的《敌方广播新闻纪要》，共有386笔资料，其中缺少21册。从此系列档案中有关1938—1940年抗战期间日伪政权对外发布的新闻消息中，能进一步了解他们是如何对外歪曲宣传这场战争的有关事实的。

---

① 王文隆：《中国国民党文传会党史馆所藏日伪〈敌方广播新闻纪要〉》，（台北）《"国史"研究通讯》2015年第9期，第36—37页。

（四）特种档案

党史馆所典藏之特种档案，为国民党中央秘书处、地方与海外党务以及政府机关内党务相关活动之档案。时间起自1928年，终至1949年，为1949年迁台前国民党最为核心的重要档案之一。

目前在检索系统中，此部分的档案数量共有11 921笔，若以档案起讫时间而言，此系列档案大都与抗战期间有所关联。该系列档案内容亦分为33类，包括东北党务干部会议卷（12宗、15本）、中央训练团卷（2宗、3本）、中央及各省党务工作计划（62宗、115本）、教育部特种档案（37宗、37本）、财政部特种档案（96宗、103本）、外交部特种档案（33宗、41本）、中央及地方党政工作报告与党务概况（119宗、155本）、青年党有关资料（5宗、5本）、海外党务（11宗、11本）、有关各地"奸伪卷"（44宗、54本）、战时中外关系（4宗、7本）、有关越南各种档案（38宗、47本）、马来亚各种档案（7宗、7本）、中印关系资料（24宗、43本）、有关缅甸泰国档案（18宗、18本）、泰国数据（23宗、35本）、韩国资料（30宗、38本）、台湾资料（7宗、16本）、琉球及新嘉坡资料（5宗、6本）、菲律宾资料（5宗、5本）、南洋侨务（4宗、6本）、港澳工作卷（4宗、8本）、粮食部特种档案（1宗、3本）、宪政会档案（5宗、8本）、三民主义青年团数据（25宗、36本）、党团统一卷（14宗、35本）、国民大会资料（17宗、25本）、总裁官邸会报暨批回各种签呈（63本）、青年部训练工作计划（9宗、9本）、中央与地方党部党务概况（27宗、39本）、中央秘书处档案（524宗、526本）、国民参政会资料（50宗、83本）、各种法令规章卷（24宗、24本）。①

---

① 《档案介绍/特种档案》，中国国民党文化传播委员会党史馆，http://archives. kmt. org. tw/cgi-bin/gs32/gsweb. cgi/ccd＝LnFISK/webmge？mode＝basic.

党史馆内与抗战相关的档案史料,除上述 4 个系列名称的档案之外,在一般档案与会议纪录这两个系列内的档案中,亦包含有与抗战有关的史料。但因这两个系列的档案内容繁杂,有许多档案在检索系统内亦无列上起讫时间,因此较难统计出这两个系列档案在抗战期间共有多少数量,阅览者可直接至该馆检索系统中以关键词或浏览检索的方式进行查阅。

二、"国史馆"

中华民国国史馆 1947 年成立于南京,直属国民政府管辖,由张继担任成立后的首任馆长,"行宪"后于 1948 年 5 月改隶总统府。1949 年初由于国共内战因素,国史馆先将馆藏之重要档案和图书史料装箱后,随同馆址迁往广州,后又奉"代总统"李宗仁批示,将馆址人员和档案史料由水陆两路分批迁往广西桂林,不久后亦再迁往四川重庆,以重庆郊区沙坪坝一旅社房屋作为搬迁后馆址,尔后由于未及迁往台湾,"国史馆"及所藏档案史料留于重庆,整体馆务终告停顿。①

1949 年 12 月 8 日,台湾"行政院长"阎锡山在台北介寿馆(今"总统府")宣布,"政府"于隔日正式"在台办公"后,"国史馆"业务暂由中国国民党党史史料编纂委员会代理,直至 1957 年才在台"复馆"。"复馆"后的"国史馆"由于原先所藏的档案史料和图书皆未赴台,因此在初期"国史馆"仅有机关之运作,馆内并无档案史料之典藏。1973 年 3 月 5 日,"行政院秘书处"以《台(六十二)档字第

---

① 许师慎编纂:《国史馆纪要(初稿)》,台北:中华民国史料研究中心 1977 年版,第 175—
　176 页。

一八八一号令》通令各所属机关,将各机关由大陆运台旧档中已失其时效之案卷文牍移送"国史馆"保存。至此,迁台后的"国史馆"方开始有档案史料的征集典藏。2002 年将原"台湾省文献委员会"更名为"国史馆台湾文献馆"后,成为其所属单位,也就是说,在2002 年之前,"国史馆"可说是台湾当局主要征集和管理相关历史资料的档案机关。

　　根据"国史馆""档案史料文物查询系统"所呈现的目前"国史馆"所典藏开放的档案史料,共可分为 4 大类合计 102 个档案全宗,分别为"总统副总统档案文物""机关档案""专藏史料""其他史料"。除了第一类外,其他 3 类的档案史料中,机关档案部分共有61 个全宗,主要来源于历年各相关机关所移转之档案史料,尤其以1949 年底迁台的各机关在大陆时期的档案史料为主。"专藏史料"部分共有 11 个全宗,其他史料部分共有 15 个全宗。① "国史馆"目前所藏 102 个档案全宗,以下表分类所示:

类别	全宗名
第一类 15 个全宗	
机关档案(61 全宗)	其中涉及 1949 年前的机构档案全宗有:国民政府、"总统府"、军事委员会委员长侍从室、行政院、内政部、内政部警政署、南京市政府、外交部、财政部、财政部国库署、财政部关税总局、台湾银行、中国输出入银行、中央信托局、中国农民银行、中央存款保险公司、教育部、司法行政部、经济部、经济部矿物局、资源委员会、交通部、交通部中央气象局、交通部民用航空局、交通部招商局、粮食部、侨务委员会、赔偿委员会、中央银行、国民大会、司法院、考试院、考选部、铨叙部等

① 有关"国史馆"所典藏各档案全宗的详细介绍,可参考"国史馆"编著《国史馆现藏重要档案文物史料概述》,台北:政大出版社、"国史馆"2017 年版。

续表

类别	全宗名
专藏史料（11全宗）	张继史料、阎锡山史料、许常惠史料、汪兆铭史料、潘振球史料、戴笠史料、胡宗南史料、军情局(抗战时期数位文件)、台湾原住民族史料、妇女史料、抗战史料
其他史料（15全宗）	褒扬史料、中国集文会、台北市茶叶同业公会、台湾新生报、报纸、清史稿、个人史料、特藏史料、参考史料、微卷史料、微片史料、台湾新闻报等

在大致了解"国史馆"目前所典藏的档案来源、缘由以及所藏档案史料的背景后，以下将以该馆所藏抗战相关档案史料，进行检索分析与详细介绍。

如上所述，"国史馆"的档案全宗分类方式，并无一个专门收录抗战相关主题的档案全宗（在"专藏史料"类别中有个抗战史料全宗，此全宗内的档案性质后续再详细介绍），要在"国史馆"目前已开放的档案史料中检索出这方面的数据，必须依靠检索系统进行筛选后，方能将有关抗战的相关档案呈现出来。

由于"国史馆"的检索系统不能单以档案史料的起讫时间作为检索条件，必须键入一个检索词汇才能进行档案检索，因此，在该系统中键入"抗战""抗日战争"这两个较具全面及含括性的关键词汇，并挑选1931年以后的部分，所得到的结果分别为"抗战"有23 220笔，"抗日战争"有517笔，合计共有23 737笔资料。两个关键词检索后，结果详如下表所示：

抗战（23 220笔）			
含括全宗名	档案笔数	起讫时间（年）	含括抗战相关内容介绍
"蒋中正总统"文物	11 240笔	1931—1975	包含蒋中正在对日抗战时期各类档案、文电、事略稿本、文献、汇编、照片等资料

含括全宗名	档案笔数	起讫时间(年)	含括抗战相关内容介绍
阎锡山史料	6 147 笔	1931—1939	包含阎锡山自 1931 年以后与各方军政要员之往来电文稿
国民政府	3 959 笔	1931—1949	包含国民政府在抗战与战后时期各类公务档案史料
"陈诚副总统"文物	847 笔	1931—1963	包含陈诚在抗战期间相关文电、档案、手稿、汇编、丛刊等数据,以及战后对于抗战时期的相关研究数据与言论
资源委员会	159 笔	1936—1950	包含资源委员会与抗战期间各类物品采购或相关会务资料
"行政院"	138 笔	1937—1995	包含行政院于抗战时期如人事、内政、公共事务、军事、国民参政会、党务、损失调查、抚恤等资料,以及战后行政院会议相关议事录
"外交部"	111 笔	1931—1987	包含外交部在抗战期间各类外交事务相关档案与战后整理抗战期间外交档案计划等资料
"赔偿委员会"	94 笔	1931—1967	包含抗战期间与战后各方所调查关于各地区、各类的损失调查统计表
"马英九总统"文物	87 笔	2010—2016	包含马英九出席各类庆祝与纪念抗战相关活动的照片及视听资料
汪兆铭史料	70 笔	1933—1940	包含汪兆铭在抗战期间与各方人员往来之函电与函件内容
内政部	55 笔	1938—1948	包含抗战期间与战后内政相关事务的档案、办法、计划、意见等数据
司法院	39 笔	1933—1947	包含抗战期间司法相关档案、法令解释及审判案件

续表

含括全宗名	档案笔数	起讫时间(年)	含括抗战相关内容介绍
财政部	39笔	1938—1948	包含抗战期间与财政相关之档案、言论集、损失调查等资料
司法行政部	34笔	1938—1947	包含抗战期间相关司法法令案件档案与战后调查抗战损失统计表
戴笠史料	31笔	1937—1945	包含戴笠在抗战期间所亲笔手写之手令遗墨
交通部	21笔	1936—1946	包含抗战时期交通相关统计资料
台湾新生报	16笔	1969—1987	主要为该报抗战相关纪念活动的照片
潘振球史料	15笔	1985—1998	主要为潘振球所记参加抗战相关庆祝纪念活动之日记内容
抗战史料	14笔	1931—1964	包含抄录抗战时各类报纸主题内容
粮食部	14笔	1941—1946	包含抗战时期军人及家属的军粮与各省军粮纪实,以及战后调查抗战粮食损失报告
"严家淦总统"文物	12笔	1969—1985	包含严家淦所藏及他人所赠撰写抗战相关书籍、讲稿、文件等数据
"蒋经国总统"文物	12笔	1944—1987	包含蒋经国在抗战期间相关档案、照片、勋章证书,以及日后与同仁谈及抗战事迹的相关资料
妇女史料	10笔	1942—1946	主要为审查中国妇女慰劳自卫抗战将士总会相关账目与报告书
胡宗南史料	8笔	1938—1959	胡宗南在抗战时期相关日记与函电内容,以及战后有关纪念抗战活动的演讲文稿

续表

含括全宗名	档案笔数	起讫时间（年）	含括抗战相关内容介绍
褒扬史料	8 笔	1937—1999	抗战结束后有关褒扬人物的资料，如刘放吾少将参与仁安羌之役访问纪录、黄季陆讲有关孔祥熙与抗战财政录音稿、抗战戡乱纪实及荣哀录等资料
个人史料	5 笔	1937—1999	个人所撰写与抗战相关事迹或人物之文章、信函、经历等文稿
参考史料	5 笔	1945—2015	抗战时期有关图表及日后纪念活动的专书、邮票专册与文章
台湾新闻报	4 笔	1969—1987	1969、1978、1985、1987 四年抗战相关庆祝与纪念活动照片
许常惠史料	3 笔	1981—1987	许常惠收藏关于抗战时期音乐相关书籍与报道数据
交通部中央气象局	2 笔	1942—1948	抗战损失
张继史料	2 笔	1938—1947	张继抗战时期相关照片与证书
微卷史料	2 笔	1941—1942	抗战时论
财政部国库署	2 笔	1939	抗战损失调查、救济
"军情局"（抗战时期数位文件）	2 笔	1941—1973	抗战建国青年团组织与中美合作所图表
教育部	1 笔	1946	搜集抗战史料
考选部	1 笔	1942	抗战以来的考试

　　备注：上表的起讫时间，为该全宗检索结果，依时间排序所出现之最早与最晚档案时间。

抗日战争(517 笔)			
含括全宗名	档案笔数	起讫时间(年)	含括抗战相关内容介绍
"陈诚副总统"文物	448 笔	1937—1988	包含陈诚在抗战期间对日作战相关军事档案文电以及战后编纂与抗战相关之战史与军事文史史料汇编
"蒋中正总统"文物	12 笔	1937—1967	包含蒋中正抗战期间相关档案与战后事略日记提及抗战相关事情
"外交部"	11 笔	1938—1975	包含抗战期间外交相关舆论情报函电及战后相关函电
汪兆铭史料	10 笔	1938	包含汪兆铭 1938 年相关函电与函件
"蒋经国总统"文物	7 笔	1945—1974	包含蒋经国在抗战末期相关电报手稿以及战后谈及抗战相关简报与图书
抗战史料	6 笔	1931—1940	抗日战争战略
阎锡山史料	5 笔	1933—1937	包含阎锡山自 1933 年以后与各方军政要员之往来电文稿
"严家淦总统"文物	4 笔	1965—1984	包含严家淦有关抗战相关言论
胡宗南史料	2 笔	1957—1962	包含胡宗南战后与抗战相关讲稿与专著
褒扬史料	2 笔	1935—2006	顾汝勋抗日战争时期日记、笔记;游杰士先生著:抗日战争胜利六十周年芷江、洪江纪行
内政部	1 笔	1947	绥远省函送抗日战争中之绥远地政

备注:上表的起讫时间,为该全宗检索结果,依时间排序所出现之最早与最晚档案时间。

　　以上是用关键词检索后呈现的"国史馆"所典藏有关抗战档案史料。"国史馆"在进行档案编目时拟写相关摘要或关键词文字时，未在其中写入"抗战"或"抗日战争"这样的文字词汇，以至于在进行关键词检索时，系统不会呈现出与这方面有关的档案史料，成为较可惜之处。而在现行检索方式限制之下，无法以档案起讫时间来检索，用关键词检索虽可能有遗漏之憾，但以"国史馆"目前对于档案编目的精细程度而言，①以此方式进行搜罗，应已可检索出大部分的抗战相关档案。至于剩下少部分的遗漏之处，仅能再以详阅该检索系统上所呈现各档案全宗细部编目文件名和相关内容摘要，或者以关键词检索结果作为基础线索，可进一步找出用关键词检索无法呈现出的相关档案。

　　另在"国史馆"所藏的档案全宗内，有一名为"抗战史料"的全宗，是属于"专藏史料"类别之下的档案。专藏档案原名"特藏档案"，有别于一般文件档案，因此类档案的来源纷沓，包括政府机关、法人团体、国外价购、商借复印、抄录、私人捐赠等，内容性质亦迥异多端。为便于管理，"国史馆"于1975年间在文件档案以外另成立"专藏档案"一类，便于收纳无法归类于文件、个人、照片之档案文物。专藏档案依照性质，概分为专门性、特藏性与综合性3大类，其中目前在"专藏史料"类别下的"抗战史料"全宗，内容系摘录自1931年至1945年的《中央日报》，于重庆、汉口、天津、香港等地发行之《大公报》，以及《上海东方杂志》《台湾日日新报》《重庆新民报》《重庆扫荡报》《重庆新中国报》《时事新报》《大东亚战争全史》

---

① 依照档案分类：案、卷、件3个层级而言，"国史馆"目前已将多个较重要的档案文物，如《国民政府档案》《行政院档案》《资源委员会档案》《阎锡山史料》《汪兆铭史料》等，整理编目至较细部的"卷"甚至是"件"层级，如此在检索时已能更细致的来找出阅览者所需的相关档案史料。

(日本出版)等书报杂志之史料。内容分为总类、政治、外交、军事、财政、经济、交通、社会、文教、人物、日本史略、其他 12 大类。[①] 此全宗均系该馆人员以稿纸抄录报纸相关全文内容,后续再进行汇编而成。其本身虽非一手档案史料,但所摘抄之内容皆为抗战时期的相关图书报刊内容,此批数据亦被列为永久保存的档案,并有概略编目,也可作为相关参考之用,或者可由此类档案溯源找出原始报纸的内容。

三、"中央研究院"近代史研究所档案馆

"中央研究院"近代史研究所档案馆所典藏的档案史料,主要分为 4 大类,分别为:经济档案、外交档案、地图、个人资料。

(一) 经济档案

在经济类档案中,经济部、农林部、资源委员会、汪伪政府经济部门这 4 个档案全宗内的档案与抗战期间有所关联。

在经济部部分,自 1938 年 1 月由实业部改组成立的经济部,其下所辖之水利司、农林司、工业司、商业司、矿业司、电业司、管制司、企业司、国际贸易司、资源委员会、西昌办事处、工矿调整处、工商辅导处、特种经济调查处、接收工作审议考核委员会、处理日本赔偿物资委员会、无线电总台等行政机构,以及经济部所属行政单位之档案史料,皆与抗战时期之各项经济发展有密切之关联性。在农林部部分,该单位所有之档案起讫时间为 1912—1951 年,原先全国农林事业相关业务,皆为经济部下属农林司所管辖,抗战爆发后,因农林事务日渐庞杂,故在 1940 年将农林业务单独划出,成

---

① "国史馆"审编处编辑:《国史馆现藏——史料概述》,台北:"国史馆"2003 年版,第
　　194—195 页。

立农林部,原经济部农林司则在农林部成立后裁撤。农林部在战时所主管的全国农林事业中,包含了农业、林业、渔业、畜牧、垦殖等种类,各类事业在农林部下辖皆有相关行政机构专门负责,另在全国的专业机构部分,抗战期间先后设立的总数在 160 个以上,此部分的档案亦在农林部之中皆有保存。在资源委员会的部分,该单位所管有之档案起讫时间为 1929—1958 年,与抗战有关之部分在于 1935 年,军事委员会所属之兵工署资源司与国防设计委员会合并改组为资源委员会,1938 年将资委会改隶于经济部。在其单位业务中,抗战期间全国经济相关资源,如电业、煤矿石油、钢铁、矿业、机械、电器、化学、造纸、水泥、糖业、盐业及纺织等各事业单位相关数据,皆收录于资委会的档案之中。在汪伪政府经济部门部分,1966 年由经济部移转至近史所档案馆典藏的汪精卫政府内经济相关单位,如粮食部、农矿部、实业部、农业策进委员会、水利署等单位档案,为汪伪政府在东南各省推动与日本合作的经济事务相关数据,此部分档案为研究汪伪政权经济方面活动的相关档案史料。

（二）外交档案

在外交类档案中,以国民政府外交部及“外交部”这两个档案全宗内的档案与抗战期间有关联。国民政府外交部档案收录的时间为 1925—1948 年,“外交部”档案收录的时间为 1842—2009 年,其中国民政府外交部的部分,以中法关系、中俄关系、中日关系、土耳其档、外交部历任部长移交清册、人事名册、收发文簿、驻法使馆保存档案、驻意大利使馆保存档案、驻悉尼总领事馆保存档案、西藏文件、杂项文件等 15 个系列为主。“外交部”档案则以“外交部”所属各地域司及部内相关单位为其档案分类,两者所涵盖之档案皆包含抗战期间之外交相关往来档案史料。

（三）地图史料

在地图史料中,近史所档案馆所藏的地图分为经济部与"外交部"两类地图,经济部地图共有 15 229 页、"外交部"地图计有 1 835 页。这些地图中主要包含了清末至民国以降,相关行政与军事部门所测绘保存之河道图、水文图、军事地形图、要塞图等地图。2004 年开始"中研院"计算中心与档案馆进行地图数字化工作,目前皆已完成数字化拍摄扫描工作,可直接于检索系统上查询相关地图目录。

（四）个人资料

在个人资料中,以林可胜、徐培根、孙立人、熊式辉、朱家骅、王世杰等人为主。该馆所藏林可胜之相关史料时间为 1927—1996 年,其中与抗战相关的部分,为林可胜在 1937 成立的中华民国红十字会总会救护委员会、1938 年成立的战时卫生人员训练所、1943 年任中国远征军军医卫生总视察、1945 年任军医署署长等职务内有关之档案史料,此部分可由林可胜的史料来观察抗战时期的战地救护与军医相关勤务工作;该馆所藏徐培根之相关史料时间为 1936—2002 年,其中与抗战相关的部分,为徐培根在抗战期间担任军令部第二厅厅长、中国驻美军事代表团参谋长、陆军大学教育长等职务内有关之档案史料;该馆所藏孙立人之相关史料时间为 1938—1989 年,其中与抗战相关的部分,为孙立人在任职新编三十八师及新编第一军时期,在缅甸、印度的中国远征军阶段相关档案史料以及驻印军及新一军的阵中日记;该馆所藏熊式辉之相关史料时间为 1936—1959 年,其中与抗战相关的部分,为熊式辉在抗战期间跟相关友人往来之函电;该馆所藏朱家骅史料时间为 1916—1971 年,其中与抗战相关的部分,为朱家骅在担任中央调查统计局局长、中央党部秘书长、中央组织部部长、教育部长等职务内有关之档案史料；该馆所藏王世杰之相关史料时间为 1921—
1980 年，其中与抗战相关的部分，为王世杰担任国民政府军事委员
会参事室主任、中央设计局秘书长等职务内有关之档案史料，以及
王世杰日记中有关抗战的记录部分。

四、“档案管理局”

目前台湾当局所设“档案管理局”全称为“国家发展委员会档
案管理局”，是台湾地区档案主管单位。2000 年 3 月 1 日，台湾行
政部门所辖“研究发展考核委员会”设立了“国家档案局筹备处”；
2001 年 11 月 23 日，“档案管理局”正式成立。2014 年 1 月 22 日
“国家发展委员会”成立后，“档案管理局”（以下简称“档管局”）亦
改隶为其下属机关。

“档管局”的核心业务工作，除管理所有机关因“公务”产生的
各类档案事务外，最为重要的是该局所典藏管理的档案。这部分
档案为其征集而来的各“机关”单位、私人、团体的文件资料，经过
各领域专家学者的征集与鉴选后，从中挑选出具有永久保存价值
和学术研究价值的档案数据，经过妥善处理后保存于“档管局”之
中，并开放给各界人士进行阅览使用。截至 2021 年 3 月 31 日，“档
管局”所藏的档案，以档案数据的长度来计，已达到25 672.09米（其
中纸质类档案占 24 759.465 米，非纸质类档案占 912.625 米），这
部分档案的典藏类别如下表所示：①

---

① 《“国家发展委员会档案管理局”典藏“国家档案”主义类别之内容大要》，台北：“国家
　　发展委员会档案管理局”，https://www.archives.gov.tw/Publish.aspx? cnid ＝
　　1466.

项次	分类号	类目名称	档案排架长度（米）
1	010	府院政策	405.10
2	020	立法及监察	238.730
3	030	司法及法务	608.9450
4	040	考铨及人事	76.7450
5	050	内政	301.480
6	060	外交及侨务	968.655
7	080	国防及退伍军人事务	4 943.713
8	090	财政金融	5 165.625
9	100	教育及体育	598.263
10	110	经济贸易	3 059.87
11	120	交通及公共工程	4 714.855
12	130	族群	4.620
13	140	文化及传媒	317.836
14	150	卫生医疗	1.805
15	160	环境资源	78.045
16	170	海洋事务	1.29
17	180	劳动及人力资源	6.700
18	190	人文及科技发展	3.165
19	200	农业	183.809
20	210	选务	2.000
21	500	地方事务	1 408.634
22	600	政治	2 469.185
23	700	民间团体	105.860
24	800	个人	7.16
总计			25 672.09

其中以"抗战""抗日战争"这两个较具全面及含括性的关键词汇检索，并挑选 1931 年至 1949 年为档案产生时间，所得到的结果分别为"抗战"有 979 笔，"抗日战争"有 14 笔，合计共有 993 笔资料。两个关键词检索后结果详如下表所示：

检索关键词	含括全宗档案	数量
抗战	高雄县政府	3 笔
	高雄市立高雄高级中学	6 笔
	高雄市政府	157 笔
	高雄市三民区公所	1 笔
	"陆军总司令部"	1 笔
	"财政部关税总局"	3 笔
	"财政部"	1 笔
	"行政院农业委员会农业试验所凤山热带园艺试验分所"	1 笔
	"行政院农业委员会农业试验所"	8 笔
	"行政院农业委员会林务局花莲林区管理处"	1 笔
	"行政院农业委员会林务局新竹林区管理处"	1 笔
	"行政院农业委员会林务局嘉义林区管理处"	5 笔
	"行政院农业委员会林务局"	7 笔
	"行政院"	80 笔
	台湾高等法院	8 笔
	台湾银行	10 笔
	台湾花莲监狱	1 笔
	台湾台南地方法院	1 笔
	台湾省农工企业股份有限公司	2 笔
	台湾省咨议会	21 笔
	台湾省文献委员会	4 笔

续表

检索关键词	含括全宗档案	数量
抗战	台湾省政府	4 笔
	台南市政府	2 笔
	台北市政府	5 笔
	台中县立后综高级中学	3 笔
	台中市政府	73 笔
	美国国家档案暨文件署	1 笔
	"总统府"	3 笔
	"经济部标准检验局"	2 笔
	"监察院"	11 笔
	李友邦	3 笔
	"教育部"	80 笔
	彰化县政府	37 笔
	屏东县政府	1 笔
	"外交部"	51 笔
	"国防部军法局"	1 笔
	"国防部军事情报局"	6 笔
	"国防部后备司令部"	1 笔
	"国防部史政编译局"	84 笔
	"国防部"	15 笔
	"国立台湾师范大学"	6 笔
	"国立台湾博物馆"	10 笔
	"国立台南大学"	3 笔
	"国立台中科技大学"	6 笔
	"国立台中技术学院"	1 笔
	"国立斗六高级家事商业职业学校"	2 笔

续表

检索关键词	含括全宗档案	数量
抗战	"国立故宫博物院"	173 笔
	"国立基隆高级中学"	5 笔
	"国立嘉义高级中学"	1 笔
	"国立北门高级农工职业学校"	2 笔
	"国家安全局"	21 笔
	"国史馆"台湾文献馆	1 笔
	"国史馆"	5 笔
	"内政部警政署"	3 笔
	"内政部"	2 笔
	"侨务委员会"	6 笔
	"交通部台湾铁路管理局"	5 笔
	"交通部气象局"	2 笔
	"交通部"	7 笔
	"中央造币厂"	3 笔
	中国石油股份有限公司炼制研究所	7 笔
	中国石油股份有限公司	3 笔
合计		979 笔
抗日战争	"国家安全局"	2 笔
	"国防部史政编译局"	7 笔
	台中市政府	5 笔
合计		14 笔
总计		993 笔

以上为用关键词检索的方式，来展示"档管局"所藏有关抗战档案史料的结果。在该局检索系统的检索方式限制条件之下，也无法以档案起讫时间作为检索方式，其特点与"国史馆"相同。但

从上述检索结果可看出在这部分档案中所呈现的各部门或是个人史料中有关抗战档案的分布,使用者未来亦可由此检索结果,由档案所属机关来进行进一步的查询检索,以找出更多的相关档案。

除上述检索结果外,在这部分档案内所藏由"国防部"移来的永久保存档案中,如"国防部""国防部史政编译局""国防部宪兵司令部""国防部海军司令部""国防部陆军司令部""国防部军事情报局"等军事单位1949年前的档案资料,其中亦包含与抗战相关的档案史料,极具研究价值。在此处仅就调阅次数最高的"国防部史政编译局"部分,作为举例介绍。

目前该处所藏之"国防部史政编译局"档案,共有8 982笔,其中1931—1949年者为8 501笔,在整个全宗中占比高达95%。可见此全宗所包含的档案内容与抗战有非常密切的关系。① 1949年前的国防事务档案,包含参与国际军事会议、所属机构编制案、作战心得、国际航空条约、办理各项船舰武器采购及建置等档案。②

至于要如何使用"国防部史政编译局"的档案,可从其档案的编目方式来看。目前"国防部史政编译局"档案,如以此全宗内"案"这个层级的档案来看,文件号的编码以4个字段的数字编排为其展现方式。例如以"国防部史政编译局"全宗内"淞沪会战"这件档案为例,此件档案的档号为"B5018230601/0026/152.2/3813",主要内容为介绍淞沪会战作战期间的详细过程。从文件号的编码原则来看,"B5018230601"为"国防部史政编译局"这个全宗的编号;"0026"为这件档案的产生时间;"152.2"为纲目分类中的

---

① 此结果与上述档案中检索出的993笔结果有相当大的落差,原因如上所述,在于编目人员进行编目工作时所记录的档案相关字段不能进行关键词检索有关。

②《"国家发展委员会档案管理局"典藏"国家档案"主义类别之内容大要》。

分类号，152 分类是行政类中的史政目；"3813"则是在同一类中更细的序列号。而从上述的编码原则或许已经可以看出些端倪，以下再来介绍军事类史政档案是如何分类的。

依据原"国防部史政编译局"的档案编目作业，将 1989 年之前已征集至该单位的相关军事档案，依照 3 码的编目原则进行档号编列，共分为 3 码 10 类，分别是：000 总类、100 行政、200 经济财务、300 人事、400 教育、500 国防治安、600 空权海权及交通、700 后勤补给、800 医务卫生、900 建筑。10 类当中再进行细分，如下表所示：

军事档案（三码分类表）①			
类别	细分类	类别	细分类
000 总类	000 总类 010 法规、诉讼、 　　监察 020 中央政府 030 社团、公会、工 　　商组织 040 学校 050 地方政府 060 政治措施	100 行政	100 行政 110 文书 120 印信 130 文卷、案卷、档卷 140 书类 150 史政 160 特种勤务
200 经济财务	200 经济财务 210 会计 220 财政 230 审核 240 收入款项 250 支出款项 260 薪饷给与 270 援助 280 其他	300 人事	300 人事 310 官制 320 分配派职 330 文职人员 340 奖惩 350 服役 360 辅导 370 兵役 380 动员

---

① "国防部史政编译局"编：《国军史政档案目录汇编》，台北："国防部史政编译局"2001年版，第 1—4 页。

类别	细分类	类别	细分类
400 教育	400 教育 410 国外留学 420 教育行政 430 学术训练 440 政治训练 450 一般教育 460 教育实施情形报告 470 演习校阅督导	500 国防治安	500 国防治安 510 情报 520 反情报、心战、宣传 530 通信 540 作战 550 战地政务 560 警备治安 570 国防军备 580 编装职掌
600 空权海权及交通	600 空权海权及交通 610 空权 620 海权 630 铁路 640 公路	700 后勤补给	700 后勤补给 710 材料机器五金 720 服装配件 730 粮秣 740 医药器材 750 交通器材 760 飞机及航空器材 770 舰艇船舶及器材 780 武器及装备 790 其他
800 医务卫生	800 医务卫生 810 保健及疾病预防 830 死亡处理 840 伤残处理 850 荣军辅导	900 建筑	900 建筑 910 道路场地及沟渠 920 房屋 930 军事工程 940 江河海港

至于 1989 年以后才移转至"国防部史政编译局"的档案,则是依照"《国军文案卷管理手册》"的分类法,分为 4 码 19 类。① 而移

---

① "国防部史政编译局"编:《国军史政档案目录汇编》之前序"编纂说明"。

转至"档管局"的"国防部史政编译局"档案,多为1989年前就已为史政编译局所管理的档案,因此档案的编目原则基本使用了上述的3码编目分类。这批档案移转至"档管局"后,除以"B5018230601"作为"国防部史政编译局"这个全宗的档案代码外,档号后面的其余3个字段皆沿用原本在史政局时的编码文件号原则进行系统编目,因此,使用者仍可依照原先的编目概念来进行相关检索,找出所需类别的档案。

由于篇幅关系,在此仅介绍有关"国防部史政编译局"的所属档案类别及分类方式,使用者可依此概念与原则,从"档管局"检索系统中进行抗战相关档案的查找。

第二节　台湾所藏抗战档案的开放与利用

介绍完台湾地区4个主要典藏与抗战相关档案史料的单位后,以下将针对目前这4个档案馆的阅览服务、阅览方式及数字化、查阅人员身份规定、档案取得等情况来进行介绍。

档案馆	所在地	开放档案类型	查阅人员身份规定	档案阅览与取得规定
中国国民党文化传播委员会党史馆	台北市(中国国民党中央党部四楼)		类型一	1. 目前仅提供数字电子文件阅览服务。 2. 仅能以计算机或手写抄录档案内容,无法复印或翻拍,现场可直接打印或购买200dpi分辨率以下的数字电子文件。

续表

"国史馆"	台北市（台北阅览室）	数字电子文件	类型四	1. 仅提供数字电子文件阅览服务。 2. 可直接以手机或相机、平板计算机、笔记本电脑等翻拍浏览器屏幕。 3. 现场可直接打印或购买 200dpi 分辨率以下的数字电子文件。
	新北市（新店阅览室）	纸质档	类型二 类型三	1. 仅提供纸质档案阅览服务。 2. 可复印或翻拍纸质档案。
"中央研究院"近代史研究所档案馆	台北市（中研院近史所档案馆大楼三楼）		类型一	1. 提供数字电子文件与纸质档案阅览服务。 2. 纸质档案可利用馆方提供相机进行拍摄或复印。 3. 数字电子文件可自行用相机或手机等相关设备翻拍浏览器屏幕。
"国家发展委员会档案管理局"	新北市（"行政院"第二办公室北栋一楼阅览中心）		类型二 类型三	1. 提供数字电子文件及纸质档案阅览服务。 2. 数字电子文件可经阅览后申请购买。 3. 纸质档案可利用馆方提供相机进行拍摄或复印。

备注：查档人员身份有以下规定：

"类型一：查阅者无身份、国籍限制，皆可直接进入查阅档案；类型二：提供查阅者身份为'国籍人士'者可经申请后进入查阅档案；类型三：提供查阅者身份为外籍人士者可经申请后进入查阅档案（此类不包含大陆及港澳籍人士）；类型四：提供查阅者无身份、国籍限制，皆可直接进入查阅档案，大陆及港澳籍人士现场仅能阅览公开的数字电子文件，无法调阅需申请的数字电子文件及纸本文件。"

一、中国国民党文化传播委员会党史馆

　　党史馆目前馆址位于中国国民党中央党部大楼一楼（地址为台北市中山区八德路二段 232—234 号），开放时间为每周二、四、五的办公时间，开放时段为开放日之上午 9 时至 12 时，下午 1 时 30 分至 5 时 30 分，中午 12 时至 1 时 30 分为休息时间，阅览室为关闭状态，查阅者须离开。

　　在阅览服务方面，预计前往该馆进行档案阅览者，只要于上述开放时间期间，直接前往该馆并在一楼保全柜台处，以有效之身份证件（无须相关单位之介绍文件）换取门禁卡后，即可刷卡进入阅览室。由于党史馆目前仍在进行相关档案移转工作，党史馆的档案将全数移转至台北政治大学保管和开放，因此目前仅开放已完成数字化作业的电子档案进行阅览，并不开放原件纸质档案的申请调阅。查阅者可在前往党史馆之前，利用该馆的在线检索系统，确认预计查阅的档案是否为数字化档案（检索系统上对于每件档案是否有数字化皆有明确标示）。

　　在阅览方式及数字化方面，目前党史馆典藏的档案中，分为已完成扫描作业的数字电子化档案和尚未进行数字化的原件纸质档案两类。在该馆所典藏开放的 18 个档案系列中，已完成数字化的有中央执行委员会政治会议议事录、中央政治临时会议速纪录、中行庐经世数据、五部档案、副总裁批签档案、吴稚晖档案、国防档案、大溪档案党务类、政治档案、敌方广播新闻纪要、汉口档案、特种档案、狄膺史料、环龙路档案、监察档案、"蒋中正总统"批签档案 16 个系列，至于一般档案与会议纪录两个系列部分，由于数量庞大且纷杂，仅有部分少数档案完成数字化作业，其余目前皆为原件纸质档案。

在查阅人员身份规定方面，目前党史馆对于来访的查阅者，并无任何身份或国籍限制，也无须事先申请，只要持有效的身份证件，直接于开放时间前往现场即可进入查阅，在现场依序登记进入。不过党史馆由于阅览空间有限（仅不到 10 个座位），如遇到查阅者已坐满阅览室座位的情况，也因无阅览计算机可用（一位一机），只能等候已进入者离开或改日再前往。通常上午时段较容易客满，通常过中午之后部分查阅者即会离开，如上午前往遇满位情况的话，可于下午再次前往，应有座位。

在档案取得方面，党史馆目前仅允许查阅者使用纸笔或自行携带的计算机进行人工抄录，不提供翻拍、复印、打印等档案取得方式，所需时间较长。因此建议查阅者可事先借由检索系统了解相关档案数量及文件类型，或于第一次前往时先大致浏览要调阅的档案内容，做好相关准备工作。

二、"国史馆"

"国史馆"目前分为两个馆区，分别为位于台北市的台北阅览室（地址为台北市中正区长沙街一段 2 号）以及新北市的新店阅览室（地址为新北市新店区北宜路二段 406 号）。开放时间为周一至周五该馆的办公时间（节假日不开放），台北阅览室开放时段为上午 9 时 30 分至下午 5 时为止，新店阅览室开放时段为上午 9 时 30 分至下午 4 时 30 分为止。

在阅览服务方面，预计前往该馆进行档案阅览者，于上述开放时间，持相关身份证明文件，如"国民身份证"、健保卡、护照、大陆居民往来台湾通行证等文件（无须相关单位之介绍文件），于入口警卫处查验后即可直接进入阅览室。台北阅览室无须事先申请即可直接前往查阅，但新店阅览室由于以提供原件纸质档案史料为主,故需于到馆阅览之前,先在该馆的检索系统中提出调阅申请及预计到馆阅览日期,经馆方人员以电子邮件回复同意后,方可依照申请时所填写的日期时间前往阅览档案史料。馆方人员会依照申请人所填写的预计到馆日期,于该日上午先行从档案库房将申请档案提调出来,待申请人到馆办理完入馆登记手续后即可直接阅览。

在阅览方式及数字化方面,目前"国史馆"典藏的档案中,分为已完成扫描作业的数字电子化档案和尚未进行数字化的原件纸质档案两类。在台北阅览室中,查阅者可直接在阅览室内的计算机上进行数字化档案查阅,在新店阅览室中,查阅者可直接翻阅原件纸质档案。至于该馆的数字化档案部分,目前该馆所典藏的102个档案全宗,档案性质较为重要且具历史研究意义的部分,多数已完成数字化作业。其余尚未完成的部分,该馆在检视与修复档案内容后,亦陆续安排相关的数字化工作。

在查阅人员身份规定方面,目前"国史馆"规定具备"国籍人士"以及其他外国籍人士,持有相关身份证明文件即可申请进入该馆("台北阅览室、新店阅览室")调阅档案史料。对中国大陆及港澳籍人士,该馆仅提供台北阅览室所藏,无须登入检索系统个人账号即可直接阅览的公开数字电子文件,在阅览室现场计算机上查阅。而新店阅览室部分因为只提供原件纸质档案阅览服务,且申请者须先至"国史馆"检索系统中以该馆核发的个人账号登入后,方能进行原件纸质档案的调阅,因中国大陆及港澳人士目前无法申请该馆检索系统的个人账号,故无法前往新店阅览室调阅原件纸质档案。

在档案取得方面,"国史馆"目前将典藏的档案分为"数字文件/在线阅览""数位文件/台北阅览室""原件/新店阅览室""申请阅览(尚未检视)""暂不开放""不提供申请""原件数字化中,暂不提供阅览""原件仅供借展,不提供阅览"8 种情况,以下表详细分类说明:

情况类别	阅览取得说明
数位文件/在线阅览	此类档案为完成数字化工作,并已全部公开在该馆检索系统上,查阅者只需进入该馆检索系统网站,无须申请账号,即可直接在网站上进行数字化全文档案阅览。(部分含有个人资料的内容,依照相关规定,该馆会将此部分档案页面内容遮蔽或者整页抽离,但该件档案其他无个人资料部分仍会开放阅览)
数位文件/台北阅览室	此类档案情况为完成数字化工作,但查阅者需亲自到该馆台北阅览室利用该馆提供的计算机设备,方可进行数字化档案全文查阅。(部分含有个人资料的内容,处理同上栏)
原件/新店阅览室	此类档案情况为尚未进行数字化作业的原件纸质档案,查阅者仅能亲自到该馆新店阅览室进行查阅。
申请阅览(尚未检视)	此类档案情况多数为已完成数字化工作,但通常是因为含有个人资料或未解密,馆方人员尚未审查内容完成,先以此情况显示。查阅者在以该馆核发的个人账号登入检索系统,点选显示这种情况的档案后,该馆人员才会针对档案内容进行审查,完成审查作业后再依实际内容判定是否可以开放阅览。如可开放,则将该档案转为在线阅览或台北阅览室阅览的情况,如内容事涉不可开放的机密档案,则转为暂不开放情况。
暂不开放	此类档案情况为内容事涉机密,或尚未经原移转机关同意注销机密等级的档案,因此暂时不开放阅览。另如档案文物类型为书籍或光盘,已陈列在该馆阅览室架上,可直接亲自到馆阅览,亦会显示此类情况。
不提供申请	此类档案情况为检索系统目录上是案、卷层级的档案,但已经过该馆人员分件处理,有更详细的案、件级分类目录可供申请调阅,但原本层级的文件名在目录上仍未移除。
原件数字化中,暂不提供阅览	此类档案情况为目前正在进行数字化加工的档案,因此暂时不提供调阅服务。
原件仅供借展,不提供阅览	此类档案情况为实体文物,仅供有关方面申请借展使用,不提供一般阅览者申请阅览。

至于该馆所开放的档案,如已数字化的部分,可直接在该馆网站上进行全文画面阅览,或者在台北阅览室用相机、手机、平板计算机、笔记本电脑等设备进行翻拍,也可经填写复制申请单后,将数字化档案打印成纸本文件或直接于现场购买该馆提供的 100、200dpi 分辨率之数字化电子文件,现场人员会将电子档案刻录成光盘后,依照购买档案之类型或尺寸计价付费后提供。尚未数字化的纸质档案部分,则可直接在现场进行复印并完成计价付费后,提供复印纸本给查阅者带走(档案的复印比例以该件原件档案情况以及不违反相关规定为准,可直接与接待人员洽询)。

三、“中央研究院”近代史研究所档案馆

“中央研究院”近代史研究所档案馆目前馆址位于“中央研究院”的院区内(地址为台北市南港区研究院路二段 128 号近代史研究所档案馆大楼 3 楼),开放时间为周一至周五该馆的办公时间(节假日不开放),开放时段为上午 9 时至下午 5 时为止。

在阅览服务方面,预计前往该馆进行档案阅览者,于上述开放时间期间,无须持任何身份证明文件,即可直接进入阅览室查阅档案。该馆已完成数字化的档案部分,无须事先申请,直接前往现场即可查阅;尚未数字化的原件纸质档案,建议查阅者可事先在该馆的检索系统中,申请个人账号登入后,在线提出申请。该馆的检索系统个人账号申请无任何身份国籍限制,任何人皆可在线申请。经馆方人员审查完成并以电子邮件回复同意后,方可依照申请时所填写的日期时间前往阅览档案史料,馆方人员会依照申请人所填写的预计到馆日期,于该日先行将申请的档案史料从档案库房中提调出来,待申请人到馆后即可直接进行阅览。查阅者如要在阅览室现场申请亦可,但在提出申请后则需等待馆方人员的审查

及调阅档案,时间需视情况而定,因此建议查阅者最好事先调阅并在收到同意阅览的邮件后再前往查阅,方可节省时间。

在阅览方式及数字化方面,目前"中研院"近史所档案馆典藏的档案中,分为已完成扫描作业的数字电子化档案和尚未进行数字化的原件纸质档案两类。在该馆所藏的档案全宗 5 个分类:外交部门、经济部门、个人资料、机关团体、地图当中,外交部门档案多数已完成数字化作业,经济部门档案仅有部分完成,个人资料部分目前多数为原件纸质档案,机关团体档案目前多数为原件纸质档案,地图数据部分多数已完成数字化作业,建议查阅者先行利用该馆的检索系统确认档案情况。不同类型的档案阅览时间也有不同,由于该馆阅览室中午时间仍继续开放阅览,但中午 12 时至 1 时30 分为馆方人员休息时间,阅览数字化档案的查阅者可在此时段内继续阅览,但如要调阅原件纸质档案,因中午休息时馆方人员不在阅览室现场,需将原件纸质档案先行收回,待下午 1 点 30 分办公时间到后方能再提供给查阅者进行阅览。

在查阅人员身份规定方面,目前近史所档案馆对于来访的查阅者,并无任何身份或国籍限制,也无须事先提出申请,直接前往现场即可查阅档案史料。

在档案取得方面,近史所档案馆目前有提供相关复制的服务,如已数字化的档案,在现场阅览计算机上进行全文画面阅览后,查阅者可直接以自行携带的手机、相机、平板计算机、笔记本电脑等设备进行翻拍,也可将档案打印成纸本计价付费后提供,但不论以何种方式取得,皆需于现场填写复制申请单。尚未数字化的纸质档案部分,则需以馆方所提供的相机进行拍摄,拍摄完毕后待馆方人员审查完成及计价付费后,可以光盘形式提供查阅者带走,查阅者亦可直接在现场进行抄录。

四、"档案管理局"

"档案管理局"之"国家档案阅览中心"目前馆址位于台湾行政部门第二办公室北栋大楼 1 楼（地址为新北市新庄区中平路 439号），开放时间为周一至周五（节假日不开放），开放时段为上午 9时至下午 5 时为止。

在阅览服务方面，预计前往该馆进行档案阅览者，于上述开放时间，持相关身份证明文件，如"国民身份证"、健保卡、护照等文件，于阅览中心柜台处查验完成后即可进入阅览。目前该馆不接受查阅者直接前往阅览中心进行档案检索与查阅，查阅者需事先于该馆的检索系统中申请个人阅览账号并登入后，在线进行档案调阅，将预计调阅之档案以个人数字身份证明文件于在线提出申请或在检索系统制作好纸本申请单以电子或纸本信件方式寄往该馆信箱提出申请后，经馆方人员针对档案内容进行实质审查，并在收到该馆寄送之准许通知书后，再与馆方人员约定前往阅览时间，方可前往阅览。由于该馆的所有馆藏档案在提供给查阅者之前，馆方人员皆需进行审查作业，因此从提出申请到收到准否通知可以前往阅览的时间，预计约为 15—30 个工作日；且目前该馆的档案调阅规定，个人一次最多仅能提出 10 件档案的调阅申请，须待前次调阅的档案皆阅览完成后才可继续提出阅档申请，前次调阅的档案未阅览完成则无法进行调阅审查。因此，该馆的档案查阅所需时间较长，建议前往该馆的查阅者事先做好相关查阅时间的计划。

在阅览方式及数字化方面，目前该处所藏的档案中，分为已完成扫描作业的数字电子化档案和尚未进行数字化的原件纸质档案两类。保存于该馆档案库房内的档案皆为具有永久保存价值的档案,但由于数量庞大,目前已完成数字化的档案史料仅占该馆所藏之一部分,其余皆为尚未数字化的原件纸质档案。档案情况可在该馆的检索系统中查阅确认。

在查阅人员身份规定方面,目前"档管局"规定具备"国籍人士"以及其他外国籍人士,持有相关身份证明文件,即可申请进入该馆查阅档案史料。由于该处为台湾当局"行政机关",目前尚不对中国大陆及港澳籍人士开放。

在档案复制方面,如已完成数字化的,可在该处阅览后,提出档案打印或购买数字化电子档案要求,接待人员会在查阅者填写完档案复制申请单后,再次针对查阅者所需复制的档案内容进行审查,待确认为可提供之内容后,再通知查阅者前往该馆计价付费,领取打印档案文件或数字化档案光盘,在审查完成通知查阅者时,会一并将复制档案的费用缴款单寄给查阅者,查阅者亦可先行缴费,将缴费证明寄给该处人员确认后直接将复制档案以实体邮寄方式寄给查阅者。尚未数字化的纸质档案,在现场进行阅览后,可直接以复印或用馆方提供的相机翻拍方式进行档案复制,但查阅者仍需将自行复制好的档案文件留置于该馆,待后续馆方人员完成审查作业后,再行通知前往领取。不论是上述何种方式,该处档案从查阅、申请、阅览到最后的复制取得,通常走完全部的流程约需 1—2 月的时间,因此建议查阅者在调阅档案时,审慎评估并计划时间安排,以免产生麻烦。

第七章　美英重点档案机构所藏抗战特色档案简介

第一节　美国国家档案馆馆藏日本二战期间罪行文献史料概要

美国国家档案馆是美国保管联邦政府档案和文件的机构。该馆成立于1934年，直属联邦政府，馆长由总统任命。1937年该馆先后接收了美国联邦政府原馆藏有关罗斯福政府和第二次世界大战的全部档案。1949年2月，对日本甲级战犯进行审判的远东国际军事法庭解散后，相关法庭文书移交美国国家档案馆收藏。1952年4月，美国结束对日占领后，美国军方又将在日本缴获的日本帝国政府文书档案带回美国，其中经情报部门审查准予解密部分移交美国国家档案馆收藏。该馆有关日本二战期间罪行文献史料主要来源于上述馆藏。

1999年1月11日，根据《纳粹战争罪行披露法案》，美国总统克林顿下令成立了纳粹战争罪行和日本帝国政府档案跨机构工作组（以下简称"IWG"）。该小组由公共成员和联邦政府机构代表组成。主要职责包括：

1. 除某些特例之外，查找、整理所有纳粹战争罪行档案，解密后向公众提供利用；

2. 协调联邦政府各机构，尽快将档案解密并向公众提供利用；

3. 在一年之内尽全力完成上述任务并向国会报告。

2000 年 5 月 23 日，IWG 主席麦克尔·科尔茨（Michael Kurtz）博士宣布，为执行《纳粹战争罪行披露法案》和《日本帝国政府情报公开法》，IWG 将逐步开展第二个阶段的关于日本战争罪行的档案解密工作。

IWG 分别于 1999 年 10 月和 2002 年 3 月向美国国会提交了两次中期工作报告，并不定期发布档案解密和公开信息，出版了《美国情报与纳粹》一书。IWG 同时公开了 3 个重要文件：

一是《研究日本战争罪行档案——介绍性文章》，介绍了 IWG 成员在本次调查解密档案过程中发现的一些有价值的档案内容，并附有部分重要档案的全文影印件；

二是《日本战争犯罪与日本生物战文献选编（1934—2006）》，从有关日军七三一部队进行活体实验、生物战研究和实战的 140 余份档案中节选而成；

三是《日本战争罪行与相关档案——国家档案馆档案索引》，这份索引长达 1 700 多页，目录不仅涉及 IWG 解密的档案，还包括以往已经解密的部分，为研究者查找利用相关档案提供了便利。

2007 年 9 月 28 日，美国国家档案馆馆长艾伦·温斯坦（Allen Weinstein）向美国国会、美国国家档案馆和美国人民递交了 IWG 工作总结报告。根据报告，自 1999 年以来，IWG 已经解密并向公众开放大约 800 万页的档案，其中包括 120 万页美国战略情报局档案、11.4 万页美国中央情报局档案、43.5 万页美国联邦调查局档案、近 2 万页美国军情局档案，以及其他 700 万页档案。

　　《日本战争罪行与相关档案——国家档案馆档案索引》主要收录了海军人事局档案等 43 个全宗的档案目录：

　　一、海军人事局档案(第 24 号全宗)

　　根据 1942 年 5 月 13 日第 56 Stat. 278 号海军法案,海军人事局建立。其主要职责包括征召、培训、派遣、绩效和福利。二战期间,海军人事局主要负责现役和后备海军人事事务。

　　二、海军作战总长办公室档案(第 38 号全宗)

　　1. 海军作战副总长档案

　　2. 海军情报办公室档案

　　3. 外交情报部远东处档案

　　三、国际会议、国际委员会(第 43 号全宗)

　　远东委员会档案

　　1. 远东顾问委员会档案

　　2. 远东委员会档案

　　3. 远东委员会执委会档案

　　4. 赔款技术顾问委员会档案

　　5. 盟国对日委员会档案

　　6. 盟国对日委员会美国代表档案

　　7. 第一、二、三次外长会议和巴黎和平会谈记录和工作文件

　　8. 1947 年 11 月 25 日至 12 月 15 日,伦敦,第五次外长会议档案

　　四、财政部档案(第 56 号全宗)

　　1. 部长和副部长档案

　　2. 首席律师办公室档案

　　3. 法律处档案

　　4. 负责外交事务的副部长办公室档案

　　5. 货币研究处档案

6. 货币和外交事务副部长档案,1934—1946 年

7. 外资管制活动档案(利用号:56-66-A-816)

8. 战争和战争相关资料

9. 国际数据处(1944—1959 年)(利用号:56-69-A-4707)

10. 外交事务副部长办公室法律雇员档案(利用号:56-59-A-7584)

五、国务院档案(第 59 号全宗)

(一)远东事务局

1. 东北亚事务办公室档案

2. 远东事务处档案

3. 中国事务办公室档案

(二)情报办公室档案

1. 情报研究局档案

(三)法律顾问办公室档案

1. 战争罪行法律顾问档案

2. 东亚事务法律顾问办公室档案

(四)公共事务局档案

1. 历史学家办公室档案

(五)特殊战争问题处档案

1. 哈利·诺特档案,1939—1945 年

(六)世界贸易情报处及继任机构经济安全管制处档案

1. 世界贸易情报处档案

2. 经济安全政策处档案

3. 经济安全管制处档案

六、司法部档案(第 60 号全宗)

七、联邦调查局档案(第 65 号全宗)

八、联邦储备系统档案（第 82 号全宗）

九、国务院外派机构档案（第 84 号全宗）

十、战争部长办公室档案（第 107 号全宗）

十一、首席通信长办公室档案（第 111 号全宗）

十二、陆军军医总监办公室档案（第 112 号全宗）

十三、海军军法署署长办公室档案（第 125 号全宗）

十四、美国海军陆战队档案（第 127 号全宗）

十五、外侨资产办公室档案（第 131 号全宗）

十六、陆军军法署署长办公室档案（第 153 号全宗）

十七、战争部一般和特殊职员档案（第 165 号全宗）

十八、外国经济管理局档案（第 169 号全宗）

十九、化学战勤务长办公室档案（第 175 号全宗）

二十、国家档案馆礼品全宗档案（第 200 号全宗）

二十一、战争信息办公室档案（第 208 号全宗）

二十二、文讯检查局档案（第 216 号全宗）

二十三、美国参谋长联席会议档案（第 218 号全宗）

二十四、战略服务局档案（第 226 号全宗）

二十五、国家档案馆二战战犯全宗档案（第 238 号全宗）

二十六、美国艺术和历史保护与抢救委员会档案（第 239 号全宗）

二十七、国家档案馆国外获取全宗档案（第 242 号全宗）

二十八、美国战略轰炸调查档案（第 243 号全宗）

二十九、外国广播情报局档案（第 262 号全宗）

三十、中央情报局档案（第 263 号全宗）

三十一、外国索赔清偿委员会档案（第 299 号全宗）

三十二、海军作战部队档案（第 313 号全宗）

三十三、陆军参谋部档案（第 319 号全宗）

三十四、二战盟军作战和占领指挥部档案（第 331 号全宗）

三十五、国务院部门间和部门内事务委员会档案（第 353 号全宗）

三十六、宪兵司令办公室档案（第 389 号全宗）

三十七、副官长办公室档案（第 407 号全宗）

三十八、国家安全局档案（第 457 号全宗）

三十九、中缅印战区陆军档案（第 493 号全宗）

四十、中太平洋战区陆军档案，1942—1946 年（第 494 号全宗）

四十一、西太平洋战区指挥部陆军档案（第 495 号全宗）

四十二、西南太平洋战区总指挥部和太平洋战区总指挥部陆军档案（第 496 号全宗）

四十三、盟国最高指挥官总司令部、远东总司令部和联合国总司令部档案（第 554 号全宗）①

第二节　英国国家档案馆所藏中国抗战档案及其价值

一、英国国家档案馆简介

英国国家档案馆是隶属于英国首相府的行政机构，由英国公共档案馆和皇家历史手稿委员会于 2003 年 4 月合并而成。其档案

---

① 此节参考：Nazi War Crimes& Japanese Imperial Government Records Inter agency Working Group Final Report to the United States Congress，April，2007；Researching Japanese War Crimes Introductory Essays，2006；Select Documents on Japanese War Crimes and Japanese Biological Warfare，1934-2006；Japanese War Crimes and Related Topics：A Guide to Records at the National Archives；雷亮：《美国国家档案馆日本二战罪行文献资料馆藏情况分析》，《国家图书馆学刊》2014 年第 2 期；孙伶伶：《美国解密日本二战档案考察》，《日本学刊》2008 年第 1 期；Nazi War Crimes Interagency Working Group，https://www.archives.gov/iwg.

馆开放于 1977 年,位于英国伦敦郊区的丘园,扩建后的新馆开放于 1995 年。英国国家档案馆收藏着自 11 世纪以来英国政府及许多重要部门的公共档案文件,是世界上馆藏量最大的档案馆之一,馆藏量超过 1 100 万件。为了对馆藏进行有效的管理,英国国家档案馆采用了相应的分类体系,具体如下:

1. 部门代码,处于目录层级中的最高层,由档案被移交前的所属政府部门决定(如外交部代码为 FO);

2. 系列,指基于档案常见功能或主题的主要分类;

3. 卷宗,指一个有序的完整单元,可以是卷或盒等不同形式。

三者合并成为固定形式的档号,如档案 WO 208/333,WO 为部门代码(陆军部),208 为系列号,333 为卷宗号。

二、英国国家档案馆馆藏中国抗战档案基本情况

英国国家档案馆馆藏有关中国抗日战争的档案约 321 卷(盒)［其中 65 卷(盒)可供在线查阅电子版档案,其余的须到现场查阅］,主要分布在英国陆军部档案、内阁档案、政府通信总部档案、外交部档案等特定系列中。其他档案组合,如殖民部、海军部档案也有中国抗战相关档案。

(一)陆军部档案

陆军部档案组合代号为"WO",下设 417 个档案系列,有关中国抗战的档案相对集中在 WO 106、WO 208 系列中,其他系列如 WO 188、WO 325、WO 361、WO 203 也有少量相关档案。

1. WO 106 标题为:"陆军部档案:军事行动和军事情报局";其描述为:"关于包括第一次和第二次世界大战在内的各种战区以及欧洲、美洲、非洲和亚洲的行政、国防和其他问题的军事行动和情报局的通信和文件。"

- WO 106/5306 关于中日两国在上海战斗起源的说明（1932 年 1 月）；

- WO 106/113 日本在澳门地区的活动（1935 年）；

- WO 106/5505 日本内阁对中国政策的决定（1935 年 2—4 月）；

- WO 106/6097 日本的目标是中国（1936 年 1—9 月）；

- WO 106/5277 日本在海南岛的活动（1935 年 11 月）；

- WO 106/5271 建议在北京任命日语助理军官（1936 年 7 月至 1937 年 4 月）；

- WO 106/5329 日本人的轰炸九龙铁路的地图（1937 年）；

- WO 106/5322 日本人进军南京的地图（1937 年、1938 年）；

- WO 106/3536（英国）在日本企图切断缅甸公路的情况下向中国提供援助（1941 年 10—11 月）。

2. WO 208 标题为："陆军部档案：军事行动和情报局，军事情报局；国防部，国防情报人员：档案"；其描述为："该系列包括 1939 年建立的军事情报局的档案，以及之前的军事行动和情报局的档案。在第二次世界大战期间形成了其他部分档案，涉及的主题包括宣传、战俘、科学和技术问题、审查、航空摄影、防空情报和军事人员……该系列包括关于个别战俘的档案……还有关于已经或可能曾参与敌对行动的国家的医疗、历史和军事信息。"

- WO 208/4714 日军暗杀张作霖：后续效应（1928 年）；

- WO 208/204 机场及跑道：中日设施及应用（1934 年 4 月至 1945 年 1 月）；

- WO 208/1210A 对英国的态度——日本和中国被日占领地区的政治和经济状况（1935 年 9 月至 1944 年 3 月）；

- WO 208/233 中国人和日本人伤亡情况（1937 年 11 月至 1945 年 7 月）；

- WO 208/240 威海卫：英日关系（1938 年 2 月至 1940 年 11 月）；

- WO 208/273 上海：日本和南京傀儡政府的军事和政治活动（1939 年 2 月至 1945 年 11 月）；

- WO 208/276 日本行动：来自军方和情报部门的报道（1939 年 3 月至 1941 年 8 月）；

- WO 208/287 被日本人接管的外国定居点（1939 年 5 月至 1945 年 3 月）；

- WO 208/290 日本人对外国传教士的报复（1939 年 7 月至 1942 年 1 月）；

- WO 208/853 要求参加欧战的外国军队从日本控制下的中国地区撤军（1939 年 9 月至 1940 年 12 月）；

- WO 208/303 上海：日本要求英国军队撤军（1939 年 10 月至 1940 年 4 月）；

- WO 208/313 由日本人建立的军校（1940 年 2—10 月）；

- WO 208/333 中国共产党武装力量对日军的打击（1941 年 3 月至 1946 年 5 月）；

- WO 208/378A、WO 208/378B 日本统治占领区内英国公民的状况（1942 年 2 月至 1945 年 8 月）；

- WO 208/406 日本使用化学武器（1942 年 11 月）；

- WO 208/460 中国共产党宣传抗战的报纸（1944 年 4 月至 1946 年 6 月）；

- WO 208/2879 日本在中国穆斯林中的渗透（1944 年 5—11 月）；

- WO 208/2887 中国游击队抗日活动（1945 年 1—10 月）；

- WO 208/2889 山东游击队和华北日军报道（1945 年 8—9 月）；

- WO 208/4923 日本投降后的政治局势（1945 年 12 月至 1946 年 12 月）；

- WO 208/4291 日本在中国使用生化武器：DN Sutton 报道
（1946 年 4 月）；
- WO 208/4782 共产党军队中的日籍军人（1947 年 3 月至 1949
年 1 月）。

3. WO 188 标题为："陆军部档案：供应部、国防部：化学防御
研究所和化学防御实验研究所，以及后来的生化防御研究所（波
顿）：往来函件和文件"。具体描述为："化学防御研究所及其继任
机构在波顿进行化学和生物武器和防护设备实验的文件；其他实
验机构的文件；在英国及其海外的生化战争的综合性文件。早期
弹药部产生的文件。许多文件包含照片和技术绘图。"

- WO 188/2539 日本有关化学战争能力的情报；
- WO 188/1563 化学武器：敌国：日本和意大利。

4. WO 325 标题为："陆军部档案：东南亚联合陆军部队总司
令部战争犯罪集团：调查档案"；其描述为："本系列包括东南亚联
合陆军部队（ALFSEA）总司令部战争犯罪集团的调查文件，涉及
对日本在第二次世界大战期间所犯战争罪的调查和审判。该系列
包含对事件的调查文件和战俘营的条件，但没有战争刑事案件档
案。"时间为 1941—1949 年。

- WO 325/32 日本在中国犯下的战争罪行（1945 年 8 月至 1947
年 2 月）；
- WO 325/122 中国扬州战俘营"C"：对平民的虐待（1947 年 2
月 1 日至 1947 年 3 月 31 日）；
- WO 325/4 关于日本在中国和太平洋岛屿地区战争罪行的报
道、目击者陈述和访谈（1944 年 1 月）。

5. WO 361 标题为"陆军部档案：常务副国务卿部：伤亡处：
1939—1945 年战争失踪人员调查"；其描述为："这一系列记录了美

国常务副国务卿伤亡处对第二次世界大战失踪人员的调查。"时间
为 1938—1986 年。

- WO 361/375 香港地区：皇家炮兵中国司令部；失踪人员（1942
  年 4 月 1 日至 1942 年 10 月 31 日）；

- WO 361/1452 远东：遗嘱收据；1941 年 12 月中国司令部军官
  的晋升和任命。

6. WO 203 标题为"陆军部档案：东南亚司令部：军事总部文
件，第二次世界大战"；其描述为："本系列的文件主要包括作战命
令；运营和情报报告；幕僚文件；关于装甲战车、火炮、化学战、信
号、装备和服装等方面的作战研究文件；组织和建设事宜；民政；战
俘（盟军和敌军）和战争罪。"时间为 1932—1952 年。

- WO 203/4414 中国和法属印度支那：秘密组织（1945 年 3—
  9 月）；

- WO 203/291 中国：报告和通信（1944 年 8 月至 1945 年 3 月）；

- WO 203/2904 援助中国：组织（1943 年 11 月至 1945 年 8 月）；

- WO 203/5426 中国的租借法案（1945 年 1 月）；

- WO 203/292 中国：报告和通信（1945 年 3—6 月）；

- WO 203/4832 与中国相关的政治电报（1944 年 6 月至 1946 年
  5 月）。

（二）内阁办公室档案

内阁办公室档案组合代号为"CAB"，包含最有价值的英国现
代历史文献，包括 1954 年部门委员会报告等，文件从官方渠道获
得。内阁办公室部分文件很重要，源于其服务机构的重要性。内
阁办公室实际起着秘书处的作用，其服务机构中最主要的是内阁
及其委员会。委员会分 4 个部分：帝国防卫委员会；内阁委员会
（1916—1939）、内阁委员会（1939—1945）、内阁委员会（1945 年以

后）。文件内容包括内阁会议纪要、文件和秘书处文件。

内阁办公室服务过许多帝国、联邦及国际会议。然而在内阁办公室文件中，还包括那些有专门职责的处室，如历史处、中央分析办公室和中央政策审核员工处的文件，前部长及官员的私人和官方收藏文件，临时委员会、委员会、问讯文件，以及办公室自己的行政管理文件。另外还有中央情报机构文件，以及常设委员会、首席科学顾问办公室、苏格兰独立办公室文件。

此外，还有枢密院议长办公室、复兴大臣和科学部长，以及附属内阁和内阁办公室的非部门部长办公室文件。

其中含与中国抗战有关的文件系列包括 CAB23、CAB24、CAB44、CAB65、CAB79、CAB80、CAB 106 系列。其中 CAB79 系列涉及的文件数量最多，多为军事情报、形势分析等。

1. CAB23 标题为"战争时期内阁和内阁会议纪要"。这一系列包括 1916 年 12 月至 1919 年 10 月战争内阁的备忘录和决议，1919 年 11 月至 1939 年 9 月内阁的备忘录和决议（包括秘书处案卷中的决议）。这一系列还包括：战争内阁的 A 类会议纪要（包括未归纳入普通会议纪要的更秘密的事项）；X 类会议纪要，1918 年 5—11 月军事会谈决定的记录；1919 年 11 月至 1922 年 9 月部长会议决定；1917—1918 年帝国战争内阁纪要。

- CAB23/69/4 1931 年 11 月 11 日　总结　2. 中国——上海的位置；
- CAB23/89/1 1937 年 7 月 14 日　总结　13. 远东——日本和中国。

2. CAB24 系列标题为"战争时期内阁和内阁备忘录（GT，CP和 G 战争系列）"。这一系列包括战争内阁（GT 系列）和内阁（CP系列）传阅的文件，一小部分印刷文件（G 战争系列，该系列始于

1915 年 1 月），以及内阁办公室海外政治和形势的综合报告。

- CAB24/228/15　1932 年 2 月 1 日　英日关系与中国面临的危机。

3. CAB44 系列标题为"帝国防卫委员会、历史部和内阁办公室。历史处：战争历史：章节和叙述草案、军事"。这一系列主要包括对事件的陈述或"蓝皮书"，源于为撰写军事历史框架准备的原始信息。其中一些材料由各联邦历史处准备，用于英国卷的撰写。还有一些一战战争史章节草稿。多数文件与一战和二战有关，另外也有德国、东非的案卷（1884—1911 年）。

4. CAB65 系列标题为"原 WM 和 CM 系列中战略时期内阁和内阁会议纪要"。这一系列包括 1939 年 9 月至 1945 年 5 月战争内阁（WM 系列）会议决议和 1945 年 5—7 月内阁（CM 系列）会议决议；包括一个主题索引。还包括非战争内阁的部长会议纪要和机密附件。

- CAB65/1/30　1939 年 9 月 28 日　总结：8. 中日矛盾；
- CAB65/19/8　1941 年 7 月 21 日　总结：6. 共产主义—共产党政策—《每日工人报》；
- CAB65/5/7　1940 年 1 月 9 日　总结：7. 远东局势；
- CAB65/53/13　1945 年 7 月 10 日　总结：1. 海军、军事和空中行动：东南亚—中国—太平洋—日本—海军行动。

5. CAB79 系列标题为"战争时期内阁和内阁文件：参谋长委员会会议纪要"。包括 1939 年 9 月至 1946 年 12 月间参谋长委员会会议纪要，以及副参谋长委员会会议纪要，以及处理或反映各方军事努力（人力资源、设备、军需品、后勤、指挥员指南、战略、与联军和中立国的关系等）的文件。

- CAB/79/75/7　1944 年 5 月 31 日　参谋长委员会会议纪要：

4. 日本在中国的战略；

- CAB79/84/11　1944 年 12 月 14 日参谋长委员会会议纪要：
  9. 日军在中国南部的行动；

- CAB79/35/2　1945 年 6 月 14 日参谋长委员会会议纪要：14.
  任命英国驻中国总指挥；

- CAB79/77/4　1943 年 7 月 4 日会议纪要：6. 日本在中国现
  有行动的政治影响；

- CAB79/31/3　1945 年 3 月 27 日　　3. 中国军队从缅甸转至
  中国；

- CAB/79/75/11　1944 年 6 月 3 日　　17. 日本在中国的战略；

- CAB/79/49/1　1946 年 6 月 3 日　　12. 给中国的设备。

6. CAB80 系列标题为"战争时期内阁和内阁文件"。包括
1939 年 9 月至 1946 年 12 月参谋长委员会备忘录。文件反映了英
国多方面所做的军事努力（人力资源、设备、军需品、后勤、指挥员
指南、战略、与联军和中立国的关系等）。

- CAB80/71/52　中国对同盟国战略的贡献及日本的企图
  1943 年 7 月 16 日。

7. CAB 106 系列标题为"战争内阁和内阁：历史处：（原 AL 系
列）"。这一系列是为筹备撰写英国二战史由历史处的叙述者和历
史学家获得或产生，文件类型混杂。包括行动报告、军事派遣函、
分析报告、地图、官方备忘录、特别事件的个人描述、个人日记和官
方战争记录摘选、叙述者的记录和文件，往来信函和相关主要指挥
官的评述，以及英国和英联邦历史部产生的叙述性档案。

（三）政府通信总部档案

政府通信总部档案组合代号为"HW"，下设 87 个档案系列，有
关中国抗战的档案集中在 HW 1、HW 12 和 HW 40 系列中。

1. HW 1 标题为"政府密码学校：上报给首相的通信情报，信息和通讯"；其描述为："精选的通信情报合集，这些报告是二战期间由政府密码学校发出，由英国军情六处（MI6）长官连同相关通信每天几次分批交给首相（首相不在的时候，交给副首相或掌玺大臣）（代码为 BONIFACE）。"

- HW 1/240 日本：中国傀儡政府加入反共产国际协定（1941 年 11 月 17 日）；美日谈判破裂时日本对中国的意图（1941 年 11 月 14 日）；

- HW 1/312　中国：对日本、德国和意大利宣战（1941 年 12 月 9 日）；

- HW 1/580　蒋介石在印度与韦维尔商议，日本 5 月 13 日报道（1942 年）；

- HW 1/618　维希法国驻重庆武官：中国对日本进攻计划的预测（1942 年 5 月 26 日）；

- HW 1/631　意大利驻东京大使：日本在中国的行动（1942 年 6 月 3 日）；

- HW 1/639　土耳其驻重庆外交官：中国的战争形势，日本准备进攻苏联（1942 年 6 月 12 日）；

- HW 1/704　意大利驻上海大使：中国局势和与日本的冲突状态（1942 年 6 月 20 日）；

- HW 1/712　法国驻重庆助理武官：日本在华战役报告（1942 年 7 月 4 日）（法语）；

- HW 1/3527　德国驻曼谷武官：日本对中国、法属印度支那、缅甸、泰国和菲律宾事件的描述（1945 年 2 月 8 日）。

2. HW 12 标题为："政府密码学校：外交部门及前身：对截获外交通讯的破译（BJ 系列）"；其描述为："英国政府密码学校破译的

外国外交电报和报告。该系列原名'BJ 报告'是因为这些报告由外交部（主要接收部门）装在蓝色文件夹中传送。这些被称为 JUMBO 报告的档案来源于海外侦听（而且通常经过破译），由其他权力机关如英国驻中东、印度和香港地区的军队通过电报或通讯员发送，它们根据自身目的执行通信情报任务，将关系重大的材料传送到伦敦。"

HW 12 系列中有关中国抗战的典型档案条目举例：

- HW 12/308/12、HW 12/310/4 和 HW 12/311/15 中均含有来自中国的对日本战争形势的报告（1945 年）；

- HW 12/270 和 HW 12/271 中含有破译所截获来自中国的外交通信（1941 年）。

3. HW 40 标题为"政府密码学校：盟军密码部的安全部门：盟军二战通讯的保密文件"；其描述为："盟军密码部安全部门产生的文件，涉及工作的各方面，防止和应对二战期间地方对盟军密码的渗透。"

- HW 40/208 来自中国哈尔滨的特别情报（间谍）报告，由日军广播，被盟军截获，并附有战俘审讯情况报告（1944 年 2 月 27 日至 1946 年 8 月 6 日）。

（四）外交部档案

外交部档案组合代号为"FO"，下设 1 113 个档案系列，有关中国抗战的档案集中在 FO 369、FO 371、FO 924 系列中。

1. FO 369 标题为"外交部：领事司：1906 总函件"；其描述为："本系列包含领事部的函件等。"

- FO 369/3400 对日军占领的战争损失索赔。代码 210 文件 818（1946 年）。

2. FO 371 标题为"外交部：政治部门：1906—1966 年的普通信函"；其描述为："这个系列包含外交部政治部（包括 1914—1920

年的陆军部、1918—1920 年的政治情报部和 1939—1946 年的政治情报部），以及在特殊情况下或在 1968 年设立外交和联邦事务部之前设立的某些外交部/联邦关系部（例如马来西亚/印度尼西亚联合部，1964—1965 年）的信函等。"

- FO 371/22083、FO 371/22084 和 FO 371/22085/59 中日战争——上海等地局势。代码 10 文件 59(1938 年)；

- FO 371/24659-24661 英国与中国外交政策：对汪精卫的态度：日本在中国的目标：汪精卫领导下的新政府：南京会议：日本侵华军队：汪精卫政权：形势报告：中日战争：南京政府与日本之间的协议：日本政府与汪精卫之间的协议。代码 10 文件 27（1940 年)；

- FO 371/24666/43、FO 371/24667-24670、FO 371/24671/43 向中国供应战争物资：日本要求停止通过缅甸出口武器等：缅甸公路问题：通过香港和缅甸为中国提供战争物资：关闭缅甸公路：为中国提供医疗和红十字会提供的物资。代码 10 文件 43(1940 年)；

- FO 371/53594、FO 371/53595、FO 371/53596、FO 371/53597 中国对战时日军控制的机械、物资和财产的索赔。代码 10 文件 47(1946 年)。

3. FO 924 标题为"外交部：文化关系司：信函和文件"；其描述为："本系列包括文化关系司的信函和文件，主要涉及英国文化协会的活动以及与教科文组织的关系。"

- FO 924/307/8 登记号：LL 1225/92/453。外交部与英国驻重庆大使馆和英国驻日本联络团关于 1946 年 3 月日军掠夺艺术珍品的信件。表示战争委员会将集中调查中国文物的受损情况。没有提到具体的艺术珍品(1946 年)。

（五）海军部、海军、皇家陆战队和海岸警卫队档案

其组合代号为"ADM"，下设 30 个档案系列，有关中国抗战的档案集中在 ADM 125、ADM 199 系列中。

1. ADM 125 标题为"海军部：中国站：通信"；其描述为："中国站的档案，包括东印度群岛、日本、韩国、澳大拉西亚①、太平洋群岛和白令海。它们包括与中国东印度公司有关的信函、全站作战地域的一般作战进程、海盗和 1894—1895 年的中日甲午战争。"

● ADM 125/149 日本人在大阪军营关押的来自香港的皇家商船队战俘名单（1941—1946 年）。

2. ADM 199 标题为"海军部：战争史案例与文件，第二次世界大战"；其描述为："管理皇家海军的相关案例，以及二战期间海军作战的计划和执行。"

● ADM 199/1540-1547 美国海军对日本本岛和在中国东海的作战（1945—1946）。

（六）殖民地办公室，英联邦以及外交和联邦办事处的档案

其组合代号为"CO"，下设 1 073 个档案系列，有关中国抗战的档案集中在 CO 129 系列中。

CO 129 标题为"战争与殖民地部门和殖民地办公室：香港地区，原始函件"，其描述为"本系列包含有关香港地区的原始函件。"

● CO 129/527/7　日本对中国的非官方态度（1930 年 3 月 30 日）；

● CO 129/563/19　中日战争：救济中国贫民的资金（1937 年 10月 5 日至 11 月 17 日）；

● CO 129/571/15　中日战争：援助中国飞机的生产和进口（1938 年 1 月 18 日至 1939 年 1 月 5 日）；

---

① 澳大拉西亚（拉丁语：Australasia）一般指大洋洲的一个地区，澳大利亚、新西兰和邻近的太平洋岛屿。

- CO 129/563/12 中日战争：从中国撤离难民（1937 年 8 月 15 日至 1938 年 1 月 4 日）；

- CO 129/585/4 中日战争：日本空袭中国（1940 年 1 月 26 日至 7 月 5 日）；

- CO 129/570/3 中日战争：建议在华南非军事区设立难民营（1938 年 6 月 1 日至 1939 年 1 月 11 日）；

- CO 129/571/10 中日战争：中国红十字会医疗救助委员会（1938 年 9 月 12 日至 10 月 7 日）。

英国国家档案馆馆藏的有关中国抗战档案有着部门跨度广、时间覆盖全的特点，涵盖了从英国军政多个部门形成或收集到的与抗日战争相关的各国军事通信、军事情报等档案，并且包含文档、照片、地图等多种数据类型。另据统计，1945—1956 年，英国先后在中国香港、马来西亚、缅甸、新加坡等地形成了"战争罪行档案"，内容是对日本乙、丙级战犯的审判文件。此类机构档案在英国国家档案馆数量较多。这些档案从侧面印证了日军侵华暴行以及中国军民浴血抗战的历史，对于让世人全面了解抗战历史，深入探究抗战细节提供了有力的事实证据。

鉴于英国国家档案馆仅有少部分有关档案提供了数字化在线阅览，并且根据以往组团征集档案经验，个别档案的著录与实际文档内容不符，建议现场到访英国国家档案馆勘察档案实际内容，并积极复制、利用相关重点价值档案，以供填补国内档案空白，更加完整地还原抗战的历史。①

---

① 此节参考：张萍、王海欧：《英国国家档案馆的建设》，《北京档案》2007 年第 7 期；袁硕：《英国国家档案馆馆藏日本二战罪行文献档案调查与思考》，《图书馆研究与工作》2017 年第 11 期。

参考文献

中文部分

档案：

中国第二历史档案馆馆藏档案：国民政府、行政院档案；军政部档案；国防部史政局及战史会档案；兵工署档案；军事委员会政治部档案；军委会战时新闻检查局档案；财政部档案；经济部档案；社会部档案，交通部档案；司法行政部档案；教育部档案；教育部战地失学失业青年招训委员会档案；国民党中央执行委员会秘书处档案；国民党中央宣传部档案；国民党中央图书杂志审查委员会档案；三青团中央团部档案；善后救济总署档案；海关总税务司署档案；主计处档案；汪伪中央政治委员会及国防委员会档案；汪伪行政院档案；汪伪财政部档案；汪伪经理总监部档案；汪伪外交侨务系统档案；伪维新政府立法院档案；伪华北政务委员会档案；伪临时政府行政委员会档案等。

重庆市档案馆馆藏档案。

辽宁省档案馆馆藏档案。

吉林省档案馆馆藏档案。

黑龙江省档案馆馆藏档案。

台湾"国史馆"馆藏档案：国民政府档案；行政院档案；资源委员会档案；阎锡山史料；汪兆铭史料；"蒋中正总统"文物；"蒋经国总统"文物；"陈诚副总统"文物等。

中国国民党中央文化传播委员会党史馆馆藏档案。

"中央研究院"近代史研究所档案馆馆藏档案。

台北"档案管理局"所藏档案。

"国防部史政编译局"编：《国军史政档案目录汇编》，台北："国防部史政编译局"2001年版。

中国国民党中央文化传播委员会党史馆：《档案介绍/国防档案》，《档案介绍/特种档案》，http://archives. kmt. org. tw/cgi-bin/gs32/gsweb. cgi/ccd＝LnFISK/webmge? mode＝basic.

美国国家档案馆馆藏档案。

英国国家档案馆馆藏档案。

档案出版物：

中国第二历史档案馆编：《中华民国史档案资料汇编》第五辑，南京：凤凰出版社，1979—2000年版。

中央统战部、中央档案馆编：《中共中央抗日民族统一战线文件选编》下，北京：档案出版社1986年版。

中共中央文献研究室编：《建党以来重要文献选编》第16册，北京，：中央文献出版社2011年版。

中共党史研究室第一研究部、中国第二历史档案馆编：《国民政府档案中有关抗日战争时期人口伤亡和财产损失资料选编》①②③，北京：中共党史出版社2014年版。

孙俍工原编，中国第二历史档案馆编：《沦陷区惨状记——日军侵华暴行实录》，北京：中国文史出版社2016年版。

中国第二历史档案馆编：《日军罪行证明书》，南京：南京出版社2015年版。

中国第二历史档案馆编：《抗日战争正面战场》，南京：江苏古籍出版社1987年版。

中国第二历史档案馆编：《抗日战争时期国民党军机密作战日记》，北京：中国档案出版社1995年版。

中国第二历史档案馆、南京市档案馆、"南京大屠杀"史料编纂委员会编：《侵华日军南京大屠杀档案》，南京：江苏古籍出版社1987年版。

中国第二历史档案馆编：《抗战时期西北开发档案史料选编》，北京：中国社会科学出版社2009年版。

中国第二历史档案馆编：《国民政府抗战时期厂企内迁档案选辑》，重庆：重庆出版社2016年版。

中国第二历史档案馆、海峡两岸出版交流中心编：《馆藏民国台湾档案汇编》，北京：九州出版社2007年版。

海峡两岸出版交流中心、中国第二历史档案馆编：《台湾光复档案》，北京：九州出版社2005年版。

马振犊等编：《南京保卫战》，南京：江苏人民出版社2005年版。

陈鸣钟、陈兴唐主编：《台湾光复和光复后五年省情》，南京：南京出版社1989年版。

曹必宏主编：《日本侵华殖民教育史料》，北京：人民教育出版社2016年版。

《中美关系资料汇编》第1辑，北京：世界知识出版社1957年版。

四川联合大学经济研究所、中国第二历史档案馆编：《中国抗日战争时期物价史料汇编》，成都：四川大学出版社1998年版。

许师慎编纂：《国史馆纪要（初稿）》，台北：中华民国史料研究中心1977年版。

专著：

《毛泽东选集》第3卷，北京：人民出版社1991年版。

中国社会科学院近代史研究所中华民国史研究室编：《中华民国史资料

丛稿·大事记》第 31 辑（1945 年），北京：中华书局 1990 年版。

中国抗日战争史编写组：《中国抗日战争史》，北京：人民出版社 2011 年版。

何理：《中国人民抗日战争史》，上海：上海人民出版社 2015 年版。

支绍曾主编：《中国抗日战争史简明读本》，北京：人民出版社 2015 年版。

孟广涵主编：《国民参政会纪实》（上下），重庆：重庆出版社 1985 年版。

粟寄沧：《中国战时经济问题研究》，中新印务股份有限公司出版部 1942 年版。

崔国华：《抗日战争时期国民政府财政金融政策》，成都：西南财经大学出版社 1995 年版。

迟景德：《中国对日抗战损失调查史述》，台北："国史馆"1987 年版。

孟国祥、喻德文：《中国抗战损失与战后索赔始末》，合肥：安徽人民出版社 1995 年版。

李忠杰主编：《抗日战争时期全国重大惨案》，北京：中共党史出版社 2014 年版。

论文：

毛泽东等：《我们对于国民参政会的意见》，《新华日报》1938 年 7 月 5 日。

管辉、郭必强：《程瑞芳日记考释》，《民国档案》2004 年第 4 期。

李新：《中国重庆抗战陪都史国际学术研讨会论文集序言》，顾乐观主编：《中国重庆抗战陪都史国际学术研讨会论文集》，北京：华文出版社 1995 年版。

金冲及：《应当重视抗战时期陪都史的研究——在重庆抗战陪都史学术讨论上的讲话》，《中国重庆抗战陪都史国际学术研讨会论文集》。

康永仁：《重庆的银行》，《四川经济季刊》第 1 卷第 3 期，1944 年 6 月 15 日。

李紫翔：《四川战时工业统计》，《四川经济季刊》第 3 卷第 1 期，1946 年 1 月 1 日。

《抗战中 48 所高等院校迁川梗概》，《四川文史资料选辑》第 13 辑，1964

年 5 月。

刘大年：《抗日战争与中国历史》，《人民日报》1987 年 7 月 6 日。

苏智良：《专家解读吉林档案馆新发现关东军"慰安妇"档案》（2014 年 7 月 8 日），https://www.cssn.cn/zgs/zgs_jl/201407/t20140708_1245557.shtml.

《国史馆简介》，台北，"国史馆"，https//www.drnh.gov.tw/p/412-1003-188.php? Lang＝zh-tw.

"国史馆"审编处编辑：《国史馆现藏——史料概述》，台北："国史馆"2003 年版。

《国史馆现藏重要档案文物史料概述》，台北：政大出版社、"国史馆"2017 年版。

刘维开：《台湾地区中国国民党党史史料典藏与研究》，中华民国史专题第四届讨论会秘书处编：《中华民国史专题论文集》（第四届讨论会），台北："国史馆"1998 年版。

刘维开：《台湾地区蒋中正先生资料之典藏与整理——兼论"事略稿本"之史料价值》，《档案季刊》2008 年第 7 卷第 3 期。

王文隆：《中国国民党文化传播委员会党史馆档案目录检索系统简介》，（台北）"国史"研究通讯》2013 年第 5 期。

王文隆：《中国国民党文传会党史馆所藏日伪〈敌方广播新闻纪要〉》，（台北）"国史"研究通讯》2015 年第 9 期。

《"国家发展委员会档案管理局"典藏"国家档案"主义类别之内容大要》，"国家发展委员会档案管理局"，https://www.archives.gov.tw/Publish.aspx? cnid＝1466.

雷亮：《美国国家档案馆日本二战罪行文献资料馆藏情况分析》，《国家图书馆学刊》2014 年第 2 期。

孙伶伶：《美国解密日本二战档案考察》，《日本学刊》2008 年第 1 期。

张萍、王海欧：《英国国家档案馆的建设》，《北京档案》2007 年第 7 期。

袁硕：《英国国家档案馆馆藏日本二战罪行文献档案调查与思考》，《图书馆研究与工作》2017 年第 11 期。

英文部分

Nazi War Crimes & Japanese Imperial Government Records Inter agency Working Group Final Report to the United States Congress, April, 2007.

Researching Japanese War Crimes Introductory Essays, 2006.

Select Documents on Japanese War Crimes and Japanese Biological Warfare, 1934 – 2006.

Japanese War Crimes and Related Topics: A Guide to Records at the National Archives.

Nazi War Crimes Interagency Working Group, https://www. archives. gov/iwg.

索　引

后　记

　　抗战档案是抗战历史研究的基础,也是"抗日战争专题研究"系列丛书撰写工作不可或缺的依靠。但长期以来,对于抗战档案本身的研究成果却乏善可陈。

　　《抗战档案述论》一书,为多方合作的成果。在海峡两岸保藏抗战时期档案的主要机构中,我们选择了中央档案馆、中国第二历史档案馆、重庆市档案馆、东三省各档案馆中几家具有代表性的典藏单位,加上台湾地区收藏抗战档案机构和英美收藏抗战档案的重点机构,对其所藏抗战档案概况及特色,分别进行介绍和研究评析,还对各单位编辑出版的抗战档案史料及其开放查阅情况进行了介绍。相信这本著述,会以其较高的实用价值,给抗战史学界研究者们提供方便和帮助。

　　本书之写作,侧重于对主要及重点抗战档案的解读分析,至于国内各地档案机构所藏抗战档案的具体情况细目,本系列丛书中将另有专本加以介绍。

　　本书研究撰写过程中,得到了国家档案局领导的重视,中央档案馆、国家档案局有关研究人员参加了写作,局领导对有关稿件审

阅批改;重庆市档案馆等相关单位人员也参加了写作;南京大学张
宪文教授对本书写作提供了许多指导。在此一并表示感谢!

本书写作分工如下:

马振犊(全书统稿　后记)

潘　涛　林周佳(第一章)

姜　红　袁宝君　王士成(第二章)

戴　雄　管　辉　蒋　梅(第三章)

唐润明(第四章)

孙　莉(第五章)

杨善尧(第六章)

李文栋　刘双成　柴　培　张　巾(第七章)

林周佳(参考资料　索引)

马振犊

2023 年 7 月 25 日